LES GRANDES OREILLES
DU PRÉSIDENT

D'YVES BONNET

La Trahison des ayatollahs, ou le Dossier contre l'intégrisme, Jean Picollec, 1995
Mission ou démission : le prix de la défense, Jean Picollec, 1996
Lettre à une Algérienne, La Boîte à documents, 1998
Contre-espionnage : mémoires d'un patron de la DST, Calmann-Lévy, 2000
De qui se moquent-ils ?, Flammarion, 2001
La Cour des miracles : que font les juges ?, Flammarion, 2002

DE PASCAL KROP

Les Socialistes et l'armée, PUF, 1983
Les Secrets de l'espionnage français. De 1870 à nos jours, J.-C. Lattès, 1993 ; édition augmentée, Payot, 1995
Le Génocide franco-africain. Faut-il juger les Mitterrand ?, J.-C. Lattès, 1994
Tu fais l'avion par terre. Petit dico franco-africain, J.-C. Lattès, 1995
Silence, on tue. Crimes et mensonges à l'Elysée, Flammarion, 2001 ; J'ai lu, 2002
La République du fric, Flammarion, 2003

DE PASCAL KROP, AVEC ROGER FALIGOT

La Piscine. Les services secrets français : 1944-1984, Seuil, 1985
DST, police secrète, Flammarion, 1999

Yves Bonnet & Pascal Krop

LES GRANDES OREILLES DU PRÉSIDENT

Document

PRESSES DE LA CITÉ

ISBN 2-258-06418-X

Première Partie

Histoire d'une maladie démocratiquement transmissible

I

« La parole est à M. Mitterrand »

D'un coup, l'hémicycle qui bruissait de murmures irrespectueux meublant le morne défilé des députés à la tribune se fige dans un de ces silences qui saluent les grands orateurs. C'est un des plus grands qui vient de se lever des travées de gauche. Sur la carrure courte et ramassée se portent les regards de la Chambre introuvable de juin 68, les 358 élus de l'Union des démocrates pour la Ve République, les 21 républicains indépendants qui se faufilent dans l'ombre de Valéry Giscard d'Estaing, les 33 centristes du Parti de la démocratie moderne de Joseph Fontanet et Jacques Duhamel, tous rescapés de la gigantesque rafle[1] qui ne laisse que moins de 100 sièges, 91 exactement, à l'opposition effondrée. Ils semblent bien loin et sont cependant si proches, ces derniers jours de mai 68 où Pierre Mendès France tenait meeting à Charléty et où François Mitterrand se portait courageusement candidat à l'Elysée. Il n'a cessé de dénoncer les agressions du pouvoir personnel et d'ironiser sur « une majorité frappée d'amnésie au point d'avoir perdu et sa consistance et ses espérances ». Il a cru toucher au but quand la grève générale a jeté six millions d'ouvriers et

1. Valéry Giscard d'Estaing dira cruellement « le scrutin de la peur ».

d'employés hors de leur bureau ou de leur atelier. Il a senti le pouvoir au bout de la main. Et puis, il y a eu la formidable réponse du 30 mai, la vague gaulliste dans la rue, avant le raz de marée dans les urnes le 30 juin.

François Mitterrand vient de vivre deux années terribles, aussi éprouvantes que celles de l'immédiat après-13 mai 58. Rejeté, raillé, honteusement calomnié, il s'était vu alors menacé d'une inculpation pour outrage à magistrat[1], lui, l'ancien garde des Sceaux ; il s'en était crânement justifié en lançant de la tribune du Sénat cette apostrophe qu'il reprendra bien des années plus tard presque mot pour mot aux obsèques de Pierre Bérégovoy : « D'abord, je m'excuse de le dire, par rapport à moi-même dont le nom, la vie, l'honneur sont jetés aux chiens par une presse et une radiodiffusion déchaînées. »

Comme Charles de Gaulle, François Mitterrand est né sous le signe du Scorpion, ascendant Balance. Ce qui, pour beaucoup, explique sa capacité à rebondir et ce goût du risque, insensé pour un homme politique, à peine supportable pour un homme d'Etat. Aussi dissemblables que la plupart des observateurs politiques les considèrent, ces deux hommes issus d'un même terreau conservateur et catholique vont cultiver le goût du paradoxe et de la provocation jusqu'à l'extrême, insupportables rebelles, impitoyables censeurs, animés d'un orgueil insensé, au point qu'on ne sait ce qu'ils placent le plus haut, l'amour de la France ou leur ambition personnelle.

L'un est déjà parti, parcourant à longues enjambées les landes d'Irlande, l'autre n'est pas encore arrivé, soignant sa revanche sur ceux qui, à gauche d'abord, à droite ensuite, s'aviseraient de lui barrer le passage. Il mène son combat en solitaire, comme il l'a toujours fait, réduisant

1. Il s'agit de l'affaire Pesquet, dite « du faux attentat de l'Observatoire ».

le cercle de ses amis à ce que peut accueillir une bonne table bourgeoise. Il ne paie d'ailleurs jamais son écot. Même quand il invite, ce sont les autres qui régalent. Tout en soignant son image de pourfendeur des idées reçues, de défenseur des exclus et des faibles, lui qui fut le plus conformiste des ministres de l'Intérieur, lui qui laissa exécuter tant de « rebelles » FLN quand il « gardait les Sceaux ».

François Mitterrand et Charles de Gaulle symbolisent et illustrent à eux seuls l'opposition de deux Républiques, la IVe et la Ve, et le cheminement qui conduisit de l'une à l'autre. Ils en portent le drapeau, s'en voient reprocher les tares ou en tressent les lauriers. L'injustice prévaut dans ces jugements à l'emporte-pièce qui jettent aux orties la IVe République et ses hommes politiques, désintéressés et tolérants. Qui se souvient qu'Antoine Pinay fut le ministre des Affaires étrangères d'Edgar Faure après avoir siégé dans le gouvernement Pleven, en qualité de ministre des Travaux publics, aux côtés de François Mitterrand, ministre de l'Outre-Mer? Que celui-ci fut ministre de Joseph Laniel, le « dictateur à tête de bœuf »? Que Jacques Chaban-Delmas participa au Front républicain avec Guy Mollet et Pierre Mendès France? L'Histoire officielle veut que seuls la Ve et son fondateur soient encensés, reconnus, remerciés. Pourtant, quand sonnera l'heure des bilans, il faudra bien reconnaître que les politiciens du tripartisme, les socialistes, les MRP, les radicaux, les modérés, Guy Mollet, Robert Schuman, Pierre Mendès France et Antoine Pinay ont reconstruit la France, fondé l'Europe et résisté à la poussée communiste. La Ve a eu la part belle de recueillir un tel héritage, même si de Gaulle s'est toujours gardé de le reconnaître, en légataire rusé qui cache soigneusement le magot bien dissimulé que lui a laissé le défunt.

Ce 27 mai 1970, cela fait un an et un mois que le général de Gaulle a quitté l'Elysée une dernière fois, onze mois que Georges Pompidou s'y est installé et que Jacques Chaban-Delmas a posé ses bagages d'homme pressé à l'hôtel Matignon.

Le maire de Bordeaux et celui de Château-Chinon se connaissent bien, se respectent et s'estiment. Ils ont, chacun à sa manière, cultivé leur fidélité : au général pour le premier, à une certaine France radicale pour le second. Certes, l'opposition dans laquelle ce dernier se tient depuis douze ans l'a naturellement porté à durcir son discours, à forcer le trait. Frustré de pouvoir, brocardé par la presse aux mains des grands intérêts, par la radio et la télévision colonisées par le pouvoir, il remâche sa rancune, se laisse envahir de mauvais souvenirs comme cette affaires des fuites, d'où il est sorti innocenté et sali[1]. Mais sous le ministre déchu perçait le polémiste de talent. François Mitterrand a bien vite trouvé les accents d'une contestation sans faille, répondant trait pour trait aux attaques méprisantes du Général et, aujourd'hui, de Georges Pompidou. A leur cynisme d'hommes d'Etat, il oppose l'idéalisme des premiers révolutionnaires. Il retrouve les accents d'un Robespierre, d'un Saint-Just dont il n'imagine pas qu'il lui reviendra de célébrer le second centenaire. A cette France qui s'enrichit, qui consomme et qui s'amuse, il rappelle l'exigence des droits de l'homme, la solidarité, le peuple.

C'est cet opposant intransigeant, cet *homo politicus* redevenu idéologue, qui a commis, voici six ans, un réquisitoire lucide, féroce contre le pouvoir gaullien, *Le*

1. Ce scandale qui éclate en septembre 1954, sous le gouvernement de Pierre Mendès France, met en cause François Mitterrand, ministre de l'Intérieur, soupçonné de livrer au parti communiste les délibérations du Comité de défense nationale. L'enquête conduite par la DST — dans le dos de son propre ministre — le met rapidement hors de cause. Les coupables, René Turpin, Roger Labrousse et le commissaire Dides, sont confondus.

Coup d'Etat permanent. Il n'a laissé à personne le soin de l'écrire, n'a pas voulu partager le plaisir de plaider cette cause, celle d'une démocratie enfin réconciliée avec le peuple.

Il stigmatise sévèrement ce régime de pouvoir personnel qu'il se retient de justesse de traiter de dictature. Il appelle à la rescousse Danton (« Rien n'est si difficile que de définir un crime politique ») pour aussitôt le juger timide. « Auprès de la camarilla gaulliste qui se pique, il est vrai, de jacobinisme, Danton paraîtrait timoré. » Et il explique : « Si difficile est la définition du crime politique qu'entre 1810 et la Deuxième Guerre mondiale, les articles du code pénal consacrés à l'atteinte à la sûreté de l'Etat n'ont été retouchés que peu de fois. » En revanche, « depuis 1958, la Ve République a révisé à cinq reprises les mêmes textes répressifs ». Pourquoi cette frénésie législative? Tout simplement parce que « *tenant son pouvoir de l'énergie et de l'habileté qu'il a mises à forcer le consentement populaire*[1], il n'ignore pas que ce pouvoir reste à la merci d'un événement contraire et n'est pas, en tout cas, transmissible ».

François Mitterrand monte à la tribune. Il savoure à l'avance, en grand fauve de la politique, la philippique qu'il va lancer contre le gouvernement. C'est, en fait, depuis le désastre de 1969, où la gauche non communiste a touché le fond[2], son grand retour sur l'avant-scène, la dernière qui s'offre encore à lui, la tribune de l'Assemblée nationale.

L'ordre du jour s'y prête par un de ces malicieux hasards qui servent les grands hommes. Il est prévu que

1. Subtile définition du coup d'Etat feutré que fut le 13 mai 1958. Ce sont les auteurs qui soulignent.

2. Gaston Defferre, candidat du parti socialiste, réalise un score catastrophique (5,012 %), devancé par Jacques Duclos, qui représente le parti communiste.

l'on discute du projet de loi « tendant à renforcer la garantie des droits individuels des citoyens ». Le groupe de la Fédération de la gauche démocrate et socialiste a réparti son temps de parole entre René Chazelle, député de la Haute-Loire, et François Mitterrand, député de la Nièvre, réélu de cette circonscription de Château-Chinon qui ne lui a manqué qu'une fois, en 1958. A lui d'en faire bon usage. A lui de s'inspirer de ses propres prophéties, de retrouver la verve du *Coup d'Etat permanent.*

« Un régime autoritaire et personnel est contraint d'organiser autour de son chef un filet protecteur aux mailles serrées. Les lois du genre le gouvernent. Rien ne peut l'en faire échapper. Si puissante est la liberté que pour la contenir, quand elle se sent mal à l'aise, il faut, d'avance, la priver d'air. C'est pourquoi, invariablement, les rois mal assis, les empereurs d'aventure, les hommes providentiels entament un processus qui les conduit très vite à juguler la liberté d'expression, à dicter ses arrêts à la justice et à recruter pour leur service particulier une garde prétorienne. »

« Une garde prétorienne », le mot est lâché dont bien peu se souviendront quand François Mitterrand organisera, dans son palais, une milice hétéroclite et indisciplinée pour protéger sa personne, son image, ses ambitions. Mais nous n'en sommes pas encore là [1].

Narines et lèvres pincées, longues pattes encadrant un visage encore rond, l'alerte quinquagénaire a gardé une bonne part de cette forme physique qui lui avait fait avaler les grilles des jardins de l'Observatoire onze ans plus tôt. Le ridicule ne l'a pas tué et c'est finalement bien mieux ainsi.

Au pied de la tribune, sur l'étroit passage hexagonal qui sépare le lourd empilement des pupitres, oratoire et

1. Voir chapitre VII, « La tentation de Florence ».

présidentiel, des bancs du gouvernement, le regard noir de François Mitterrand croise celui du garde des Sceaux, dont la grande carcasse se recroqueville malaisément dans la niche ministérielle. Sa bonne tête de retraité des chemins de fer, raie sur le côté et moustache grisâtre, se fend d'un sourire à l'intention de l'ancien complice. Combien de fois ont-ils été ministres, ces deux-là ? Sous la IVe, en alternance, François Mitterrand sept fois, René Pleven cinq, avec, en plus, la présidence du Conseil. Ils ont aussi partagé la présidence de l'UDSR, jusqu'à ce que leurs parcours se séparent. Depuis le retour du général de Gaulle au pouvoir, seul le grand Breton a connu les faveurs du pouvoir.

Au perchoir, au-dessus d'eux, Achille Peretti, compagnon de la Libération, ancien commissaire de police. Ce vieux routier de la politique politicienne a collectionné les mandats électifs, en Corse ou à Neuilly. Il a succédé à l'hôtel de Lassay à l'homme qui conduit à présent à Matignon la politique de la France, Jacques Chaban-Delmas, encore un ancien de la IVe, respectueux de ses adversaires, fidèle à ses amitiés et qui voue à son ancien allié du Front républicain une forte estime qui recouvre sans doute une réelle connivence. Ils ont, pour arriver, choisi des voies différentes, ces deux trentenaires de la Libération[1]. Curieusement, c'est celui qui aura eu le courage et la constance de s'opposer à la formidable machinerie de la Ve République qui finira par s'imposer.

Le maire de Bordeaux, pourtant porté par le courant du gaullisme historique mais en cruel déficit de cynisme, ne pourra pas accéder à l'Elysée, trahi par les « pompidoliens » et un certain Jacques Chirac. Celui de Château-Chinon attendra patiemment que ses adversaires se

1. Jacques Chaban-Delmas est né en mars 1915, François Mitterrand en octobre 1916.

découvrent pour les exécuter un à un, Gaston Defferre, Alain Savary, Michel Rocard...

François Mitterrand aborde son intervention.

Il pose devant lui sur le pupitre un feuillet sur lequel il a inscrit quelques mots, quelques phrases de sa belle écriture ronde. A vrai dire, il ne s'agit que d'une simple précaution. La mémoire du député de la Nièvre est phénoménale et il l'entretient soigneusement en apprenant chaque jour un poème par cœur. Le ton est posé, sans effet inutile. Ce n'est pas un grand débat où l'hémicycle est complet, les tribunes du public bourrées à craquer, mais une fin de mercredi ordinaire, studieuse et dépassionnée.

« L'individu, monsieur le garde des Sceaux, a fort à faire devant les mille agressions de la vie quotidienne. Depuis le moment où il doit ranger sa voiture dans un endroit autorisé jusqu'à celui où il lui faut régler ses impôts, les réquisitions, les impositions, les exigences de la société organisée l'assaillent constamment.

« Sur un plan supérieur, il lui faut aussi des garanties, et plus encore. Qui peut assurer ces garanties ? On a rarement considéré que ce sera le policier. Il est admis que c'est le magistrat.

« On essaiera donc de faire que le magistrat remplisse sa mission. Pour qu'il le puisse, il faut qu'il ait les commodités, les facilités. Sur un plan plus élevé encore, on cherchera à garantir sa conscience. C'est sur le plan de la Constitution que, depuis fort longtemps, on a voulu établir le rôle du magistrat en définissant les conditions qui devaient marquer le respect du pouvoir exécutif, que vous représentez, à l'égard de la magistrature. »

François Mitterrand se penche vers René Pleven. Il se fait à présent condescendant :

« Puisque vous avez la charge de rappeler à la magistrature ses devoirs, votre rôle est de veiller, dans cette enceinte et dans le pays, à ce que le droit soit en toute circonstance respecté. »

De la condescendance, l'ancien garde des Sceaux glisse à l'ironie :

« Si le garde des Sceaux est au centre de la plupart des débats importants de l'Assemblée nationale, c'est bien parce que des problèmes se posent. Et même si, au nom du gouvernement, il ne résout pas toujours — certains pensent même rarement — et de la manière qui conviendrait, ces problèmes, c'est fort bien qu'il y songe. »

Il redevient sérieux :

« Je ne vous ferai pas grief d'avoir déposé ici les projets que nous discutons. Je vous demanderai de bien vouloir réfléchir sur la situation qui est faite à l'individu. Puisque le règne de la justice ne peut être celui du policier, puisqu'il ne peut être celui de l'homme politique, il est très important de veiller à ce que le domaine réservé du magistrat soit respecté. Or, depuis de longues années, on observe que le domaine du magistrat se réduit de plus en plus. Songez qu'au moment où je vous parle, l'individu se trouve cerné par un régime de l'état de siège, par un régime de l'état d'urgence, par un régime des pouvoirs spéciaux, par un régime de l'article 16, sans parler des juridictions d'exception du type cour de sûreté. »

C'est au tour du rapporteur Michel de Grailly de se faire moucher pour avoir voulu ergoter sur l'article 16.

Michel de Grailly : « Quel article 16 ? »

François Mitterrand : « Celui qui est inscrit dans la Constitution. J'aurais dû le préciser peut-être. »

Michel de Grailly : « Ce peut être l'article 16 de la loi du 15 janvier 1963. Nombreux sont les articles 16. »

François Mitterrand : « Je vous remercie de la leçon. Je pensais que vous aviez compris. »

L'assemblée adore ces passes d'armes. Elle se fait plus attentive encore. Le chef de l'opposition peut aborder le fond du problème : les expulsions d'étrangers, arbitraires, la détention préventive, dangereuse, la présomption de culpabilité, intolérable, la cour de sûreté de l'Etat, désormais inutile.

Il en vient à présent au point le plus important, les écoutes téléphoniques : « En ce domaine, on protège l'individu contre tout le monde, sauf contre l'Etat, sauf contre la police, alors qu'on s'intéresse au fonctionnement de ces écoutes téléphoniques d'une autorité militaire dont on se demande même s'il est parfaitement normal qu'elle se préoccupe des atteintes à la sûreté extérieure de l'Etat ou du contre-espionnage, de même qu'elle reçoit par priorité les conversations que chacun d'entre nous peut échanger au hasard de ces journées lorsque les séances de l'Assemblée lui laissent un peu de temps. Il est véritablement abusif qu'on ait refusé ce débat. »

Ce propos mérite d'être décrypté. Si François Mitterrand mentionne l'autorité militaire à propos des écoutes, c'est qu'il sait parfaitement que les interceptions téléphoniques sont le fait d'une structure contrôlée par l'autorité militaire, le GIC, implantée en milieu militaire, aux Invalides. Cette organisation permet de placer l'ensemble des opérations de branchement, d'enregistrement et d'exploitation sous le sceau du secret défense qui dissuade les curieux et couvre les débordements.

L'ancien ministre reconnaît, un peu tard sans doute, en avoir usé ; il n'hésite pas à mentionner « cette nouvelle forme de délinquance dont nous nous rendions coupables » et, le remords aidant, souhaite que « chacun sache que l'écoute téléphonique est désormais véritablement passible, même si elle est organisée par le pouvoir politique, de peines sévères ». Habilement, il suggère même qu'« à partir du moment où l'on commence à écouter les conversations de l'opposition, on en vient très rapidement à écouter celles de la majorité ».

Les députés rient. Grand seigneur, l'homme politique, dont beaucoup imaginent que le destin est désormais derrière lui, assure alors que « ce seraient d'étranges et de très mauvaises mœurs que de rendre à ceux qui vous auraient fait ce mal, le mal qu'ils ont eux-mêmes commis ». Il martèle : « On n'en sortirait pas. Oui, ce sont de très mauvaises mœurs sur le plan de la République. Il faut qu'une instance politique, judiciaire et morale veille à protéger la vie privée des citoyens contre les intrusions de l'Etat. »

René Pleven se décide à lever la tête.

François Mitterrand s'adresse à lui : « Monsieur le garde des Sceaux, je ne vous ferai pas grâce de me taire jusqu'au bout. Il vaut mieux faire ce que vous faites aujourd'hui que ce que vous avez fait l'autre jour. »

La gauche applaudit pendant que le député d'Eure-et-Loir, Claude Gerbet, monte à son tour à la tribune. Le duel attendu entre le ministre de la Justice et son lointain prédécesseur est pour demain.

C'est, selon l'usage, des travées de l'hémicycle que François Mitterrand intervient, au cours de la seconde séance du 28 mai 1970, pour défendre l'amendement n° 240 qu'il a déposé et qui tend à assimiler l'écoute téléphonique à une suppression ou une ouverture de lettre et, par conséquent, à une violation du secret de la correspondance. Il le fait longuement, précisément, avec toute la force de persuasion, toute l'habileté dans la présentation dont il est capable. Le propos est convaincant :

« Vous voulez, monsieur le Garde des Sceaux, défendre la vie privée, mais contre qui? Contre quiconque la viole.

« S'agit-il de frapper seulement les professionnels du chantage ou de l'indiscrétion? A cet égard, j'exprimerai d'ailleurs un certain scepticisme. Je connais, par exemple, de grands organes de presse dont la spécialité est de vivre de l'indiscrétion, et d'en vivre fort bien. Mais, quand je considère la liste des principaux actionnaires de ces mêmes organes, je demeure assez inquiet sur les commodités dont vous disposez pour appliquer la loi.

« Bien entendu, mes propos ne visent aucune des personnes présentes. Mais j'espère, monsieur le Garde des Sceaux, que vous aurez la curiosité de vous pencher sur cette question.

« Il s'agit donc de frapper tous ceux qui peuvent violer l'intimité de la vie privée. Et qui donc, hormis ces professionnels, ces gens indélicats, qui donc en a les moyens sinon l'administration, d'autant plus que celle-ci — et je vais y venir dans un instant — peut, à bon droit, user de l'écoute téléphonique ? »

Remballant son ironie de la veille, il reconnaît que le texte gouvernemental est « très positif ». Il souhaite seulement aller plus loin, faire en sorte que nul ne puisse utiliser les écoutes à des fins personnelles, « ce qui est le grand scandale ». Pour se faire bien comprendre, il conseille, il adjure :

« Sur ce plan, monsieur le Garde des Sceaux, il convient d'être extrêmement vétilleux. On observe en effet — et quiconque a siégé au gouvernement le sait bien — que les services de police et quelques hauts fonctionnaires de police, lorsqu'ils ne sont pas étouffés par la moralité ou que leur zèle dépasse les instructions qui leur sont données par les ministres, accumulent un matériau de renseignement simplement par goût professionnel, et peut-être par un certain vice de fonction, de telle sorte que l'Etat dispose de dossiers considérables, indépendamment du gouvernement en place et des ordres spécifiques donnés par ce gouvernement.

« On sait que bien des préfets de police, dépassant de loin les instructions gouvernementales, ont accumulé ces écoutes politiques. Je ne pense d'ailleurs pas à celui qui aujourd'hui occupe cette fonction, qui fut, au demeurant, mon collaborateur et pour qui j'ai une réelle estime[1].

« Précisément, ces écoutes politiques mettaient en cause les ministres du moment pour servir les ministres du lendemain. Alors, qui nous garantira contre cela ? »

Le bretteur reprend vite ses droits : il suggère que M. Edgar Faure serait écouté « lorsqu'il prétend arbitrer à la place du ministre de l'Education nationale les conflits de Nanterre », qu'il en est sûr. « De même des membres de Présence et action du gaullisme ». Il ajoute enfin :

« Je vais passer aux confidences, monsieur le Garde des Sceaux. En 1965, entre les deux tours de scrutin, alors que je me trouvais mêlé à une élection au suffrage universel au niveau national, certains membres des écoutes téléphoniques, dans un moment d'aberration que je ne partageais pas, doutant des chances de succès de l'un ou l'autre des candidats le 19 décembre 1965, m'ont transmis les écoutes téléphoniques qu'ils avaient reçues au titre des instructions des années précédentes. Je ne mange pas de ce pain-là. J'ai refusé de les connaître, je vous prie de me croire. »

La révélation est d'importance. Elle pourrait et devrait déclencher une enquête interne au GIC. Elle établit que certains militaires ou fonctionnaires, peu confiants dans l'avenir électoral du général de Gaulle, ont vu, ont cru lire dans le marc de café, la victoire de François Mitterrand. Seize ans trop tôt.

C'est à René Pleven de répondre. Il le fait à sa manière, placide et mesurée, ignorant l'ironie de son ancien ami dont il retient la loyauté d'avoir reconnu n'avoir pas agi différemment de ses prédécesseurs ni de ses successeurs. Il demande qu'on fasse confiance au gouvernement et rappelle l'Assemblée à la cohérence :

1. Il s'agit de Maurice Grimaud.

« Si véritablement vous croyez — et je m'adresse, non plus spécialement à monsieur Mitterrand, mais à l'ensemble de l'Assemblée — que les hommes qui détiennent la responsabilité de certaines charges ministérielles utilisent le moyen des écoutes téléphoniques pour espionner la vie privée, pour alimenter je ne sais quelles modernes "Chroniques de l'œil-de-bœuf", ce n'est pas par le moyen de l'amendement de monsieur Mitterrand que vous devez régler le problème.

« Si vous croyez que nous sommes capables de manger de ce pain-là, il vous appartient de déposer une motion de censure et de nous retirer les moyens d'utiliser les écoutes. »

René Pleven appartient à cette classe politique et à cette mouvance centriste qui ne demande rien tant que de servir honnêtement un idéal démocrate et européen. Sur ce dernier point, au moins, il est parfaitement en phase avec son interpellateur du jour. Il veut bien concéder, indirectement, que la position du gouvernement reste perfectible : « J'accepte l'idée que, dans un pays moderne, ce problème [celui des écoutes] devra un jour ou l'autre être résolu... Pour le moment, nous n'en sommes pas là. » Il fixe François Mitterrand, son seul véritable interlocuteur. « Qu'à l'occasion de ce texte, vous souleviez la question, cela me paraît naturel. Mais, je le répète, ce n'est pas par le moyen de votre amendement. Je suis obligé de demander à l'Assemblée de confirmer qu'il s'agit d'une question indirecte de confiance. »

Le règlement de l'Assemblée autorise, une dernière fois, le dépositaire d'un amendement à répondre. François Mitterrand ne gâche pas l'occasion de souligner de nouveau le zèle des services de police qui « désirent rassembler une documentation complète sur les entours et alentours de tous les milieux politiques, syndicalistes, bref de tous les gens mêlés à la vie politique. Rien ne les arrête, permettez-moi de vous le dire. »

Ce ne sont plus seulement, à travers ses propos, les journalistes et le gouvernement qui sont montrés du doigt, c'est l'appareil policier et, plus précisément, chacun l'aura compris, les Renseignements généraux, cette police politique que toutes les oppositions dénoncent. Pour s'en accommoder une fois venues aux affaires.

François Mitterrand le souligne :

« On protège l'individu contre tout le monde, sauf contre l'Etat, sauf contre la police, alors qu'on s'intéresse au fonctionnement de ces écoutes téléphoniques d'une autorité militaire dont on se demande même s'il est parfaitement normal qu'elle se préoccupe des atteintes à la sûreté extérieure de l'Etat ou du contre-espionnage, de même qu'elle reçoit par priorité les conversations que chacun d'entre nous peut échanger au hasard de ces journées lorsque les séances de l'Assemblée nationale lui laissent un peu de temps. »

René Pleven reste de marbre.

L'amendement 240 est repoussé par l'Assemblée nationale.

François Mitterrand n'a pas prêché en vain. Il s'est trouvé d'autres parlementaires, une autre assemblée, le Sénat, pour rebondir sur les principes de l'ancien compétiteur du général de Gaulle.

Le rapporteur du projet de loi sur la protection de la vie privée, Edouard Le Bellagon, n'hésite pas à aller au fond des choses. Revendiquant le droit de l'individu — on parle moins en ces années 70 de « citoyen » — à une sévère protection, il brandit l'avis du Conseil de l'Europe et l'article 8 de la Convention de sauvegarde des droits de l'homme pour dénoncer les dérives policières de procédures d'écoute, sinon légitimes, du moins permises. « Si elles peuvent être justifiées, dans une très faible mesure, par les nécessités de la défense nationale, elles ne pourraient cependant appeler, au point de vue moral, qu'une grande réprobation si elles étaient utilisées par des services de police à des fins personnelles peu avouables. »

Ce n'est qu'un coup de semonce, bien entendu. René Pleven semble l'entendre, mais se garde bien d'aller au-delà des bonnes intentions.

Aussi, quand le groupe socialiste sénatorial reprend l'amendement Mitterrand, la divergence apparaît-elle clairement : le rapporteur s'en remet à la sagesse du Sénat en soulignant combien « la commission a été très préoccupée par cette question »; le garde des Sceaux se fait plus mordant que dans l'enceinte du Palais Bourbon, tant à l'égard du Sénat tout entier — « il s'agit de savoir si le Sénat veut faire des gestes inutiles ou s'il pense qu'il est bon de légiférer en restant réaliste » — qu'à celui de l'opposition — « Alors, messieurs, pas d'hypocrisie ! Aucun gouvernement moderne ne peut aujourd'hui se dispenser de procéder à certaines écoutes. »

La cause est entendue.

II

Les bretelles de M. Debré

Il procède de l'essence même du pouvoir de chercher à connaître les pensées et les actes des sujets. Les cahiers de doléances de 1789 s'indignent déjà des pratiques du cabinet noir qui intercepte les correspondances privées dans le dessein presque avoué et largement admis de prévenir les complots, dans celui, moins louable, de saisir l'état de l'opinion ou, enfin, dans l'intention perverse de pénétrer dans le secret des familles, de préférence proches du roi.

Dès les tout premiers jours de son existence, l'Assemblée nationale issue des Etats généraux découvre ces agissements. Elle y dénonce, le 24 juillet 1789, une des fautes les plus condamnables de la monarchie absolue à l'encontre des citoyens. Le 26 août, elle adopte l'article 11 de la Déclaration des droits de l'homme et du citoyen qui dispose que « la libre communication des pensées et des opinions est l'un des droits les plus précieux de l'Homme », et que « tout citoyen peut donc parler, écrire, imprimer librement sauf à répondre de l'abus de cette liberté dans les cas déterminés par la loi ».

La rigueur de cette position ne sera plus jamais remise en cause, du moins en son principe. La Constitution de 1793 dans son article 7 le confirme solennellement. Napoléon prend garde de n'y rien changer, la Charte

« octroyée » de 1815 n'en retire rien et celle de 1830 le précise de nouveau : le respect de la vie privée est un droit sacré, au même titre que le droit de propriété. Ils représentent l'un et l'autre les acquis les plus solides de la bourgeoisie.

Pourtant, la censure est rétablie, du moins jusqu'à Louis-Philippe, et avec elle son cortège d'indiscrétions et de bassesses. Fouché, bien sûr, auprès de Napoléon, mais aussi le duc Decazes dans ses visites matinales à Louis XVIII se rendent indispensables à force de lettres volées et de scandaleuses indiscrétions.

La raison d'Etat trouve son compte dans cet espionnage des puissants. Il n'y a pas que de galantes histoires. La trahison se découvre aussi au travers de ces lettres, de ces billets qui font et défont l'honneur et le déshonneur[1]. L'affaire Dreyfus et bien d'autres tout aussi édifiantes n'eussent pas éclaté si l'habitude n'avait pas été prise d'ouvrir les enveloppes et de vider les corbeilles. La censure, fille aînée de l'interception du courrier, put ainsi prospérer, notamment pendant la Grande Guerre, justifiant que *L'Homme libre* d'un certain Georges Clemenceau fasse place à *L'Homme enchaîné*.

Autres techniques, mêmes mœurs. La généralisation du téléphone ne s'avère pas seulement commode pour les usagers. Elle l'est aussi pour la police qui peut, beaucoup plus discrètement, surveiller les conversations. Comme toujours, la meilleure démonstration de ce que pouvait être un système d'écoutes performant nous vint de l'extérieur. Très précisément de la Gestapo, qui mit en place, dans les égouts de Paris, un réseau performant, si parfait que, à la Libération, la police n'eut qu'à en prendre

1. Chateaubriand écrit dans *La Monarchie selon la Charte* : « Les secrets du gouvernement sont entre les mains de la police ; elle connaît les parties faibles et le point où l'on peut attaquer. Récompenser le crime, punir la vertu, c'est toute la police. »

possession pour mieux surveiller voyous et comploteurs. Le parti communiste et ses prolongements, la CGT, *L'Humanité*, l'Union des femmes françaises, étaient évidemment les plus choyés. La loi ignorait ces pratiques et le code des PTT[1] garantissait tranquillement le secret de la correspondance. Tout aussi naturellement, la France adoptait et ratifiait la Déclaration universelle de 1948 qui appelle, dans son article 12, au strict respect de la vie privée : « nul ne sera l'objet d'immixtions arbitraires dans sa vie privée, sa famille ou *sa correspondance*[2], ni d'atteinte à son honneur ou à sa réputation ». Quant au Pacte international relatif aux droits civils et politiques, également signé par la France, il dispose au paragraphe premier de son article 17 que « nul ne sera l'objet d'immixtions arbitraires ou illégales dans sa vie privée, sa famille ou *sa correspondance,* ni d'atteintes illégales à son honneur et à sa réputation », et précise au second paragraphe que « toute personne a droit à la protection de la loi contre de telles atteintes ». Enfin, la Convention européenne de sauvegarde des droits de l'homme et des libertés fondamentales, ratifiée par la France en 1950, prévoit en son article 8, premier alinéa, que « toute personne a droit au respect de sa vie privée et familiale, de son domicile, *de sa correspondance* ». Elle ajoute même dans l'alinéa suivant qu' « il ne peut y avoir ingérence d'une autorité publique dans l'exercice de ce droit (au respect de la vie privée, de la famille et de la correspondance) que pour autant que cette ingérence est prévue par la loi et qu'elle constitue une mesure qui, dans une société démocratique, est nécessaire à la sécurité nationale, à la sûreté publique, au bien-être économique du pays, à la défense de l'ordre et à

1. Code des Postes et Télécommunications, livre II, titre Ier, chapitre Ier.

2. Ce sont les auteurs qui soulignent.

la protection de la santé, de la morale ou à la protection des droits et libertés d'autrui ».

Ce texte, assez largement méconnu, est doublement intéressant : il pose la reconnaissance du respect à la liberté de la vie privée comme un droit de l'homme, comme tel inaliénable et sacré, au même titre que le droit de propriété ou la liberté de circulation et, de manière complémentaire, il en subordonne l'éventuelle remise en cause à d'impératives conditions, celles qui tiennent aux intérêts supérieurs de la nation.

Avec une telle batterie de textes, l'Etat national, abstraction commode, et le législateur, personnage très concret, savent à quoi s'en tenir : ils sont invités à limiter très précisément et en les justifiant tous les empiètements, toutes les ingérences que la nécessité suprême de l'intérêt général imposerait à ce droit nouveau. Il faut légiférer ou réglementer si l'on entend franchir les limites de la vie privée et intercepter des correspondances ou des écoutes qui leur sont assimilables.

Aucun gouvernement de la Vᵉ République ne s'en soucie ; le contexte ne s'y prête pas, avec l'enchaînement des guerres « coloniales héritées de la IVᵉ », l'Indochine de 1946 à 1954, l'Algérie à partir de 1954. Il est nécessaire d'identifier les ennemis de l'intérieur, soutiens convaincus du Viêt-minh et du FLN, de surveiller leurs agissements, leurs sabotages, leurs appels à la désertion, de contrarier leurs collectes de fonds ou de moyens. La DST et le SDECE[1] sont sur le pont, ainsi que les Renseignements généraux, héritiers de la police spéciale des chemins de fer[2]. L'hypocrisie perdure de l'adhésion à des

1. Service de documentation extérieure et de contre-espionnage. Ancêtre de la DGSE.

2. René Coblet, ministre de l'Intérieur, précise le 18 juillet 1882 que les « commissaires spéciaux [des chemins de fer] ser[aie]nt désormais à la disposition des préfets auxquels ils communiquer[aie]nt tous les renseignements intéressant leur département ». Le

principes généreux, internationalement partagés, et des pratiques plus scabreuses sans autre contrôle que celui de l'exécutif. Si l'on peut comprendre, en effet, que les activités de certaines ambassades, de certaines sociétés, de certaines personnalités intéressent la sécurité du pays, on peut en revanche s'interroger sur l'intérêt que présentaient d'autres écoutes.

Ainsi, quand des présidents du Conseil se préoccupaient, lorsque quelque crise menaçait le gouvernement, de savoir comment allaient voter les députés, on voyait alors des policiers, sur présentation de leur carte, faire mettre sur écoute de simples particuliers.

Le général de Gaulle lui-même, le héraut de la France libre, devenu l'irréductible adversaire d'un régime qui lui devait son existence, ne put échapper à la curiosité de la police. Ce furent les Renseignements généraux qui se chargèrent du travail : ceux de la préfecture de police, sur l'ordre du préfet Baylot, qui « sonorisèrent » le quartier général du chef du RPF à l'hôtel Lapérouse, et non la DST, comme cela fut injustement imputé à Roger Wybot; ceux de la DCRG[1] qui placèrent sous écoute la ligne privée du général à Colombey, avec la collaboration forcée du colonel Debeaumarché, haut fonctionnaire

23 décembre 1893, un décret signé du ministre David Raynal « étend la compétence de juridiction des commissaires spéciaux aux départements de la résidence. La circulaire d'application du 27 décembre 1893 enjoint à ces fonctionnaires d'intensifier la recherche du renseignement politique et de participer à la répression des menées anarchistes. L'expression de « Service des renseignements généraux » apparaît le 6 octobre 1894 sous la signature du directeur de la Sûreté générale Henri Poirson.

1. Il faut distinguer les Renseignements généraux de la préfecture de police (RGPP), placés sous l'autorité « théorique » de la Direction centrale des Renseignements généraux et sous celle, effective, du préfet de police, et les Renseignements généraux de la DCRG, qui incluent toutes les directions départementales.

de défense au ministère des PTT[1]. Ou ceux qui, en mai 1958, fabriquèrent, selon Michel Poniatowski, de fausses écoutes d'intimidation pour faire croire à l'imminence d'un débarquement de parachutistes.

Comme on peut l'imaginer, le général de Gaulle, au demeurant mal informé en cette affaire par son gendre le général de Boissieu, ne garda l'affront sur l'estomac que le temps de sa pénitence. Revenu au pouvoir, il se débarrassa promptement de son ancien compagnon, lui-même fondateur de la DST, sans entendre ses explications ni chercher ce qu'il eût aisément découvert, l'implication de la « police politique » que sont les Renseignements généraux.

Le mérite n'en est que plus grand de Michel Debré de vouloir remettre de l'ordre dans un tel foisonnement de pratiques, pour beaucoup nécessaires, mais souvent scabreuses, inutiles ou dangereuses. Il faut alors du courage et de la lucidité pour s'abstraire d'un contexte de quasi-guerre civile — les opérations contre l'OAS font rage et mobilisent largement l'activité des services de police — et poser les bases d'une réglementation permanente. Le Premier ministre le fait par sa décision n° 1 du 28 mars 1960 classée « très secret » qui fait l'objet d'une diffusion très restreinte auprès des seules autorités administratives compétentes. Elle ne sera « déclassifiée » que le 28 octobre 1992 par le Premier ministre Pierre Bérégovoy, plus d'un an après la promulgation de la loi du 10 juillet 1991 « relative au secret des correspondances émises par la voie des télécommunications ».

La décision de 1960 concrétise la volonté gouvernementale de regrouper dans un service unique, le Groupement interministériel de contrôle (GIC), les systèmes d'écoutes administratives auxquels avaient recours les

1. Cité par Roger Wybot in *La Bataille pour la DST*, Presses de la Cité, 1975.

différents services de police et de renseignement. Il pose donc le principe de la compétence des « autorités gouvernementales », excluant par là toute initiative échappant au pouvoir politique. Le GIC est ainsi naturellement placé sous l'autorité *directe* du Premier ministre, ce qui exclut toute délégation donnée à un autre ministre. Pour que la cause soit bien entendue, le chef du groupement est nommé par le chef du gouvernement, *devant lequel il est responsable.*

Ce n'est que dans le cas où le Premier ministre déléguerait l'ensemble de ses pouvoirs, soit en cas d'empêchement, de vacance, comme par exemple un déplacement à l'étranger, que ceux qui sont relatifs aux écoutes téléphoniques seraient exercés *d'office* par le ministre de l'Intérieur.

La décision passe ensuite à la procédure proprement dite. Seules trois autorités peuvent prescrire une interception téléphonique : outre le Premier ministre, le ministre de l'Intérieur en raison de son autorité sur la police, DST pour l'espionnage, RG pour le renseignement intérieur, PJ pour les délinquances de droit commun, et le ministre des Armées qui a autorité sur la Sécurité militaire (qui deviendra la DPSD, Direction de la protection du secret de défense) et le SDECE (Service de documentation extérieure et de contre-espionnage), qui en 1981 laissera la place à la DGSE. Il est bien entendu prévu « qu'en cas d'empêchement ou d'absence, ces ministres peuvent accorder une délégation spéciale » très secret « à un membre de leur cabinet ».

Une fois les autorisations recueillies, c'est au ministre des Postes et Télécommunications de donner l'ordre d'exécution, en clair l'ordre de branchement. Son seul interlocuteur, en cas de besoin, est le chef du GIC.

Très vite, l'application de ces dispositions fait l'économie de toute décision d'écoute qui serait prise directement par le Premier ministre. Le chef du gouvernement apparaît comme l'autorité de contrôle des demandes présentées par les deux ministres intéressés — auxquels s'ajoutera plus tard leur collègue des Finances pour les interceptions nécessaires aux douanes — mais aussi des « productions », c'est-à-dire des procès-verbaux d'écoute.

La pratique s'établit donc d'un carton, comportant trois volets détachables. Chaque service demandeur se voit attribuer une couleur : gris pour la DST, orange pour les Renseignements généraux, jaune pour la Police judiciaire, bleu pour la DGSE, vert pour la DPSD, rose pour les douanes, violet pour le Tracfin (traitement et action contre les circuits financiers clandestins).

Le volet supérieur dit « demande de construction » doit être signé par le directeur du service demandeur et non par un adjoint : le directeur de la ST, celui des RG, celui de la PJ signent eux-mêmes ce premier volet. Le volet central représente l'« autorisation du construction » ; c'est le ministre concerné qui le signe, avant de l'adresser au GIC. Enfin, sur le volet inférieur, appelé « répertoire général », sont portés le nom, la localité, le numéro dont l'écoute est sollicitée et le motif invoqué à l'appui de la demande.

Pour d'évidentes raisons de place, ce motif est sibyllin : terrorisme, espionnage, trafic de stupéfiants, trafic d'armes.... Si de plus longues explications s'avèrent nécessaires, elles peuvent toujours être sollicitées par le chef du GIC ou le Premier ministre, mais ce n'est pas l'usage. Le ministre qui a paraphé le volet central est censé avoir obtenu tous apaisements quant au bien-fondé de la demande.

C'est d'ailleurs ce qui se passe au sein du ministère de l'Intérieur, où l'habitude est prise de justifier les nouvelles « constructions » par la production d'une note de commentaires[1]. Parfois, c'est le directeur de la DST ou

1. Voir chapitre IV, « Le vent de la liberté ».

celui des RG qui, par souci de discrétion, « descend » au cabinet du ministre[1] et s'en va commenter son paquet de cartons.

Ces entretiens ont incontestablement un côté récréatif : le directeur se met en valeur, feint de laisser pénétrer son ministre au cœur de secrets croustillants ; l'Excellence, quant à elle, satisfait à bon compte sa curiosité. Mais ils perdent du même coup un temps précieux. Aussi l'habitude se prend-elle de laisser les directeurs de cabinet ministériel régler la marche des écoutes avec les chefs de service, qui sont le plus souvent des collègues, voire des camarades de promotion.

L'usage s'établit du contre-seing ministériel délégué, non seulement au niveau des ministères mais surtout à celui de Matignon : le dos du volet central réservé à cet effet reçoit la signature du directeur de cabinet du Premier ministre. La pratique est logique, le chef de l'exécutif étant appelé à bien d'autres tâches. C'est, en fait, le chef du GIC qui, ayant reçu son lot de cartons multicolores, va quérir au premier étage de l'hôtel Matignon le paraphe du directeur de cabinet, puis, avenue de Ségur, celui du ministre chargé des télécommunications.

La phase administrative est terminée, en parfaite conformité avec la décision du 28 mars 1960.

Les autres dispositions du texte de Michel Debré ne seront pas aussi rigoureusement appliquées.

En effet, la commission qu'il prévoit, présidée par le représentant du Premier ministre et comprenant les délégués des deux ministres utilisateurs, ne se réunira pas. Elle n'aura donc nul loisir « d'examiner régulièrement si la production du GIC est conforme aux besoins des services intéressés ». Elle n'aura pas davantage à trancher dans les inévitables concurrences qui se font jour entre les

1. Toujours situé au rez-de-chaussée.

services, voire les coups bas qui s'échangent. Il est en effet courant que deux directions de police, voire un service de renseignement, cherchent à écouter une même personne, une même ambassade, une même organisation. De tels conflits, quand ils surgissent, pourraient à tout le moins se régler par l'échange des productions. Le bon sens l'imposerait, le sens de l'intérêt général l'exigerait. Dans la pratique quotidienne d'une rivalité confortée au fil des années par la légende et la rancune, c'est tout le contraire qui se produit. On essaie plutôt de se refiler des renseignements douteux, des informations éventées et, surtout, de ne pas lâcher le moins du monde sur les contingents alloués.

Ceux-ci représentent en effet la garantie d'une collecte plus conséquente et, par un effet secondaire non négligeable, l'assurance de solides verrouillages au nez et à la barbe des concurrents. La bataille feutrée que se livrent les directions pour obtenir l'augmentation de leur quota est évidemment née de l'oubli de la commission prévue par Michel Debré. Dès lors, elle est arbitrée par le GIC et confère à son chef une réelle influence, voire un pouvoir qui justifie qu'on le courtise. Ainsi peut-il accepter, à titre provisoire, et dans des limites très strictes, qu'une direction pressée par la nécessité dépasse de quelques unités ses droits d'écoute. Sans doute devra-t-il, quand un nouveau client apparaîtra sur le marché, en l'occurrence la cellule de l'Elysée, admettre d'autres accommodements.

En attendant, les chiffres restent modestes, très en deçà de ce que s'imagine le bon peuple : en 1996, le ministère de la Défense émarge pour 232 écoutes, celui de l'Intérieur pour 928, celui des Finances pour 20[1]. L'importance du contingent de l'Intérieur ne doit pas faire illusion puisque trois services se partagent les lignes

1. Au bénéfice des douanes.

et que nombre de celles-ci sont « immobilisées » à titre permanent, comme celles posées sur des fax ou concernant les ambassades de pays dits « sensibles », l'URSS et ses alliés du pacte de Varsovie pendant la guerre froide, les « Etats voyous », ou *rogue states*, depuis la mondialisation du terrorisme.

La théorie veut que chaque ministre soit destinataire des renseignements bruts obtenus à partir de l'interception autorisée. De surcroît, le Premier ministre les reçoit tous. La pratique est différente : les fiches d'écoutes, de simples feuilles de papier, reviennent du centre des écoutes vers le service qui fait un premier tri et ne communique au cabinet du ministre que les plus intéressantes. Quant à Matignon, il est clair, dès 1960, qu'il ne dispose pas des effectifs qualifiés pour procéder à un contrôle autre que formel. Comme beaucoup de tâches matérielles ingrates, celle-ci incombe au cabinet militaire, titre pompeux pour désigner une maigre phalange aux ordres d'un officier de rang modeste.

L'organisation générale du centre, implanté aux Invalides, au 51 *bis* boulevard de La-Tour-Maubourg, s'inscrit dans la même logique : la fonction d'écouter est d'abord dévolue aux militaires, dans des locaux militaires sous commandement militaire. Les policiers s'en accommodent d'autant mieux qu'aucun service ne pourrait imposer sa prééminence aux autres. En ces années 60, le ministère de la Défense dispose en outre d'effectifs pléthoriques et, même si quelques étoilés et galonnés se hasardent à tâter du pronunciamiento, l'ensemble reste solide.

Dès ses premiers mois, le GIC connaît une activité soutenue. Les Renseignements généraux s'en donnent à cœur joie, si l'on en croit Michel Poniatowski[1]. Les

1. *Cartes sur table*, Fayard, 1972.

hommes politiques de l'opposition, il est vrai peu fournie, des syndicalistes, des membres des mouvements extrémistes, de préférence de gauche, des journalistes, voire de simples citoyens sous le prétexte commode de réaliser des sondages d'opinion, tout ce beau monde est écouté, enregistré, couché sur des feuilles anonymes qui finissent sur le bureau de Roger Frey. Il s'y glisse parfois des indiscrétions concernant des collaborateurs de ministres et jusque des ministres. L'ardeur auditive des services de police ira en se calmant jusqu'aux événements de mai 1968, qui voient le réveil des « orions[1] » : il faut traquer le gauchiste là où il se trouve, partout où il s'exprime. La liste est longue des chouchous des Renseignements généraux : Michel Rocard, inquiétant leader du PSU, dont les conversations avec Marc Heurgon, tête pensante du parti, sont soigneusement décortiquées, Jacques Sauvageot, Alain Krivine, Daniel Cohn-Bendit, tenus pour les meneurs de la sédition, mais aussi des intellectuels, écrivains de préférence, Maurice Clavel, l'auteur des *Incendiaires*, et l'inévitable Jean-Paul Sartre, cousin méconnu du docteur Albert Schweitzer, membre du « tribunal » Russell, dont Roger Frey avait déjà voulu savoir pourquoi il avait refusé le prix Nobel de littérature et les 250 000 francs qui l'accompagnent. La liste des têtes livrées à la curiosité policière est fort longue, toutes ne peuvent être citées, même si, avec le recul, l'évocation de Melina Mercouri, de Barbara et de Françoise Sagan peut faire sourire. S'y ajoutent évidemment des journaux, non pas tellement à raison de ce qu'ils écrivent, mais pour identifier leurs sources d'information. Ce sont avant tout *Minute* et *Le Canard enchaîné*. La psychose qui atteint le gouvernement et ravage Christian Fouchet se

1. Dans l'argot policier, les « orions », ou « oreillons », sont les écoutes.

nourrit de ces écoutes en forme de ragots qui sont au renseignement ce que la musique militaire est à la musique. Sans le savoir, encore moins le vouloir, les centaines d'opérateurs qui, le casque sur la tête dans les sous-sols des Invalides, transcrivent des propos de toute sorte participent à l'intoxication du gouvernement Pompidou et à celle du général de Gaulle lui-même.

Comment l'opposition ne s'en réjouirait-elle pas en affectant de s'en inquiéter ? Quelques semaines plus tard, un incroyable raz de marée électoral emporte l'Assemblée élue le 12 mars 1967 et sa fragile majorité, pour installer au Palais Bourbon une chambre introuvable, l'Union des démocrates pour la Ve République passant de 244 à 358 sièges.

Cette Assemblée qui vient précisément d'écouter François Mitterrand.

III

Le curieux M. Monory

Autre décor, même solennité. A peine s'aperçoit-on que l'hémicycle est plus petit. Ce qui saute aux yeux, c'est le confort des fauteuils, avec des accoudoirs, au lieu des bancs inconfortables du Palais Bourbon. L'atmosphère est plus ouatée, les voix plus sourdes, les gestes retenus.

Cette assemblée est celle des notables, des maires, des présidents de conseil général, et aussi des repêchés du suffrage universel direct, des battus des législatives : après Georges Clemenceau, qui en réclama pourtant la suppression, François Mitterrand et Gaston Defferre, de 1959 à 1962, n'ont pas jugé indigne d'eux d'aller siéger au Palais du Luxembourg. Bien d'autres suivront, après les débâcles, socialiste de 1993, de la droite en 1997.

Pour l'heure, en ce 19 juin 1973, le brave président Alain Poher, qui remâche une vieille rancune à l'encontre de Georges Pompidou qui ne l'a guère ménagé durant la campagne présidentielle de 1969, voit sans déplaisir se dresser dans les travées, au centre de l'hémicycle, la massive carrure de son ami René Monory. Ce robuste quinquagénaire que les énarques pompidoliens surnomment méchamment « le garagiste de Loudun » est un de ces notables nourris au biberon de la démocratie chrétienne qui tiennent en suspicion leurs alliés de circonstance, les gaullistes nationalistes, et louchent vers leurs alliés d'hier, les radicaux et les socialistes.

L'ordre du jour du Sénat appelle, selon la formule consacrée, la discussion d'une question orale avec débat déposée par le sénateur de la Vienne.

En fait, il s'agit d'une de ces « vacheries » que le CDP[1] réserve au gouvernement de Pierre Messmer, d'une de ces marques de suspicion inavouée dont l'on témoigne à l'égard de ses meilleurs ennemis. Il ne s'agit de rien de moins que de demander au Premier ministre « de bien vouloir préciser quels sont les textes légaux ou réglementaires qui pourraient justifier le système des écoutes téléphoniques des communications privées et de bien vouloir confirmer ou infirmer que les communications téléphoniques des membres du Parlement sont susceptibles d'être écoutées et quel usage est fait, dans ce cas, des fiches d'écoute ».

C'est clair, la messe est dite, si l'on ose ainsi s'exprimer à propos des chrétiens démocrates, le centre vient porter la contestation au sein de la Haute Assemblée sur un sujet qui rallie tous les mécontentements : les pratiques de basse police.

Dans cette offensive, René Monory et ses amis centristes ne sont pas seuls. De grands noms les accompagnent : Jacques Duclos, qui a fait rêver les convaincus à la renaissance du parti communiste ; en talonnant, avec près de 5 millions de voix et 21,27 % des suffrages exprimés, le président Poher lors des présidentielles de 1969, apporte la caution communiste ; Dominique Pado, sénateur de la Seine, ancien éditorialiste de

1. Centre des démocrates populaires. Il faut remarquer que l'inclusion de l'adjectif populaire a toujours porté la guigne à ceux qui s'en sont prévalus, du Front populaire qui vota les pleins pouvoirs au maréchal Pétain au Mouvement républicain populaire, puis au Centre des démocrates populaires, jusqu'à l'Union pour une majorité populaire.

L'Aurore, celle de la mouvance radicale; Ladislas du Luart, sénateur de la Sarthe, descendant des Luynes et des La Rochefoucauld, celle des indépendants; André Diligent, sénateur et ancien député (encore un) du Nord, celle du MRP; Pierre Marcilhacy, qui osa affronter le général de Gaulle en 1965 mais fut proprement écrasé avec moins de 420 000 voix, la sienne propre; et Marcel Champeix, sénateur de la Corrèze, celle des socialistes. Tout ce que le Sénat ne compte pas d'UDR se trouve uni pour dénoncer l'intolérable violation des droits de l'homme et surtout de l'homme politique face aux pratiques policières orchestrées par l'un d'eux, Raymond Marcellin, ministre de l'Intérieur.

Depuis 1970 et le débat parlementaire tronqué sur les droits individuels des citoyens[1], le paysage politique a considérablement changé. « L'ordre pompidolien », comme le souligne Raymond Barrillon dans *Le Monde*, « s'écarte de plus en plus du gaullisme historique ». Le rapprochement de l'UDR (184 députés) avec les Républicains indépendants (54) de Raymond Marcellin et du « gaullicide » Valéry Giscard d'Estaing est imposé par la nécessité. Le CDP, héritier du PDM, ne compte plus que deux ministres, Joseph Fontanet et Bernard Stasi, un secrétaire d'Etat, Aymar Achille-Fould, et 23 députés qui font l'appoint. Il faut bien affronter les 208 députés de l'opposition conduits par un François Mitterrand que le congrès unificateur d'Epinay a solidement remis en selle.

De sa voix grave et monocorde, René Monory, qui n'a pas encore acquis l'aisance d'un grand orateur, lit sa question dans le silence d'une Assemblée que ne vient contrarier que le froissement de papiers que l'on remue ou le bruit étouffé d'un dossier qui se referme.

Sitôt l'orateur assis, c'est, conformément au règlement

1. Voir chapitre I, « La parole est à M. Mitterrand ».

du Sénat, au représentant du gouvernement de s'exprimer. Il y a belle lurette, depuis la IIIe République, que le chef du gouvernement lui-même ou quelques-uns de ses « grands » ministres ne se produisent plus en ces lieux. Le général de Gaulle et Georges Pompidou, qui méprisaient *le* politique pour mieux faire de *la* politique, ne délèguent que des seconds couteaux, des secrétaires d'Etat, des « jeunes » en voie de reconnaissance.

Ce 19 juin donc, le gouvernement a confié à Olivier Stirn, le « Kennedillon du bocage[1] », le soin de mater la grogne sénatoriale. Ce sujet amuse et exaspère à l'Elysée. Quant à Matignon, on y fait peu de cas des montées d'adrénaline qui, régulièrement, poussent les parlementaires à s'indigner des écoutes : François Mitterrand, qui en a tant ordonné, Gaston Defferre, qui en prescrira, ont poussé l'audace jusqu'à demander une commission d'enquête pendant la cinquième législature. Georges Frêche, Jean-Marie Daillet, Jean-Pierre Fourcade, Michel Rocard et Michel Poniatowski ont harcelé le gouvernement par le biais de questions écrites. L'initiative de René Monory s'inscrit dans cette interminable litanie. Le secrétaire d'Etat chargé des relations avec le Parlement, pénultième membre du gouvernement selon l'ordre protocolaire, la question ne mérite pas mieux.

C'est manifestement un peu court. Pourtant l'intervention d'Olivier Stirn est loin d'être inintéressante. Le secrétaire d'Etat commence par un « scoop » : pour la première fois par sa bouche, le pouvoir reconnaît publiquement l'existence du GIC, créé par Michel Debré[2]. Puis il se lance, tente de justifier la chose, des écoutes imposées par « les circonstances et les problèmes auxquels le gouvernement doit faire face à un moment

1. Selon le mot de Jean-Pierre Soisson.
2. Voir chapitre II, « Les bretelles de M. Debré ».

donné ». Il cite « grèves insurrectionnelles, mouvements professionnels violents, FLN, OAS, mouvements subversifs d'extrême droite ou d'extrême gauche, recrutement d'agents d'influence manipulés par des gouvernements étrangers ». L'inventaire est impressionnant et justifié, les parlementaires le savent, surtout ceux qui font l'objet d'approches de la part des services étrangers dans le contexte de la guerre froide entre « grands » et de l'interminable affrontement israélo-palestinien. Il va plus loin : « Le gouvernement est particulièrement fondé à s'intéresser à l'action des mouvements extrémistes de droite ou de gauche dont le but est de s'attaquer aux institutions républicaines et de les détruire. » Il souligne même que « cette information s'exerce aussi à l'égard des personnes qui sont en contact avec des mouvements, en sont les alliées ou pactisent avec eux, même temporairement ».

Olivier Stirn mesure-t-il bien ses propos ? Réalise-t-il que bien des hommes politiques, qu'ils soient présents dans cet hémicycle ou au Palais Bourbon, ou hors des assemblées, entretiennent des contacts avec les activistes de l'Algérie française ou avec les révolutionnaires en peau de lapin du mouvement prolétarien ? Et que dire des communistes, inféodés à Moscou, pratiquement suspectés d'être des agents du KGB ? Dans ces conditions, les assurances qu'il peut donner que les parlementaires ne sont pas écoutés ne sont guère plus crédibles par cette Assemblée que par l'autre. L'envolée finale du secrétaire d'Etat ne constitue qu'une laborieuse resucée de la conclusion de René Pleven trois ans plus tôt devant l'Assemblée nationale. « Tout en cette matière réside dans la confiance que, quelles que soient leurs opinions politiques, les citoyens doivent, dans un Etat démocratique, avoir à l'égard de leur gouvernement. » C'est précisément là que blesse le bât.

En effet, René Monory a proposé la constitution d'une

commission de contrôle, que Jacques Duclos, en vieux routier de la procédure parlementaire, suggère aussitôt de transformer en commission d'enquête. Olivier Stirn croit s'en tirer en prenant de la distance et en élargissant le débat : « Ce n'est pas une commission d'enquête sur les écoutes téléphoniques qu'il faudrait créer, mais une commission d'enquête sur l'ensemble des atteintes à la sûreté intérieure[1] de l'Etat, sur toutes les entreprises de subversion et sur toutes les activités des groupes de pression en liaison avec l'étranger. Ce n'est qu'avec une vue globale de cette situation que, parmi l'ensemble des moyens utilisés pour y faire face, le problème des écoutes pourrait être utilement abordé. » Il a raison, mais il sait aussi qu'une telle instance serait instantanément paralysée par les réticences, les scrupules et les arrière-pensées de toutes sortes. Les sénateurs le réalisent parfaitement et sentent le danger. Ils vont donc s'en tenir à la proposition initiale de René Monory et décider à une écrasante majorité, 236 voix contre 41, la création d'une « commission de contrôle des services administratifs procédant aux écoutes téléphoniques ». Le futur président du Sénat vient de remporter son premier triomphe parlementaire.

La commission compte vingt membres. Bien entendu — mais est-ce politiquement bien joué ? —, les sénateurs UDR reçoivent l'ordre de ne pas y participer. Pierre Marcilhacy, l'atypique sinon incontrôlable sénateur de la Charente, est élu président, et René Monory, l'instigateur de l'opération, « prend le rapport », comme on dit au Parlement. La commission de contrôle affiche clairement la couleur, rouge, rose et bleu, en associant socialistes, radicaux et modérés. Elle se met sans désemparer au travail. Et sollicite d'entendre le gouvernement en ses parties constitutives. A tout seigneur tout honneur, elle

1. Ce sont les auteurs qui soulignent.

s'adresse en priorité au Premier ministre, Pierre Messmer[1]. Toujours accommodant, l'ancien ministre de la Défense du général de Gaulle accepte de recevoir le 27 juillet le bureau de la commission de contrôle. Mais sa sollicitude envers la représentation parlementaire n'ira pas bien loin. Il ne fait qu'expliquer son refus de communiquer, en excipant du secret de la défense nationale[2]. A sa suite, Jean Taittinger, garde des Sceaux, Robert Galley, ministre des Armées, Raymond Marcellin, ministre de l'Intérieur, Hubert Germain, ministre des Postes et Télécommunications, Michel Poniatowski, ministre de la Santé publique et de la Sécurité sociale (pourtant auteur d'une virulente question écrite sur le sujet un an plus tôt[3]), mais aussi les « historiques » André Bettencourt, Michel Maurice-Bokanowski, Jacques Marette, Yves Guéna, Albin Chalandon (lui aussi auteur de propositions de réglementation[4]), tous, sans exception, et manifestement sur ordre, se défilent. Le procureur général près la Cour de cassation, G. Touffait, également. Ce qui conduit Pierre Marcilhacy à s'en émouvoir auprès du président de la République lui-même[5]. Fait inouï dans la longue histoire des usages parlementaires, la lettre du président de la commission sénatoriale reste sans réponse.

C'est sans doute dire combien l'épine fichée dans le talon gouvernemental est désagréable. Mais c'est aussi donner des verges pour se faire battre. René Monory, tout novice qu'il est, ne s'en prive pas dans le rapport qu'il présente le 23 octobre 1973. Ce document de

1. Voir annexe 1.
2. Pierre Messmer n'a encore jamais été élu.
3. Voir annexe 2.
4. Voir annexe 4.
5. Voir annexe 5.

soixante et onze pages, hors annexes, représente la somme la plus complète qui soit jamais parue sur le sujet. C'est d'abord en ceci qu'il est intéressant. Il constituera pendant des années la référence et la base des travaux sur le sujet, à commencer par le rapport Schmelck[1]. Il est classiquement divisé en trois parties : un rappel historique de l'« espionnage politique », l'explication de la nature et l'estimation du coût des écoutes, et la présentation de la protection de la vie privée des citoyens.

Les écoutes apparaissent pendant la guerre et c'est la Gestapo qui installe dans les égouts de Paris le premier réseau digne de ce nom, que la République reprend à son compte. Techniquement, s'entend, car, pour ce qui est de la mise en œuvre d'une pratique d'ensemble, il faut, comme on l'a vu, attendre Michel Debré et l'institution du GIC pour que soient réglementées et coordonnées les demandes formulées par les différents services intéressés à l'interception des communications téléphoniques. Toutefois, cette mise en ordre reste secrète et le rapport sénatorial est le premier à mentionner les parties prenantes, même s'il passe sous silence le nombre d'écoutes et l'existence de contingents. Quant au coût des opérations, qui constitue la seconde partie, il ne retient l'attention que dans la mesure où le rapport menace le gouvernement du dépôt d'un amendement tendant à supprimer les commandements de l'article 20, paragraphe 20 du chapitre 37.91 du budget des services généraux afin de le contraindre à donner, à cette occasion, certaines explications.

C'est la troisième partie qui s'avère de loin la plus intéressante. D'abord en ce qu'elle aborde la notion de secret de la Défense nationale, dont l'avenir montrera qu'elle

1. Voir chapitre suivant, « Le vent de la liberté ».

paraît singulièrement évolutive, pour ne pas dire élastique, à ceux qui l'invoquent à leur bénéfice. Le rapporteur ne s'y laisse pas prendre. Comme s'il pressentait de futures contestations, il constate que « la notion de secret de la Défense reste beaucoup plus subjective et circonstancielle qu'objective et constante... Beaucoup plus que d'une notion rigoureusement définie, le secret de défense semble procéder de l'application d'une morale politique contrainte de se plier à la réalité fluide des faits. » Solennellement — la phrase est en caractères gras — il affirme qu' « en fait et en droit, rien ne permet, sans justification circonstancielle, d'invoquer le secret de la Défense nationale à l'égard de tous les contrôles entrepris par une commission parlementaire légalement constituée ». Ce n'est pas rien, cette affirmation catégorique d'un droit de regard des assemblées sur les agissements cachés de l'exécutif. La défiance sénatoriale ne se satisfait pas de l'aveu fait par Olivier Stirn de la réalité des écoutes.

Elle vise plus loin, jusqu'à l'évidente mauvaise volonté, la mauvaise foi patente d'un gouvernement qui se situe dans la droite ligne de ses devanciers et ne sera en rien désavoué par ses successeurs.

Il faut pourtant en revenir au régime juridique des écoutes téléphoniques « non couvertes par le secret de la Défense nationale »; il est déterminé par le code des Postes et Télécommunications[1] et la loi du 17 juillet 1970. Mais celui-ci, nous l'avons vu, n'a pas été amendé dans le sens souhaité par la gauche, comme l'ont demandé François Mitterrand et René Chazelle. La

1. Qui détermine notamment (art. 24 de l'instruction générale n° 500-78) les autorités habilitées à ordonner des écoutes : juges d'instruction, membres des chambres d'accusation, autorités militaires, procureur de la République, préfets, procureur général près la cour de sûreté de l'Etat.

question reste entière de la légalité des tables d'écoute et des enregistrements opérés par la police agissant dans le cadre de l'enquête préliminaire ou de l'instruction préparatoire. La pratique existe, elle n'est pas contestée au fond puisqu'elle s'inscrit dans des procédures judiciaires, mais elle ne peut s'appuyer sur aucune base légale. Quant à la question des « écoutes sauvages[1] » qu'aucune disposition législative n'autorise, de tels procédés apparaissent à la commission « antidémocratiques et dangereux au plus haut point ». Elle peut, par conséquent, les condamner sans états d'âme « avec la plus grande sévérité[2] ».

Elle feint d'oublier, ce faisant, l'existence du GIC, pourtant reconnue par le gouvernement, et l'encadrement conséquent des pratiques policières. Cette attitude est tout à la fois hypocrite et raisonnable. Hypocrite quand elle condamne en bloc d'incontournables nécessités, celles de la surveillance du territoire, raisonnable quand elle autorise l'activité politique des Renseignements généraux

Ainsi, René Monory n'omet pas de dénoncer le recours « à des hommes servant des intérêts qui n'osent pas se manifester au grand jour » ni de s'inquiéter de « l'utilisation de l'ordinateur [qui] a permis récemment d'accroître les capacités de traitement et de conservation de l'information ou des renseignements recueillis grâce aux réseaux d'écoute ».

1. Qu'il ne faut pas confondre avec les écoutes sauvages pratiquées hors GIC, en dehors des services officiels, par des officines ou des personnes privées.

2. « Ces procédés, qui rappellent ceux du Cabinet noir, sont extrêmement choquants. Ils ne sont pas utilisés pour découvrir un crime ou un délit, ni pour empêcher une infraction grave de se commettre, mais pour essayer de tout savoir sur un homme politique, y compris les secrets de sa vie privée, le plus souvent dans l'espoir de pouvoir exercer sur lui des pressions qui s'apparentent au chantage » (Florist et Combaldieu).

Après la condamnation, la proposition. La commission de contrôle veut faire œuvre constructive. Elle présente donc une proposition de loi que le gouvernement s'empressera d'enterrer au cimetière des illusions parlementaires.

Elle est pourtant brève, simple, raisonnable. Trois articles. Le premier pose le principe de l'interdiction des interceptions de communications téléphoniques. Sa violation constitue un délit, pénalement sanctionné d'amende et d'emprisonnement, ainsi que d'interdiction de fonction ou d'emploi public. A l'aune des condamnations intervenues dans l'affaire des emplois fictifs de la Ville de Paris, la mesure est sévère. Mais le même article admet deux exceptions au principe : l'interception judiciaire et l'écoute « intéressant la sûreté de l'Etat ». La modulation est sage qui donne à la police les moyens de sa mission pour la répression du crime, de la grande délinquance, de l'espionnage et du terrorisme. En revanche, comme il fallait s'y attendre après le réquisitoire de René Monory, les écoutes de convenances politiques, personnelles, sont proscrites.

Pour parfaitement verrouiller le système, l'article second prévoit de placer les écoutes judiciaires sous le contrôle du procureur de la République, qui doit les autoriser expressément. Dans cette logique, le troisième et dernier article institue un contrôle judiciaire a posteriori, confié à un magistrat du siège à la Cour de cassation. C'est lui qui est « responsable de la délivrance des autorisations d'intercepter des communications téléphoniques intéressant la sûreté de l'Etat ».

Le gouvernement de Pierre Messmer n'entend pas la supplique. Il l'oublie. Il le fait d'autant plus volontiers que des nuages s'amassent à l'horizon. Le président est malade, cela se sait, cela se voit. Georges Pompidou enfle à vue d'œil, sa souffrance, visible, rappelle celle de Louis XVIII, si souvent évoqué par François Mitterrand dans *Le Coup d'Etat permanent.* Bientôt le gouvernement va se transformer, se reformer en ordre de bataille pour une inévitable élection présidentielle. Pierre Messmer reste à Matignon, mais on permute Raymond Marcellin, qui va à l'Agriculture, qui ne l'intéresse pas, et Jacques Chirac, qui vient à l'Intérieur, entouré d'une meute ardente et jeune. Les écoutes, plus que jamais, sont nécessaires pour débusquer les chabanistes, ajuster le tir qui va les abattre, les uns après les autres, jusqu'à leur chef, l'ami de François Mitterrand, l'inventeur de la « Nouvelle Société », le patron attentif de Jacques Delors et de Simon Nora.

La bataille des écoutes n'aura pas lieu. Elle n'est plus d'actualité.

IV

Le vent de la liberté

Le 10 mai 1981, le peuple, rétabli dans sa souveraineté directe[1] dix-sept ans plus tôt par le général de Gaulle, a choisi de se donner un président socialiste. Pas seulement le peuple de gauche comme le clame à tous vents l'homme aux longues rouflaquettes qui remonte la rue Soufflot une rose à la main. Non, tout le peuple, comme à son habitude divers et indocile aux classifications, voire aux consignes des partis. Les médecins ont voulu sanctionner Giscard, les ouvriers ont renâclé à voter Mitterrand, les braves gens n'ont rien compris aux consignes du RPR de choisir la gauche et à celles du parti communiste de barrer la route au premier secrétaire du PS.

Celui-ci, en vieux routier des mers de tempête, fait comme si de rien n'était. Il remercie ses partisans même s'ils l'ont trahi, ignore ses adversaires même s'ils l'ont soutenu, les médecins s'en apercevront bientôt.

Pour commencer, il faut reprendre en main l'audiovisuel.

Les gestes se multiplient de la part d'un gouvernement atteint de boulimie réformatrice, qui claquent comme autant de revanches sur vingt-trois ans de main-mise absolue et de domestication des médias : le 22 juin, Mau-

1. Celle d'élire le chef de l'Etat.

rice Ulrich, PDG d'Antenne 2, et Roland Faure, directeur de l'information de Radio France, démissionnent, pas très gentiment poussés vers la sortie par leur camarade Georges Fillioud. Une semaine plus tard, Jean-Pierre Elkabbach fait de même. Le ministre de la Communication, décidément en verve, met en garde les responsables de la radio et de la télévision contre « leur attitude hostile au gouvernement ». Un à un, les symboles d'une république répressive disparaissent, la Cour de sûreté de l'Etat en juillet, la peine de mort en août. Cent trente mille immigrés clandestins voient régularisée leur situation du jour au lendemain.

Pierre Mauroy, qui a oublié avoir déclaré un jour « Plus jamais de préfets! », participe à ce que l'on présente comme la grande toilette institutionnelle : décentralisation, impôt sur la fortune, nationalisations donnent un peu le vertige au pays conservateur. Naturellement, les écoutes téléphoniques prennent leur place dans ce remue-ménage. Il ne serait pas concevable que la gauche se comportât comme la droite autoritaire. N'envisage-t-elle pas la suppression des Renseignements généraux? Qu'en attendant on confie au zélé Paul Roux, brave militant PS, ni meilleur ni pire qu'un autre [1], efficacement secondé au demeurant par l'excellent contrôleur général Bergeret, signifie simplement que le prudent Gaston Defferre ne veut rien précipiter.

Au moins faut-il que la police politique ou le contre-espionnage révisent leurs méthodes et oublient toute une culture de coups bas et tordus. La DST est priée de ne plus dépouiller le courrier ni visiter les appartements, les RG de ne plus enquêter sur les trotskistes; on gracie au passage Rouillan et Ménigon et on expédie aux Antilles le commissaire Pochon qui leur a mis la main au collet.

1. Paul Roux va d'ailleurs « sauver » les RG, comme Marcel Chalet la DST.

Subitement, tout le monde il est beau, tout le monde il est gentil.

Reste le lancinant problème des écoutes. Des années durant, la gauche, au moins ceux qui n'ont jamais connu les affres du pouvoir, en a réclamé la suppression.

Pierre Mauroy est sur cette longueur d'onde. Il prescrit le 21 juillet la constitution d'une commission d'étude, qu'il place sous la présidence du plus haut magistrat de France, le premier président de la Cour de cassation, Robert Schmelck, et lui assigne une triple mission : l'étude des règles et procédures applicables aux écoutes de toute nature, la proposition d'une codification conciliant les intérêts de l'Etat et les droits de l'homme, l'organisation d'un contrôle permanent. En somme, l'état des lieux, la réforme et le suivi de la réforme. La commission sera composée de parlementaires, de magistrats, d'avocats, de fonctionnaires et d'universitaires. Une seconde instruction du 1er octobre précise son fonctionnement. Elle est installée le 30 octobre et se met au travail sans désemparer.

De la commission Marcilhacy à la commission Schmelck, l'accueil que réservent à celle-ci les services de police et les autorités militaires change du tout au tout. Dans un climat fortement affecté par la crainte de sanctions qui ne tomberont jamais, directeurs et officiers généraux rivalisent de compréhension et d'ouverture. Pour les RG, Paul Roux régnant, c'est l'évidence. A la DST, le traumatisme des écoutes du *Canard enchaîné* en 1977 n'est pas effacé et Marcel Chalet se soucie peu de défier un pouvoir où un certain Roland Dumas, naguère avocat de l'hebdomadaire satirique, a pris en charge les affaires européennes. A la DGSE, Pierre Marion a succédé au très giscardien comte de Marenches et ne cache nullement ses sympathies pour la gauche. Quant à la DPSD, dévolue aux gendarmes, elle marche comme ces derniers, au pas. De toute façon, le cabinet new look du

Premier ministre rassemble suffisamment de talents pour assurer la continuité de l'Etat sans laisser de côté les exigences d'un renouveau idéologique. Des hauts fonctionnaires d'expérience comme l'ancien préfet du Nord André Chadeau[1], l'ancien directeur de la construction Robert Lion, le banquier Jean Peyrelevade, le directeur de l'Institut Pasteur François Gros côtoient de jeunes « engagés » qui se feront vite un nom, Michel Delebarre, Thierry Pfister, Louis Joinet, Yves Dauge ou Jean de Kervasdoué.

La commission Schmelck n'est pas moins remarquable dans sa diversité. Pour ce qui concerne l'Assemblée nationale, à majorité de gauche, et même socialiste[2], Bertrand Delanoë, tout jeune élu du XIIIe arrondissement de Paris, à peine la trentaine, représente le PS, Jean Jarosz, député-maire de Feigny, féru de musique et de poésie, le PC, et Jacques Toubon, chiraquien de la première cuvée et chevalier du Tastevin, le RPR. Le Sénat a choisi en son sein Edgar Tailhades (socialiste), co-auteur de l'amendement Mitterrand de 1970[3], doyen de la commission, et Jacques Thyraud (républicain indépendant), déjà juge titulaire à la Haute Cour de justice.

Les magistrats et experts constituent une sorte de deuxième collège : il y a là un magistrat de l'ordre judiciaire, Serge Fuster, chroniqueur habituel du *Monde*, sous le nom de plume de Casamayor[4], un maître des

1. André Chadeau a accompli une notable partie de sa carrière dans des cabinets ministériels aussi divers que ceux de Maurice Bourgès-Maunory (IVe), Roger Frey, Christian Fouchet, Raymond Marcellin et Jacques Chaban-Delmas. Grand préfet au demeurant.

2. Avec 283 sièges le PS, et les radicaux de gauche comptent leur plus forte représentation de la Ve République (275 en 1988, 258 en 1997 et 8 en 1958).

3. Voir chapitre I.

4. C'est sous ce double nom, Serge Fuster-Casamayor, qu'il figure dans l'arrêté du Premier ministre.

requêtes au Conseil d'Etat auquel échoit le rapport, Bruno Genevois, promis à un brillant avenir (il deviendra président de la section de l'Intérieur au Conseil d'Etat), un universitaire, le professeur Jean Rivero, spécialiste des libertés publiques (il a écrit un ouvrage sur le sujet en 1973), et, pour représenter les professions de justice, maître Mario Stasi, frère de l'ancien ministre CDS Bernard Stasi.

Le troisième collège, celui des fonctionnaires, siégerait plus valablement sur le banc des accusés que sur celui des inquisiteurs. S'y retrouvent en effet le préfet Bernard Couzier, directeur général de la Police nationale, et le directeur de la PJ, Michel Guyot, le tout nouveau directeur général de la Sécurité extérieure, Pierre Marion, le directeur des Affaires criminelles et des Grâces, Michel Jéol, le directeur de la DPSD, Michel Jorant, le directeur général des Télécommunications, Jacques Dondoux, assisté du chef du service central de la Sécurité des installations au ministère des PTT, André Scavennec. Il manque à l'appel, et c'est bien dommage, le directeur de la DST et celui des Renseignements généraux, les deux plus gros consommateurs. Agnès Delaroche, conseiller référendaire à la Cour des comptes, assure le secrétariat. C'est de sa plume et de celle de Bruno Genevois que tombe le rapport, une somme de soixante-trois pages, qui se présente à la fois comme un constat bien construit, didactique et objectif[1] et comme un réquisitoire solidement charpenté contre la pratique des écoutes administratives. Il est vrai, ce qui ne diminue en rien son mérite mais en fait rejaillir une notable partie sur le pouvoir politique, que la commission peut visiter, consulter, auditionner sans restriction. Elle est même admise dans le saint des saints, au GIC et au central téléphonique des

1. Voir annexe 6.

Invalides, où elle peut questionner le responsable du service, le colonel Charroy ; elle a accès aux documents classifiés, événement jusqu'alors impensable.

On pourrait juger qu'elle va au-delà de ce qui est publiable en décrivant dans le détail la procédure de sélection des écoutes et, surtout, en donnant le détail de la répartition des contingents. Elle affiche ainsi 729 écoutes pour le ministère de l'Intérieur, dont 281 pour la PJ (80 pour la PP), 238 pour la DST et 210 pour les Renseignements généraux. Le ministère de la Défense dispose d'un contingent de 198 lignes, 48 pour la DPSD, 150 pour la DGSE, qui est pourtant censée travailler hors des frontières. Il faut souligner que cette répartition constitue un secret pour les services eux-mêmes, a fortiori pour les directions qui ne participent pas aux travaux de la commission, la DST et les RG.

Le processus de décision est présenté comme très formalisé et très centralisé. La demande est formulée sur un carton à trois volets : celui de la demande proprement dite signée par le directeur du service, celui de l'autorisation qui recueille trois contreseings — du ministre concerné, du Premier ministre et du ministre des PTT —, celui enfin, dit « répertoire général », sur lequel figurent la localisation de l'abonné et le motif invoqué à l'appui de la demande.

Ce volet, on s'en rendra compte lorsque éclatera le « scandale des écoutes de l'Elysée », est bien plus important qu'il n'y paraît. En effet, la tentation peut être grande pour le service demandeur de ne porter qu'une vague mention, éventuellement inexacte, à l'appui de la demande. Ainsi, la justification de « trafic d'armes » ou de « menées subversives » ne représente rien de bien précis si quelque explication ne vient pas l'étayer. Les trois directions de police se conforment à cette exigence, au moins jusqu'au cabinet du ministre. Celui-ci peut, dès lors qu'il prend connaissance des motivations de la demande et qu'il les partage, en assumer la responsabilité politique. Il peut aussi faire suivre la note d'explications s'il le juge nécessaire. Voici pour l'amont de la procédure.

A l'autre bout de la chaîne, en aval par conséquent, l'utilisation des écoutes est tout aussi strictement contrôlée, même si les procédures suivies ne sont pas les mêmes pour tous les services. Pour rester sur un plan général, la règle est que plusieurs exemplaires sont établis de chaque production[1], dont un qui est archivé pour le GIC. Ces archives sont conservées pendant une durée de deux à cinq ans, et leur destruction fait l'objet d'un procès-verbal. Le système est donc verrouillé, puisque chaque ministre, Intérieur et Défense, est en mesure d'exercer un droit de regard sur les demandes et que le GIC, qui met en œuvre les interceptions, reçoit copie de toutes les productions et peut donc les contrôler. La commission considère ainsi que « le système présente des garanties incontestables au stade de la décision de mise sur écoute » même si ces garanties sont moins fortes « lorsqu'il s'agit d'écoutes pratiquées en province ». Elle note également que le nombre d'écoutes « n'apparaît pas anormalement élevé » et dit sa conviction « qu'il n'y a pas d'écoutes administratives pratiquées à des fins partisanes ».

On peut donc considérer que la décision du 28 mars 1960 du Premier ministre Michel Debré est respectée à la lettre comme dans l'esprit. Pour autant, cette initiative du pouvoir exécutif ne s'inscrit dans aucun cadre légal, qu'il s'agisse de la loi ordinaire votée par le Parlement ou de la loi constitutionnelle ratifiée par le peuple. Il y a incontestablement un hiatus entre le fait et le droit, d'autant plus marqué que la décision n° 1 E ne fait l'objet

1. Deux pour la PJ, trois pour la DST, quatre pour les RG.

d'aucune publicité et n'est opposable à quiconque. Dans ces conditions, le citoyen qui voudrait mettre en cause la légalité d'une écoute dont il serait victime se trouverait en situation impossible puisque, d'une part, il ne pourrait apporter la preuve de la surveillance dont il fait l'objet, justifiée par le terme générique aussi vague que discutable de « secret défense » et que, par ailleurs, cette intrusion dans sa vie privée serait contraire aux droits de l'homme et incompatible avec les engagements internationaux de la France.

Revenons sur ces trois points qui constituent autant d'objections de principe à la pratique des écoutes, aussitôt réfutées que formulées.

La commission souligne non sans malice que jusqu'ici la pratique des écoutes administratives n'avait pu être mise en cause devant les juridictions tant de l'ordre administratif (Conseil d'Etat Férignac, 17 déc. 1976) que de l'ordre judiciaire (Cassation civile, 1re chambre, 13 juin 1978). Ces deux arrêts très récents se fondent sur la même impossibilité pratique pour les plaignants d'apporter la moindre preuve. Les services qui procèdent aux écoutes observent, on le voit, une stricte déontologie en détruisant les écoutes sitôt leur exploitation achevée. *C'est sur le respect de cette discrétion que repose la sécurité du système.* Et d'un.

Comme deux précautions valent mieux qu'une, l'évocation et l'invocation du secret défense constituent un second verrou, quasiment impossible à faire sauter. Bien que formulé dans la même hâte que le « pouce » que nous levions, écoliers en culotte courte, dans les cours de récréation, et sans que quiconque se fasse d'illusions sur son bien-fondé, le secret défense fait peur puisque sa violation est passible de poursuites.

La commission le sait et rappelle que le Conseil d'Etat, dans un avis rendu le 19 juillet 1974, a souligné que le gouvernement devait « établir, explicitement, le catalogue des informations couvertes par le secret de la défense nationale ». Cette remarque se heurte, aussitôt énoncée, à une simple objection de bon sens : les informations couvertes par le secret défense ne pourront jamais être répertoriées précisément et le pouvoir d'appréciation de l'autorité qui classifie restera toujours très large.

Aussi est-ce un vœu pieux que de mettre en garde tout « agent public » auquel il serait demandé de pratiquer une écoute à des fins partisanes en soulignant qu'il « aurait dans une telle hypothèse le devoir de ne pas exécuter l'ordre reçu ». En réalité, la marge d'interprétation est trop large pour que le fonctionnaire, fût-il chef de service, contrevienne à un ordre discutable venu du plus haut de la hiérarchie.

Troisième objection opposée par la commission à la pratique des écoutes administratives, leur incompatibilité avec l'article 11 de la Déclaration des droits de l'homme et du citoyen du 26 août 1789 et, de manière beaucoup plus proche, avec l'article 23 de la loi du 17 juillet 1970[1] pourtant jugée insuffisante en son temps par François Mitterrand. S'ajoute à cet interdit juridique celui que pose la Convention européenne de sauvegarde des droits de l'homme et des libertés fondamentales, et notamment son article 8.

Ayant ainsi accumulé les objections, la Commission laisse entrebâillée la porte d'une solution raisonnable en proposant que la loi prévoie « l'ingérence d'une autorité publique dans l'exercice du droit au respect de la vie privée ». C'est cette formulation euphémique qui est reprise dans les propositions longuement développées — une trentaine de pages — de la seconde partie du rapport.

La commission Schmelck a clairement entendu le message du Premier ministre : elle s'applique donc à apporter

1. Voir chapitre I, « La parole est à M. Mitterrand ».

un peu d'ordre et de rigueur dans une matière qui frôle et parfois empiète sur les limites imprécises du « légal » et du « marécageux ». Dans cet esprit, et en s'inspirant de la loi allemande, elle propose de clarifier la procédure d'autorisation des interceptions et leur domaine d'intervention, pose le principe d'une instance administrative de contrôle et avance enfin une série de mesures propres à éviter tout dérapage. Ce faisant, elle doit naviguer, tant bien que mal, entre des écueils qui tiennent au rôle que jouent en son sein certains de ses membres ou à une vision trop théorique des choses.

Les absents ont toujours tort : Pierre Marion, directeur général de la Sécurité extérieure, a parfaitement exploité l'adage. Tirant profit de l'éviction de Marcel Chalet, directeur de la DST, qui n'a pas pu ou pas su s'imposer au sein de la commission, le patron du renseignement fait ratifier les trois exigences qui lui assurent la prééminence sur les services concurrents.

Ainsi, la DGSE obtient d'échapper à la limitation dans le temps (quatre mois) de ses écoutes, en justifiant cet avantage par « une certaine permanence dans ses missions de surveillance ». La DST et les RG, confrontés aux mêmes impératifs, ne sont pas aussi bien traités.

Un second privilège, exorbitant, est reconnu à la DGSE : celui de n'être pas soumis à l'obligation, tirée de la loi allemande du 13 août 1968, de n'écouter que « le suspect ou des personnes qui doivent, sur la base de faits précis, être présumées recevoir ou transmettre des communications destinées à celui-ci ou émanant de lui, ou dont il doit être présumé utiliser le téléphone ».

Dans le langage de tous les jours, cela signifie qu'un service de renseignements, en l'espèce la DGSE, qui devrait opérer essentiellement sinon exclusivement en dehors des frontières nationales, reçoit un blanc-seing pour opérer en toute tranquillité et sans restriction sur le territoire national. Il se trouve donc ainsi privilégié dans l'exercice de missions qui incombent directement et exclusivement à la DST. Le coup de canif au contrat qui régit les relations orageuses des deux services est d'autant plus mal venu que le contre-espionnage « policier » donne quotidiennement la preuve de son efficacité et de sa pugnacité. Manifestement, le DGPN Bernard Couzier n'a pas compris la réalité de l'enjeu en n'exigeant pas, ce qui eût été le moins, l'égalité de traitement entre DGSE et DST.

Comme, par ailleurs, la DGSE dispose d'un contingent presque équivalent à celui alloué à la DST, au mépris de toute logique, force est de convenir que la présence de Pierre Marion et l'absence de Marcel Chalet au sein de la Commission ont pesé lourd. Celle-ci ne s'en émeut pas outre mesure, allant jusqu'à s'interroger sur la concurrence des deux services qui demandent parfois les mêmes écoutes, oubliant au passage que seule la DST est compétente sur le sol national[1].

La vision idéalisée du problème des écoutes représente la seconde série d'écueils que doit éviter la commission. Dans son désir de rétablir une situation de droit et dans son application à « coller » à la législation allemande, la commission pense avoir trouvé la solution en élevant le niveau de la décision et en délimitant le cadre des interceptions.

Satisfaire à la première exigence, rien n'est plus facile. Il suffit de confier au « seul Premier ministre » ou « sur sa *délégation expresse,* à un membre de son cabinet », l'autorisation de mise sous surveillance d'une ligne téléphonique. Sur le papier, la proposition est excellente. Pourtant elle suscite, aussitôt que formulée, deux dangers : elle met en jeu la responsabilité *pénale* et non plus seule-

1. A noter que la DGSE a toujours refusé l'échange des écoutes proposé par la DST. Lire *Contre-Espionnage*, Yves Bonnet, Calmann-Lévy, 2000.

ment politique de l'autorité décisionnelle; elle exige, d'autre part, la mise en place d'une structure de contrôle au sein même du cabinet du Premier ministre. Cette fonction, qui échoit au cabinet militaire de Pierre Mauroy, ne sera jamais, dans les faits, effectivement ni efficacement assumée, comme nous le verrons plus loin.

Elevant le niveau de la responsabilité, la commission Schmelck ne peut ignorer qu'elle perd en crédibilité ce qu'elle gagne en hiérarchie. Il est en effet plus que problématique pour le chef du gouvernement ou son directeur de cabinet de vérifier le bien-fondé des demandes présentées par des ministres qui ne peuvent eux-mêmes que suivre celles de leurs directeurs. Le vœu pieux que formule le rapport ne pourra être que balayé à la première demande « exceptionnelle » présentée par un service se prévalant d'ordres émis au plus haut niveau de l'Etat.

Quant aux domaines d'intervention, s'ils ne se discutent pas s'agissant des atteintes à la sécurité intérieure et extérieure de la France, de la sécurité publique, du grand banditisme et du crime organisé, ils s'avèrent problématiques quand le rapport évoque « les atteintes au commandement de l'Etat ». Une telle notion, totalement nouvelle sous la plume d'éminents juristes, pose davantage de questions qu'elle ne définit de délits. Elle surprend dans la mesure où elle ouvre la porte à des interprétations peu conformes au respect des droits de l'homme. Elle va, ou pourrait aller, jusqu'à mettre en cause la libre expression politique.

Ainsi, peut-on critiquer la politique de la France sans porter atteinte au commandement de l'Etat? Peut-on mettre en cause la personnalité, l'intégrité de ses dirigeants sans mettre en cause l'image de la République? Il ne faudrait pas aller beaucoup plus loin pour reconstituer le crime de lèse-majesté.

Les écueils plus ou moins bien évités, le rapport Schmelck en vient à ce qui constitue le noyau dur de ses propositions, celles relatives à l'exécution et à l'exploitation des renseignements, qu'il faut bien concilier avec les engagements internationaux de la France. Ces recommandations sont de simple bon sens. Elles tiennent :

— à la destruction des productions sans rapport avec le but recherché ou dès qu'elles ne sont plus utiles;

— à la suppression de l'interception lorsque les conditions de l'autorisation ont disparu;

— au renouvellement périodique des autorisations qui devront être prévues au départ pour une durée de quatre mois, sauf, nous l'avons vu, pour ce qui concerne la DGSE et la DPSD;

— à la suspension de la mesure administrative s'il y a ouverture d'une information judiciaire et à la transmission des productions au juge d'instruction;

— à l'obligation de porter à la connaissance du procureur de la République la découverte d'une infraction pénale;

— à l'ouverture d'un registre des interceptions par les ministres de l'Intérieur et de la Défense pour faciliter les contrôles;

— à la création d'une commission de contrôle des mesures d'interception de sécurité chargée de concilier l'intérêt public et la garantie des libertés.

Cette dernière proposition suscite un long débat au sein de la commission : l'idée de la désignation d'un organisme composé uniquement de magistrats, cinq par exemple, est avancée et défendue par le directeur général de la Sécurité extérieure, Pierre Marion. Il anticipe ainsi une éventuelle intrusion des « politiques » dans le domaine sacré des écoutes. Evidemment, les parlementaires ne tombent pas dans le panneau et estiment, pour ce qui les concerne, que le Parlement ne saurait être exclu de ce contrôle. Campant sur ses positions, Pierre

Marion formule les plus expresses réserves quant à l'accès des députés et sénateurs à des documents ou des informations classifiés « secret défense ». Confrontée à ces aspirations divergentes — contrôle parlementaire contre sécurité du secret défense —, la commission imagine un compromis consistant à confier aux seuls magistrats, de l'ordre administratif ou judiciaire, le soin d'effectuer des investigations portant sur des matières classifiées. Il ne faut pas oublier que les communistes, qui appartiennent à la majorité présidentielle et comptent dans leurs rangs quatre ministres, sont considérés, à tort, comme d'éventuels agents de Moscou. Pierre Mauroy lui-même a donné instruction aux services compétents de ne pas accorder aux fonctionnaires membres du PC l'habilitation « secret défense » en conformité avec les recommandations de l'OTAN.

A la fin des fins, l'organe de contrôle que propose le rapport Schmelck conjugue presque tous les inconvénients. Lourd, pas moins de neuf membres, hétérogène, politiques et fonctionnaires mélangés, il n'offre guère de garantie de professionnalisme : a priori, aucun spécialiste du renseignement ou de la sécurité, aucun juriste versé dans la défense des libertés individuelles n'en fait partie.

L'instance de contrôle, telle que la voit la commission, est donc la suivante :

— quatre élus (deux députés, deux sénateurs) pour marquer la primauté du « politique »;

— un membre du Conseil d'Etat élu par l'assemblée générale du Conseil d'Etat;

— deux membres de la Cour de cassation élus par l'assemblée générale de la Cour de cassation, afin de s'assurer une garantie d'impartialité;

— deux personnalités désignées pour leur compétence et leur autorité par décret en conseil des ministres, aimable formule pour ouvrir la possibilité de désignations de convenance.

Dans la foulée, le rapport propose que la présidence en soit attribuée à l'un des membres du Conseil d'Etat ou de la Cour de cassation, toujours au nom de l'impartialité.

Ainsi constituée, la commission de contrôle recevrait de larges attributions allant jusqu'à la formulation de recommandations auprès de l'exécutif et à la saisine de l'autorité judiciaire en cas de dysfonctionnements avérés. Dans un esprit d'ouverture, et non sans risque, le rapport propose qu'elle puisse être elle-même alertée par tout citoyen « craignant d'être écouté ».

Tel est le document dont la commission présidée par le président Schmelck prend acte et qu'elle approuve en juin 1982, fruit de huit mois de travail effectif et d'investigations approfondies. C'est une première dans l'histoire de la République que cette ouverture sur la réalité et le contrôle de pratiques aussi indispensables que moralement douteuses. Quelle considération l'emportera, de la nécessité et de l'opportunité ou de l'exigence du droit?

Le premier acte va se jouer bientôt.

V

Feu l'état de grâce

Quand Robert Schmelck, premier président de la Cour de cassation, pénètre dans le bureau du Premier ministre, au premier étage de l'hôtel Matignon, ce vendredi 5 juin 1982, lui parviennent, par les fenêtres largement ouvertes, les senteurs apaisantes du plus beau parc de Paris. A son entrée, Pierre Mauroy se lève, se porte à sa rencontre, chaleureux et déférent, comme il sied quand on accueille le premier magistrat de France. Rien ne transparaît dans le regard ni dans le sourire des tracas qui, l'état de grâce évanoui, assaillent le chef du gouvernement : revers politiques lors des législatives partielles du 17 janvier et aux cantonales, dévaluation du franc, hausse des prix, augmentation du chômage et, surtout, recrudescence du terrorisme, avec l'irruption sur la scène du crime politique des Fractions armées révolutionnaires libanaises, le retour d'Abou Nidal, de la Savannah[1] iranienne et du FLNC. Passé l'euphorie des gestes symboliques et des grandes réformes — décentralisation, semaine de trente-neuf heures, nationalisations —, le gouvernement colmate les brèches, tandis que le président de la République s'applique à porter au-delà des

1. Qui succède, sans changer d'hommes ni de méthodes, à la SAVAK du Chah.

frontières un message étonnamment gaullien. De Cancún au Japon, ce ne sont pas moins de neuf visites depuis le début de l'année, un G7 à Versailles et une amitié clairement affichée avec Ronald Reagan. Quarante-huit heures plus tôt, le sixième sous-marin nucléaire lanceur d'engins, *l'Inflexible*, a été lancé à Cherbourg; la veille, Jean-Loup Chrétien s'est envolé de Baïkonour à bord d'un Soyouz soviétique. Chahutée au-dedans, maintenue au-dehors, la politique de la France se conjugue selon la géniale ambivalence de la Ve République : le commandant, sur le pont, ignore les angoisses de l'officier mécanicien dans la salle de chauffe.

Pierre Mauroy assume. Avec courage et loyauté, sinon avec talent. Il sait qu'il ne fera pas oublier son prédécesseur, Raymond Barre. Il ne se soucie même pas du successeur qu'il faudra bien lui donner un jour. Il veut encore y croire, armé de cette conviction socialiste qui lui tient lieu de pensée. Aussi écoute-t-il sagement le commentaire fluide et clair que lui fait Robert Schmelck d'un petit opuscule dactylographié de soixante-trois pages. De temps à autre, il hoche silencieusement la tête, griffonne quelques mots sur une feuille. Le message passe, sans le moindre doute.

Quand le chef du gouvernement, toujours plein d'égards pour son visiteur, le raccompagne jusqu'à l'antichambre, celui-ci sait qu'il n'a pas travaillé en vain, huit mois durant. Grâce à son travail, à celui de Bruno Genevois, d'Agnès Delaroche et de tous les membres de la commission, le régime des écoutes téléphoniques va enfin rentrer dans un cadre légal et la France retrouver une pratique compatible avec ses idéaux démocratiques. Il le sait, ou il croit le savoir. Car il faudra encore neuf ans pour qu'Edith Cresson dépose devant l'Assemblée nationale le projet de loi n° 2068 « relatif au secret des correspondances émises par la voie des télécommunications ».

Pourquoi cette mise sous le boisseau d'un travail honnête et convaincant? Qu'est-ce qui peut justifier que, selon le doux euphémisme du premier rapport de la Commission nationale de contrôle des interceptions de sécurité[1], le rapport Schmelck n'ait pas été « immédiatement suivi d'effets »? Faut-il mettre en cause la bonne foi de Pierre Mauroy? Assurément pas. La complexité du sujet? Il ne faudra qu'un mois, en 1991, pour boucler la totalité de la procédure parlementaire. La politisation? Gilbert Gantier et trente-cinq députés de droite signent le 29 avril 1983 une proposition de loi directement inspirée des conclusions du rapport Schmelck[2]; mieux, Jacques Chirac, le 9 avril 1986, s'engage devant l'Assemblée nationale « à limiter les écoutes téléphoniques à celles qui sont décidées par l'autorité judiciaire ou exigées par la sécurité de l'Etat ». Non, ce sont d'autres raisons plus conjoncturelles et plus vulgaires qui concourent à la carence et à l'amnésie de l'exécutif. Sans pouvoir les démêler toutes, deux, au moins, doivent retenir notre attention : le contexte sécuritaire et les initiatives présidentielles[3].

Le climat sécuritaire continue de se dégrader rapidement à Paris en juillet et août 1982 : le directeur adjoint du bureau de l'OLP, Fadi Dami, est assassiné, une tuerie fait six morts et vingt-deux blessés dans le restaurant Goldenberg, rue des Rosiers à Paris, deux artificiers trouvent la mort en tentant de désamorcer une bombe déposée par les FARL avenue de la Bourdonnais, une camionnette piégée explose devant l'ambassade d'Irak. Paris devient un des hauts lieux des règlements de comptes « proche-orientaux ».

1. Rapport pour l'année 1991-1992.

2. Voir annexe 6.

3. Madame Edith Cresson (voir plus loin) invoquera la nécessité pour la France « de ne pas baisser sa garde » lors du débat du 13 juin 1991.

Piqué au vif, fortement influencé par le conseiller qu'il a appelé auprès de lui à l'Elysée, le commandant de gendarmerie Christian Prouteau, François Mitterrand déclare la guerre au terrorisme. Il bouleverse tout le dispositif, à coup sûr pesant, de la lutte contre ce fléau en adjoignant un secrétaire d'Etat à la Sécurité publique au ministre de l'Intérieur, Gaston Defferre, implicitement désavoué, et en chargeant le même Christian Prouteau d'une très officielle « mission de coordination, d'information et d'action contre le terrorisme ». Triple mission démesurément ambitieuse, injustifiable en termes hiérarchiques, inacceptable pour des fonctionnaires civils et militaires parfaitement compétents, ingérable dans un réseau éprouvé de connivences et d'amitiés largement sous-estimées. Voulant mettre un terme à la « guerre des polices », le président et son conseiller technique y introduisent un élément de confusion supplémentaire. Trois jours — pas un de plus — après la nomination de Christian Prouteau, tombe la nouvelle « d'arrestations importantes opérées dans les milieux du terrorisme international ». On ne sait pas encore que commence ainsi l'affaire des Irlandais de Vincennes.

A petite cause, grand effet. Christian Prouteau obtient de François Mitterrand les effectifs et les moyens qu'il réclame, suscitant au passage le mécontentement de la rue Saint-Didier, siège de la Direction générale de la gendarmerie nationale et de son patron, le très rigoureux conseiller d'Etat Charles Barbeau. Au titre de ces « gratifications » figure un contingent de vingt lignes téléphoniques prélevées sur le contingent de la DGSE, dont l'Elysée, du coup, devient l'obligé. Rapporté aux onze membres de la fameuse autant que clandestine cellule élyséenne[1], le quota apparaît fort respectable. Comment

1. Pour avoir une idée exacte de la force prétorienne de la présidence, il convient d'ajouter aux onze membres du « cabinet Prou-

croire que l'immixtion directe de l'Elysée dans un domaine que la pratique, depuis la décision n° 1 de Michel Debré, avait « réservé » au Premier ministre ait été sans conséquence sur l'oubli des conclusions du rapport Schmelck? Il est clair que l'instauration dès 1982, ou 1983, d'un contrôle indépendant sur les interceptions de sécurité n'est pas compatible avec la vision qu'en professait la cellule puisque, par définition, elle s'affranchit de toute tutelle et de tout examen autres que ceux du président et de ses plus proches collaborateurs. Cela, Pierre Mauroy ne pouvait le prévoir en ce 5 juin 1982 en recevant des mains du président Schmelck le sacro-saint rapport.

Il ne pouvait, en effet, deviner, confiné par sa fonction à la gestion du quotidien, au « charbon », que François Mitterrand céderait vite aux vieux démons du pouvoir personnel, de l'autosatisfaction et, bien plus grave, de l'infaillibilité présidentielle. La « monarchisation » de la fonction, voulue par l'élection du président au suffrage universel, allègrement acceptée par ses bénéficiaires, confusément subie par le peuple, spirituellement brocardée par André Ribaud et *Le Canard enchaîné*, avait perdu, avec le départ du général de Gaulle, son seul réel contrepoids, le recours au référendum. Autant dire qu'elle retrouvait, d'un coup d'un seul, les tares d'un pouvoir sans compensation. Autant dire que le crime de lèse-majesté redevenait de facto une insupportable atteinte : la boîte de Pandore des scandales pouvait, de nouveau, s'ouvrir. Quel en serait, cette fois, l'imprudent Epiméthée?[1]

teau » installé au 2 rue de l'Elysée, les quatorze hommes du « groupe d'action mixte » et les trente-neuf (1982) puis cinquante-six (1983), puis quatre-vingt-huit (1986) officiers et sous-officiers du GSPR. Voir aussi chapitre VII, « La tentation de Florence ».

1. Epiméthée, ou celui qui réfléchit trop tard. Frère de Prométhée, dont il était l'antithèse, Epiméthée n'entendit pas les avertissements de celui-ci, qui lui conseillait de se méfier des Olympiens. Il

C'est à Michel Rocard qu'il revient d'exhumer le rapport Schmelck. Il y est fortement encouragé par la double condamnation de la France le 24 avril 1990 par la Cour européenne des droits de l'homme, laquelle épingle notre pays comme elle l'a fait de la RFA (arrêt Klass du 6 septembre 1978) et de la Grande-Bretagne (arrêt Malone du 2 août 1984). Certes la haute instance ne met en cause que la mise en œuvre d'écoutes judiciaires qui peut se justifier par des soupçons de délinquance ou de criminalité (arrêts Kruslin et Huvig), elle n'en souligne pas moins « l'atteinte grave au respect de la vie privée et de la correspondance » que constitue cette pratique et affirme l'exclusion de toute « ruse active », « piège » ou « provocation » à l'encontre de personnes soupçonnées. Or, les écoutes judiciaires sont les seules en France qui, à la différence des écoutes administratives, sont soumises à un semblant de réglementation, à savoir la jurisprudence de la chambre criminelle de la Cour de cassation. En s'appuyant sur l'article 81 du Code de procédure pénale, celle-ci fixe les conditions de la « pratique » : commission rogatoire du magistrat instructeur, conformité aux articles 114 à 118 du Code de procédure pénale et, indication beaucoup plus intéressante, obligation d'être « effectuée sans artifice ni stratagème, afin de ne pas avoir pour effet de compromettre les droits de la défense ».

La Cour européenne ne se satisfait pas de ces garanties et stipule que les écoutes judiciaires « doivent se fonder sur une loi d'une précision particulière, l'existence de règles claires et détaillées en la matière [apparaissant] indispensable, d'autant que les procédés techniques ne cessent de se perfectionner ».

De crainte que la condamnation de la pratique des

accueillit la belle Pandore, envoyée par Zeus avec la boîte fatale, en fait une jarre, d'où tous les maux s'envolèrent sur le monde.

écoutes judiciaires n'entraîne une sanction identique à l'encontre des écoutes administratives, les initiatives se multiplient pour en prévenir l'éventualité. Parlementaires comme le sénateur Marcel Rudloff ou les députés Jacques Toubon et Jean-Jacques Hyest, policiers comme les syndicalistes de la FASP, journalistes comme ceux de l'émission *Médiations* ou membres de la Commission nationale consultative des droits de l'homme pressent le gouvernement d'agir. Pierre Joxe, honnêtement, reconnaît en décembre 1990 l'utilisation d'écoutes administratives concernant le pasteur Doucé, soupçonné d'activités pédophiles, assassiné peu après.

Intronisée le 16 mai 1991, Edith Cresson ne peut que faire sien le projet de loi élaboré par son prédécesseur. Elle a le mérite de le faire sans tarder, et l'élégance, dans la présentation du texte devant l'Assemblée nationale, de rendre hommage à tous ceux qui, de Michel Debré à son prédécesseur immédiat Michel Rocard, ont fait avancer « l'exercice difficile » de l'organisation et du contrôle des écoutes. Henri Nallet, son garde des Sceaux, énonce à sa suite « les trois règles indissociables » qui doivent régir le principe essentiel dont il oublie de dire quel il est :

— premièrement, seule l'autorité publique peut porter atteinte au secret des correspondances émises par la voie des télécommunications;

— deuxièmement, cette atteinte n'est justifiée qu'en cas de nécessité d'intérêt public;

— troisièmement enfin, l'interception des communications par l'autorité publique ne peut être effectuée que dans les conditions et les limites fixées par la loi.

Plus précisément, le principe fixe les limites de l'exercice d'un droit qui ne peut s'exercer qu'au nom de l'intérêt général : des délais limités à quatre mois, tant pour les enregistrements que pour leur conservation, et l'instauration d'un contrôle effectif confié à une « autorité administrative indépendante », qu'il baptise, sans grande originalité, la « Commission nationale de contrôle des interceptions de sécurité ».

Il faut s'arrêter un instant sur ce concept nouveau, dans le droit administratif français, d'une « autorité administrative indépendante ». En droit strict, c'est une monstruosité que de confier à un organisme sans légitimité populaire, directe ou déléguée, un pouvoir régalien aussi fort que celui d'autoriser (ou d'interdire) des écoutes téléphoniques qui peuvent s'avérer, d'un côté, vitales pour la sécurité nationale, d'un autre, très pénalisantes pour les libertés individuelles. Comme la CNIL, comme le CSA, l'institution de la CNCIS, qui échappe à l'autorité du gouvernement et au contrôle du Parlement, représente bel et bien un nouveau démembrement de l'autorité de l'Etat.

Le débat qui, dans l'hémicycle du Palais Bourbon, suit l'intervention du garde des Sceaux ne revêt aucun caractère polémique. Les intervenants, François Massot (socialiste), en qualité de rapporteur de la commission des lois, Jacques Toubon (RPR), ultime rescapé de la commission Schmelck, Jean-Jacques Hyest (centriste), auteur d'une proposition de loi sur les écoutes l'année précédente, François d'Aubert (Parti républicain), Jean-Marie Daillet (autre centriste), et même le communiste Georges Hage reconnaissent les avancées du texte. Il ne se trouve que le chiraquien Patrick Devedjian, par ailleurs avocat, pour le considérer comme « juridiquement régressif ». L'expression n'est pas seulement inadéquate puisque le gouvernement propose précisément au Parlement de combler un vide juridique. Mais elle témoigne d'une inutile volonté de polémiquer puisque le texte soumis aux députés constitue pratiquement le calque des propositions du rapport Schmelck... avalisées par Jacques Toubon. Dès lors, Henri Nallet aura beau jeu de s'étonner : « Monsieur Devedjian, je viens de vous découvrir. Je ne vous imaginais pas sous ce jour. »

Les tenants de la droite pure et dure vont d'ailleurs se manifester curieusement au cours de la discussion, article par article, qui suit les prises de position consensuelles sur la philosophie générale du projet. On verra ainsi François d'Aubert rejoindre le parti communiste pour demander l'interdiction des interceptions « concernant des élus, des responsables de formations politiques, des journalistes, des responsables syndicaux et des magistrats » [sic]. Ce que le garde des Sceaux ne se prive pas de souligner au passage. En revanche, devant un hémicycle largement déserté, une véritable connivence s'établit entre le gouvernement et la commission d'une part, les porte-parole de l'opposition, Jacques Toubon et Jean-Jacques Hyest, d'autre part, pour amender le texte, le compléter, le préciser. C'est incontestablement un bon travail parlementaire, auquel participent des élus qu'anime le sens des responsabilités et qui ne tirent pas prétexte d'un sujet pourtant délicat pour contrarier la mise au point d'un texte solide.

Finalement, l'Assemblée et le gouvernement conviennent de la nécessité d'utiliser les interceptions de sécurité pour protéger, *préventivement*[1], la sécurité extérieure et intérieure de la France : c'est toute la mission de la DST qui se trouve ainsi légitimée, ainsi qu'une partie de celle des RG, dirigée vers le terrorisme. Le consensus qui associe les partis de pouvoir, c'est-à-dire ceux qui, dans un régime d'alternance, sont en mesure d'assumer la conduite des affaires de l'Etat, est en tous points comparable à celui qui prévaut autour de la force de dissuasion. Il en est d'ailleurs indissociable. Il constitue une première justification des interceptions de sécurité.

Outre la sécurité, les écoutes se justifient par l'indispensable sauvegarde des intérêts économiques et scientifiques du pays. Ce sont, en termes plus communs, les

1. Ce sont les auteurs qui soulignent.

impératifs du contre-espionnage. Sans le dire aussi clairement, les intervenants du débat de juin 1991 pensent très fort à la « guerre économique » que livrent en sous-main à la France ses « meilleurs ennemis », les Etats-Unis et le Japon et qu'a, le tout premier, dénoncée Michel Debré. Rares sont encore les responsables gouvernementaux et, a fortiori, les parlementaires qui ont connaissance du système Echelon[1], réseau de renseignement à l'échelle planétaire mis en œuvre par les Etats-Unis et leurs alliés anglo-saxons préférés — Grande-Bretagne, Canada, Australie et Nouvelle-Zélande — depuis plusieurs dizaines d'années. Encore plus discrète s'avère l'existence à Washington d'une instance dénommée Advocacy Center, ou War Room, censée organiser au niveau fédéral la recherche de toutes les données, marchés, projets, opportunités qui régissent la vie des affaires et intéressent, par conséquent, le développement des entreprises américaines. Ce dispositif repose sur les interceptions de communications de toute nature. Avec une capacité d'écoute sans équivalent puisque la production d'une demi-journée d'interceptions équivaut à la totalité de la documentation détenue par la bibliothèque du Congrès américain.

On peut toujours avancer que le gouvernement d'Edith Cresson aurait dû être sensibilisé à cette menace. Or, rien dans le débat parlementaire ne vient indiquer que l'on ait perçu l'énorme décalage existant entre la mise en œuvre d'écoutes domestiques, limitées et contrôlées, et l'énorme machine que représente la toute-puissante NSA[2] échappant à toute règle, à toute déontologie.

1. Le scandale, vite étouffé, éclatera devant le Parlement européen en 1999.

2. La National Security Agency pilote effectivement le système Echelon.

C'est la seule faille, mais elle est de taille, qui doive être constatée dans l'adoption d'un cadre juridique, plus satisfaisant pour l'esprit que pour la pratique.

A l'heure du vote, il ne se trouve cependant que le seul groupe socialiste pour ratifier un projet de loi pourtant largement amendé en fonction des souhaits du RPR et de l'UDF. Ces formations s'abstiennent, ce qui, dans la logique parlementaire (qu'il ne faut pas confondre avec le simple bon sens), équivaut à une quasi-approbation. On pourrait se réjouir de cette conclusion, si elle était définitive. Ce n'est pas le cas, comme nous le verrons.

Le Sénat est saisi du texte adopté en première lecture par l'Assemblée. Il engage la discussion le 25 juin.

Dans sa présentation du projet, Henri Nallet multiplie les appels et les attentions en direction d'une instance dont il sait qu'elle est sourdement antigouvernementale. Tour à tour, Michel Debré, le « regretté sénateur Marcilhacy », le rapporteur alsacien Marcel Rudloff, sont invoqués pour appuyer un texte encadré par les prescriptions de la convention européenne de Strasbourg. Ce faisant, le garde des Sceaux engage une démarche fort intéressante, celle de l'unification du droit européen, acceptant que la France se soumette à des règles extra- voire supranationales.

Répondant au garde des Sceaux, le rapporteur Marcel Rudloff, qui ne peut verser aussi facilement dans un consensus parfait, juge le texte « pas très original » mais estime que, « dans l'ensemble, les orientations qu'il contient sont dignes d'intérêt ». Il souligne au passage « l'inspiration politique » fort éclectique du projet, façon de rendre hommage à l'objectivité et au souci d'ouverture du gouvernement. Ce qui le conduit à en proposer l'approbation, « sans enthousiasme particulier, mais avec sérénité ».

Parmi les interventions qui se succèdent à la tribune du Sénat — un orateur pour chacun des quatre groupes constitués —, celle du sénateur Jacques Thyraud, ancien membre de la commission Schmelck et membre actuel de la CNIL, tranche par la netteté de la position qu'il prend : il faut limiter le champ d'application de la loi à l'interception téléphonique. Ce qui, autrement formulé, revient à l'interdiction des interceptions télématiques, c'est-à-dire de toutes les formes de transmission filaires, télécopie, télex et messagerie vocale. « J'accepte, souligne le porte-parole de l'UREI, que l'on surveille un ou plusieurs individus. Mais je ne puis approuver que l'on en contrôle en permanence des centaines, voire des milliers. » Et il précise : « De l'interception de la voix, ce projet de loi passe à celle des documents et des fichiers, un peu comme si un bureau était cambriolé. »

C'est Michel Dreyfus-Schmitt qui lui répond.

« Dès lors que l'on admet qu'il faut exceptionnellement non seulement écouter les voix — c'est ce que veut dire le téléphone — mais également intercepter les télex ou, comme nous l'avons dit tout à l'heure, les télécopies, il n'y a aucune raison de dire aux espions et aux brigands : "Attention au téléphone, car on vous écoute, mais par ordinateur, vous pouvez y aller tant que vous voulez!" C'est pourtant à peu près ce qui nous est proposé, et c'est évidemment tout à fait impensable. »

En fait, l'un et l'autre sénateur ont raison : Jacques Thyraud de souligner que l'interception des communications filaires va bien au-delà de la simple conversation entre deux personnes physiques, Michel Dreyfus-Schmitt de s'opposer à une limitation pénalisant les services de contre-espionnage et de police. Sans doute l'un et l'autre ignorent-ils qu'au moment où ils parlent les magnétophones du GIC enregistrent allègrement pour le compte de la DST les télex de plus d'une ambassade.

Le gouvernement tient manifestement à l'adoption de son texte par la Haute Assemblée. Il ne souhaite nullement passer en force et imposer une rédaction que ne ratifierait que la seule majorité socialiste à l'Assemblée nationale. C'est pourquoi Henri Nallet et son ministre délégué Michel Sapin restent, dans la discussion des articles, fidèles à une ligne de conduite consensuelle, acceptant nombre des amendements proposés par la majorité sénatoriale. Le groupe de l'Union centriste en tire loyalement les conséquences et, au lieu de s'abstenir comme l'ont fait les députés de la même formation, vote le texte du gouvernement. Les indépendants (groupe de l'UREI) s'abstiennent.

Le retour d'un texte légèrement remanié, clarifié et complété, sur le bureau de l'Assemblée nationale impose la constitution d'une commission mixte paritaire constituée de sept députés et sept sénateurs. Pour autant, l'esprit de consensus n'a pas disparu et l'on aboutit rapidement à un accord qui, pour l'essentiel, ratifie les modifications apportées par le Sénat. Comme la Constitution le prévoit, ce texte est soumis à une deuxième lecture devant l'Assemblée nationale. On pourrait croire que la quasi-unanimité du Parlement est désormais acquise sur le compromis. Curieusement il n'en est rien : les trois groupes de l'opposition, RPR, UDF et centristes, déjugent leurs propres amis sénateurs et votent contre, alors même qu'ils s'étaient abstenus en première lecture.

Pour expliquer un tel revirement, il faut une once de talent et son pesant de mauvaise foi. Comme il convient, c'est le porte-parole de la ligne la plus dure qui s'y colle, Jacques Toubon, celui-là même qui, par ses multiples et intelligentes interventions, a fait évoluer le texte en première lecture.

L'exercice n'est pas facile : en effet, si Henri Nallet a obtenu l'abstention du groupe centriste à l'Assemblée nationale, puis son vote favorable au Sénat, assorti de l'abstention de l'UREI, c'est bien évidemment en récompense ou en contrepartie des nombreux amendements acceptés de l'opposition. Peut-être aussi au nom d'un intérêt national évident. Il faut donc trouver dans le texte « sénatorial » qui constitue la mouture définitive du projet de loi un détail qui sera grossi démesurément jusqu'à en faire un élément essentiel du dispositif. Ce sera le mode de désignation du président de la commission de contrôle que le projet propose de confier au président de la République à partir d'une liste de quatre noms établie conjointement par le vice-président du Conseil d'Etat et le premier président de la Cour de cassation. Jacques Toubon qualifie cette procédure de « truc stupéfiant » après avoir affirmé que « la majorité sénatoriale [sic] n'a pas fait du bon travail ». Ce disant, il ne justifie en rien cette appréciation, se contentant d'affirmer que la commission aura un « caractère strictement politique », puisqu'elle fait intervenir le président de la République. Curieuse condamnation du suffrage universel que cette prise de position qui fait bon marché de la procédure de désignation du Conseil constitutionnel et de son président, de la CNIL, de la CADA, du médiateur de la République ! Alors précisément qu'en ramenant à trois membres l'effectif de la commission, le gouvernement et le Sénat se sont appliqués à réduire les risques d'indiscrétion, donc de politisation de cette formule. Et qu'en acceptant la présence d'un sénateur, la majorité socialiste sait parfaitement qu'elle fait la part belle à la famille conservatrice, c'est-à-dire à la droite !

Il faut croire que ce raidissement de l'opposition parlementaire n'est pas du goût de tous les députés puisque, in fine, Jacques Toubon annonce qu'il ne demandera pas de scrutin public « de manière que le vote des quatre groupes hostiles à ce texte — il inclut ainsi le PC qui ne l'a en rien mandaté — n'aboutisse pas à en empêcher l'adoption ».

Bien lui en prend, le texte est adopté et aussitôt ratifié par le président de la République, François Mitterrand. Jacques Toubon lui-même ne peut que s'en satisfaire puisque, devenu garde des Sceaux quatre ans plus tard, il se gardera bien de mettre fin au « truc stupéfiant » que constitue la désignation du président de la CNCIS par le président de la République.

Il ira plus loin : quand le suffrage universel donnera au pays un président de la République, une Assemblée nationale et un Sénat de la même couleur politique, le garde des Sceaux respectera scrupuleusement le souhait expressément exprimé au sein de la commission paritaire que les deux parlementaires appartiennent l'un à la gauche, l'autre à la droite, ce qui assurera le maintien d'un député socialiste pour représenter une Assemblée majoritairement RPR-UDF. Sage précaution qui tranche sur les imprudences auxquelles, épisodiquement, se livre le pouvoir. Comme en pleine cohabitation.

Deuxième Partie

Histoire d'une rechute annoncée

VI

Le syndrome Allende

La tradition en est chevillée au corps des radicaux d'Eure-et-Loir et nul n'en démordrait de ceux qui, dans la lignée des Brissot, Pétion, Sieyès, Delacroix[1], et bien entendu du jeune général tombé à Altenkirchen en 1796 à l'âge de vingt-sept ans et dont les cendres sont au Panthéon depuis 1899, célèbrent la République au fameux « banquet Marceau ». Les meilleurs fils du radicalisme y sont conviés pour prononcer le discours qui saisira aux tripes tous ces nostalgiques des combats de l'école, de la laïcité puis du clémencisme, enfin du Front populaire. Maurice Violette, inamovible maire de Dreux, ancien gouverneur général de l'Algérie, Charles Brune, sénateur,

1. Jacques Pierre Brissot de Warville, chef du parti girondin, député d'Eure-et-Loir à la Convention, guillotiné le 31 octobre 1793, Jérôme Pétion de Villeneuve, également chartrain, second maire de Paris, président de la Convention, membre du comité de salut public, suicidé en 1794, Emmanuel Sieyès, vicaire général de Chartres, député, conventionnel, membre du Directoire, consul, pair de France, proscrit en 1816 comme régicide, mort de sa belle mort à Paris en 1836 à l'âge respectable de quatre-vingt-huit ans, Charles Delacroix de Contant, député d'Eure-et-Loir, président de la Convention, ministre des Relations extérieures et enfin préfet, tous ces hommes de la Beauce ont joué les premiers rôles sous la Révolution.

ministre de l'Intérieur, qui règnent sans partage sur la fédération radicale, y convient leurs amis, Edouard Herriot, Edouard Daladier, Pierre Mendès France, Maurice Bourgès-Maunoury, Gabriel Cudenet et François Mitterrand.

Chacun d'eux ressent comme un immense honneur d'assumer la présidence de cette grand-messe de la seule République qui ait valu, la IIIe.

François Mitterrand n'y a pas manqué sa sortie. Incisif, ironique, maîtrisant le ton comme la forme et le fond, il a enthousiasmé son auditoire. Les sages apprécient en connaisseurs, Jacqueline Thome-Patenôtre, venue en voisine (elle est maire de Rambouillet), Edouard Desouches, maire de Lucé, Jacques Secrétain, maire d'Orléans, directeur de la très influente *République du Centre.* Les jeunes, peu nombreux, les vieux militants, plus fournis, sont transportés d'enthousiasme. Le député de Château-Chinon ne boude pas son plaisir, sourit, laissant entrevoir ces canines qu'il n'a pas encore fait limer et qui lui font, parfois, une drôle de grimace. Pourtant, il n'est plus ministre de l'Intérieur, il a laissé les clés de la place Beauvau à son ami Bourgès, avec des cartons pleins de préfets et de sous-préfets radicaux ou à la rigueur socialistes à nommer. Il échange quelques signes, se renverse sur sa chaise, quand un importun vient le sortir de son rêve :

« François, qu'est-ce que c'était que cette affaire de fuites ? »

D'un coup le visage se rembrunit, le sourire se fige. Déjà qu'il ne goûte guère qu'on le tutoie, pourquoi faut-il qu'en plus on vienne lui rappeler cette absurde accusation qui a terni ses relations avec Pierre Mendès France ? Il réplique sèchement :

« Rien d'autre qu'un montage policier amplifié par la presse. » C'est tout, pas un mot de plus, mais cela suffit bien. Ces quelques mots constituent le bréviaire d'un François Mitterrand parvenu au pouvoir suprême vingt-cinq ans plus tard : se méfier toujours, et de la police, et des journalistes. Il aurait pu ajouter « et des militaires ».

Car François Mitterrand, entre autres vertus et qualités, possède une fichue mémoire.

Le 2 juillet 1954, Christian Fouchet, gaulliste impénitent[1], mais tout de même suffisamment lucide pour choisir avec ses amis de l'ARS l'action gouvernementale plutôt que l'opposition systématique, demande à être reçu par Pierre Mendès France, le nouveau président du Conseil. Les deux hommes se connaissent bien : ils sont tous deux anciens aviateurs, ont du caractère, des convictions. Le ministre des Affaires marocaines et tunisiennes qui va conduire avec le président du Conseil l'indépendance de ces deux protectorats informe ce dernier que le parti communiste possède un compte rendu complet de la dernière séance du Comité supérieur de défense. Cette instance hautement protégée est installée au 51 avenue de La-Tour-Maubourg. Toutes les décisions qui y sont prises sont classées « très secret défense ». C'est Jean Mons, grand commis réservé et austère qui, en sa qualité de secrétaire général permanent de la Défense nationale (SGPDN), rédige après chaque séance le procès-verbal des décisions du comité.

Pierre Mendès France est atterré par les révélations de Christian Fouchet. Certes, il vient de mettre fin, par un incroyable pari, à la guerre d'Indochine, et le parti communiste doit rentrer ses griffes, mais tout de même, l'annonce est rude. Il charge immédiatement André Pelabon, son directeur de cabinet, d'une enquête très discrète. Le président refuse même que François Mitterrand, son ministre de l'Intérieur, soit mis au courant. Ce n'est qu'à la fin de l'été que « le beau François » — comme on l'appelle à l'époque — est informé de ce qui se

1. Il a rallié le général de Gaulle dès le 19 juin 1940.

trame. Cela tombe bien. Un nouveau Comité de défense doit se tenir le 10 septembre. A l'ordre du jour, un sujet capital : la mise en chantier de l'arme atomique française. François Mitterrand sent, avec tout son instinct de grand politique, qu'il faut d'urgence trouver l'origine des « révélations ». Il convoque ses collaborateurs les plus proches, dont André-Louis Dubois, préfet de police[1], et Roger Wybot, autre gaulliste d'exception, patron de la Direction de la surveillance du territoire (DST).

Wybot identifie rapidement l'informateur de Fouchet. Il s'agit du commissaire Jean Dides, ancien militant d'extrême droite qui traficote avec un certain Alfred Delarue, repris de justice, ex-collaborateur. Puis la DST découvre que Dides bénéficie d'un autre informateur de premier choix : André Baranès, journaliste parlementaire à *Libération*, qui fait alors « les bordures » du parti communiste. La police parisienne le considère comme un informateur très précieux. N'aurait-il pas volé sur le bureau de Jacques Duclos — numéro deux du PC — un télégramme personnel de Joseph Staline ? Très vite, la piste se précise : l'affaire des fuites, montée par Baranès, pourrait compromettre Jean Mons, qui clamera jusqu'au bout son innocence et sera finalement blanchi après un procès mouvementé. Au passage, d'autres complices sont identifiés et mis en cause : René Turpin et Roger Labrusse, fonctionnaires du SGPDN.

Dans cette affaire qui défraye copieusement la chronique, l'essentiel est ailleurs. Jean Dides a menti à Mitterrand. Et sans doute aussi à Roger Wybot. François Mitterrand va retenir la leçon et se défier désormais de la police. D'autant qu'il estime que le scandale auquel il n'a échappé que de justesse l'a mis en délicatesse avec Pierre

1. André-Louis Dubois se rendra célèbre en interdisant l'usage de l'avertisseur dans Paris.

Mendès France. Jean Lacouture note dans sa biographie de Pierre Mendès France[1] : « François Mitterrand et Pierre Mendès France ont eu de l'estime l'un pour l'autre. Jamais ils n'ont été amis. Leur collaboration commune au forum de *L'Express* les avait rapprochés sans faire d'eux des intimes. Mendès avait découvert chez son jeune collègue un zoologiste parlementaire d'une science incomparable. Nul ne connaissait mieux que lui les députés, leurs talents, leurs faiblesses, leurs performances passées, leurs aspirations secrètes et leurs accointances. » L'idéaliste Mendès France ne procède pas ainsi. Il veut convaincre et gouverner. Mitterrand, le pragmatique, regarde le cirque politique d'un œil froid. Est-il pour autant diabolique et aussi insensible? Le même Jean Lacouture déclare à *L'Express* en septembre 1998 : « Non, je n'ai pas a priori de sympathie pour le personnage. [...] Mais allais-je me dégonfler devant Mitterrand? Pour un biographe, laisser Mitterrand de côté, c'est un peu comme un champion cycliste qui ne s'inscrirait pas au Tour de France. Je sais bien qu'il y a surtout des coups à prendre dans cette affaire, mais j'y ai vu une sorte de devoir civique. J'ai essayé d'être le plus clair possible, de donner une vision équilibrée du personnage. C'était une épreuve difficile. Y suis-je parvenu? J'en suis encore à m'interroger. »

Lors de l'affaire des fuites, Mendès France s'est posé des questions. Il a beaucoup douté. Son sens du devoir lui avait imposé de n'écarter aucune hypothèse. Il a même soupçonné François Mitterrand et s'en est ouvert clairement à un journaliste, Pascal Krop. Catherine Nay confirme[2] : « Le ministre de l'Intérieur s'en montre ulcéré. Les témoignages sont unanimes. Mendès était

1. Jean Lacouture, *Pierre Mendès France*, Seuil, 1981.

2. Catherine Nay, *Le Noir et le Rouge ou l'histoire d'une ambition*, Grasset, 1984.

ainsi fait. Si on lui avait annoncé un vol commis par son fils, sa morale républicaine lui aurait fait répliquer : “Enquêtez et communiquez-moi les résultats.” Alors que n’importe quel père aurait commencé par protester de l’innocence de son rejeton. Et puis, il ne faut pas l’oublier, Mitterrand n’était pas l’ami de Mendès. »

C’est sans doute ce qui fait le plus mal à l’ancien ministre de l’Intérieur, le « lâchage de Mendès », comme le souligne Pierre Charpy, journaliste à *Paris-Presse*.

Trahi par la police, lâché par ses amis politiques, François Mitterrand va se laisser aller au cynisme. A ses yeux, la machine politique ne fonctionne qu’à partir de coups tordus. S’il arrivait un jour au pouvoir, pourquoi se priverait-il à son tour d’user de toute cette expérience accumulée sous la IVe République ? « Ce trop brillant animal politique », selon l’expression de François Mauriac, apprend vite et bien.

L’homme qui s’est installé à l’Elysée en 1981 est donc sans illusions. Ce qui ne signifie pas qu’il n’ait aucune conviction : il croit en sa mission, celle de conduire l’Etat, en l’Europe, en l’Alliance atlantique. Et sans doute en lui-même. La machine qu’il pilote est complexe : administration, police, armée, il faut tout maîtriser. Jusqu’aux « services secrets ».

La DST, il connaît. Elle lui a sauvé la mise en 1954. Mais le SDECE ? Qui peut encore lui en parler, le conseiller ?

Les socialistes sont restés à l’écart du pouvoir pendant plus de deux décennies. Au cours de cette longue traversée d’un désert certes non dépourvu d’oasis, les anciens militants de la SFIO ont peu à peu disparu des postes clefs de l’appareil d’Etat. Plus que toute autre administration, le SDECE (Service de documentation extérieure et de contre-espionnage, qui deviendra, le 4 avril 1982, la DGSE, Direction générale de la sécurité extérieure) est rapidement concerné par cette épuration silencieuse.

Depuis l'affaire Ben Barka, les services secrets ne sont plus rattachés à Matignon mais au ministère de la Défense. Les agents civils du SDECE, issus de la Résistance et parmi lesquels les socialistes comptaient de nombreux amis, ont disparu, remplacés par des militaires. Les responsables socialistes ne disposent plus d'informations sur le monde du renseignement. Ils en sont réduits à prêter l'oreille, comme tout le monde, aux rumeurs qui circulent.

Depuis plusieurs années, le point de vue de la gauche est assez critique quant à l'avenir des services secrets, comme l'atteste le programme commun du PS et du PC, publié en juin 1972. On peut y lire dans la rubrique « police » : « Les polices parallèles seront dissoutes. Le SDECE sera supprimé. » Au sein du parti socialiste, créé à Epinay, quelques voix s'élèvent contre « l'indigence » de ce texte. S'ils souhaitent de profondes réformes des services, ces « réformateurs » ne pensent pas qu'un pays comme la France puisse se passer d'un tel outil de renseignement. Il faut attendre 1973 et la création de la Commission de défense du PS pour que ces socialistes « réalistes » soient entendus.

Ce n'est qu'en 1976 qu'une petite cellule est mise en place pour étudier sérieusement ces questions. C'est François de Grossouvre, de son nom véritable François Durand, alias « Monsieur Leduc » dans le SDECE des années 50, qui anime les travaux. Il bénéficie du précieux concours de Louis Mouchon, qui vient de quitter le service après avoir passé plus de vingt ans aux Tourelles[1]. Charles Hernu et son conseiller Jean-François Dubos se rendent également aux réunions qui se tiennent au domicile de Louis Mouchon, près de l'esplanade des Invalides.

1. Siège du SDECE. On l'appelle « Tourelles » du fait de sa proximité avec la piscine du même nom.

Ces « spécialistes » remettent personnellement deux rapports au candidat Mitterrand.

L'état des lieux qui y est dressé est sans concession — voire pessimiste — quant à l'efficacité du SDECE par rapport à ses homologues américain, anglais ou allemand. Louis Mouchon, l'un des experts politiques des services secrets, a vu d'un très mauvais œil l'arrivée massive de militaires dans cet organisme. Il les juge, pour beaucoup d'entre eux, inaptes à faire du renseignement, notamment par manque de formation. Les rapports qu'il contribue pour une bonne part à rédiger précisent qu'« un organisme de cette importance ne peut uniquement dépendre de l'Elysée ou de Matignon ; toutes les opérations en cours, si mineures soient-elles, devant recevoir l'aval du chef de l'Etat. Une commission interministérielle de contrôle devrait chapeauter l'ensemble des services spéciaux. » Le recrutement d'un nombre plus important de civils dans les milieux industriels ou scientifiques est l'une des principales mesures préconisées. Cette démilitarisation permettrait de dynamiser les services.

Quand François Mitterrand arrive à l'Elysée, il intègre tout naturellement François de Grossouvre à sa « maison » en qualité de conseiller. Le gentleman aux manières très britanniques s'installe dans l'aile droite au premier étage. Son bureau, spacieux pour le palais, donne sur l'avenue Matignon[1]. Il y reçoit, consulte, toute la journée, avant d'aller faire son rapport à l'autre François. Celui-ci lui prête une oreille attentive, mais il écoute aussi d'autres spécialistes qui n'appartiennent pas au PS. Tous, ou presque, souhaitent le détachement du SDECE du ministère de la Défense.

1. Alors que Matignon, comme on le sait, est installé rue de Grenelle...

Février 1981. La base d'Aspretto, qui abrite, près d'Ajaccio en Corse, le Centre d'instruction des nageurs de combat (CINC), a fait toilette pour accueillir son patron, le général Georges Grillot. Chef du service Action (SA), celui-ci vient inspecter les « marins » du SDECE. C'est un chef grincheux mais populaire. Ancien sous-officier issu de l'école de Strasbourg, Georges Grillot, après deux séjours en Indochine, a créé en Algérie les « commandos Georges », spécialisés dans la lutte antisubversive : placé à la tête du SA par Alexandre de Marenches, il a redonné à ce service un dynamisme certain.

Mais Georges Grillot n'est pas venu à Aspretto, ce matin-là, pour entretenir ses hommes des nouvelles techniques sous-marines. Son discours sera politique. Dans les services, la démarche est rare ; suffisamment en tout cas pour qu'officiers et sous-officiers écoutent avec attention leur supérieur. « Il est venu nous dire que notre service était gravement menacé, raconte un officier Action ; que la gauche allait sans doute arriver au pouvoir. Pour lui, c'était la guerre. Il fallait pratiquer la politique de la terre brûlée et ne rien "leur" laisser. Nos "honorables correspondants" seraient mis en sommeil. Quant à nous, nous devrions partir. » Pour bien convaincre son auditoire de la réalité de la menace, Georges Grillot raconte qu'il a récemment rencontré le général Jeannou Lacaze, chef d'état-major des armées, pour lui exposer son point de vue. Celui-ci n'aurait pas bronché.

Chez les nageurs de combat, c'est la stupeur. Ces hommes formés pour le baroud aux quatre coins du monde ne sont guère habitués à pourfendre « l'ennemi intérieur ». De plus, certains sous-officiers, même s'ils ne sont pas nombreux, inclinent nettement vers la gauche. Ils ont été recrutés au CINC pour leurs qualités physiques et parce qu'ils n'étaient pas politiquement marqués. Ils n'entendent pas devenir les mercenaires d'un camp. Pour tout dire, dans l'ensemble du SDECE, nombreux sont les agents qui ne partagent pas la hargne de leurs responsables. Dès le départ de Grillot, quelques nageurs de combat s'en vont protester auprès de Louis-Pierre Dillais, le commandant du CINC. L'accueil est glacial. Même son de cloche chez le « second », le commandant Alain Mafart[1]. Ces officiers s'étonnent ouvertement que des hommes du service Action puissent afficher leurs états d'âme. Ils se croient seuls autorisés à penser. Aussi, à Aspretto, attendent-ils avec une certaine anxiété les résultats des élections. Le soir du triomphe de François Mitterrand, on ne réveillonne pas chez les cadres du CINC.

On ne fête pas la victoire du candidat socialiste, mais on ne donne pas pour autant sa démission dans les jours qui suivent. Simplement, la « Grande Muette » se tait. Bien vite, d'ailleurs, des signes de dégel apparaissent. L'arrivée de Charles Hernu rassure les militaires. Il a été nommé pour cela. Le nouveau ministre de la Défense n'engage aucune réforme d'envergure. Les hommes de l'ancien régime, dont les trois chefs d'état-major, demeurent en place. Il y a aussi la présence rassurante du général d'armée aérienne Jacques Mitterrand, ancien commandant de la FATAC[2] et frère du président nouvellement élu.

Au service Action, le colonel Georges Grillot lui-même ne quitte pas ses fonctions, comme il l'avait annoncé. Fidèle au poste, il veut s'efforcer de sauvegarder ce qu'il considère comme l'intérêt supérieur du service. Prudemment, il prescrit qu'on fasse le ménage dans tous les centres du SA. On brûle les archives les plus compromet-

1. Devenu l'époux Turenge dans l'affaire Greenpeace puis, par la suite, farouche militant écologiste.

2. La force aérienne tactique stratégique, autrement dit la composante « pilotée » de la force de dissuasion.

tantes, notamment tout ce qui se rapporte aux partis politiques et aux syndicats. On détruit aussi — ce qui est plus grave — une partie des comptes rendus techniques du SA. Fréquemment, les officiers de l'Action sont en effet chargés de tester la protection des installations militaires « sensibles ». Des attaques fictives de la base de l'Ile longue à Brest, le sanctuaire de la force stratégique française, ont été à plusieurs reprises organisées par le SDECE, qui ont révélé de graves lacunes dans le domaine de la protection. Ces exercices fort utiles servent ensuite à l'instruction des cadres des services.

Qu'importe, tout cela doit disparaître pour ne pas être livré aux socialistes. Les chefs du SA se débarrassent aussi des officiers qui ne sont pas acquis à leurs idées : à Aspretto, douze sous-officiers sur trente-quatre partent. L'un d'entre eux sera même sanctionné pour avoir protesté contre ces méthodes peu démocratiques. L'affaire remonte jusqu'au cabinet de Charles Hernu, qui enterre finalement la plainte. Le ministre est décidément compréhensif, sinon complice. Dans leurs bureaux, les responsables du CINC conserveront pendant plusieurs mois, comme un ultime et dérisoire défi, le portrait de Valéry Giscard d'Estaing accroché au mur. Le SA n'est pas acquis au changement. Il ne va pas tarder à le faire savoir aux nouveaux dirigeants.

Toutes ces suspicions sont autant de preuves d'un syndrome qui n'a pas encore trouvé son nom. En même temps, c'est une véritable partie de poker menteur qui s'engage : Hernu va-t-il séduire les militaires ou, à l'inverse, les généraux le dompter sournoisement ?

En juillet 1981, un journaliste assiste à une scène surréaliste lors de la fête annuelle d'une grande école militaire. A l'accueil, un programme est distribué avec au menu quatre bizutages bien salés comme le veut la tradition. Le journaliste interroge le ministre de la Défense qui avait promis de mettre définitivement fin à de telles pratiques. Immédiatement, ce dernier convoque à ses côtés le général Jeannou Lacaze, qui lui promet d'aller se renseigner auprès du directeur de l'établissement. Le « sphinx » revient quelques minutes plus tard et explique benoîtement que les cadres militaires réprouvent de tels agissements mais que les élèves les réclament. A écouter le général, ils en voudraient toujours plus. Hernu sourit et n'en demande pas davantage. Les militaires ont compris cette leçon et bien d'autres de la même veine. L'ancien fils de gendarme leur cédera toujours. A la seule condition qu'ils affectent de témoigner le plus grand respect à ce politique haut en couleur.

Alors, tout va-t-il pour le mieux dans le meilleur des mondes ? En apparence, oui. Le président n'a-t-il finalement rien à redouter? La réponse mérite d'être plus nuancée. Car si rien, à l'exception de la fantasmagorique affaire Erulin montée par les RG et les gendarmes de Christian Prouteau quelques mois plus tard[1], ne menace vraiment la santé du président, sauf une vilaine maladie, son entourage veut se persuader du contraire. Ces inquiets ont nom Charles Hernu, Gaston Defferre et François de Grossouvre. Leur dévotion au président n'a d'égale que leur naïveté et leur inexpérience dans des fonctions qui exigent recul, scepticisme et sang-froid. Avec l'enthousiasme des néophytes, ils vont contribuer à accréditer une légende dont d'autres, plus malins, feront leur profit. C'est le syndrome Allende qui naît à l'Elysée et que le capitaine Barril accrédite allègrement.

Il faut dire que le climat international de l'année 1981 ne peut en rien rassurer les socialistes : le 23 février, les militaires ont vainement tenté de prendre le pouvoir en Espagne. Le 30 mars, Ronald Reagan a échappé de peu à une tentative d'assassinat sous l'œil des caméras de télé-

1. Voir chapitre IX, « La Traque du ruffian ».

vision, puis, le 13 mai, le pape Jean-Paul II a été grièvement blessé par balles, place Saint-Pierre. Enfin, le 6 octobre au Caire, un commando islamiste assassine le président Anouar el-Sadate.

En France, cela ne va guère mieux : on assiste dans la capitale à un enchaînement d'attentats sans précédent. Le 29 août 1981, un engin explosif lancé dans une salle de réunion de l'hôtel Intercontinental, rue de Castiglione, blesse quatorze personnes. Le 29 octobre, une explosion dévaste le cinéma Berlitz dans le IIe arrondissement, tandis que Jean Fonteneau, maire de Clamart, échappe de peu à un attentat. Puis, le 16 novembre au soir, une bombe explose à la gare de l'Est. Cet attentat est immédiatement revendiqué par le groupe terroriste arménien Orly, qui exige du gouvernement français la reconnaissance du génocide arménien par les Turcs. La presse ne manque pas de commenter abondamment la fréquence inquiétante des explosions criminelles à Paris.

Au nombre de ceux qui s'inquiètent se trouvent bien entendu les proches du président. Mais aussi d'autres qui flairent la bonne occasion : le capitaine Paul Barril, ancien numéro deux du GIGN — Groupement d'intervention de la gendarmerie nationale —, raconte ainsi que la gauche au pouvoir vivait, à sa tête, un véritable traumatisme Allende.

Après cinq mois d'une relative accalmie, une voiture explose le 22 avril 1982, rue Marbœuf dans le VIIIe arrondissement, devant le siège du journal libanais *Al-Watan al-Arabi*, tuant une personne et en blessant une soixantaine.

Le 14 juillet 1982, le président Mitterrand est copieusement sifflé par la foule durant son passage sur les Champs-Elysées, même par certains officiers présents dans la tribune officielle. Les rumeurs de coup d'Etat se succèdent. Le spectre de la guerre civile habite Gaston

Defferre et Charles Hernu. Il court des bruits d'insurrection militaire... Le « syndrome Allende » est bel et bien né. Se justifie-t-il vraiment ou n'est-il que pure spéculation ? Des serviteurs zélés, aux RG, au sein de la gendarmerie, vont s'appliquer à en démontrer la réalité. On cherche... et on trouve un supposé spadassin, qui porte avec fierté sa haine de De Gaulle, un passé chaotique et un nom emblématique. L'affaire Dominique Erulin va prendre corps, qui en justifiera bien d'autres [1].

1. Voir chapitre IX, « La traque du ruffian ».

VII

La tentation de Florence

Rien n'est plus facile ni plus dangereux que de considérer la création de la cellule élyséenne comme procédant de la mise en œuvre méthodique d'une stratégie quelconque.

A la vérité, quand François Mitterrand s'installe à l'Elysée, l'ivresse de la victoire et l'état de grâce, cette communion mystérieuse avec un peuple qui l'aime enfin, lui font ignorer superbement les exigences de sa propre sécurité. Il se promène dans Paris, une rose à la main, avec le cortège de ses copains hilares et incrédules sans bien réaliser qu'il offre une cible idéale à ceux qui lui en veulent. Ou plutôt « qu'il offrirait une cible idéale à ceux qui lui en voudraient ».

Car c'est bien de cela qu'il s'agit, de la sécurité présidentielle, une exigence qui dépasse les contingences personnelles et tient du devoir d'Etat. En mai 1981, François Mitterrand, sans doute, n'y songe pas. Ni aucun de ses proches. Ni aucun de ses adversaires.

Il faut le déclin de sa popularité, l'inquiétude de ses conseillers et, surtout, les menaces de ses adversaires pour altérer cette belle confiance. Bien vite, en effet, l'opposition relève la tête, claironne que le septennat n'ira pas à son terme, que son propre retour aux affaires est pour bientôt. Mais comment cela se pourrait-il sans une épreuve de force, un événement violent, un coup d'Etat à la chilienne ? En ce début d'année 1982, le syndrome Allende gagne la gauche, le gouvernement et l'Elysée. François Mitterrand pense souvent à la fin tragique du président chilien moins de dix ans auparavant. Il la remâche sans cesse, comme un rêve qu'il ne voudrait pas prémonitoire[1]. Il sait que, pour certains, la nomination au gouvernement de ministres communistes sonne comme une provocation alors qu'elle ne signifie que le déclin définitif du « parti à la solde de Moscou ».

Comme pour lui donner raison, l'armée est troublée. Certes, son frère, le général Jacques Mitterrand, ancien commandant de la Force aérienne stratégique, son plus vieux compagnon de route, Charles Hernu, et quelques autres ont bataillé pour que soit respecté le principe de la dissuasion et conservée la force de frappe. Mais il y a eu le plus étrange Salon du Bourget qui ait jamais été, le désarmement des avions exposés, les détours du cortège, la tête détournée du spectacle des engins de mort, tous ces signes inutiles d'un pacifisme inquiétant.

Alors on commence à évoquer la sécurité du président. Les RG de Paul Roux, soucieux de plaire ou de se rendre indispensables, ou les deux, glissent des avertissements sous forme de notes blanches[2]. On ose écrire que les assassins sont proches.

Surgit, dans ce climat délétère, du Guignol de l'actualité[3], une marionnette toute de noir vêtue. C'est un gendarme, le commandant Christian Prouteau, fils du colonel Gérard Prouteau. Cyrard, puis officier de transmission, au demeurant élève moyen, il intègre

1. Voir chapitre VI, « Le syndrome Allende ».

2. Voir chapitre IX, « La traque du ruffian ».

3. Les Guignols de Canal+ apparaîtront plus tard. Il ne s'agit donc ici que du Guignol lyonnais, sorti en 1795 du cerveau inventif de Laurent Mourguet.

l'école des officiers de gendarmerie à Melun pour complaire à papa, s'impose rapidement comme un « musculaire », comprend très vite qu'il y a un fonds de commerce intéressant à créer avec la gestion des interventions difficiles, les prises d'otages, les arrestations de forcenés, la neutralisation des braqueurs. De l'adresse, de la vivacité, de la technique, du muscle quand il le faut, le tout dans le respect des lois. Il crée le GIGN en 1973, en fait le fleuron de la gendarmerie, une unité exceptionnelle d'efficacité, au point qu'il faudra à la police, un peu envieuse, une vingtaine d'années pour se mettre à niveau avec le Raid. Le GIGN, peu à peu, se dégage des contrôles, prend les interventions à son compte, rechigne à être supervisé, contrôlé. Préfets et magistrats le savent et l'admettent. C'est le prix à payer de l'efficacité.

Pour que la route du concepteur et créateur du GIGN croise celle du président de la République, il faut un sacré coup de pouce du destin. Ce sont les ides de mars, fatales à Jules César, qui vont décider de la sécurité de François Mitterrand et finalement de son destin. Alors que le président vient d'apprendre le mal incurable qui mettra tout de même quatorze ans à l'emporter, Gaston Defferre s'empêtre dans une mauvaise querelle avec Marcel Leclerc, le patron de la Crim', accusé d'impéritie dans le traitement de dossiers ultrasensibles, hérités du précédent septennat, l'assassinat mystérieux d'Henri Curiel que d'aucuns voudraient coller sur le dos de la DST, celui de Pierre Goldman, l'attentat contre la synagogue de la rue Copernic. Les syndicats policiers de gauche ne sont pas pour rien dans le renvoi du grand flic, que le contrôleur général François Le Mouël suit par solidarité. Tempête place Beauvau, ciel serein rue Saint-Dominique : Charles Hernu visite le GIGN à Maisons-Alfort, découvre une unité d'élite, disciplinée, loyale, en un mot républicaine. Le fils de gendarme ne résiste pas à la démonstration que lui font de leurs multiples talents

Christian Prouteau et Paul Barril. Il s'en ouvre à François Mitterrand et à François Durand, dit de Grossouvre, propose de confier à Christian Prouteau une mission d'évaluation des risques d'intrusion à l'Elysée.

Celle-ci réussit au-delà de toute espérance. Il est vrai que les Voyages officiels, qui vivent depuis des lustres un train-train lénifiant, sont dans l'ignorance de la manœuvre et multiplient les bévues. Bientôt, on présente Christian Prouteau à François Mitterrand. Il est à ses côtés le 14 juillet 1982 sur l'estrade présidentielle. Il l'accompagne à Athènes. François Mitterrand, homme de plume et de réflexion, a toujours été fasciné par les hommes d'action. Sans doute parce qu'on admire toujours ceux qui accomplissent ce qui nous est inaccessible. Rien de tel qu'un intellectuel pour admirer le muscle et la dextérité. Non sans intelligence, Christian Prouteau met à profit cette séduction, s'applique à démontrer la supériorité de la maréchaussée sur la police. Il fait prendre conscience au président de sa vulnérabilité, de la facilité qu'il y a à s'approcher de lui. Dans la psychose sécuritaire qui gagne l'Elysée, il ne manque que la consécration d'un attentat. Elle sera multiple : le 20 juillet, une bombe explose près d'un café, place Saint-Michel. La revendication est signée par les Arméniens du groupe Orly. Une autre explosion, fomentée par la « Brigade révolutionnaire française », vise le domicile d'un proche collaborateur de François Mitterrand, sa référence tiers-mondiste, le philosophe Régis Debray. Le 24 juillet, pour la sixième fois de la semaine, une bombe explose au pub Saint-Germain, encore revendiquée par le groupe Orly.

Le pire reste à venir. Il survient le lundi 9 août 1982, rue des Rosiers, au restaurant Goldenberg. Il ne va pas seulement emporter la vie d'innocents, mais dissiper au vent mauvais de la peur les aspirations généreuses et l'idéal de gauche du président socialiste.

En fait, c'est à une révolution institutionnelle qu'assiste

le pays sans bien la comprendre. François Mitterrand ose ce à quoi le général de Gaulle n'a jamais consenti aux plus sombres jours de la guerre d'Algérie. Il prend personnellement en main la sécurité de la France, ravale ses ministres, à commencer par Gaston Defferre, au rang de simples exécutants et décide de concentrer au palais de l'Elysée l'organisation et les pouvoirs de la lutte antiterroriste. Il le fait, comme on dit, en trois coups de cuiller à pot.

Premier coup, le 16 août. L'hélicoptère présidentiel va quérir Christian Prouteau dans sa résidence vendéenne. A peine débarqué à Paris, le commandant se voit proposer la coordination de l'action antiterroriste. Pas moins. Prouteau accepte. Mais il ose fixer deux conditions au chef de l'Etat :

1° « En cas de pépin, j'accepte d'en porter toute la responsabilité ; mais en échange, je veux être libre des moyens que j'utiliserai et n'avoir à rendre compte qu'à vous-même ou à votre cabinet. »

2° « Je veux garder le commandement du GIGN et intégrer mon second, Paul Barril, au nouveau dispositif. »

Second coup, le 17 août, avec la nomination de Christian Prouteau et la création d'un secrétariat d'Etat à la Sécurité, confié à un vieux compagnon de route, Joseph Franceschi, ancien patron de son service d'ordre électoral et secrétaire d'Etat aux Personnes âgées.

Troisième coup, le 25 août : le président s'adresse à la nation. Dans un discours qui marquera le septennat, il déclare la guerre au terrorisme et explique que le grand jeune homme de trente-sept ans qui apparaît à ses côtés est investi d'une « mission de coordination, d'information et d'action contre le terrorisme ». C'est un pied de nez à la police tout entière, comme au premier flic de France, Gaston Defferre, titre que le maire de Marseille n'a d'ailleurs jamais revendiqué, lui préférant celui de « père de la décentralisation ». L'important n'est d'ailleurs pas là. Il résulte de ce que l'ancien ministre de l'Intérieur qu'est François Mitterrand commet l'erreur de méjuger l'orgueil d'un corps, celui des commissaires de police, qui tient entre ses mains toutes les clés de la sécurité du pays.

Christian Prouteau est mis au pied du mur. L'ancien chef scout est certes au sommet de son art. Sportif accompli, concepteur inlassable, il a acquis une indiscutable maîtrise dans la conduite des hommes et des dossiers. Surtout, il n'a aucun complexe vis-à-vis de ceux, ministres et directeurs, qu'il considérait, il y a peu, comme inaccessibles. Grand (un mètre quatre-vingt-quinze), élancé, il a conservé une dégaine d'étudiant attardé, à la « Grand Duduche », avec ses lunettes de myope et son air étonné. Bon guitariste, collectionneur de montres anciennes, restaurateur de Jaguar, le jardin qu'il cultive est paisible, sinon enchanteur. Par tradition, il se range à droite, dans l'immense marais des conservateurs, des petits propriétaires, des terriens. Il est de cette France paisible qui s'est choisi un notable de la IVe pour faire semblant de céder aux aspirations du bon peuple de gauche.

A présent qu'il a été distingué, il lui faut imaginer, organiser. Il ne s'agit plus de mettre sur pied un corps d'élite, une phalange aguerrie, mais de discipliner la troupe autrement compliquée des policiers, des contre-espions, des officiers et agents de renseignements, des gendarmes enfin. Tous les vieux de la vieille l'attendent au coin du bois. Naïvement, il pense que la seule évocation de l'appui présidentiel fera tomber toutes les résistances. Il imagine de constituer autour de lui pour informer (le président) et coordonner (l'action antiterroriste) une équipe pluridisciplinaire associant flics et pandores. C'est la préfiguration des GIR, imaginés et mis en œuvre par Nicolas Sarkozy vingt ans plus tard. C'est plus immédiatement une concurrence directe à l'UCLAT (Unité de coordination de la lutte antiterroriste), réunion hebdomadaire des patrons de police par l'entremise de laquelle Gaston Defferre pense reprendre la main.

Décidément ingénu, le commandant de gendarmerie prend conseil auprès de Charles Pellegrini, bon praticien de la Crim' et excellent communicant. Le policier lui conseille de commencer par le recrutement des « civils ». Pourtant, c'est à un militaire, et même à un gendarme, que Christian Prouteau s'adresse en premier.

Cet oiseau rare n'est autre que Jean-Michel Beau, le futur commandant de la section de recherches de la gendarmerie de Paris, qui vient de s'embourber — mais il l'ignore encore — dans la fangeuse affaire des Irlandais de Vincennes. Nous sommes le 31 août, trois jours après la fameuse perquisition où les armes censées confondre les « terroristes » ont été apportées par les enquêteurs. Le drame couve, encore réduit à ce qui ne constitue qu'une faute de procédure[1]. Peut-être le tout nouveau conseiller du président ignore-t-il le subterfuge de son bras droit et ami Paul Barril, mais il ne peut rester sourd aux observations du commandant Beau, qui lui propose de laisser annuler la perquisition puis d'expulser des Irlandais que rien, en dehors de la détention d'armes et d'explosifs, n'autorise à incriminer. Christian Prouteau refuse catégoriquement. Il tient son premier succès, il l'a fait claironner par les hérauts de la présidence. Pour rien au monde il ne se laissera déposséder d'un bel os qui se transformera, par magie, en bâton breneux.

L'entrevue a lieu à l'Elysée, aile de droite, non loin du bureau de François de Grossouvre et à deux pas de la casemate du concierge. Prouteau propose au commandant Beau de l'accompagner dans son exaltante aventure

1. Les hommes du GIGN sont entrés dans les lieux avant les officiers de police judiciaire, ce qui constitue un vice de forme substantiel. Cf. *La Cour des miracles*, Yves Bonnet, Flammarion, 2002, pp. 225 et suiv.

élyséenne. La réponse ne vient pas si facilement. D'abord en raison des incessantes allées et venues du conseiller technique, appelé ici ou là en consultation, qui plante son visiteur à plusieurs reprises : « Attends-moi, je reviens », ce qu'il fait effectivement pour repartir aussitôt. Amusé — l'inquiétude viendra plus tard —, Jean-Michel Beau assiste au ballet des « fournisseurs » qui viennent proposer et porter papier, crayons et machine à écrire dans le petit local provisoire du palais où la gendarmette qui constitue tout le personnel de Christian Prouteau s'active à organiser ce joyeux tohu-bohu. Et quand un garçon de courses ou un représentant croient reconnaître le chef de la future cellule dans ce bel officier de gendarmerie revêtu de son uniforme, la jeune femme les détrompe.

Enfin, Christian Prouteau revient, un semblant de calme avec lui. C'est le moment pour Jean-Michel Beau de décliner courtoisement la proposition de son camarade. Pour se justifier, il ne manque pas d'arguments : il est plus ancien dans le grade que le commandant Prouteau. Mais, surtout, les responsabilités qui lui sont promises ailleurs sont alléchantes. La section de recherches de la gendarmerie de Paris n'est rien de moins que la plus belle unité spécialisée dans la police judiciaire que possède l'arme, compétente pour le ressort de neuf tribunaux de grande instance.

Jean-Michel Beau, que ses opinions ne portent pas à gauche, pourrait certes passer, comme le fait son camarade, sur les opinions politiques du président, mais ce n'est pas le plus important pour lui. Il croit sincèrement se rendre plus utile à la gendarmerie en poursuivant sa vocation de « procédurier ». Son refus va sceller son destin.

Nul doute, en effet, qu'intégré à la cellule il eût bénéficié des mêmes protections qui vaudront, tout au long des années 80, au capitaine Barril de passer au travers de toutes les embûches d'un feuilleton judiciaire où il tient pourtant le rôle principal.

Déçu par le refus du commandant Beau, Christian Prouteau se tourne alors vers son camarade de promo, le lieutenant-colonel Jean-Louis Esquivié.

Mais les gendarmes ne peuvent constituer à eux seuls la cellule. Il faut y intégrer des policiers. Pour pénétrer ce monde qui lui est étranger et lui manifestera probablement quelque méfiance, Christian Prouteau sollicite un flic d'expérience, Charles Pellegrini, ancien patron du très célèbre OCRB. Il lui confie la responsabilité du groupe d'action mixte (le GAM) conjointement avec Paul Barril[1] et lui demande de lui ouvrir quelques portes.

C'est ainsi que le nouveau conseiller du président jette son dévolu sur Jean Orluc[2], l'un des tout meilleurs spécialistes aux RG de la lutte antiterroriste. Petit par la taille, grand par le talent, celui qu'on surnomme Achille Brandibus est, en revanche, affligé d'un défaut rédhibitoire : il ignore le travail en équipe. Pourtant, ce brillant analyste va aider Christian Prouteau à constituer son équipe. Il contacte Patrick Rougelet, un jeune et talentueux commissaire, bon connaisseur de la presse qu'il traite au sein de la préfecture de police. Pour le convaincre d'intégrer la cellule élyséenne, il le convie à déjeuner à la Fermette-Marbeuf, où le commandant tient ses quartiers. Rougelet s'y rend volontiers, écoute, et finalement refuse. Orluc joint alors un de ses anciens subordonnés, l'inspecteur Tissier, ancien de la police de l'air et des frontières, qui possède une solide pratique de la lutte antiterroriste. Durant son affectation à Orly, de 1974 à 1980, il s'est distingué en déjouant un projet

1. Voir chapitre XVI, « Le book émissaire ».

2. Le capitaine Barril revendique être l'auteur de la proposition, ce qui paraît beaucoup moins crédible que la version Pellegrini.

d'attentat, celui des « fils du Sud Liban ». Formé sur le tas, Michel Tissier voit sans déplaisir s'ouvrir devant lui de flatteuses perspectives. Il accepte. Quelques mois plus tard, l'équipe est complétée par la venue d'un autre inspecteur des RG, Pierre-Marc Llitjos, choisi en raison de sa connaissance du terrorisme — il assurait à la DCRG la liaison avec les services étrangers dans ce domaine — et de sa pratique des langues étrangères — il parle couramment l'espagnol, l'anglais et l'italien. Il fera équipe avec deux inspecteurs de la DST, Alain Theilliez et Dominique Mangin

Christian Prouteau s'est, en effet, également tourné vers la DST. La maison est secrète, farouche, mais fragilisée par sa réputation droitière et quelques vilaines affaires, les micros du *Canard enchaîné*, l'assassinat d'Henri Curiel[1]. Son directeur, Marcel Chalet, issu du sérail, n'est pas en position de refuser, même s'il vient d'apporter à François Mitterrand le beau cadeau de l'affaire Farewell[2]. Prouteau veut ses propres contre-espions. Il louche en direction d'une grosse pointure, le commissaire Jégou, qui accepte puis décline. La direction suggère à Christian Prouteau de s'attacher les services d'un jeune et brillant commissaire, Pierre-Yves Gilleron. Sans doute un peu tendre, inexpérimenté, ce dernier est en revanche ambitieux et se laisse fasciner par la promesse d'une carrière exceptionnelle. Il faut dire aussi que Christian Prouteau joue d'un incontestable charisme. Jégou a, par ailleurs, proposé le nom de Dominique Mangin, qui convainc Alain Theilliez, bon spécialiste du terrorisme moyen-oriental, de le suivre.

1. Où elle n'est pourtant pas impliquée.

2. Opération d'espionnage conduite par la DST à l'encontre du KGB grâce à l'action d'un agent soviétique « retourné », nom de code Farewell.

L'équipe commence à prendre tournure et même belle tournure. Il faut la compléter avec des militaires. La recherche s'avère beaucoup plus facile pour Christian Prouteau, qui peut puiser dans le riche vivier de la gendarmerie.

Le premier camarade sollicité, ou plus exactement le second, nous l'avons vu, est un lieutenant-colonel, Jean-Louis Esquivié. Cyrard comme Prouteau, il a choisi l'artillerie à sa sortie de Coëtquidan. A Châlons-sur-Marne, à l'école d'application, il s'installe en tête de la promotion pour en devenir le major. Ce sera moins brillant mais parfaitement honorable à Melun, à l'école des officiers de gendarmerie : il ne sort « que » cinquième. La faute à un chahuteur nommé Prouteau dont il est l'inséparable complice.

Jean-Louis Esquivié se définit lui-même comme un républicain d'ordre, catholique et traditionaliste. Sous des dehors aimables et souriants qui donnent à penser qu'il est accommodant, l'officier est ferme sur les principes, inflexible sur le patriotisme. C'est par jeu qu'il accepte le surnom d'Aramis. Ses origines basques en feraient plutôt un d'Artagnan[1], l'imprudence en moins.

Il se passionne pour l'informatique, y acquiert une bonne pratique, invente des programmes, imagine des applications. Ce n'est que normal dans ces conditions que le commandement de la gendarmerie envisage de lui faire intégrer Sup Telecom. Plus prosaïquement, et pour son malheur, il va plonger dans l'univers glauque des écoutes. En attendant, le voici placé sous l'autorité d'un officier qui, en toute rigueur, devrait être son subordonné. Aux camarades qui lui en font la remarque, Jean-Louis Esquivié répond qu'il sert la France, que cela seul lui importe. Il ratifie ainsi le bouleversement hiérarchique

1. Bien que d'Artagnan soit gascon, nous le savons.

que le président, qui en a le pouvoir, impose à la gendarmerie et même à l'armée.

Il est une autre ratification qu'il va solliciter avant d'accepter la proposition de Christian Prouteau. C'est celle d'Alain Juppé. Jean-Louis Esquivié est gaulliste, viscéralement. Doit-il, dans ces conditions, servir un président de la République qui fut naguère le principal sinon le seul opposant au général ? Il pose la question. Par l'intermédiaire d'un ami, il sollicite une audience auprès du plus proche collaborateur de Jacques Chirac et en obtient le *nihil obstat* qu'au fond de lui il souhaite. Bien moins par ambition personnelle qu'au nom de l'esprit de sacrifice qui l'habite. Il va être servi au point que ses amis pourront dire de lui, des années plus tard, qu'il a obtenu ses trois étoiles de général de division « malgré » et non « à cause » de son passage à l'Elysée. Pour l'heure, le voici embarqué sur la galère dont on peut croire qu'elle est amirale.

A ce moment de sa carrière, Christian Prouteau ne peut envisager de prendre de nouvelles et périlleuses responsabilités sans son ami Paul Barril. De celui-ci, qui deviendra, à la faveur du mauvais feuilleton des Irlandais de Vincennes, le personnage le plus médiatisé de la cellule, on peut tout dire, si ce n'est qu'il ne force pas l'attention. Un visage angélique, une carrure et une taille moyennes, rien ne transparaît de la force ni de la vivacité du grand sportif qu'il est. Ni de son esprit d'entreprise, de son culot qui vont bien au-delà du nécessaire. La coiffure sage du garçon bien comme il faut dont il conservera longtemps l'apparence saura se montrer rebelle à toute la hiérarchie, jusqu'à défier son propre ministre, Charles Hernu, et, sacrilège encore incroyable, le président François Mitterrand. Courage, inconscience, forfanterie ? Il faudrait psychanalyser Paul Barril pour se prononcer. Nul doute pourtant qu'il ne soit celui que *Libération* met au jour au printemps 1993. Il est celui par qui les scandales arrivent, celui des Irlandais de Vincennes qui va, à peine créée, placer la cellule sur la défensive[1].

Christian Prouteau va marier l'eau et le feu en imaginant de constituer un groupe d'action mixte (le GAM) composé à parité de six gendarmes du GIGN triés sur le volet de leurs affinités avec Paul Barril et de six policiers « fidèles » de Pellegrini. Ces douze seront chargés des « œuvres », dont on espère qu'elle ne seront pas nécessairement basses, de la cellule.

Pour donner au GAM souplesse et liberté de manœuvre, on l'enveloppe de l'ample manteau de la DGSE.

C'est une des caractéristiques de la cellule que cette connivence avec la « piscine », marquée par la présence au 2 rue de l'Elysée, dans les locaux dévolus à Christian Prouteau, d'un officier de la DGSE, Chanas, par la dévolution de vingt lignes d'interception téléphonique prélevées sur le contingent de la DGSE, par l'utilisation des installations du « Service Action » de la DGSE (le fameux 11e choc) à Cercottes, par le partage d'informations émanant souvent de services alliés ou amis. La « piscine » se prête d'autant plus volontiers à ce travail commun que ses chefs croient en obtenir la gratitude présidentielle.

Du même coup, l'accueil que réservent les policiers à la nouvelle « superstructure » est plus que mitigé. Traditionnellement on se méfie, tant rue des Saussaies que quai des Orfèvres, de la police-spectacle quand ce sont des gendarmes qui donnent la représentation. Des portes sombres qui dissimulent tant de secrets, ni Orluc le solitaire, ni Gilleron le novice ne possèdent les clés. Les vieilles maisons ne vont jamais s'engager dans une collaboration que la PJ, échaudée par l'intrusion gendarmesque dans l'affaire Grégory, n'envisagera même pas.

1. Voir chapitre XVI, « Le book émissaire ».

A peine éclose, la couvée Prouteau est condamnée. Les grands prédateurs ne la laisseront pas voleter autour du nid douillet de la rue du Faubourg-Saint-Honoré.

Pourquoi cette fatalité? Pourquoi cet acharnement? Pourquoi, surtout, a-t-il fallu que l'échec « colle » à l'initiative au point de les confondre en une même réprobation?

Comme toujours, les explications s'accumulent et se chevauchent.

Il y a bien entendu celle qui vient spontanément à l'esprit : l'affaire des Irlandais de Vincennes. A peine Christian Prouteau a-t-il posé ses valises, trouvé un bureau, engagé une secrétaire, que son « ami » Paul Barril vient lui faire ce cadeau empoisonné. Il n'a même pas recruté le premier de ses archers. Son seul tort est de mésestimer l'ampleur prévisible de l'affaire, de cacher la faute comme un débutant, de vouloir protéger celui qu'il aurait dû mieux connaître et totalement maîtriser[1].

Il y a, juste derrière, la tonalité politique de la cellule : tous ces hommes recrutés par relation ou par copinage sont de droite. Un contrôleur général de la police dira plus tard qu'elle est moitié RPR, moitié Front national. Le propos est à peine exagéré. Il explique en tout cas la vivacité avec laquelle Serge July, l'ancien de la Gauche prolétarienne, Edwy Plenel, rescapé de la LCR, Georges Marion et Véronique Brocart exploiteront la première faute, la bavure de débutant que représente l'arrestation de Plunkett, Mary Reid et Stephen King. Réciproquement, on comprend la défiance viscérale de Christian Prouteau et de Gilles Ménage pour tout ce qui touche à *Libération* ou au *Monde*. Même lorsqu'il s'agit de Frédéric Thiriez[2], le propre directeur de cabinet de Joseph Fran-

1. Voir chapitre VIII, « Les faussés de Vincennes ».
2. Aujourd'hui président de la Ligue de football professionnel.

ceschi, pourtant irréprochable et indispensable collaborateur d'un ministre déficient. Le jeune maître des requêtes au Conseil d'Etat est vilainement suspecté de fréquenter les gauchistes, et Jean Orluc décide de s'en occuper.

Il y a encore la révélation de la double vie, sinon de la double personnalité du président : l'existence de Mazarine Pingeot prend des allures de secret d'Etat. N'est pas Louis XIV qui veut, qui affichait ses bâtards à la Cour. A toute force, il faut que le fait, véniel en soi, soit caché. Ce n'est pas l'enfant qui gêne, c'est le secret qui pèse. L'adultère ne doit pas entrer au château. C'est le début d'une dérive qui va détourner la cellule de son objet initial, la lutte antiterroriste, et la transformer en garde rapprochée de la probité et de la moralité présidentielles. Il va s'agir moins de prévenir des attentats que la stratégie de la DST rend hypothétiques — la France connaissant une accalmie totale de deux ans — que de contrecarrer la campagne de dénigrement de la personnalité du président, qui s'allume à droite et à gauche.

D'autant que la malveillance s'en vient germer sur le terreau fertile. Les plus excités sont ceux qui se sont réjouis de l'alternance, ont applaudi à l'arrivée d'un homme de gauche, bonhomme et proche du peuple, en lieu et place d'un monarque insupportable, Valéry Giscard d'Estaing. Ce sont les premier déçus du mitterrandisme, ceux qui pourraient faire école. Dès lors les objectifs changent : ce ne sont plus les Irlandais ou les Palestiniens qui justifient écoutes, filatures et fontaines (interceptions de courrier), mais les malfaisants qui, d'Edern Hallier à Plenel, s'appliquent à écorner l'image de François Mitterrand. Puis, par un insensible glissement, on en vient à considérer comme ennemis de la République ceux qui s'en prennent à la cellule, la brocardent, le cas échéant la calomnient.

Pour accomplir tout ce parcours, il ne faut que quelques mois. Très vite, sous l'impulsion et en exécution des consignes données par Christian Prouteau, le travail de la cellule s'organise autour de l'objectif prioritaire qu'est le président François Mitterrand. Eût-il choisi des enragés de gauche qu'il n'eût pas obtenu autant de dévouement, si entière allégeance. S'agit-il dès lors d'un de ces cas de conversion qui font du néophyte le zélateur, voire le prosélyte le plus enthousiaste ? Le charisme de François Mitterrand a-t-il agi comme un « simple » miraculeux sur la conscience de ces défenseurs convaincus de l'ordre établi, de l'Elysée et de la propriété ?

Pour répondre à cette question, il faut non seulement se replacer dans l'ambiance de ces années 80, la psychose d'un « régicide », voire d'un coup d'Etat[1], mais aussi et surtout analyser le comportement d'un officier de gendarmerie grisé par le pouvoir au point d'oublier ses repères.

La montée en autosatisfaction du commandant Prouteau remonte loin. Très exactement au temps où il dirige le GIGN, où il fait étalage de sa « science » et de ses certitudes, arrivant sur les lieux d'une prise d'otages en hélicoptère tournoyant longuement au-dessus de la cible, au risque de déclencher chez un déséquilibré un geste fatal, puis dirigeant la manœuvre sans davantage considérer l'autorité préfectorale et l'autorité judiciaire que des pets de lapin. On a l'impression quand on le voit ainsi évoluer, affranchi de toute hiérarchie, péremptoire et tranchant, qu'il joue un rôle, aussi attentif à son image qu'à ses performances. Comme on dit familièrement dans l'armée, « il roule », sous-entendu des mécaniques.

C'est cet homme qui, avec son copain Paul Barril, se lance dans une démonstration époustouflante en mars 1982 devant un Charles Hernu éberlué, bluffé au point de convaincre François Durand, dit de Grossouvre, autre

1. Voir chapitre VI, « Le syndrome Allende ».

naïf impénitent, du parti que l'on pourrait tirer de ces escaladeurs de murailles-tireurs d'élite pour assurer la protection de François Mitterrand. Il est certain que les « policiers des Voyages officiels », pépères et prudents, ne peuvent rivaliser avec d'aussi brillants sportifs. Une circulaire de service, signée du contrôleur général Lejeune, qui dirige en ces années le service de protection des hautes personnalités, précise la conduite à tenir en cas d'attentat : la fuite. Une solution qui fait ricaner *Le Canard enchaîné* et s'esclaffer les gendarmes du GIGN. L'irruption de Christian Prouteau à l'Elysée fait le reste. Il se situe au-dessus des directeurs de police et des généraux de gendarmerie, des préfets, il se croit l'égal d'un ministre. Le directeur général de la gendarmerie, le sage et prudent conseiller d'Etat Charles Barbeau, s'en plaint tout seul dans son bureau de la rue Saint-Didier. En pure perte, car il ne peut même pas mettre un frein aux demandes de Christian Prouteau : toujours plus de matériel, toujours davantage de performances.

Pour ceux qui l'ont connu au faîte de sa gloire élyséenne, Christian Prouteau a acquis une autorité, une confiance en soi qui finissent par impressionner. Dans les dîners en ville, il parade, obligatoirement à la droite de la maîtresse de maison. Dans les réunions de travail, il siège à côté du ministre, qui s'adresse à lui avec un soupçon de respect. Il tranche, décide, de ce ton mesuré, de cette voix douce qui ajoutent à son charme.

La contrepartie est qu'une aussi fulgurante ascension finit par brouiller le jugement. Il vient ainsi avec une assurance confondante annoncer un jour l'imminence d'un attentat dans le IXe arrondissement de Paris. C'est Claude Bussière, directeur de cabinet de Gaston Defferre, qui reçoit la nouvelle. Avec l'air pénétré de celui qui croit réellement à la fable — il n'en est manifestement rien —, le préfet convoque aussitôt le ban et l'arrière-ban de l'antiterrorisme français. Déjà les regards brillent chez les grands flics, convaincus de l'imposture mais suffisamment professionnels pour faire semblant. A vrai dire, le directeur de la DST et celui des RG s'en moquent complètement, puisqu'il ne pourraient intervenir qu'en amont, soit au niveau du renseignement, et que, précisément, il n'y a pas davantage de renseignements que de beurre en broche. Seul le préfet de police, Guy Fougier, est concerné. Il est bien en cour au Château mais, tout de même, l'annonce faite à Prouteau va lui coûter cher en effectifs s'il doit quadriller un samedi l'arrondissement le plus fréquenté de Paris. Du coup, il n'éprouve pas l'intense jubilation de ses collègues qui pressentent le fiasco. Quiconque assisterait à la réunion conviendrait du sérieux de tous ces messieurs bien sages et bien nourris, aux alentours de la cinquantaine, écoutant Saint Jean Bouche d'Or énoncer les tenants et aboutissants de l'horrible chose qui se prépare, et dont aucun, sauf peut-être Guy Fougier, ne croit une seconde à la possibilité.

Effectivement, le samedi se passe, puis le dimanche, sans qu'explose le plus anodin pétard de 14 juillet. Miraculeusement, le commandant Prouteau est aux abonnés absents. Plus d'attentat, plus d'indicateur, ce dernier est parti à Copenhague. Après tout, pourquoi pas, s'il faut faire chanter la Petite Sirène?

On peut se faire une idée assez précise de la conception que nourrit Christian Prouteau de son rôle de conseiller technique-chef de la cellule élyséenne en prenant connaissance des notes que son ami Paul Barril diffusera plus tard avec une belle générosité. Il ne sera pas le seul. Les morceaux choisis de la prose prouteaudine apparaîtront bientôt dans les journaux comme *L'Express*, *Le Canard Enchaîné*, *Le Monde*. Quand ce ne sont pas les propres amis du « préfet » Prouteau qui les divulgueront. Mais, indiscutablement, le capitaine zozotant est le mieux informé. Il en fait l'aveu dans ses *Archives secrètes de Mitterrand*[1] quand il écrit : « Je n'ai, curieusement, pas retrouvé dans les archives Prouteau l'intégralité de la documentation relative à cette affaire[2] » (p. 122) ou « j'ai découvert et récupéré le dossier "Mirandole" lors de mon séjour à l'Elysée[3] » (p. 138). Treize notes échelonnées de 1984 à 1987 sont complaisamment livrées à l'appréciation du lecteur, accompagnées d'autres écrits émanant de Gilles Ménage ou de Charles Hernu. Il devient difficile de prétendre que Paul Barril n'a plus entretenu de relations avec son supérieur direct dès 1983, a fortiori qu'il n'a jamais appartenu à la cellule.

Pour qui veut reconstituer le fonctionnement de la cellule, les notes de Christian Prouteau s'avèrent fort intéressantes. Elles traitent, en effet, de bien d'autres sujets que « l'information » et « la coordination » de la lutte antiterroriste, comme des « menaces » que ferait peser Jean-Edern Hallier sur la réputation de François Mitterrand, ou des dispositions à prendre en matière de sécurité téléphonique dans l'hypothèse de l'arrivée de la droite au pouvoir, ou des négociations franco-iraniennes. Ce qui prouve que, dans son désir de servir *sans restriction* le président de la République, Christian Prouteau va jusqu'au bout de la loyauté.

1. Paul Barril, *Les Archives secrètes de Mitterrand*, Albin Michel. L'auteur nous livre un bric-à-brac d'autojustifications, de délires paranoïaques (tout le monde lui en veut) et d'accusations ahurissantes quand il accuse le patron de la DST d'alors d'avoir laissé commettre délibérément l'attentat d'Orly alors que l'intéressé était en vacances (même les préfets ont droit à des vacances) et que, bien évidemment, les terroristes de l'Asala avaient « oublié » de prévenir les autorités françaises de leurs intentions. Pitoyable calomnie de ce que fut leur arrestation dans un délai record : un coup magnifique à porter au crédit des « antiterroristes » de Jean Baklouti et Jean-François Clair !

2. Gilles Ménage a toujours nié la présence de Paul Barril à l'Elysée.

3. Le hold-up de Condé-sur-l'Escaut.

Il met au service de François Mitterrand son application, son intelligence, aidé, soutenu par cet autre monument de fidélité qu'est Gilles Ménage.

Probablement sans se le dire aussi simplement, l'un et l'autre définissent le cadre et le contenu d'une structure qui n'a encore jamais existé et n'existera plus jamais (on peut en tout cas le souhaiter).

Il y a le fond, l'universalité de la curiosité de la cellule. Il y a la forme, l'organisation méthodique du recueil, de l'utilisation et de la conservation des archives. Dans ce registre, les archers du président se montrent rigoureux, méthodiques et, au bout du compte, efficaces. Les écoutes constituent l'essentiel de cette collecte. Déjà aux franges de l'illégalité pour tous les services utilisateurs comme on l'a vu plus haut[1], ces interceptions deviennent franchement hors la loi lorsqu'elles sont pratiquées par et au bénéfice d'une structure qui ne figure sur aucun organigramme.

L'opacité qui entoure le système est totale. Les services de police n'en sont évidemment pas informés, ce qui interdit tout échange d'informations comme cela peut théoriquement se produire sur des sujets communs ou à propos d'éléments recueillis à la fortune du jour[2]. En fait, comme l'Elysée en la personne de Gilles Ménage reçoit communication des écoutes les plus intéressantes des services, on peut penser que la cellule en est rendue destinataire, ce qui la place en position privilégiée. Même le contingent alloué à la cellule, vingt lignes prélevées sur celui de la DGSE, constitue un secret d'Etat. Fort probablement, mais on ne dispose d'aucune preuve à ce sujet, il s'augmente de la « taxation » à laquelle est égale-

1. Voir chapitre I, « La parole est à M. Mitterrand ».

2. Par exemple, un service de sécurité ou de renseignement ayant vent, dans le cadre d'une écoute, d'une éventualité de hold-up se doit de le signaler à la police judiciaire. A charge de revanche.

ment soumise la DPSD. Quoi qu'il en soit, ce sont au moins vingt magnétophones qui tournent silencieusement pour le compte d'une officine d'une petite dizaine de personnes. Autant dire que la cellule est copieusement approvisionnée, au point de rendre inopérante toute utilisation opérationnelle.

Expliquons-nous. Quand un service recueille une information intéressante, celle-ci constitue le point de départ d'investigations complémentaires, vérifications de dates, de lieux, identifications, questions adressées à d'autres services, interrogatoires, voire opérations de filature, d'interception de courrier, de visites domiciliaires. Ce qui, en clair, signifie qu'une heure d'écoute peut générer en aval un nombre variable mais beaucoup plus important de travaux divers.

Bien évidemment, l'écoute peut ne présenter qu'un médiocre intérêt, voire aucun. Mais dans ce cas, si l'inutilité de l'interception persiste, on peut et on doit y mettre fin et choisir une autre priorité. Dans la réalité quotidienne, l'utilisation des « orions » exige une gymnastique permanente qui ne peut être confiée à un fonctionnaire subalterne. Selon toute vraisemblance, c'est donc Christian Prouteau lui-même ou un de ses plus proches collaborateurs qui reçoivent, chaque jour, les productions de l'adjudant Guézou. A fortiori quand les effectifs de la cellule se sont éclaircis jusqu'à laisser son chef pratiquement seul. De là à penser que les plus croustillantes ou les plus sulfureuses ont fait les petits déjeuners de François Mitterrand, il n'y a qu'un pas que seuls peuvent franchir ceux qui ont pris connaissance, des années plus tard, du contenu des cantines de Christian Prouteau.

Il est clair que l'exploitation opérationnelle des écoutes élyséennes exigerait une coopération active des services de police et de la DGSE. Tel n'est pas le cas. « On » se garde jalousement « ses » interceptions, quitte à les exploiter telles quelles, sans vérification, sans recoupement, toutes pratiques de prudence en usage chez les flics routiniers et un peu bèbêtes. On préfère sauter sur l'information apparemment sensationnelle, en oubliant combien des propos peuvent s'avérer légers, imprudents, provocateurs ou délibérément falsifiés. Il n'empêche : le volume considérable de la collecte n'offre, finalement, qu'un intérêt tout relatif.

Même des néophytes en renseignement comme le sont finalement la moitié des membres de la cellule ne sauraient se satisfaire de productions misérables. Les « écoutés » se méfient, tel Georges Marion, qui va téléphoner chez son voisin — lequel sera à son tour évidemment intercepté —, ou bien s'amusent à lancer de faux bruits comme Jacques Vergès, dont la malice se régale de propos délibérément provocateurs. Il faudrait faire le tri, sélectionner rigoureusement. Mais c'est un travers commun à beaucoup de ceux qui pratiquent ce genre d'activité que de céder à l'anecdotique, que de se laisser envahir des sulfureuses senteurs du scandale. Rares sont ceux qui résistent à la tentation, tenus par une stricte déontologie et une hiérarchie sourcilleuse.

Les membres de la cellule, ceux du moins qui écoutent, ne prennent pas toutes ces précautions. Ils le font d'autant moins qu'ils savent que le prince s'en régale. Après tout, Louis XVIII se laissait bien aller à écouter le duc Decazes.

C'est la tentation de Florence. Depuis des mois, Gaston Defferre, en vieux routier de la politique, confie ses doutes à François Mitterrand, autre vieux routier, mais dont la clairvoyance se brouille des mirages du pouvoir. Le maire de Marseille répète à son ami qu'il faut mettre un terme aux activités de ces nouveaux aventuriers, replier armes et bagages et revenir à une police plus traditionnelle, celle qui, tout compte fait, ne fonctionne pas si mal.

Le président, du moins peut-on le supposer, n'en disconvient pas. Il réalise le danger d'initiatives intempestives. Mais, d'un autre côté, il y a la tentation. Cette terrible tentation de profiter d'un instrument, d'une équipe qui lui apporte d'aussi précieuses et croustillantes indiscrétions sur ce monde qui grouille autour du pouvoir, au sein même du pouvoir. D'autant que ces mêmes hommes, ces gendarmes à la fidélité avérée, à la loyauté légendaire, sont les meilleurs gardiens d'un secret d'alcôve : l'existence d'une fillette prénommée Mazarine. Il serait dès lors bien dommage de se désarmer par pudeur républicaine devant les campagnes sournoises des déçus du mitterrandisme, les gauchistes du *Monde* et de *Libé* et ce grand escogriffe de Jean-Edern Hallier, le dézingueur de Valéry Giscard d'Estaing, le pourfendeur des présidents, le don Quichotte de *L'Idiot international.*

Que lui disent ses conseillers ? Pour Christian Prouteau, le doute n'existe pas. Pour Gilles Ménage, appliqué à détourner du visage angélique de Paul Barril les foudres de la justice, le maintien en l'état et dans les lieux de la cellule est sans doute une bonne chose. Pour François de Grossouvre, il n'est pas question de contrarier le patron. Faute de débat et surtout de lucidité, on conserve, on maintient, on s'accommode de la présence rue de l'Elysée de ces garçons si bien comme il faut, impeccables et respectueux, discrets et silencieux. Car, pour écouter, il faut d'abord se taire.

C'est ainsi que viendra au jour, bien des années plus tard, l'invraisemblable liste des personnes écoutées « pour convenances personnelles », aussi étrangères les unes que les autres à quelque entreprise terroriste.

Beaucoup s'en amusent, qui ne poursuivront pas longtemps leurs « voleurs de confidences », d'autres font l'objet de pressions de toutes sortes, les plus pugnaces persistent. A l'un d'eux, qui fut probablement le plus pénalisé parce que le plus persécuté, on va pourtant signifier que sa plainte n'est pas recevable : il a eu le grand tort de se trouver au cœur de l'Affaire, celle des Irlandais de Vincennes.

VIII

Les faussés de Vincennes

Comme toutes les affaires bien connues, l'arrestation mouvementée de trois militants de l'Irish National Liberation Army le 29 août à Vincennes, à force d'être placée sous les projecteurs puissants de la médiatisation, laisse de grandes zones d'ombre. Banale en elle-même, une bavure procédurale commise par un gendarme impulsif, elle ne prend sa dimension que par le traitement désastreux qui en est fait jusqu'à finalement ternir l'image du président et justifier le dérapage des écoutes élyséennes.

A la fin des années 70, Bernard Jégat, journaliste pigiste à la RTBF, se définit lui-même comme un sympathisant des mouvements de lutte tiers-mondistes et anti-impérialistes. Il fait la connaissance d'un certain Mickael Plunkett et de la poignée de ses amis militants de la très modeste Irish National Liberation Army (INLA), organisation clandestine irlandaise. Celle-ci ne représente que bien peu de chose, comparée à l'Irish Republican Army (IRA), organisation bien structurée, ennemie reconnue de la police et de l'armée de Sa Gracieuse Majesté. Jégat s'intéresse à la cause irlandaise depuis qu'il a rencontré, peu après mai 68, Andrew Orr, journaliste irlandais, correspondant à Paris.

Plunkett s'est réfugié en France en 1970 pour échapper à la police britannique. La coopération des MI5 et MI6 avec les services français reste discrète, même si la DST, très anglophile, participe sous la direction de Marcel Chalet à des opérations visant la logistique de l'IRA. Toutes ces opérations (saisies d'armes, surveillance et identification de réseaux de soutien) sont conduites sous le manteau : il ne faudrait pas que les politiques, toujours prudents, s'en effarouchent ni que l'IRA se livre, sur le sol français, à des opérations de rétorsion. Plunkett connaît bien l'action clandestine. Pour tout dire, il est un ancien de l'IRA. Il habite à Vincennes, sous un faux nom, avec sa compagne Mary Reid, dans un modeste immeuble de cinq étages, au 82 rue Diderot. Les autorités françaises tolèrent la présence sur le sol national de ces curieux réfugiés, sous réserve qu'ils ne se livrent à aucune action politique. Négligeant cette mise en garde tacite, Plunkett coordonne les actions de l'INLA, en liaison avec des groupes révolutionnaires allemands. Il organise avec eux un premier attentat, destiné à tester leurs capacités, contre un casernement britannique installé en République fédérale allemande. Cette opération commise le 24 novembre 1981 fait un mort. A demi satisfait, Plunkett estime que la coopération germanique n'a abouti qu'à un succès mitigé et contacte les Brigades rouges italiennes, l'ETA basque, et un groupe suisse inconnu. Le FLNC corse, lui, refuse tout contact avec Mickael Plunkett.

Jégat « n'aime pas ça ». Il a le sentiment que le trop célèbre Carlos est au centre de toute cette organisation et que les Palestiniens y sont mêlés. Il n'a d'ailleurs pas tort sur ce point : des armes venues de l'Europe de l'Est et destinées à l'Irlande et au Pays basque sont même passées par ses mains. Personnage fragile, complexe et imprévisible, le journaliste commence à douter du bien-fondé de la lutte, mais sa fidélité et se crédulité l'incitent à continuer d'aider les Irlandais. Il accepte que transitent par son appartement de nombreux lots d'armes de poing, de pistolets-mitrailleurs, de munitions et d'explosifs qu'il croit destinés à commettre des attentats contre les intérêts britanniques.

Il apprend de la bouche de Plunkett que les « Irlandais » ont l'intention de nouer des relations avec d'autres réseaux terroristes étrangers, dont certaines mouvances palestiniennes. Le 9 août 1982, un déjeuner est même prévu entre Mickael Plunkett et des membres du Front démocratique de libération de la Palestine (FDLP). Bernard Jégat y est convié [1] mais, à l'heure du rendez-vous, il reste sans nouvelles de son ami irlandais. C'est précisément à ce jour et à ce moment qu'éclate la meurtrière fusillade de la rue des Rosiers. Un doute affreux l'envahit. Autosuggestionné, il croit reconnaître quelques jours plus tard Plunkett et un autre des Irlandais — un certain Harry — dans les portraits-robots publiés dans la presse. C'en est trop. Le 23 août, il décide de prévenir Jean Daniel, directeur du *Nouvel Observateur*.

Le patron de presse, scrupuleux et prudent, s'en ouvre à l'Elysée, qui le met en contact avec Paul Barril. D'entrée de jeu, Bernard Jégat est séduit par le beau capitaine. Sans doute parce que tout les oppose : éthique, opinions, cursus. Il n'empêche. Bernard Jégat, gagné par la dépression, se met à table. Il remet au gendarme des armes, des explosifs et tous les documents qu'il entrepose chez lui pour le compte de Plunkett. Dans ce bric à brac, des photos qui font dire à Barril, avec l'assurance du grand professionnel : « A 95 %, ce sont eux. » Bernard est soulagé, enfin presque. Il reste en contact quotidien avec son nouvel ami jusqu'au samedi 28 août. Leur relation est claire : Paul Barril est le dominant, Bernard Jégat le dominé. Ce 28 août précisément, Bernard Jégat informe l'officier de gendarmerie que Plunkett est susceptible de

1. Selon le réquisitoire du juge Jean-Paul Valat.

lui rendre visite. Accompagné d'un subordonné, Barril débarque chez son informateur muni d'un sac de sport et commence à déballer son matériel. Jégat se montre surpris lorsqu'il s'aperçoit que les deux gendarmes ont apporté un dossier concernant des personnalités britanniques. Barril lui répond : « On ne l'utilisera pas mais si on ne trouve rien, tu es d'accord qu'il faudra bien mettre quelque chose. » Phrase révélatrice que, sur le moment, le naïf ne relève pas. Plunkett ne vient pas et Barril décide de repartir. Il lance à son coéquipier : « On remballe tout et on le coince là-bas. » Alors que le gendarme comprime le sac pour le refermer, Jégat entend Barril s'exclamer : « Surtout pas, il y a "l'explo" préparé. »

Pour tout être doté de quelque jugeote, l'affaire est cousue de fil blanc. Pas pour Bernard Jégat, décidément idéal dans le rôle du pigeon. On connaît la suite : peu avant 18 heures, le capitaine Barril interpelle Michael Plunkett et Stephen King dans leur appartement, à Vincennes. Il prévient alors le chef d'escadron Jean-Michel Beau, futur patron de la section de recherches de l'Ile-de-France, qui présente l'inestimable avantage d'être officier de police judiciaire et de pouvoir intervenir juridiquement. Préalablement mis au courant de cette opération, il avait reçu, durant l'après-midi, la consigne suivante de Christian Prouteau : « Tu laisses faire Paul. » Arrivant sur les lieux, le commandant Beau constate sans méfiance la présence de plusieurs armes et d'un pain de plastic. Vers 19 h 30, une troisième personne est arrêtée. Il s'agit de Mary Reid. Elle sera incarcérée à la prison de Fleury-Mérogis ; Plunkett et King iront à celle de la Santé. Ils sont tous les trois placés en isolement et y resteront deux mois.

Dans la soirée du 28 août, les médias diffusent un communiqué de victoire totalement inhabituel de l'Elysée qui annonce « des arrestations importantes dans les milieux du terrorisme international » et la saisie de documents et d'explosifs sur le lieu de l'arrestation. L'autorité judiciaire n'a pas eu le temps ni le bonheur d'être avertie. Dans le climat d'euphorie qui gagne les allées du pouvoir, cela importe peu. Les thuriféraires exultent, les sceptiques se taisent. Le lendemain dimanche, sur TF1, le présentateur de service, Jean-Claude Bourret, ami de Barril, annonce qu'à la suite de renseignements fournis par la DGSE, « ce sont des terroristes de très haut niveau » qui ont été arrêtés.

Très vite, Barril prévient son informateur du succès de la perquisition : « C'était encore plus important que prévu. » Jégat tente d'obtenir de plus amples explications. Barril lui fait comprendre que ce n'est plus son problème mais l'informateur a déjà des doutes quant à la clarté de l'opération. Deux jours après, le lundi 30 août, Barril lui donne rendez-vous à l'aéroport d'Orly et lui remet le prix de la délation ou le salaire du civisme : mille cinq cents francs. Bon prince, le capitaine lui conseille de disparaître afin d'éviter de « prendre quinze ans pour complicité » avec les Irlandais. Jégat n'a pas le temps de mettre à profit la précaution : dès le lendemain, les révélations de la presse le troublent. Les journaux décrivent de manière précise les armes et le matériel saisis dans l'appartement des Irlandais. Jégat comprend que ces pièces à conviction ne sont autres que celles qu'il avait lui-même fournies à Barril quelques jours auparavant. Il ne croit plus du tout à la version « officielle » et, imprudemment, s'en ouvre à ses proches. Il est même très bavard : un de ses confrères entre alors en scène.

C'est le mérite d'Edwy Plenel que d'avoir, un des tout premiers, flairé l'arnaque. Journaliste au *Monde*, ancien gauchiste, il n'apprécie que modérément la dérive droitière de l'Elysée. Il se méfie et, pour la première fois, va se découvrir en exprimant ses doutes. C'est trois jours après le coup de filet qu'il s'insurge.

Une telle attaque sonne le tocsin à l'Elysée. Faute de

pouvoir censurer l'insolent, il faut colmater les brèches en engrangeant le plus d'informations possible sur la modeste INLA et, par ailleurs, discréditer Edwy Plenel et ses amis gauchistes. Dès lors, l'entourage de François Mitterrand va tout mettre en œuvre afin d'éviter le scandale qui couve. A peine créée, la cellule va jouer un rôle prépondérant dans cette stratégie. Le plus urgent est de suivre l'enquête prescrite sur ce qui est déjà perçu comme une bavure et confiée au juge Verleene. Celui-ci, manifestement, a des doutes sur la régularité de l'opération. Bien informé, Edwy Plenel, le 1er février 1983, fait part dans *Le Monde* des suspicions du magistrat et s'interroge : « N'a-t-on pas voulu forcer le destin ? »

Il trouve sur sa route un allié objectif en la personne de l'avocat des Irlandais, Antoine Comte. Tout naturellement, celui-ci ne cesse de clamer l'innocence de ses clients et dénonce un coup monté. Pour la justice, cependant, il n'est pas tant question de l'innocence des Irlandais que des méthodes utilisées pour les convaincre de « participation à une bande armée ». Car en fin de compte, et contrairement à ce qu'ont pu faire croire certains, les armes pourraient bel et bien appartenir à Plunkett et ses amis. Pour des opérations en Irlande bien sûr, mais en aucune manière pour la rue des Rosiers.

Les zones d'ombre sont nombreuses. Les hommes du GIGN n'étant pas habilités à réaliser seuls des perquisitions, Paul Barril a fait contrôler l'opération au domicile des Irlandais par un simple sous-officier de gendarmerie de Vincennes, le major José Windels, lequel ignorait tout de l'action en cours. Barril ne l'avait mis au courant de rien. De plus, contrairement à la procédure normale, il n'y a eu aucun relevé d'empreintes. Les armes et l'explosif « trouvés » ont été photographiés, et certaines photographies ont disparu du dossier. Les dépositions recueillies par le juge Verleene mettront au jour des contradictions à propos de la cachette où avaient été découverts l'explosif et les détonateurs. Les documents politiques étaient anodins : revues en vente libre, photos de famille, de meetings ou de manifestations, écrits littéraires...

Interrogés, les Irlandais ne reconnaissent que la présence des faux papiers et d'une arme. Plunkett explique qu'il souhaite se « protéger » d'une éventuelle action « homo » (homicide) de la part des services spéciaux britanniques. Conscient du vide du dossier, le juge d'instruction Alain Verleene veut annuler la procédure, mais la chambre d'accusation de la cour d'appel de Paris ne le suit pas et valide au contraire les diligences effectuées comme le lui demande le procureur général. L'argument avancé par le haut magistrat n'est qu'un prétexte : les Irlandais vivaient clandestinement en France. Ce procureur général s'appelle Pierre Arpaillange[1].

L'arme de la gendarmerie est vite montrée du doigt. Soucieux d'une image exemplaire et face à un tel déferlement de critiques, le commandement diligente une enquête en mai 1983. Le général Boyé, inspecteur général de la gendarmerie, s'en voit confier la responsabilité. L'homme est expérimenté, lucide, honnête. Il prend connaissance des procès-verbaux rédigés par le major Windels, responsable de l'opération au plan administratif. Ces PV mentionnent que la perquisition s'est déroulée après les deux premières arrestations, en présence d'officiers de police judiciaire. Jean-Michel Beau soutient cette version. Il est fort du soutien et des instructions de l'Elysée, qui insiste sur le fait qu'il s'agit d'une affaire d'Etat[2].

1. Il sera ministre de la Justice de 1988 à 1990, pendant le second septennat de François Mitterrand.

2. Il se rétractera deux ans plus tard, lorsqu'il constatera la pertinence des procès-verbaux relatant les déclarations de Jégat.

Pour l'heure, le général Boyé doit s'en tenir à une version officielle. Toutefois, il ne se laisse pas prendre au piège et dénonce déjà un début de supercherie. Ainsi, dans son rapport remis le 13 juin 1983, il écrit : « Instigateur de cette affaire, le capitaine Barril a habilement exploité des renseignements importants et solidement recoupés, justifiant totalement l'intervention de la gendarmerie. Si l'action technique du GIGN paraît difficile à remettre en cause, il n'en va pas de même sur le plan déontologique en ce qui concerne le rôle personnel joué par le capitaine Barril. En effet, en entourant la présentation qu'il a faite de cette opération au chef d'escadron Beau d'une atmosphère de mystère confortée autant par le très haut niveau auquel il affirmait que la décision était prise (présidence de la République), que par la nécessité de garder le plus grand secret et par la dangerosité supposée des terroristes concernés, cet officier a, volontairement, contribué aussi bien à fausser l'appréciation qu'a pu avoir le chef d'escadron Beau de sa liberté de manœuvre, qu'à justifier un aménagement de la procédure pour cause de raison d'Etat. »

« Au cours de l'action, poursuit le général Boyé, l'indigence des informations communiquées au chef d'escadron Beau, de même que le déclenchement prématuré de l'arrestation hors de la présence des enquêteurs habilités, plaçant ceux-ci devant le fait accompli, a, dès le départ, faussé le bon déroulement de la procédure [...]. Enfin, le capitaine Barril a donné des consignes au personnel de son unité [...] pour qu'il [lui] donne une version inexacte des faits, compatible avec celle élaborée par le chef d'escadron Beau [...]. Il persiste à donner une version encore inexacte des faits par rapport à l'ensemble des témoignages recueillis au terme de l'enquête, notamment en soutenant que l'arrestation de Plunkett s'est faite en présence des enquêteurs. »

Le général Boyé conclut, non sans ironie : « Il me

paraît anormal que la direction générale de la gendarmerie ignore la plupart du temps ce que fait le GIGN et où se trouvent les militaires qui le composent. Or, depuis que le chef d'escadron Prouteau a été chargé de mission dans la lutte antiterroriste, la direction générale apprend fréquemment par voie de presse la présence insolite de militaires du GIGN en tenue civile en un point quelconque du territoire. »

Charles Hernu ne réagit pas bien au rapport. Lui aussi dupé, influencé, il décide de l'enterrer ou, si l'on préfère, de le classifier. La menace paraît s'éloigner.

En réalité, elle se précise.

Pendant plusieurs mois, Edwy Plenel va profondément irriter les militaires dans sa recherche du rapport Boyé, réputé introuvable. Le 4 mars 1986, la cellule de l'Elysée intercepte, tôt le matin, une conversation entre Plenel et son chef de service. Ce dernier lui demande si l'essentiel du papier sur le rapport Boyé est tapé. Le journaliste répond que oui. Les gendarmes sont sur les dents.

Le jour même, après la parution du quotidien du soir, nouvelle interception téléphonique. Pierre Mangetout, de *Libération*, téléphone au journaliste Georges Marion — que la cellule a affublé du curieux pseudo de « Bout ». Il lui parle de la page du *Monde* sur les Irlandais, qui reprend à peu près ce qu'avait précédemment écrit « Bout », à la différence que le rapport est, cette fois, publié. Mangetout déclare que le ton du rapport Boyé est assez dur et ajoute ne pas savoir que faire. « Bout » lui conseille de reprendre l'article d'Edwy Plenel — qui pour sa part était écouté sous le pseudo de « Benêt ». « Tu sors quelques extraits car c'est un document classé secret défense, donc un petit événement en soi. » Pierre Mangetout doute que « Benêt » puisse avoir l'intégralité du rapport, mais « Bout », lui, est à peu près sûr, pour ne pas dire totalement, qu'il en détient l'intégralité. Le lendemain, « Bout » rappelle Mangetout pour souligner l'importance des écrits du général Boyé. Il est évident que la cellule ne perd pas une miette de cette conversation confraternelle.

« Bout » : « Barril a toujours fait part de ses intentions à Prouteau. Mais Prouteau a toujours dit que, le jour de l'opération, il n'était pas là et que tout cela s'était fait en dehors de lui. Or, on sait maintenant que Barril lui a demandé des instructions précises. On a également appris que le chef d'escadron Beau, dans ses déclarations devant le juge, a dit à plusieurs reprises que, de la gendarmerie de Vincennes où il se trouvait, il n'avait pas cessé d'appeler Prouteau qui suivait ainsi l'opération minute par minute. La deuxième chose, c'est ce qui concerne l'autonomisation du GIGN par rapport à la hiérarchie gendarmique normale. Une pratique jugée malsaine par Boyé, qui explique fondamentalement toute l'affaire. Le GIGN est une force qui n'est pas habilitée judiciairement. C'est une force d'intervention... Théoriquement, elle agit sous l'impulsion d'un OPJ (officier de police judiciaire). Dans cette affaire, c'est exactement l'inverse qui s'est passé. L'initiative n'appartenait plus à la justice mais à la force administrative. Beau dit d'ailleurs plusieurs fois dans les PV que Barril et d'autres lui ont interdit, alors que les Irlandais étaient arrêtés, de prévenir le Parquet parce qu'il avait peur que ce dernier ne mette son nez là-dedans et ne désigne la police judiciaire pour continuer. »

Les grandes oreilles de l'Elysée fonctionnent décidément bien. Elles vont jusqu'à s'intéresser au moral de la petite troupe journalistique. On retrouve ainsi dans une synthèse de l'écoute : « Pierre Mangetout est enchanté que *Le Monde* suive *Libération.* » La lutte contre le terrorisme semble bien loin.

Le général Boyé a très correctement fait son travail. A une exception près : celle de Jean-Michel Beau. Le 9 juin 1983, celui-ci avait décidé de dévoiler toute la vérité à

Boyé. Il était même prêt à « assumer seul la responsabilité de la machination qu'il avait lui-même commandée ». Barril, lui, continuait de mentir. Edwy Plenel[1], qui avait déjà commencé son enquête, écrira : « Il n'y aura jamais de conseil d'enquête, jamais de grand déballage. Il n'y aura pas de vraies sanctions, sauf contre Beau, inculpé, puis suspendu, puis muté, puis poussé à la retraite, puis condamné, puis licencié, puis au chômage, puis éconduit d'une entreprise à l'autre [...]. En septembre 1985, Jean-Michel Beau demanda très officiellement communication à sa hiérarchie du rapport du général Boyé, classé secret défense. Le direction générale de la gendarmerie tergiversera un mois avant de lui faire cette réponse ubuesque : "Le document de commandement auquel vous faites allusion n'a pas lieu d'exister." Comme un vulgaire délinquant, l'Etat s'empressait d'effacer les traces de son forfait. »

Jean-Michel Beau est vraiment en colère. Dès lors, nul n'en douterait, il fait partie des nouveaux écoutés. Le 3 mai 1986, il téléphone à Georges Marion. L'officier a quitté son uniforme et, tout comme Jégat, fait davantage confiance à la presse qu'aux institutions. L'entretien est particulièrement éclairant.

Beau : « Je voulais vous remercier de l'article que vous avez écrit dans *Libération* hier. Il était remarquable. J'ose espérer que cette action aura le mérite de faire avancer la justice de notre pays.

— Moi aussi, répond Marion. C'est aussi pour cela que je l'ai écrit. Je trouve un peu scandaleux que cela traîne comme ça.

— J'ai trouvé que votre article était d'une objectivité totale. Je voulais vous dire que ce matin, dans *Le Quoti-*

1. Edwy Plenel, *La Part d'ombre*, Stock, 1992 et, pour le livre de poche, Gallimard, 1994, avec une postface.

dien de Paris, la dernière page est entièrement consacrée à mon affaire. Vous l'avez vue?

— Non, je ne suis pas encore sorti [...]. Est-ce que vous avez des nouvelles quant à votre affaire? Où est-ce que cela en est du point de vue judiciaire?

— Ça ne bouge pas d'un poil. J'en ai personnellement parlé, il y a trois jours, au président de la chambre d'accusation, qui m'a d'ailleurs aimablement accueilli. Je m'attendais à me faire jeter. Il m'a indiqué qu'il avait effectivement écrit au juge Verleene pour lui demander des explications et qu'à la suite de mon coup de fil, il allait donc le rencontrer pour parler avec lui du dossier. J'en ai profité pour lui parler de cette disparition extrêmement curieuse des pièces à conviction d'OPJ qui se sont soi-disant perdues. Il m'a paru complètement tombé du placard [...]. Je vous indique à propos que j'ai eu, hier, un renseignement vous concernant. Vous êtes actuellement "branché". »

Contrarié, Georges Marion répond :

« Ça ne m'étonne pas beaucoup...

— Je vous le dis, je ne sais pas si c'est une mesure très récente, il semblerait que oui... Pour ma part, je le suis plus que jamais partout, y compris dans ma famille. »

Bernard Jégat reste évidemment le personnage-clé de l'affaire. Désemparé, il décide de faire part de ses doutes. Il va se confier au philosophe Régis Debray, aux journalistes Jacques Derogy, Jean-François Kahn, Pascal Krop, Pierre Péan, Edwy Plenel, ainsi qu'au juge d'instruction Verleene, à la DST et à Christian Prouteau. Erreur fatale...

En septembre 1983, lassé de n'obtenir aucune explication ni aucune protection de la part de Barril, Bernard Jégat contacte Prouteau à l'Elysée et lui raconte ses déboires. Son récit ne surprend nullement le créateur du GIGN, qui continue à couvrir son collègue et ami à l'époque, Paul Barril.

Le 19 avril 1984, Jégat rend visite à Régis Debray, sollicitant l'écrivain de rédiger un mémoire à l'intention de François Mitterrand. La note est intitulée ainsi : « La pièce manquante dans "l'affaire des Irlandais". » Le conseiller du président écoute attentivement son interlocuteur. Son rapport est honnête, précis.

« J'ai rencontré Bernard Jégat hier. Il me semble être le seul témoin capital et se déclare prêt à crever l'abcès, dût-il aller en prison. Cette clarification aurait l'avantage de mettre clairement le commandant Prouteau hors de cause et d'authentifier l'extrême importance de "l'affaire des Irlandais", lamentablement saccagée par le capitaine Barril.

« Je peux même attester moi-même la bonne foi de Jégat puisqu'il était venu m'exposer, le 1er juin 1981, ses activités afin de se mettre en règle, par loyauté et attachement envers la gauche, et en particulier envers le président. Je l'avais alors éconduit, le prenant pour un provocateur.

« C'est au lendemain de l'attentat de la rue des Rosiers, le 9 août 1982, au vu des portraits-robots publiés dans *France Soir* où il reconnaît certains de ses contacts, qu'il cherche désespérément à rentrer en contact avec l'Elysée. Il appelle mon secrétariat, mais je suis alors en mission aux Etats-Unis. Il va ensuite voir Jean Daniel en tant qu'"ami du président". Ce dernier, de fil en aiguille, le met en contact avec le capitaine Barril le mardi 24 août, auquel il livre tout. D'où l'arrestation des Irlandais les jours suivants. Après quoi, il est abandonné pendant un an à son sort, essayant vainement de contacter le commandant Prouteau, ce que refuse Barril [...]. »

Debray poursuit : « Bernard Jégat est un journaliste pigiste très émotif, instable, mais d'une grande culture et d'une droiture certaine. C'est vraiment "l'idéaliste de gauche" pris au piège et désireux de s'en sortir. Il a été mis par Plunkett en rapport avec des Allemands, des Italiens, et, indirectement, avec des extrémistes palestiniens. Il a participé, à distance, à un attentant en RFA.

« Il a la conviction intime, ainsi qu'un faisceau de présomptions, que ses amis irlandais ont servi de base logistique (voitures, passeports, contacts, armes) dans l'attentat de la rue des Rosiers, mais il n'en a pas la preuve matérielle, là est la difficulté.

« Bernard Jégat se sent aujourd'hui menacé de mort par ses anciens amis. Il demande les moyens de déménager rapidement, un permis de port d'arme et une orientation sur la conduite à tenir (doit-il aller oui ou non chez le juge d'instruction ?).

« Il me remettra dans une quinzaine de jours un rapport écrit détaillé sur tout ce qu'il a vu, vécu et entendu entre 1979 et 1982 dans son réseau terroriste, qu'il croyait au départ, mais à tort, purement de soutien à la cause irlandaise. Je dois dîner mardi soir avec le commandant Prouteau et maître Kiejman [que Jégat a pris pour avocat].

« Ce personnage me demande instamment des conseils sur la conduite à tenir. Que dois-je lui répondre, directement ou non ? »

Cette note de Régis Debray est, sans nul doute, la plus courageuse qui ait été produite à l'Elysée au sujet de cet épineux dossier. Etouffée par l'entourage élyséen, superbement ignorée par le président, elle a dû faire sourire par sa naïveté certaine deux « bons copains » : un joyeux capitaine et un commandant roublard.

Puis Bernard Jégat rencontre maître Georges Kiejman — mitterrandiste au-delà du possible et futur secrétaire d'Etat à la Justice —, qui refusera finalement d'être son défenseur.

L'informateur décide en définitive, en décembre 1984,

de tout raconter à la DST. Ses dires sont scrupuleusement consignés : il est auditionné à huit reprises, entre le 17 et le 25 janvier 1985. Affirmant qu'il « en fait son affaire », Gilles Ménage, directeur-adjoint du cabinet de François Mitterrand, reçoit du patron de la DST ces procès-verbaux.

Sur instruction, les auditions sont ensuite classées.

Peu à peu, Bernard Jégat perd le sens des réalités. Tous les jours, il fait le tour des rédactions parisiennes. Comme l'aventurier Georges Figon, « suicidé » pendant l'affaire Ben Barka, notre petit homme timide joue parfois les fantômes. Les journalistes, avec qui il entretient une certaine amitié, sont de plus en plus inquiets. Les méthodes employées par l'entourage élyséen n'inspirent guère confiance à ces quelques investigateurs chevronnés.

Le 3 mars 1986, Georges Marion, toujours sur écoute, appelle un confrère à son domicile. Il cherche Jégat.

« Sais-tu où est Jégat?

— L'histoire est époustouflante. Il a disparu. Hier, à une heure de l'après-midi, il nous avait promis de nous remettre une longue interview dans les heures qui suivaient. Et puis il s'est évaporé. Ça ne répond plus chez lui depuis maintenant vingt-quatre heures. Sa ligne serait en dérangement depuis le 28 février, selon les PTT qui réparent.

— Et sa copine, peux-tu essayer de la joindre à son boulot, la SFP? Elle s'appelle Claude Lévy.

— J'essaierai. Sinon, je me suis renseigné sur l'histoire du 31 août 1982. Contrairement à ce qu'on avait dit, Jégat ne retourne pas à l'Elysée. Le circuit est le suivant : c'est Jean Daniel qui a prévenu Jean-Louis Bianco. Mais finalement, Bianco n'est pas en cause. C'est en ça que je trouve que Beau exagère beaucoup. Bianco délègue en effet le dossier à Prouteau qui répond : "J'ai entièrement confiance en Barril".

« Le 31 août, Jégat va bien voir Jean Daniel?

— Non, il ne revoit pas Jean Daniel après le 23 août. Il va voir Blanchet, du *Nouvel Obs.*

— Ce qui est clair, c'est que Bianco va ensuite demander des comptes à Prouteau, qui lui dit ce que tu m'as raconté. Mais là où je suis inquiet de la disparition de Jégat, c'est qu'on pourrait bien retrouver son cadavre dans la Seine.

— Ça sent quand même très mauvais, cette histoire. Mais peut-être nous fait-il le grand numéro pour nous affoler.

— De toute façon, vous n'êtes pas en mesure de sortir son entretien.

— On pourrait parfaitement le faire, encore que je préférerais qu'il le relise. Mais il pourrait aussi tenir les mêmes propos dans un autre organe de presse. Il nous a fait un vrai coup tordu. »

Le soir même, Marion rappelle son correspondant. Ce dernier a remis la main sur Jégat, mais n'a pu savoir pourquoi l'informateur avait subitement disparu. Il a toutefois prévu de rencontrer Jégat le lendemain matin. A la suite de cet entretien, *L'Evénement du jeudi* publiera un article relatant longuement les confidences de Bernard Jégat.

Nouveau témoignage personnel, lors d'un dîner au restaurant situé en bas du journal *L'Evénement du jeudi* : « Bernard Jégat travaillait comme bibliothécaire au centre Beaubourg. Il était devenu très amer. C'est alors que je me suis aperçu que la tragédie qu'il vivait avait une connotation sentimentale. Bernard admirait, aimait le beau Paul Barril, séducteur invétéré, personnage charismatique du GIGN. Mais le capitaine n'en avait cure et ne pensait qu'à sa carrière. J'étais stupéfait par cette nouvelle dimension de l'affaire. L'humain, au sens strict du mot, avait pris le pas sur le politique. Bernard Jégat s'était trompé du tout au tout sur son mentor, qui refusera très vite de garantir sa sécurité. »

Sans la rencontre de ces deux hommes totalement dissemblables, il n'y aurait sans doute pas eu le scandale des Irlandais de Vincennes. Sans Jégat, Barril n'aurait jamais eu connaissance des fameuses armes. Et son imagination fertile n'aurait pas, à elle seule, décelé de si « parfaits » boucs émissaires. De quoi peaufiner, si l'on excepte quelques journalistes scrupuleux quant au respect des procédures, l'image idéale du chasseur de terroristes.

Dans ce mauvais roman d'espionnage, les victimes ne sont pas les coupables : Bernard Jégat, de retour à Paris, après s'être un temps exilé en Israël, décède des suites d'un cancer en février 1995, à l'âge de quarante-cinq ans. Jean-Michel Beau, contraint de quitter une arme qu'il chérissait, perd le fil d'une brillante carrière et sa santé. Il y a plus grave : le dérapage d'août 1982 fait disjoncter toute la machinerie mise au point par Christian Prouteau. La cellule perd le sens des priorités, oublie le terrorisme, l'offensive, et se réfugie dans la traque des « malfaisants », la défensive.

L'ensemble de l'opération menée par Paul Barril a subi de graves entorses. Il est désormais établi qu'aucun officier de police judiciaire n'était présent pendant les faits et que l'interpellation des suspects s'est déroulée après la perquisition. Au plan judiciaire, l'affaire des « Irlandais de Vincennes » a abouti à l'annulation de la procédure suivie contre Michael Plunkett, Stephen King et Mary Reid. Ils seront libérés le 21 mai 1983, après neuf mois d'incarcération. Pour sa part, Bernard Jégat sera condamné pour détention d'armes et d'explosifs.

Le major Windels et le chef d'escadron Beau ont été condamnés pour subornation de témoins. Reconnu dans un premier temps coupable de complicité de subornation de témoins, Christian Prouteau a toutefois été relaxé en appel. Détail curieux, le 24 septembre 1991, Jean-Michel Beau et Christian Prouteau avaient donc été condamnés à la même peine : quinze mois de prison avec sursis. Le procès avait duré trois jours. En appel, une demi-journée suffira à innocenter Prouteau. Jean-Michel Beau, devenu depuis colonel — veut-on le faire taire définitivement face à la justice? —, écopera, lui, d'un an de prison avec sursis et de six mille francs d'amende. L'officier[1] a de quoi être amer. « L'affaire des Irlandais de Vincennes a détruit ma vie, confiera Beau aux auteurs. Je ne croyais pas que l'on pouvait accumuler autant de mensonges. »

Décidément, l'Elysée a trop voulu forcer le destin pour sauver l'avenir de l'ancien chef de la cellule élyséenne, nommé entre-temps par François Mitterrand préfet de la République. En fait, les écoutes de tous les protagonistes liés à cette affaire n'ont rapidement plus eu qu'un seul but : couvrir les mensonges et les bavures de la cellule élyséenne, afin d'anticiper une éventuelle riposte politique et médiatique.

Alors, pour se distraire, on s'intéresse au « régicide » en puissance, Dominique Erulin.

1. Jean-Michel Beau, *L'Honneur d'un gendarme*, Sand, 1989.

IX

La traque du ruffian

Ses soixante-cinq ans, il les porte allègrement, même fièrement. Le cheveu noir — miracle de la capilliculture —, le nez fin et pincé qui le ferait ressembler à Michael Jackson si le visage massif taillé à la serpe ne venait se poser sur un torse puissant qu'il bombe sans paraître s'en apercevoir. Sur la poitrine, on cherche en vain les décorations que ce baroudeur a dû glaner, de-ci de-là. Avec lui, c'est tout un passé d'action, de tumulte et de coups durs qui s'annonce à la table, nappée de vichy, évidemment. Poignée de main comme on l'attend, franche et appuyée, sans inutile broiement des phalanges. Il s'installe à côté de Jean Lucat, et, d'une grosse voix qui exclut, d'entrée, l'entretien confidentiel, daube longuement sur la difficulté de trouver la brasserie où ses convives l'attendaient sans impatience.

Voici donc « l'assassin » de François Mitterrand, l'homme qui voulait tuer le président, celui aussi dont les zélés janissaires de l'Elysée entendaient raccourcir la carrière, la seconde hypothèse s'avérant beaucoup plus probable que la première. Comment croire à cette fable, celle d'un mercenaire paumé voulant délivrer la France d'un personnage encombrant, discrédité ou nuisible, selon lui, bien évidemment. A cette réserve, beaucoup d'explications que nous aborderons plus tard.

Pour l'heure, Dominique Erulin se raconte. Avec un mélange de fierté, de naïveté, de cynisme et, affleurant par instants, d'une énorme sensibilité. Sans le savoir, sans le vouloir, il se livre en même temps. Avec la générosité, l'absence de calcul d'un homme qui sait le prix de la vie, la sienne en tout cas, et n'ambitionne ni de convaincre ni de séduire. En termes plus triviaux, ce truculent personnage se fout complètement de ce que pensent ses commensaux du jour. Il a bien raison. Ils ne partagent aucune de ses convictions, aucune de ses passions.

Les mille vies de Dominique Erulin. Sa mémoire prodigieuse les fait dévaler en ruisseaux clairs ou boueux, se croisant, disparaissant, ressurgissant. Il est difficile de le suivre dans cet embrouillamini d'où lui seul sait s'extirper pour engloutir une lampée de brouilly ou lancer un « Ah, ces gaulleux ! » qui, si on s'y laissait prendre, résumerait sa philosophie. L'homme, qui cultive les formules sommaires et les jugements hâtifs, est intelligent. Il sait où il nous mène, même si, ostensiblement, il prend le risque de choquer.

Dominique Erulin appartient à une de ces familles qui se sont données corps et âme à la France. Corps, surtout. Grand-père tombé à Verdun. Père tué en Indochine. Né à Saint-Dié sans être plus vosgien que Philippe Séguin, il ne peut que suivre la voie des armes que son grand frère Philippe a déjà empruntée. Le bac le conduit à Janson-de-Sailly en classe préparatoire à Saint-Cyr. Le hasard, déjà malicieux — il appelle ça la baraka —, en décide autrement. Un ancien officier de son père le convainc d'aller passer ses vacances d'été en Algérie, dans la SAS[1] qu'il administre. Dominique part dans ce pays que les Français connaissent si mal et où déjà la guerre est engagée sous le doux euphémisme d'« événements » ou de

1. Section administrative spéciale.

« pacification ». « La pacification n'est pas la guerre », claironne un irresponsable auquel le suffrage universel a pourtant confié des responsabilités. Dominique Erulin se lie d'amitié avec l'officier qui l'accueille. Il devient de facto son adjoint, manie le pistolet-mitrailleur, la pioche et le stylo, manipule la radio, monte à cheval avec les moghaznis, bref laisse éclater son enthousiasme et sourdre sa haine, celle des « fells », des « cocos », des « témoignages crétins », des « MRP visqueux », de tout ce qui, de près ou de loin, lui paraît menacer une France dont il se fait une représentation idéalisée.

Il est civil, en stage étudiant. Ce qu'il apprend ne figure au programme d'aucune faculté. Il connaît déjà Jean-Marie Le Pen, qu'il admire quasi filialement, Jean-Louis Tixier-Vignancourt, Jacques Isorni, la fine fleur d'un pétainisme qui n'ose pas dire son nom. Il tombe en Algérie sur Château-Jobert, dit Conan, le Morlaisien au grand cœur, se prend d'adoration pour tous ces officiers qui, la rage d'avoir « perdu » l'Indochine au cœur, se sont juré de ne jamais abandonner cette terre ingrate et rocailleuse.

A peine sorti de l'adolescence, le grand échalas, de retour d'Algérie, met un terme à ses études. Il se donne le prétexte d'avoir laissé passer les dates d'examen, traîne ses guêtres au quartier Latin, histoire de provoquer les étudiants « gauchistes », boit pas mal, se bagarre allègrement, bref s'insère dans la mouvance ultradroitiste de l'Algérie française, s'imprègne de ses idées et de ses slogans.

Dominique Erulin n'est pas qu'un bastonneur d'occasion. Il est courageux, c'est dans ses gènes comme dans ceux de ses frères, Philippe, le para, et François, l'aviateur. Il s'engage dans les paras, au 1er RCP, est versé à la BPOM, les bérets rouges. Il est admis aux EOR. Mont-de-Marsan, Pau, le voici breveté, en instance de départ pour Cherchell.

C'est alors que le ciel lui tombe sur la tête. Du moins le

pense-t-il. En réalité, c'est plutôt le destin qui se charge de rebattre les cartes, de lui assigner un nouveau rôle à l'exact opposé de tout ce qu'on lui a enseigné, en rupture complète avec la tradition familiale. Voici Dominique Erulin dénoncé par la SM, la sécurité militaire, comme un factieux, un dangereux activiste, bref un indésirable au sein de la Grande Muette où l'on compte sur les doigts d'une main les officiers généraux sympathiques à la gauche. Sans explications, sans enquêtes, mieux : en dépit des interventions indignées des amis de la famille, la décision d'expulsion est maintenue. Jusqu'à ce que, touché par la grâce ou quelque remords, le commandement trouve une porte de sortie, acceptable pour tout le monde : Dominique Erulin est admis à poursuivre sa carrière d'élève officier à la condition de quitter les paras. Il refuse, première manifestation d'un esprit rebelle et indiscipliné. Il veut rester para, préfère porter le petit béret de couleur plutôt que de belles barrettes dorées.

Il est affecté à Bayonne, comme instructeur, reprend sa vie de patachon, boit, drague les filles, chasse les « pédés » ou présumés tels. En d'autres temps, on l'aurait dit soudard. Il s'en moque bien, seulement taraudé par l'envie folle de repartir en Algérie. Comme le bougre est obstiné, il y parvient. Nous sommes en 1959, il a vingt et un ans et déjà un sérieux bagage de bagarreur.

Le 6e régiment parachutiste d'infanterie de marine opère à Hammam-Meskoutine. Les Romains ont fait du lieu une station thermale. Dominique Erulin plonge dans un tout autre bain. Embuscades, chasses en « bananes », ratissages, combats au corps-à-corps, il découvre le courage de ses ennemis, les estime secrètement, pour mieux vilipender celui qui cristallise toute sa haine, de Gaulle. Depuis un peu plus d'un an, le général couche dans le lit du brave président René Coty, un Havrais au grand cœur et au solide bon sens. Depuis un peu plus d'un an, la Ve République a remplacé la IVe, qui n'avait que le tort d'avoir commencé à solder la facture de la France coloniale. Crime impardonnable pour tous ceux qui, en à peine plus de temps qu'il n'en faut pour le dire, vont jeter à bas la Communauté et donner l'indépendance à une bonne douzaine de « possessions ». Dominique Erulin a ferraillé contre les « Européens », ces traîtres à la cause nationale, ces irresponsables qui veulent réarmer l'Allemagne. Sans bien s'en rendre compte, il se retrouve dans le camp de ces nationalistes collabos qui préféraient le IIIe Reich d'Hitler à la Bundesrepublik du vieux Konrad Adenauer. Il a cru, en mai 1958, à l'homme providentiel, au point de rosser sur les Champs-Elysées des « cocos » manifestant contre le coup d'Etat feutré, dont l'homme de Colombey affectait de se désintéresser. Dix-huit mois plus tard, dix-huit mois après le « Je vous ai compris » d'Alger et le « Vive l'Algérie française » de Mostaganem [1], voici Dominique Erulin en permission à Paris, sa première permission à Paris, sa première perm' depuis son retour en Algérie... au moment où éclate la semaine des barricades [2].

Le ciel — qui n'en finit pas de choir — lui tombe à nouveau sur la tête. Ainsi, pendant que, peut-être, le sort de l'Algérie et de la France se joue dans l'infernal tohu-bohu de quelques pâtés de maisons entre la rue Michelet et le tunnel des facultés, il se retrouve, lui, le fanatique de l'Algérie française, à Paris, à deux mille kilomètres, désœuvré, inutile. Ce ne sont pas les quelques horions échangés avec des étudiants, évidemment « cocos », qui peuvent le consoler de sa « désertion » bien involontaire. Pour la première fois, il vient de manquer un grand rendez-vous avec l'Histoire. Ce ne sera pas le seul, ce ne sera pas sa seule chance.

1. Respectivement les 4 et 6 juin 1958.
2. Du 24 janvier au 1er février 1960.

Il retrouve l'Ouarsenis, le plan « Jumelles » imaginé et exécuté par le général Challe. Il participe à l'élimination, le 8 août 1961, du « loup de l'Ouarsenis », Djellali Bounaana, dit Si Mohammed, dont il salue au passage le courage, comme celui de tous ces hommes qui, sentant la partie perdue — elle l'est militairement parlant —, se battent avec l'énergie du désespoir. Paradoxalement, plus la « rébellion » perd de terrain dans l'Ouarsenis ou les Aurès, plus elle en gagne sur le tapis vert de la négociation politique. La « paix des braves », proposée à Si Sallah, est oubliée, pour laisser bientôt la place aux accords d'Evian.

Le noyau dur de l'armée — patchwork d'officiers idéalistes qui ont cru à la fraternisation franco-musulmane, épris de justice sociale et de solidarité, de nostalgiques de l'Empire et de la gloire militaire, d'authentiques factieux cultivant la haine des « intellectuels » — glisse inexorablement vers l'insoumission et la révolte. Ces hommes ne croient plus à la démocratie parce qu'ils n'y ont pas trouvé la réponse à leur anxieuse quête de la puissance, ils haïssent un monde politique qui s'est très largement déjugé sur l'Algérie, à la notable exception des communistes et de Jean-Marie Le Pen, ils ne voient de recours que dans un rapport de forces qu'ils veulent modifier à leur profit.

Cette philosophie un peu primaire, Dominique Erulin et ses copains paras l'adoptent. Ils font définitivement litière de toute retenue, rejettent tout compromis avec les pacifistes, se coupent d'une opinion publique française qui, soit lâcheté, soit lassitude, et pour bien peu générosité, accepte l'idée d'une « Algérie algérienne ». Curieux slogan, en vérité, trouvé par l'exceptionnel manipulateur de mots qu'est le général de Gaulle. Comme si l'Algérie pouvait être autre qu'algérienne...

Voici venu le temps du putsch d'avril 1961. Dérisoire tentative qui échoue faute de chefs résolus et, sans doute, par manque de conviction d'une troupe bien peu décidée à tirer sur ses frères. Ce second rendez-vous avec l'Histoire, le jeune para le manque par la faute d'un de ses gradés qui le jette en prison pour mutinerie.

Pourtant, quelques copains décidés le libèrent, sans grand mal tant la discipline au sein des troupes de choc s'accommode mal avec l'envie d'en découdre. Remâchant les propos guerriers d'un certain Michel Debré[1], Dominique Erulin constitue à la hâte un petit commando qui gagne Blida où la base aérienne est tombée aux mains d'un « soviet » de militaires de gauche[2]. Sagement, les paras restent en ville et jouent les gros bras en se laissant entraîner par des pieds-noirs déboussolés dans le fantasme d'une reconquête du pouvoir. Alternant le meurtre et le bizutage — comme de déshabiller leurs victimes et de leur peindre le postérieur en rouge —, les soldats finissent par se lasser des imprudences verbales et de la « tchatche » de leurs amis. Ils répugnent à devenir leurs obligés, voire leurs nervis, et bien vite, d'elle-même, l'ambiance se dégrade. Dominique Erulin se rend compte qu'il est dans une impasse, compte les morts, comme ces deux braves harkis Haddal et Bouzerb, qui se font mystérieusement assassiner, et doit affronter les « barbouzes » du gouvernement, pêle-mêle Vietnamiens rescapés des guerres d'Indochine, droits communs curieusement graciés, artistes de la gégène. En fait, il est au cœur de cette « guerre dans la guerre » que mène l'OAS avec une sauvagerie et une cruauté qui pèseront lourd des décennies durant sur les relations franco-algériennes. D'autant que, en face, la Ve République

1. *Le Courrier de la colère*, 20 décembre 1957 : « Que les Algériens sachent surtout que l'abandon de la souveraineté française en Algérie est un acte illégitime, c'est-à-dire qu'il met ceux qui le commettent et qui s'en rendent complices hors la loi, et ceux qui s'y opposent, *quel que soit le moyen employé,* en état de légitime défense. »

2. Le drapeau rouge flotte sur les installations de l'armée de l'air.

oublie allègrement les beaux principes sur lesquels elle assoit sa légitimité.

Comme l'escapade d'un gamin turbulent, la désertion du jeune Erulin ne dure qu'un temps. La chance vient le servir avec cet ami de son frère Philippe, devenu chef d'état-major de son régiment, qui lui offre l'occasion de regagner le bercail, avec pour alibi une vraie-fausse affectation... Et un billet de retour pour la métropole.

La démobilisation l'attend, avec son cortège de désillusions, de frustrations et de remords. Autant dire que Dominique Erulin est une proie rêvée pour les jusqu'auboutistes de l'OAS, pour les forcenés de l'assassinat inutile, pour tous ces malheureux qui croient arrêter l'engrenage de l'indépendance algérienne avec leurs pauvres mains jusqu'à s'y faire écraser les doigts. Un des personnages qu'il admire le plus veut pourtant l'en dissuader. C'est l'ancien député Le Pen, qui juge l'organisation bien trop « bordélique » pour avoir quelque chance de succès, et lui demande de se réserver pour d'autres combats.

La tête brûlée ne l'entend pas. Il retrouve des amis pieds-noirs, qui le convainquent de repartir en Algérie, clandestinement. Heureusement pour lui, son chef de réseau se fait proprement cribler de balles, sa mort mettant un terme au projet. Il retrouve le giron familial, en l'occurrence l'hôtel particulier parisien où Mme Erulin mère tient le compte des blessures de ses fils. Philippe, grièvement touché au combat, a échappé ainsi à toute tentation putschiste. François n'a dû qu'à un miracle de réchapper d'un accident d'avion. La providence protège comme elle peut les enfants et petits-enfants des deux colonels tombés à Verdun et en Indochine. Mais il est des hommes qui ne veulent pas conjurer le sort. Le « petit » Dominique, devenu un colosse, est de ceux-ci. Il ne veut rien écouter, surtout pas la voix du destin. Il replonge.

Une solide équipe de conspirateurs se constitue au printemps 1962 autour de Louis-Honorat de Condé[1]. Décidément les descendants de Louis, chef du parti huguenot, ne perdent pas leurs bonnes habitudes puisque Henri, puis le Grand Condé, puis le duc d'Enghien s'acharnèrent à contester le pouvoir, royal ou impérial. Cette fois, c'est du « général-président » qu'il s'agit, et les aristocrates, Jean de Brem, Christian de Charette, Alain Bougrenet de la Tocnaye, s'agrègent joyeusement aux anciens paras et aux pieds-noirs irréductibles. Pour inspirer et diriger la troupe, apparaît rapidement un polytechnicien, Bastien-Thiry, un des initiateurs du programme de missiles. C'est lui qui organise l'attentat qui vise le général de Gaulle, non pas tellement pour venger les martyrs de la cause, Albert Dovecar, Claude Piegts ou Roger Degueldre[2], que pour s'emparer des rênes du pouvoir, à commencer par l'Elysée.

Bastien-Thiry apporte aux conjurateurs la méthode et le souci du détail qui conditionnent la réussite. Pourtant, si bien préparé soit-il, l'attentat, perpétré le 22 août 1962, échoue pour de misérables causes : l'heure tardive qui rend les communications visuelles, entre chien et loup, incertaines, une voiture poussive qui refuse de barrer la route à la DS du général, une autre, guère plus vaillante, qui se laisse semer par le véhicule présidentiel aux roues déjantées.

Ce rendez-vous avec l'Histoire, Dominique Erulin l'a encore manqué. Il était en Bretagne près de Port-Blanc quand l'ordre est donné. On ne peut le joindre, il n'existe pas de portable et même s'il se trouve à Paris le soir de

1. Le baron de Condé fut tête de liste du FN en mars 2004, dans la région Auvergne, face au véritable « exécuteur » de De Gaulle, Valéry Giscard d'Estaing.

2. Dans le même temps où les comparses sont fusillés, les généraux, Salan le premier, sauvent leur tête.

l'attentat, il n'en est en rien prévenu. Horrifié, il apprend en même temps la nouvelle et sa conclusion. Rendu tout de même prudent par ses précédentes mésaventures, il reprend la route de la Bretagne pour y attendre la suite des événements. L'attente sera longue, meublée de l'annonce des arrestations, dans le fil de l'enquête minutieuse du commissaire Bouvier. Ils tombent tous, les neuf conjurés, comme tombent les condamnations, dont trois à la peine capitale. En premier Bastien-Thiry, qui accuse pour se défendre, fait le procès de De Gaulle pour récuser le sien. Quand il reçoit la sentence et que lui parvient aussitôt, par ces voies mystérieuses qui percent les murs des prisons, la proposition d'une évasion, il refuse. Fait unique dans notre histoire, il est fusillé une semaine après le verdict. La justice vient d'être expédiée.

Pour Dominique Erulin, elle est plus lente à s'exprimer. Il doit son arrestation aux insuffisances gastriques de Jean de Brem, qui, avant de mourir le 18 avril 1963, a avalé, hachée en morceaux, la liste de ses « amis ». Patiemment reconstituée post mortem, elle livre le nom du para. Le reste n'est qu'une question de temps.

La police judiciaire ne laisse rien au hasard. L'hôtel particulier familial d'Auteuil est cerné, Dominique Erulin arrêté sans coup férir, conduit dans les locaux du quai des Orfèvres. Il s'attend à ce qu'il mérite, au pire. Il est bel et bien du complot. Il aurait dû actionner l'un des deux fusils-mitrailleurs qui ont copieusement arrosé la DS présidentielle. Seule la chance, ou la malchance, le lui a interdit. Comme elle est bonne fille, elle va jusqu'à le mettre en face d'un policier, le commissaire Bouvier, et d'un juge, M. Zollinger, qui font leur métier honnêtement et sans préjugés. L'un et l'autre constatent l'absence d'éléments à charge et respectent pleinement la présomption d'innocence : il repart libre.

Libre peut-être mais, hors de l'armée, comme tant d'autres, il a perdu ses repères. Que sait-il faire, si ce n'est se battre, sauter en parachute et courir les jolies filles? Il s'en contente et organise sa vie en professionnel de la performance. Il s'emploie tour à tour comme mercenaire, pilote d'essai de deltaplane, parachutiste de compétition (il décroche un titre de champion du monde), cascadeur de cinéma (il apparaît dans *La Grande Vadrouille*) et garde du corps. Il excelle dans cette dernière spécialité puisqu'il dirige le service d'ordre de Jean-Louis Tixier-Vignancourt lors de l'élection présidentielle de 1965, celui d'Alain Poher en 1969 et celui de Valéry Giscard d'Estaing en 1974, supervisé par Hubert Bassot. Dominique Erulin est devenu incontournable en bien des domaines, au point qu'il est appelé à rendre des services à quelques amis, dont Jacques Delebois, futur contrôleur général, qu'il rencontre fréquemment dans son restaurant de prédilection, l'Ecurie, rue de la Montagne-Sainte-Geneviève.

Ce sont près de vingt ans d'une vie comme il l'aime, le sac toujours prêt pour aller sauter, courir ou aimer à l'autre bout du monde. L'Afrique l'attire particulièrement, le Bénin, l'Angola, avec pour motivation l'argent et pour justification la lutte contre les communistes. Dominique Erulin a besoin de se sentir en accord avec ses convictions, il a soif de revanche. Avoir laissé l'Algérie aux « Arabes » lui laisse un goût amer. Indiscutablement il figure en bonne place parmi les gros bras de l'extrême droite dont, précautionneusement, les RG tiennent la liste.

Justement, l'occasion inespérée survient de faire fructifier cette connaissance de la mouvance nationaliste. C'est la victoire de François Mitterrand qui propulse à la tête des RG Paul Roux, socialiste discret et serviable sous Giscard, incontournable sauveur de la maison avec le président du peuple de gauche. Les mauvaises langues disent qu'il renseignait son ministre, Christian Bonnet, sur le PS et qu'il a ainsi assuré sa carrière jusqu'à une sous-direction de la police de l'air et des frontières. Plus vraisemblablement, il a convaincu le nouveau gouvernement de ne pas mettre un terme aux activités de cette police politique dont aucun autre pays européen n'a osé se doter. Evidemment, Paul Roux initie, dès son arrivée au troisième étage du 11 rue des Saussaies, une chasse aux sorcières « noires » ou « brunes » qui remplace la focalisation sur les communistes et les gauchistes dont la droite faisait ses délices.

Dominique Erulin ne peut, dès lors, échapper à son destin. D'autant qu'il se signale dans la nuit même, le 22 mai 1981, où Gaston Defferre s'installe place Beauvau en déménageant une usine dans le Var, en pleine région Provence-Côte d'Azur. Rien d'illégal dans la récupération des archives et des stocks de ces installations de La Seyne-sur-Mer puisqu'elle est autorisée par décision judiciaire. Mais c'est un affront pour le tout-puissant « comte de Provence » et un casus belli pour la CGT qui occupe les lieux. Dominique Erulin l'ignore, mais c'en est fini de sa tranquillité. Il va, sans bien s'en rendre compte, sceller lui-même son destin. En décembre 1981, une caserne de Foix est attaquée et un stock d'armes volé. L'occasion est idéale pour incriminer Dominique Erulin et lui mettre la main au collet. Le 8 décembre, la police se présente à son domicile parisien. Mais l'ancien para a un mauvais réflexe. Méfiant, redoutant quelque piège, oubliant qu'il a un alibi en bronze pour le vol d'armes de Foix[1], il s'esquive. Puis il se cache des heures durant dans la machinerie de son ascenseur. Il disparaît enfin de Paris. Mais dans les jours qui suivent, sa voiture est retrouvée chez un ami sympathisant du Front national que l'on perquisitionne (en vain) à Signes. C'est pour ceux qui le cherchent la confirmation de leurs soupçons. Les RG de

1. Il dînait ce soir-là chez un général à Nancy.

Paul Roux ne le loupent pas : une note blanche du 11 décembre 1981, trois jours après l'interpellation manquée, fait écho « de renseignements recueillis au sein des milieux proches de l'extrême droite selon lesquels Dominique Erulin serait chargé d'organiser des opérations violentes ». Le papier, évidemment anonyme comme aux meilleurs temps de la police du tsar, ajoute qu'il ferait partie d'une organisation en cours de constitution dirigée par un colonel membre de l'Union nationale des anciens parachutistes qui envisagerait de préparer « une grosse opération ». La légende du factieux vient de naître. La vie du proscrit commence. Dominique Erulin commence par mettre une frontière entre la police française et lui. Celle de Suisse. Puis d'Italie. C'est enfin la Côte d'Ivoire.

Dominique Erulin a conservé de solides amitiés en France. L'une des plus avérées est celle d'un inspecteur divisionnaire de la DST, Jean Lucat. Affecté au contre-espionnage offensif, ce solide Breton d'une trentaine d'années ne se cache guère d'une relation pourtant sulfureuse. Affublé du surnom de Tarzan, il va, des années durant, veiller sur son ami comme un ange gardien. Comment parvient-il aussi longtemps à ne pas se faire chasser de la police ? Cela tient du miracle, et aussi de la bienveillance de son directeur, que la chasse à l'homme engagée contre Erulin laisse profondément sceptique en dépit des objurgations de Gilles Ménage.

Car le fait nouveau qui apparaît dans les premiers mois de 1983 n'est autre que la promotion de Dominique Erulin au rang d'assassin potentiel de François Mitterrand, une idée mise en forme au sein de la cellule élyséenne. Désormais, ce ne sont plus les policiers, plus ou moins bien informés, qui recherchent le frère du héros de Kolwezi, mort en 1980. Ce sont les gendarmes du Château qui, convaincus de ses noirs desseins, ont reçu mission de le neutraliser. Christian Prouteau adresse une note au président de la République le 7 avril 1983, au lendemain de l'expulsion de quarante-sept diplomates soviétiques, dans laquelle il fait état « d'une information qui laisse, *sans aucun doute possible*[1], penser que si des actions violentes sont organisées au niveau de l'extrême droite, elles le seront *à l'évidence*[2] par Dominique Erulin ». Le commandant de gendarmerie précise au président que « s'il estime l'interpellation d'Erulin inopportune ou s'il serait [sic] préférable de neutraliser cet homme par un autre procédé, il sera fait selon sa volonté ».

On ne peut être plus clair : l'ordre d'abattre un homme sans jugement est froidement donné.

Dès lors, la cellule déploie une activité forcenée pour localiser et « neutraliser » le dangereux repris de justice qui n'a jamais été condamné. On bâtit un dossier d'autant plus épais qu'il est vide du moindre fait précis[3]. On y trouve, par exemple, une accusation de participation à un hold-up chez un bijoutier parisien, le 29 septembre 1981, un mandat d'arrêt signé d'un magistrat instructeur de Paris, Jean-Louis Debré, pour vol avec port d'arme et infraction à la législation sur les armes, une procédure pour faux et usage de faux, et menaces de mort, ouverte à Marseille. On organise des expéditions à l'étranger, des surveillances, on enquête. Pour un seul homme, fût-il dangereux, cela paraît disproportionné, surtout quand on sait que la traque des terroristes de tout poil, irlandais, basques, arméniens ou palestiniens, ne peut mobiliser à la DST qu'une trentaine de fonctionnaires.

Un jour de juillet 1984, Dominique Erulin reçoit un appel de Jean Lucat qui lui annonce une visite aussi imminente qu'inopportune. « Tarzan », comme il le

1. Ce sont les auteurs qui soulignent.

2. Idem.

3. Ce dossier figure dans l'instruction sous le numéro de scellé 6A.

nomme, l'a retrouvé en appelant d'un bureau de poste parisien, un impressionnant stock de pièces de monnaie à portée de main, tous les commerçants de son quartier d'Abidjan en leur demandant s'ils connaissent Dominique Erulin. Il lui aura fallu des heures pour y parvenir enfin. Les méthodes les plus simples ont toujours du bon.

Les écoutes s'ajoutent à cette débauche de moyens. Deux fichiers les récapitulent : le fichier Hermès qui consigne l'interception de la ligne de Dominique Erulin, sous le nom de code « Edredon » à l'adresse du 17 rue Duret à Paris (XVIe). C'est Jean Orluc qui a signé la demande justifiée par une suspicion de trafic d'armes. La fiche TPH recense les écoutes « en étoile » mises en place pour intercepter toute communication entre Dominique Erulin et son entourage. Apparaissent ainsi les « amies » du dangereux criminel, Dina Vierny, Michabla Vidler, Laurence Tordjman, Brigitte Chauvidant, gratifiée du charmant nom de code de « Chèvre », et bien évidemment Françoise Erulin, sa première femme. S'y ajoutent des sociétés, night-clubs, bars, hôtel (le Concorde-Lafayette) et les écoutes de Roger Delpey et Jean Lucat. De cette dernière écoute, le directeur de la DST n'est pas informé, preuve évidente de la « confiance » que lui portent Gilles Ménage et Christian Prouteau, alors que le détachement à la cellule de trois fonctionnaires du contre-espionnage ne se justifie qu'en raison de leur mission de liaison.

Le président lui-même semble prendre du plaisir à cette traque inégale. Selon les dires de ses propres collaborateurs, il convoque Gilles Ménage et Christian Prouteau à Latche à Pâques 1983 sur la foi d'un renseignement faisant état de la présence d'Erulin aux Baléares. Il leur demande d'alerter la police espagnole afin qu'elle interpelle le fugitif. Heureusement pour celui-ci, les relations entre les deux pays ne sont pas encore au beau fixe et le temps n'est pas venu de la coopération antiterroriste qui sera initiée par la DST quelques mois plus tard. En tout état de cause, François Mitterrand n'entend pas utiliser les canaux habituels d'Interpol ni même de la confraternité policière : on se méfie en très haut lieu des services de police.

Le résultat le plus clair de cet acharnement policier est de contraindre la « cible » à une vie d'errance coûteuse et harassante. Par bonheur pour lui, l'homme ne manque ni de courage, ni d'obstination, ni d'amitiés. Ce sont celles-ci surtout qui vont lui permettre de défier les « archers du roi » jusqu'à obtenir l'asile politique au Paraguay et intégrer l'armée de ce petit pays, soumis à la poigne implacable du général Stroessner. Il y accède au grade de colonel, quasi mythique dans la famille. Mais c'est tout de même un colonel un peu particulier, qui se fait arrêter et tabasser par la police secrète de son nouveau pays, la fameuse « Investigación », menacer dix fois d'expulsion pour se rétablir toujours miraculeusement. Et toute cette cavale entre Paraguay, Afrique, Espagne et Suisse coûte cher. Tous les fuyards vous le diront, on ne peut tenir indéfiniment contre ceux qui vous cherchent, ceux qui vous rachètent, ceux qui vous estampent, même ceux qui vous soutiennent. Dominique Erulin finit par éprouver une grande lassitude de cette course en zigzag, celle du lièvre à travers les champs. Il éprouve au plus profond, de plus en plus lancinante, l'inanité d'un défi qui va perdre tout sens quand, usé, exténué par la maladie, François Mitterrand quitte l'Elysée.

Le casier judiciaire d'Erulin est vierge[1], les charges qui pèsent sur lui ne sont justifiées d'aucune manière. Devant un juge, un faisceau de « présomptions » qui ne sont que des ragots de basse police ne peut pas résister en matière pénale. Ses prétendus hold-up ne le concernent que dans

1. Voir annexe 7.

l'imagination de ses accusateurs. Ce sont tous ces arguments qui le décident enfin à rentrer en France.

C'est le 28 novembre 1995 que Dominique Erulin touche à nouveau le sol de sa chère patrie. C'est d'ailleurs façon de parler car il est hors d'état de poser un pied par terre, et qu'il faut une chaise roulante pour la sortie du jumbo jet en provenance de Buenos Aires. Un nouveau président est à l'Elysée, dont une communication anonyme (comme toujours) des RG des Hauts-de-Seine dénonce l'amitié avec Dominique Erulin[1]. En fait les deux hommes, le politique et le baroudeur, ne se sont jamais vus. Qu'importe, à l'époque — le 11 février 1982 —, il fallait les jeter l'un et l'autre aux chiens. Dominique Erulin ne se fonde évidemment pas sur ses prétendus liens avec Jacques Chirac. Il pense seulement que la justice ne sera plus aux ordres d'un pouvoir malveillant. C'est vrai. Il faudra pourtant qu'il passe par la case prison, puisqu'il se trouve sous le coup d'une condamnation par contumace datant de 1984[2]. Les fêtes de fin d'année se passent donc pour lui à l'hôpital de Fresnes, dont le standing éclipse largement celui des geôles du général Stroessner, là-bas à Asunción. Le 11 janvier 1996, la justice lui épargne ses lenteurs proverbiales et ordonne sa remise en liberté. Par un malicieux clin d'œil du hasard, c'est ce même jour qu'on inhume la dépouille de sa prétendue victime, qui fut plutôt son persécuteur, dans le cimetière de Jarnac.

La page des aventures rocambolesques de Dominique Erulin est tournée. Commence alors celle de ses démêlés judiciaires. Victor Hugo ou Georges Brassens auraient pu l'écrire en ce qu'elle s'inscrit fort logiquement dans la continuité de ses mésaventures précédentes.

1. Voir annexe 8.
2. Condamnation à vingt ans de réclusion criminelle.

C'est une histoire à la Jean Valjean, une redite de *La Mauvaise Réputation*. Cet homme qui comparaît devant des juges, soit comme plaignant, soit comme prévenu — on dit de nos jours, plus élégamment, « mis en examen, présumé innocent » —, a forcément quelque chose de mauvais puisqu'on l'en accuse et parce qu'il manifeste des opinions d'extrême droite. Il ne va même pas pouvoir compter sur l'association des autres parties à la plainte déposée contre Paul Barril[1] et autres, des chefs d'atteinte à l'intimité de la vie privée, recel de traitement illicite d'informations nominatives et autres babioles résultant d'écoutes contestables. Si Edwy Plenel juge scandaleuses les interférences dans les secrets de son alcôve et de sa cellule familiale, il se montre autrement tolérant quand il s'agit d'un « facho », pas nécessairement plus dangereux pour les institutions républicaines que ses anciens amis de la LCR. Il n'hésite pas à écrire que « le feuilleton Erulin, qui s'épuisa de lui-même, fut bien le seul épisode dont nous ne saurions nier qu'il relevait de la sécurité du président, entendue non pas comme la sécurité d'un homme devenu chef de l'Etat, mais comme celle de la fonction qu'il incarnait ». Ce qui revient à dire que, même si rien ne pouvait étayer la fable d'une menace d'attentat contre le président, sa seule évocation justifierait toutes les investigations. On frémit à la pensée probablement incongrue que le journaliste du *Monde* ne refuserait pas forcément que l'on aille un peu au-delà.

Revenons sur les faits. Le 16 décembre 1996, Dominique Erulin, qui a appris qu'il figurait sur la liste des personnes écoutées par la cellule, porte plainte avec constitution de partie civile. Sa requête est jointe à toutes celles qu'instruit le juge Jean-Paul Valat. Pourtant, très vite, elle reçoit un traitement différent.

1. La liste des mis en examen est donnée par ordre alphabétique.

Le juge, en effet, se trouve en possession d'un dossier très abondamment fourni en notes, procès-verbaux et témoignages dont aucun ne contient le premier élément de preuve. En professionnel averti et consciencieux, il ne peut que constater que l'accusation s'effondre comme un château de cartes. Il est en ceci rejoint par le parquet, qui échenille une longue liste d'assertions dont chacune justifierait des poursuites en diffamation. Au passage d'ailleurs, il note que Dominique Erulin « n'était pour rien » (dans le vol d'armes à Foix) parce que « à la date du vol il était chez un général à Nancy », ou que ses accusateurs, MM. Boyé et Chaillot, se sont rétractés. Le ministère public, qui ne craint de faire ni dans l'exagération ni dans la contre-vérité, n'hésite pas à évoquer les « multiples chefs d'inculpation émis à son encontre ».

La conclusion coule de source, bel exemple de casuistique à soumettre à la réflexion des étudiants en droit : Dominique Erulin est soupçonné d'être un voyou. Donc ceux qui le soupçonnent ont des raisons de l'écouter. Donc les écoutes sont légales. Pour faire bonne mesure, le parquet général n'a pas peur d'écrire que « les informations concordantes qui avaient été recueillies sur le compte de Dominique Erulin établissaient que ce dernier se livrait à des activités liées au grand banditisme ». Formulée sans preuves, et pour cause, cette affirmation est tout simplement diffamatoire et Dominique Erulin peut exciper d'un casier judiciaire vierge. Sans doute le procureur général et le procureur de Paris ont-ils oublié de le demander...

Que le juge détienne par ailleurs une note de Christian Prouteau au président de la République suggérant la « neutralisation » du dangereux criminel qu'est Dominique Erulin ne retient l'attention du juge Valat et du parquet que de manière incidente, aucun magistrat ne s'interrogeant sur le sens à donner au mot « neutraliser ».

L'explication de cette carence sémantique figure pourtant noir sur blanc dans les réquisitions du parquet général : « Réputé pour sa proximité avec la mouvance politique d'extrême droite et recherché dans le cadre d'affaires criminelles, M. Erulin avait précipitamment quitté la France en mai 1981 pour se soustraire à des poursuites et à un mandat d'arrêt. » Qu'il se soit effectivement dérobé à une arrestation imminente le 11 décembre, soit sept mois plus tard, n'est pas tellement important, même si cela donne à penser quant au sérieux des réquisitions du ministère public[1]. Le plus préoccupant est dans cette mention des opinions politiques d'une personne comme au plus beau temps du maccarthysme américain.

Dominique Erulin n'est donc pas autorisé à porter plainte. Le juge Valat s'y oppose par ordonnance du 1er août 2002 et la chambre de l'instruction le confirme le 17 mars 2003, non sans invoquer à l'appui de sa décision la loi du 10 juillet 1991, postérieure de plusieurs années aux faits incriminés.

Dominique Erulin ne sera donc pas partie au procès des écoutes de la cellule élyséenne. Et comme il faut noircir un peu plus le personnage, il écope de cinq ans de prison avec sursis en janvier 2003. La cour d'assises de Paris le reconnaît en effet coupable d'avoir participé, le 29 septembre 1981, à ce qu'il est convenu d'appeler un hold-up, autrement dit le vol avec violences d'argent, de vaisselle, d'or et d'argenterie pour le coquet total de deux millions de francs au préjudice des époux Solomon. Etrange jugement, puisqu'un vol à main armée, s'il ne se sanctionne plus par le bagne à perpétuité comme au temps de Jean Valjean, n'en mérite pas moins de la prison

1. Rappelons que le hold-up pour lequel il est incriminé à tort date de septembre 1981 et le vol d'armes à Foix de décembre 1981.

ferme. La mansuétude du tribunal populaire s'explique mieux quand on note qu'aucune preuve de la participation de Dominique Erulin au cambriolage n'a été établie, que les deux voyous qui l'ont dénoncé se sont rétractés en soulignant que leurs aveux leur avaient été « soufflés » par des gendarmes et qu'en revanche la culpabilité d'au moins un d'entre eux — que nous appellerons « Coco » — paraît bien plus probable, l'intéressé ayant effectivement installé un coffre-fort au domicile de M. et Mme Solomon. Il semble bien que la justice rendue ce jour-là fut celle de Salomon, le roi bien entendu.

Dominique Erulin s'est trouvé un nouveau combat contre ce qu'il considère comme une iniquité. Sans doute ignore-t-il qu'on ne gagne jamais contre la justice.

X

Les gendarmes cambrioleurs

Son cursus universitaire la situe dans une honnête moyenne : avocate, ce qui n'est pas inaccessible, ancienne élève de Sciences Po, ce qui signifie qu'elle n'a pas obtenu le diplôme, ancienne auditrice du très recherché Institut des hautes études de défense nationale où l'on est admis par piston, elle s'est pourtant vue promue à trente-sept ans secrétaire générale du Conseil supérieur de la magistrature. Comme Michel Vauzelle, comme Jean-François Dubos, elle galope au sein de la meute des jeunes loups (et louves) qui escorte, soutient et assiste François Mitterrand avec la même qualité d'aboiement que les Jacques Toubon, Jean-Pierre Delpont ou Bertrand Landrieu autour de Jacques Chirac : Danièle Burguburu a, par les sentes hasardeuses du parti socialiste, atteint des cours où son magistrat de père, Raoul Combaldieu, eût aimé s'enivrer des senteurs éthérées du pouvoir. La jeune femme mince et distinguée qui défend dans les salons avec une belle conviction la personne et la politique du président, l'honneur et l'indépendance de la magistrature, l'image et la popularité du parti socialiste mérite à coup sûr la confiance de François Mitterrand.

C'est dire si la révélation la prend au foie, en ce mois de décembre 1987, aussi sèche qu'un crochet du gauche : un train de nominations devant être soumis au CSM qu'elle a fait tenir, comme il se doit, au président de la République afin de recueillir son aval préalable, vient de « fuiter ». Un mystérieux correspondant adresse à chacun des membres de cette haute instance la liste incriminée. Fait bien plus grave que l'indiscrétion, le document concerné est annoté de la main même de François Mitterrand. Or, le chef de l'Etat a porté de sa belle écriture des appréciations sur les opinions politiques de certains nominables. Et, pour couronner le tout, la lettre est accompagnée d'un véritable brûlot, à savoir une note relative aux ennuis judiciaires du joaillier Chaumet et à ses relations « amicales » avec son vis-à-vis de la place Vendôme, le garde des Sceaux en exercice Albin Chalandon.

Comment, en pleine cohabitation, pareille bourde a-t-elle pu être commise, qui mette en cause la neutralité du président de droit du CSM? Certes l'ancien ministre de l'Intérieur de Pierre Mendès France, aussi prudent soit-il[1], se laisse parfois aller à annoter en marge certains des documents qui lui sont soumis. Ainsi, il se murmure, avec quelque chance de vraisemblance, qu'à peine installé à l'Elysée, il s'est fait remettre la liste exhaustive des membres du corps préfectoral ayant servi dans la Nièvre. Et qu'il a, du même coup, réglé leur sort aux méritants, tels Pierre Verbrugghe ou Pierre Chassigneux, comme aux impertinents, tel Pierre Brisset. Quoi d'étonnant, dans ces conditions, qu'il ait souligné les options ou les appartenances politiques de magistrats promis à l'avancement? Il n'est ni le premier ni le dernier à pratiquer ainsi. A leur corps défendant, les plus hauts magistrats se retrouvent périodiquement au cœur d'inutiles controverses

1. François Mitterrand avait pour habitude de renvoyer à ses collaborateurs leurs propositions, assorties d'un simple « Vu » aussi peu compromettant que possible.

sur leurs prétendues orientations ou appartenances politiques, en raison des imprudences verbales des hommes du pouvoir. Mais il est exceptionnel que celles-ci soient couchées sur le papier.

Toujours dangereux s'avère le maniement du scandale. A fortiori quand il peut éclabousser d'aussi fins politiques que ces deux-là. Albin Chalandon connaît bien la matière. Ministre de l'Equipement, il est éclaboussé par l'affaire Aranda[1]. Président d'Elf-Erap, il promeut imprudemment l'avion renifleur. Revenu à la vie politique dans le gouvernement de Jacques Chirac, il est compromis à cause de ses relations avec les frères Chaumet. François Mitterrand n'a rien à lui envier. Vrais ou faux, les prétextes ne lui ont pas manqué de s'empêtrer dans de scabreuses affaires.

C'est sans doute pourquoi le président réalise que le moment est particulièrement mal choisi pour qu'éclate un scandale. Trois mois auparavant, le garde des Sceaux a sollicité une audience particulière pour lui faire part de ses scrupules à faire inculper le lieutenant-colonel Prouteau dans l'affaire des Irlandais de Vincennes. Selon le témoignage du président lui-même, qui s'en explique sur TF1 devant Christine Ockrent le 17 septembre 1987, Albin Chalandon lui aurait confié être « très ennuyé » par la demande du juge d'instruction; au passage, l'indépendance de la magistrature semble pour le moins sujette à caution.

« Alors moi, je ne sais pas quoi faire; cela fait plusieurs mois que je ne réponds pas, que je ne dis pas au parquet d'envoyer les réquisitions », aurait ajouté le garde, toujours selon François Mitterrand qui conclut : « J'ai dit :

1. Gabriel Aranda, membre (non fonctionnaire) du cabinet d'Albin Chalandon, révèle le contenu du rapport de l'inspecteur général Luquern qui met gravement en cause le fonctionnement du ministère de l'Equipement à propos de la catastrophe de Val d'Isère.

“Laissez le juge d’instruction agir à sa guise ; et s’il estime qu’il faut inculper, à ce moment-là vous devrez demander au parquet ses réquisitions et le lieutenant-colonel Prouteau sera inculpé.” »

La réponse est habile, même si le président l’assortit d’un commentaire qui restera dans les mémoires comme une énorme bourde pour les uns, une leçon de droiture pour les autres : « Je suis obligé de vous dire que j’ai la plus grande estime, que j’aime beaucoup le colonel Prouteau qui est mon collaborateur, que j’ai pleine confiance en lui. Songez que c’est quand même un homme extraordinaire ! Les Français, ils apprendront à aimer et à respecter le colonel Prouteau, qui est pour moi le prototype de ce que notre armée peut produire. Je l’estime désintéressé et je fais confiance à son courage et à son sens de la vérité. »

En politique avisé, Albin Chalandon a retenu l’avertissement et la leçon. La justice est restée silencieuse. Mais cette retenue n’est pas sans contrepartie. L’ancien ministre de l’Intérieur, mis en cause dans l’affaire des fuites en 1954, sait bien que le scandale, en politique, n’éclabousse pas que ses victimes désignées. Par un subtil jeu de compensation, des retours désagréables guettent les imprudents et les malveillants. C’est la généralisation du : « Je te tiens, tu me tiens par la barbichette. » Sans doute aussi répugne-t-il à porter des coups bas à ses adversaires. S’amuser des travers de tel ou tel, s’informer des vilenies et des incartades, pourquoi pas ? Pratiquer le coup bas, cela ne lui ressemble guère. Il ne nourrit d’ailleurs aucune hostilité particulière à l’encontre d’une personnalité aussi forte qu’Albin Chalandon, qui sait garder ses distances avec Jacques Chirac et ne s’est jamais posé en adversaire haineux de qui que ce soit.

François Mitterrand ne va pas déterrer la hache de guerre avec son ministre de la Justice quand bien même il appartiendrait au camp d'en face. Il sait son souci largement partagé place Vendôme. Il pourrait donc, la première colère passée, s'en remettre aux procédures habituelles pour identifier le coupable, le sanctionner et atténuer sinon corriger les effets médiatiques de la « bavure ».

C'est bien ainsi que les choses se passent dans un premier temps : le lieutenant-colonel Eeckout, commandant militaire de l'Elysée, est mis en charge de l'enquête. Rapidement, il établit que les documents ont été photocopiés sur la machine du CSM. C'est un début. Mais il faut aller plus loin. Comment ?

Nous sommes en décembre 1987. La cohabitation touche à sa fin. Les armes, provisoirement laissées au vestiaire, vont bientôt resservir. Dans cette configuration bizarre où l'homme qui siège place Beauvau a nom Charles Pasqua et celui qui officie rue Saint-Dominique André Giraud, deux ministres fermement à droite, le président de la République ne peut compter pour éclaircir ce mystère, sinon pour sortir de ce guêpier, que sur ses fidèles de la cellule et leur chef, Christian Prouteau.

Le 23 décembre 1987, à l'aube, trois cambrioleurs sont surpris en plein « travail » dans l'immeuble du 3 rue Auguste-Vacquerie. Curieuse besogne au demeurant qui retenait les intrus dans la cage d'escalier, ce qui a conduit l'un d'eux qui tentait d'échapper à la police rapidement dépêchée sur les lieux — on est dans le XVIe arrondissement où les réflexes paraissent plus vifs que dans le XXe — à se cacher dans le placard du rez-de-chaussée. Par un miraculeux hasard, c'est dans ce réduit que sont accessibles les fils du téléphone. Chance plus étonnante encore, le « voleur » est en possession d'un appareil de mesure permettant de déterminer la puissance d'émission d'une écoute sauvage, ainsi que d'un enregistreur à cassette et d'un déclencheur à voix. C'est simplement tout le matériel du vilain petit rapporteur qui s'intéresse aux conversations téléphoniques. Pour qu'aucun doute ne subsiste à cet égard, une épissure est placée sur une ligne téléphonique aboutissant dans le réduit, celle d'Yves Lutbert, huissier au Conseil supérieur de la magistrature.

Nos trois cambrioleurs sont emmenés au commissariat de police du XVIe arrondissement et remis aux inspecteurs de la IVe division de police judiciaire. Les interrogatoires peuvent commencer. Ils commencent classiquement par la déclinaison des identités. Première surprise : les flics ont « fait aux pattes » des collègues, enfin presque, des gendarmes. Robert Montoya, retraité, ancien adjudant adjoint au chef de la section de recherche de Corse, les gendarmes retraités Fabien Calderoni et Alain Clairhaut, grand spécialiste devant l'Eternel des écoutes et contre-écoutes téléphoniques. Bien que rendus à la vie civile, les ex-pandores, désormais salariés de la SPII[1], n'hésitent pas à exhiber, pour justifier leur intervention, la photocopie d'une commission rogatoire délivrée par le juge d'instruction Morel-Dubessy de Nanterre à la brigade de la gendarmerie nationale de Courbevoie. Comme quoi la solidarité entre képis n'est pas un vain mot, même si le Code de procédure pénale n'y trouve pas tout à fait son compte.

Nous sommes alors en pleine guerre des polices. D'un côté, la PJ et, plus modestement, la DST entendent faire prévaloir leur professionnalisme et leurs résultats. D'un autre, la gendarmerie veut faire fructifier les investissements qu'elle s'est consentis dans l'informatique et la police scientifique. Elle a adapté son dispositif, promu des officiers dynamiques et entreprenants comme le colonel Morel à Versailles. Au point de trouver quelques oreilles attentives au sein de la magistrature et de rafler

1. Société de protection et d'investigation industrielle, fondée par Charles Pellegrini, ancien de la cellule, qui s'en est séparé.

sous le nez des policiers furieux de belles commissions rogatoires. En ces temps déjà difficiles, les policiers soupçonnent une machination « gendarmesque » visant l'un d'eux, le commissaire Jobic, soupçonné d'une sombre affaire de proxénétisme. L'occasion est trop belle. On va pouvoir rendre aux gendarmes la monnaie de leur pièce en poursuivant dare-dare les investigations.

La suite s'enchaîne vite : le juge n'est pour rien dans l'affaire, ni, au passage, le colonel Morel. La SPII, perquisitionnée, lâche ses secrets, des stocks de cassettes d'écoutes sauvages, mais sans rapport avec la vie d'Yves Lutbert. La vérité est ailleurs. C'est une « commande » élyséenne qui est à l'origine de l'intrusion manquée.

L'Elysée, vous avez bien dit « l'Elysée » ?

Tout le petit monde de l'investigation et de la sûreté a compris. Parler de l'Elysée, c'est mettre dans le coup la cellule, resserrée autour du président comme une garde rapprochée. Situation inouïe que celle de cette République qui confie la représentation de l'Etat à un camp et la conduite des affaires à un autre. Imagine-t-on Louis XVI devant s'accommoder de Robespierre ou Napoléon de Chateaubriand ? Le syndrome de la forteresse assiégée est dans tous les esprits, taraude toute la classe politique. La bavure, si elle s'apprenait, n'en serait que plus grave.

Mais, précisément, pourquoi cette bavure ? Elle est incompréhensible si l'on veut bien considérer que les fuites organisées au CSM constituent une faute lourde justifiant la révocation de leur auteur et que, dès lors, la recherche du coupable est parfaitement légitime. Mais en même temps, elle n'est que trop compréhensible dans la mesure où les documents divulgués révèlent une faille notable de la personnalité du chef de l'Etat. C'est justement pour ne pas prendre ce risque que Christian Prouteau a proposé que soit écarté le recours à des écoutes judiciaires, contrôlées par un juge, ou même à une interception administrative, qui serait « mécaniquement » portée à la connaissance du Premier ministre de la cohabitation, Jacques Chirac. Il ne lui restait dès lors que les écoutes sauvages, confiées à une officine amie, de préférence contrôlée par d'anciens gendarmes, s'appuyant sur le faux prétexte d'une commission rogatoire.

Le procédé n'est ni tellement nouveau ni vraiment original. On peut même penser, et dire, qu'il est moins maladroit que l'utilisation de vrais policiers pour ce genre de mission. La DST s'y est fait piéger le 3 décembre 1973 en expédiant une diligente équipe dans les locaux en cours d'aménagement du *Canard enchaîné*, grillant ainsi toute l'équipe technique de sa section d'exploitation. Certes, mais comment concevoir qu'un président dont l'un des principaux collaborateurs et amis n'est autre que Roland Dumas, ancien avocat de l'hebdomadaire satirique, ait pu se laisser aller à imiter Raymond Marcellin, indéboulonnable ministre de l'Intérieur de Georges Pompidou... et ami de longue date de François Mitterrand? Pourquoi avoir pris ce risque insensé quand on peut mesurer d'expérience combien le remède peut s'avérer pire que le mal?

Comme l'ouverture du courrier ou les visites domiciliaires, les écoutes sauvages sont proscrites par la loi, en l'occurrence le code des PTT. Le premier semblant d'organisation que représente la décision n° 1 du 28 mars 1960 du Premier ministre, Michel Debré, l'interdit tout aussi expressément. Or, l'illégal a toujours constitué, pour de peu scrupuleuses officines, un marché juteux et, pour une clientèle plus nombreuse qu'on ne croit, une forte tentation. Nombre d'anciens policiers et gendarmes s'y hasardent, comptant peu ou prou sur une certaine indulgence, voire sur l'impunité de la part de leurs anciens collègues, pour le cas où. Au « pifomètre » ou au doigt mouillé, on peut estimer le nombre de ces écoutes sauvages aux alentours de cent mille. Rapporté au millier d'écoutes administratives (1 256 en 2001), aux quelques dizaines de milliers accordées par les juges (pour 70 000 informations ouvertes chaque année), l'explosion de ces « écoutes non officielles », comme les dénomme pudiquement le rapport Schmelck, apparaît énorme. L'illégal écrase, en fait, le légal. Constatation plus préoccupante, sa progression n'est pas maîtrisable et l'intervention de nouveaux textes et de nouvelles incriminations[1] ne paraît pas susceptible de mettre fin à cette inflation.

Le rapport Marcilhacy-Monory, le premier, donne un aperçu des procédés techniques d'écoute de conversations téléphoniques ou autres :

— les micros directionnels ultrasensibles pouvant enregistrer les conversations à plusieurs centaines de mètres ;

— les bretelles d'écoute placées dans l'immeuble de la personne à surveiller ;

— les micros clous enfoncés dans un mur permettant d'entendre les conversations échangées de l'autre côté de la paroi ;

— les micros balles fixés dans le mur d'un immeuble par un fusil à air comprimé et reliés à un opérateur installé à proximité (par exemple dans la rue à bord d'un véhicule spécialement équipé) ;

— les pastilles électroniques qui transforment un téléphone en micro.

Pour ce qui concerne les écoutes téléphoniques, le plus

1. C'est ainsi qu'apparaissent dans la loi de 1970 les délits de captation de paroles ou d'images (art. 368 du Code pénal), de conservation ou de divulgation d'enregistrements ou de documents obtenus à l'aide de l'un des faits qui sont constitutifs du délit précédent (art. 369 du CP), de publication du montage réalisé avec les paroles ou l'image d'une personne sans son consentement (art. 370) et de fabrication, importation et commercialisation des appareils conçus pour réaliser les opérations ci-dessus (art. 371).

fréquemment opérées, et sans doute les plus rentables parce qu'on téléphone rarement pour ne rien dire, la réalisation d'une « construction » passe par trois exigences : le déclenchement silencieux du magnétophone à cassettes, la similitude des caractéristiques techniques avec celles de la ligne téléphonique écoutée, une autonomie de fonctionnement suffisante. Toutes conditions qui proscrivent l'amateurisme.

Pourtant, dans un ouvrage bien documenté[1], Georges Moréas, ancien patron de l'OCRB, explique par le menu comment réaliser une écoute sauvage. Ce n'est pas sa meilleure inspiration, car il déraille parfois[2]. Il devient plus intéressant quand il explique que le radio-téléphone peut être capté à partir d'un analyseur de spectre, que le minitel nécessite un décodeur électronique, que le fax exige un système informatique capable d'analyser les renseignements obtenus. On pourrait aujourd'hui ajouter le téléphone cellulaire et surtout insister sur les moyens extrêmement performants mis en œuvre par la NSA (National Security Agency), capable d'intercepter et d'enregistrer chaque jour un énorme volume de données représentant le double de la documentation détenue par la bibliothèque du Congrès. C'est l'intervention des satellites de communication qui bouleverse la donne. Couplés avec des installations au sol — les fameuses grandes oreilles — réparties sur l'ensemble de la planète, ils permettent une surveillance constante, aussi efficace en matière économique qu'au plan militaire. Les récents développements des conflits armés en Afghanistan et en Irak, l'intensification de la lutte antiterroriste ont levé un coin du voile dont les Etats-Unis, grands maîtres du

1. Georges Moréas, *Ecoutes et espionnage*, Editions n° 1-Stock, 1990.

2. Comme lorsqu'il se laisse aller à accuser la DST de marcher sur les plates-bandes des RG.

réseau Echelon, enveloppent leurs activités d'interception. Leurs performances sont tellement fantastiques que le seul véritable problème qui se pose à la NSA est celui de l'incontournable intervention humaine, de son niveau, de ses capacités. Aussi loin qu'on le peut, on a recours à l'ordinateur, ce qui justifie les investissements colossaux de la NSA et de la CIA en informatique, mais l'exigence demeure du recours final à l'intelligence humaine.

Plus modestement que la puissante NSA, mais avec des perspectives de profit plus immédiates, les professionnels de l'écoute sauvage visent des publics ciblés, comme les chefs d'entreprise qui souhaitent acquérir des informations sur leurs concurrents ou surveiller leur personnel, ou des particuliers dont les motivations, sans être nécessairement perverses, peuvent être extrêmement diverses. Ces écoutes sauvages n'excluent pas des utilisateurs publics qui prennent en ce cas des risques personnels importants allant jusqu'à la possible incrimination de forfaiture.

La Cour de cassation juge ainsi, le 16 décembre 1997, que l'enregistrement clandestin par un policier, agissant pourtant dans le cadre d'une commission rogatoire, des propos qui lui sont tenus par un suspect méconnaît les règles de procédure et viole les droits de la défense. Dans le même registre, un employé des Télécommunications qui fournit des indications à deux détectives privés pour le branchement d'une ligne téléphonique écope d'une peine de prison avec sursis prononcée par le TGI de Nice le 19 février 1998.

En revanche, dès lors que les faits incriminés peuvent avoir été commis « dans l'intérêt du service », la justice veille à protéger la police, non sans hésitations et conflits internes. Tel est le cas quand le préfet de police de Paris, Pierre Verbrugghe, et son directeur des RG, Claude Bardon, sont renvoyés devant le TGI par la chambre d'accusation pour avoir placé sur écoutes la librairie d'un certain Guy Bouder, siège de l'association « Autres cultures ». Le problème est complexe puisqu'il s'agit d'un local professionnel considéré, peut-être un peu rapidement, comme un lieu public et qu'il convient de distinguer « d'éventuelles conversations intimes » des « conversations échangées entre les membres de l'association, et des échanges à caractère délictuel ». Heureusement pour ces deux hauts fonctionnaires, l'instruction est menée avec suffisamment de lenteur pour qu'intervienne la mise en chantier de ce qui sera la loi de 1991. Le juge, sensible aux réquisitions du parquet, choisit de laisser à la police le bénéfice du doute et veut bien considérer que l'esprit des textes en préparation a été appliqué. Si l'on oublie que la juridiction anticipe la volonté du législateur[1] et s'appuie sur un texte non publié, on doit retenir qu'elle considère comme licite la mise en œuvre d'écoutes administratives dans une affaire qui relève du judiciaire et, plus précisément, du pénal. Il demeure que ces hésitations et ces volte-face montrent bien que, jusqu'à l'intervention du législateur, la frontière est restée imprécise entre les investigations justifiées par l'enquête et une curiosité de mauvais aloi.

Tout autre est le contexte légal quand éclate en avril 1994 le dernier scandale de la Mitterrandie.

1. Le jugement est très clair sur ce point : « Les faits reprochés à M. Bardon ont été "légalisés" par l'entrée en vigueur des dispositions de la loi de 1991. » Autrement dit, la loi rétroagit...

XI

Un scandale bien républicain

Un scandale bien républicain ou, plutôt, un scandale très parisien ? Sans doute les deux à la fois. Il éclate le 4 mars 1993, en pleine campagne électorale législative, quand *Libération* révèle à ses lecteurs que la cellule de l'Elysée, presque aussitôt célèbre que créée en 1982, sous le précédent septennat de François Mitterrand, a pu, des années durant, se comporter comme une officine de police privée. Loin, bien loin des nobles motivations qui ont inspiré sa création. Le quotidien du matin tient là l'exquise revanche de plus de dix ans de frictions avec la présidence, revanche d'autant plus savoureuse que la victime des agissements de ceux qui se désignent eux-mêmes comme « les mousquetaires du président » n'est autre qu'Edwy Plenel, le confrère du *Monde*, l'homme par qui tous les scandales de la Mitterrandie sont arrivés.

L'écoute — car il s'agit d'écoute — de Plenel n'est pourtant que le premier crépitement d'un gigantesque brasier qui va bientôt dévorer la réputation d'un homme d'Etat vieillissant, malade, dont les erreurs d'appréciation, sur la chute du mur de Berlin, la guerre du Golfe, le démantèlement de la Yougoslavie, ternissent les grands succès européens, heureusement plus pérennes. Voici, au moment où il ne s'y attendait pas, le Premier ministre Pierre Bérégovoy, déjà aux prises avec un mauvais procès fait autour d'un prêt bien modeste[1], voici ce fidèle entre les fidèles contraint de réagir sans délai. C'est tout l'héritage, déjà, de François Mitterrand qui est menacé de s'embraser au vent mauvais de la calomnie. Voici douze ans de réformes, de victoires diplomatiques, de gouvernement de gauche qui vont partir en cendres par la faute d'un quarteron de godillots, ceux de la maréchaussée, bien sûr.

La réaction est immédiate : par lettres des 4 et 5 mars, le Premier ministre saisit la providentielle Commission nationale de contrôle des interceptions téléphoniques et son président Paul Bouchet « d'une demande d'enquête relative aux documents publiés dans le journal *Libération* [...] faisant état d'écoutes téléphoniques de M. Edwy Plenel en décembre 1985, janvier et février 1986 ». Pierre Bérégovoy ne recevra jamais la réponse. Le 1er mai, il met fin à ses jours, emportant dans sa tombe plus d'un secret d'Etat.

Celui des écoutes de « l'ex-cellule antiterroriste », pour reprendre la terminologie de la CNCIS, n'en sera bientôt plus un. La commission se met au travail. Pour ses débuts, elle est choyée, elle hérite en effet du dossier le plus délicat qui soit, celui qui touche au fonctionnement de la présidence, à son cabinet noir, autrement dit la cellule « antiterroriste », et par un effet de boomerang que n'avaient pas prévu les apprentis sorciers de ladite cellule, à la vie privée de François Mitterrand, à ce domaine inviolable que, par une prétention inavouable et prégnante, elle se piquait de préserver de toute atteinte. On ne pouvait viser plus haut.

La Commission nationale de contrôle a connu une naissance paisible. Mise en place le 1er octobre 1991, un

1. Il s'agit du prêt d'un million de francs consenti à Pierre Bérégovoy par Roger-Patrice Pelat.

peu moins de trois mois après le vote de la loi, elle est alors constituée d'un président, le conseiller d'Etat Paul Bouchet, et de deux parlementaires, le sénateur centriste Marcel Rudloff et le député socialiste François Massot, qui furent tous deux rapporteurs du texte devant leurs assemblées respectives.

C'est, conformément à la loi, François Mitterrand qui a fait choix du président, le 25 septembre 1991. Ce magistrat de l'ordre administratif offre la particularité d'avoir été avocat, et même bâtonnier à Lyon, et d'avoir présidé la Commission nationale consultative des droits de l'homme. Sa réputation de probité est établie, ses sympathies pour une gauche prudente et réformiste avérées.

A ses côtés, le sénateur Rudloff, président du conseil régional d'Alsace, lui-même ancien avocat, ne siégera que jusqu'à sa désignation au Conseil constitutionnel par le président du Sénat René Monory. Le sénateur républicain indépendant du Loir-et-Cher, Jacques Thyraud, également avocat, lui succédera pour quelques mois avant de céder à son tour la place à un universitaire, le sénateur centriste de Haute-Savoie Jacques Golliet.

Pour l'Assemblée, la stabilité est mieux assurée : François Massot, avocat comme il se doit, est désigné par Laurent Fabius, ce qui n'est que justice puisqu'il a tenu et soutenu le projet de loi devant l'Assemblée. Quand il est battu, en mars 1993, la majorité parlementaire a changé. C'est même une majorité introuvable de cinq cents députés RPR et UDF qui occupe l'hémicycle jusque loin sur la gauche. Philippe Seguin élu au perchoir, une situation inédite est créée : rien n'interdit à la droite, qui domine les deux assemblées, de s'emparer des deux sièges de la commission. Elle pourrait d'autant plus facilement le revendiquer que, nous l'avons déjà souligné, le président Paul Bouchet est présumé de gauche.

Pourtant, celui-ci n'hésite pas à solliciter le remplacement de François Massot par un député de gauche en précisant à Philippe Séguin, président de l'Assemblée nationale, que si la loi n'a pas expressément précisé que les membres désignés (par les présidents des deux chambres) doivent appartenir l'un à la majorité, l'autre à l'opposition parlementaire, « telle paraît bien avoir été la volonté du législateur, comme cela ressort du vœu unanime de la commission mixte paritaire ».

Le nouveau président de l'Assemblée nationale va rapidement témoigner de son libéralisme. Il accède à la suggestion prudemment avancée par Paul Bouchet et nomme Bernard Derosier, député du Nord, socialiste, pour succéder à François Massot. C'est un geste important, élégant certes, intelligent surtout, qui assoit la crédibilité de l'institution pour l'élever au rang d'une instance de contrôle et non la ravaler à celui d'un enjeu politicien.

Ainsi conforté dans sa mission, le président Paul Bouchet se met au travail. Il ne laisse à personne d'autre la mission de conduire l'enquête sur les écoutes de l'Elysée. C'est au nouveau Premier ministre Edouard Balladur qu'il remet son rapport. Mais déjà le scandale a éclaté, le dixième de la Mitterrandie après les Irlandais de Vincennes, le *Rainbow Warrior,* Carrefour du développement, le sang contaminé, Urba, l'hospitalisation de Georges Habache, le financement du PS, l'affaire Trager, l'affaire Boucheron, pour ne s'en tenir qu'à ceux qui ont secoué la gauche. Cette fois la presse se sent atteinte dans ses œuvres vives, à travers la mise en cause d'un journaliste, donc d'un journal, qui s'est acquis, depuis *Le Temps*, protestant, et avec *Le Figaro*, catholique, une dimension quasi institutionnelle. L'affront est d'autant plus criant que la pratique, non écrite, veut que les journalistes, comme les hommes politiques et les magistrats, ne puissent faire l'objet d'écoutes téléphoniques. Au nom de la déontologie.

C'est Edwy Plenel qui sonne la charge. Non seulement

parce qu'il est la victime désignée par les révélations de *Libé*, non seulement en considération d'une hostilité réciproque avec les séides du président, tout de noir vêtus comme les gardes du grand Cardinal, non seulement en sa qualité de journaliste d'investigation, mais aussi et peut-être surtout parce qu'il est touché au cœur, dans sa sensibilité, dans ses affections. C'est l'homme qui réagit d'abord. Il porte plainte, il demande à la justice de laver l'offense. Pour être homme de plume, il sait qu'aucune réparation ne vaut celle qu'ordonnent les chats fourrés.

L'apparence est banale, stature moyenne, mise sans recherche, moustaches à la Groucho Marx, rien ne le fait remarquer de prime abord. Si, le regard. Noir, vif, brillant, pénétrant. Le cerveau qui se cache derrière ces yeux doit se convulser en fulgurances, en éclairs, en jaillissements. Et puis, refoulée tout au fond, une profonde sensibilité.

Edwy Plenel est un petit-bourgeois, un fils de fonctionnaire. Il est de cette classe sociale où se recrutent les révolutionnaires, les durs, les vrais. Et aussi, les fascistes, les plus dangereux. Et encore les « arrivés », les parvenus, les pires, les plus cruels, les plus cyniques, les plus arrogants. Il porte en son cœur cet atavisme et une blessure. Car précisément, Plenel est blessé par filiation. Il souffre de l'injustice infligée jadis à son père, inspecteur d'académie dans le beau département de la Martinique. Un homme qui croyait à un idéal, qui n'avait peut-être pas très bien compris que l'exercice de certaines fonctions dispense d'exprimer une vision trop personnelle des choses. Un homme sanctionné. Un homme meurtri à coup sûr.

Quel qu'ait été le destin d'Alain Plenel, injuste ou mérité, son fils Edwy n'admettra jamais. Il en veut à la terre entière, non pour la brûler, non pour la détruire, mais pour semer d'autres graines, celles que cultivent, à l'abri des courants d'air, la Gauche prolétarienne qui n'a de prolétaire que le nom, la Ligue communiste révolutionnaire qui se débanderait au premier coup de fusil, ou Lutte ouvrière qui devrait plutôt se dénommer « Lutte employée ». Edwy Plenel, dans sa jeunesse, a voulu une autre société. Comme Serge July, comme Daniel Cohn-Bendit. Il est devenu un bon cadre supérieur convenablement rémunéré. Comme une palanquée de dirigeants d'entreprises, de hauts fonctionnaires et, peut-être, de militaires. Pourtant les idées de gauche ne l'ont pas quitté si vite. En 1981, il jubile à la victoire de l'ancien élève des « bons pères », il rigole bien un peu quand il le voit entrer au Panthéon une rose à la main, mais les premiers gestes sont faits, abolition de la peine de mort, amnistie massive, décentralisation, suspension des expulsions d'étrangers clandestins, levée de l'anonymat des transactions sur l'or, impôt sur les grandes fortunes, création de radios privées, nationalisations. On met aussi la sémantique au goût du jour : les préfets deviennent commissaires de la République, les Affaires étrangères laissent la place aux Relations extérieures.

Cela dure un temps. Puis les vapeurs se dissipent. Le PS rosit, retrouve les vertus de la SFIO honnie. La France redécouvre qu'elle n'est pas une île, qu'elle est solidement arrimée au continent européen. Et François Mitterrand, justement, est européen. C'est même sa seule conviction. Il y croit de toutes ses fibres, il y travaillera sans relâche jusqu'à sa mort. Bien peu l'ont compris. Mais parmi ceux-ci, des ténors, Delors, Fabius, Strauss-Kahn. Alors, forcément, le retour s'impose aux réalités du pouvoir, à tous ces vilains mots que sont le chômage, l'inflation, le déficit budgétaire. On redécouvre en même temps qu'il y a des « gauchistes », que l'on chasse des cabinets ministériels où ils tenaient compagnie aux préfets de la promotion « juillet 81 ».

François Mitterrand a eu raison de donner le change.

Car, à la vérité, l'homme secret et tranquille que les bourgeois attendaient en claquant des dents n'a de révolutionnaire que la capacité à surprendre, à trancher, que l'habileté manœuvrière. Il est plus Fouché que Robespierre, même si, à la différence du ministre de la Police, il impose l'image d'un monarque de gauche, loin, bien loin de la recommandation de Jacques Fauvet : « Le pays ne veut plus de l'arbitraire, ni de l'arrogance. »

Ce changement d'attitude, rares sont ceux qui le perçoivent. En tout cas, pas une droite volatilisée, pas un Jacques Chirac dont l'invraisemblable coup de poker — gagner les législatives de juin 1981 pour contraindre François Mitterrand à quitter le pouvoir — a piteusement échoué. Pas davantage un Valéry Giscard d'Estaing, ulcéré de l'ingratitude de ses sujets. Pas les milieux d'affaires, qui redécouvrent de nouveaux canaux, renouent d'anciennes amitiés pour conserver leurs entrées auprès de ministres qui en sont secrètement flattés : Bénouville, Rousselet, Riboud, Lagardère, Bolloré, il ne manque pas de valeurs sûres autour du nouveau pouvoir.

Peut-on gouverner sans opposition? A l'Elysée, on l'aimerait bien. Pour avoir tenu longtemps le rôle, seul ou presque, face à de Gaulle, puis Pompidou, puis Giscard, François Mitterrand ne souhaite pas qu'il soit repris de sitôt. Ou alors par un de ces politiques qu'il affectionne, un Jacques Chaban-Delmas, par exemple. Quelqu'un du sérail, qui connaisse les règles, respecte la déontologie. Quant à ce nouveau pouvoir qu'on affuble du nom impropre de média, on doit tout à la fois s'en défier et le contrôler. Il suffit de faire les gros yeux à Robert Hersant et tout ira bien. L'homme est avant tout un entrepreneur qui comprendra vite où se situe son intérêt. On commence donc par le menacer d'appliquer de vieilles dispositions datant de la Libération. Le compromis viendra tout seul. Symbole éblouissant de ce retour en grâce du patron de presse suspecté de pétainisme, le passage de Franz-Olivier Giesbert du *Nouvel Obs* au *Figaro*.

Si elle comprenait quoi que ce soit aux jeux et ris de la politique, la presse de gauche devrait se sentir honorée et comblée de soutenir un président issu de sa famille. Pour bien se faire comprendre, François Mitterrand s'attache comme porte-parole le propre gendre de Jacques Fauvet, Michel Vauzelle. Il charge de l'information un journaliste de gauche, victime de « l'intolérance giscardienne », Georges Fillioud. On enjoint aux grandes entreprises, nationalisées ou pas, d'ouvrir leur cœur et leur bourse aux quotidiens dont les fins de mois sont difficiles. *Libération* et *Le Matin* peuvent espérer équilibrer leurs comptes, et les budgets publicitaires les y aident. Le président sait jouer de tous les registres, et nul ne peut lui en vouloir d'utiliser à son profit les clés du pouvoir. Très vite, *Le Monde*, *Libération*, *Le Nouvel Observateur*, *Le Canard enchaîné* retrouvent cette attitude incisive qui leur est devenue une seconde nature. Ils répondent ainsi à l'attente de leurs lecteurs, qui ne se satisfont pas d'un conformisme de gauche et entendent exercer leur esprit critique. Ce n'est pas bien méchant. Pourtant, François Mitterrand, qui a quelque raison de se méfier de la gent journalistique, s'en agace. Son entourage, carrément, s'en offusque. Bientôt, des noms circulent au premier étage de l'Elysée, plutôt dans l'aile gauche, côté Gilles Ménage, que dans la droite, côté François Durand, plus connu sous le nom d'emprunt de « de Grossouvre ». Quatre ou cinq noms, pas davantage, selon que celui de Serge July y est ou non associé. Ce sont ceux de Simon Baruch, alias Georges Marion, du *Canard enchaîné*, Véronique Brocart, de *Libé*, égérie supposée de Frédéric Thiriez, Eric Yung, ancien policier, et Edwy Plenel. Autour d'eux, une nébuleuse de contestataires plus ou moins bonasses, comme Claude Angeli, Gilles Perraut ou Jean

Daniel, belles plumes au service d'une rigueur insoupçonnable. En face, une kyrielle impressionnante de thuriféraires. Roland Jacquard, Jean-Marie Pontault, Franz-Olivier Giesbert, reçus, considérés, choyés, et même « tuyautés » quand il le faut. D'aucuns ne se privent pas d'assaisonner leurs petits camarades peu en cour, de souligner leur malveillance, de s'indigner de leur ingratitude.

Des quatre pécheurs impénitents, Edwy Plenel émerge peu à peu comme l'ennemi public numéro un. Pour les mêmes raisons qui le désignent à la jalousie de ses confrères. Il faut dire qu'il y met du sien, vu de l'Elysée comme des rédactions. Les prétendues fuites de la DST[1], l'affaire du *Rainbow Warrior*, les tribulations des gendarmes de l'Elysée, autant d'offenses à l'infaillibilité présidentielle, d'autant moins tolérables qu'elles sont révélées dans le journal le plus lu au sein des classes dirigeantes.

Et puis, Plenel est le chouchou de Pierre Joxe, l'inflexible ministre de l'Intérieur, le loyalissime collaborateur du président dont, précisément sur ce point, et sur ce seul point, il n'hésite pas à encourir les foudres.

Edwy Plenel va aussi loin que permis : il n'a pas hésité à porter sur la place publique le rôle joué par Paul Barril dans l'affaire des Irlandais de Vincennes et, en particulier, le dépôt d'armes lors de la perquisition dans l'appartement de Plunkett. Ce n'était bien entendu qu'un secret de Polichinelle. Mais nul n'avait encore osé l'évoquer, l'Elysée cadenassant toutes les portes. Attaqué par *Le Monde*, le capitaine n'hésite pas : il cite le quotidien devant la justice. Et il perd. Il va ensuite gagner en appel, mais le mal est fait, ou plutôt la vérité éclate enfin puisque le jugement reconnaît la responsabilité de l'ancien commandant du GIGN dans le montage d'une fausse

1. Lire à ce sujet *Contre-espionnage* d'Yves Bonnet, Calmann-Lévy, 2000.

perquisition. Pour le Château, l'événement est d'importance qui met au jour les mensonges d'Etat, la manipulation, l'odieuse machination montée contre le colonel Beau. Pour Paul Barril, il donne le signal de la zizanie. Peut-être le capitaine se croit-il en toute bonne foi lâché ou trahi[1]. En tout cas, l'envie lui vient de régler ses comptes. Il choisit pour ce faire le moyen le plus simple et le plus imparable : la révélation des écoutes de l'Elysée. Dès lors, la boucle est bouclée : Barril, victime de Plenel, se venge sur l'Elysée. L'Elysée poursuit Plenel de sa vindicte. Et Plenel tire à boulets rouges sur le capitaine.

Quand il prend en main le dossier des écoutes, à la demande de Pierre Bérégovoy, Paul Bouchet réalise qu'il va buter sur deux écueils : la plainte déposée par Edwy Plenel, qui interdit toute interférence dans le judiciaire; le sacro-saint secret défense brandi à tout propos — et souvent hors de propos — par l'autorité administrative, avec la menace bien réelle de la mise en œuvre des articles 75 et 76 du Code pénal.

Paul Bouchet est un homme de caractère. Nommé par François Mitterrand, il ne veut manifester à son endroit ni complaisance ni ingratitude. Il prend sa mission à cœur et choisit la voie la plus directe et la plus difficile, celle de la manifestation de la vérité. Ce qui implique qu'il ait accès aux documents classifiés et qu'il puisse procéder à l'audition de personnes elles-mêmes soumises au secret défense. Le Premier ministre Pierre Bérégovoy accepte qu'il en soit ainsi. Tout aussi rigoureux, Edouard Balladur confirme, ce qui est une bonne manière de reconnaître une fois pour toutes la légitimité de la commission. S'il fallait une seconde raison de se féliciter de la présence d'une autorité administrative indépendante, comme le recommandaient le rapport Marcilhacy-

1. Voir chapitre XVI, « Le book émissaire ».

Monory puis le rapport Schmelck, les conclusions formulées à l'issue de la première mission d'enquête l'apporteraient sans conteste.

Avec une fermeté et une netteté qui ne laissent place à aucune interprétation, le rapport Bouchet met à bas toute la stratégie proposée et mise en œuvre par Christian Prouteau et avalisée, au moins de facto, par François Mitterrand et Gilles Ménage. Les manquements qu'il révèle — le rapport parle de « dysfonctionnements » — ne sont pas seulement formels ; ils relèvent également d'une volonté de manipulation, aux antipodes de la déontologie des services de police et de gendarmerie.

Quant aux « oublis » de la loi, ils sont multiples. Le plus patent réside dans le fait — la CNCIS parle seulement de « conviction » — que les documents rendus publics dans la presse « n'ont pas été établis au GIC ou sous sa responsabilité ». C'est d'autant plus fâcheux que leur origine désigne indiscutablement l'ex-cellule antiterroriste. Ils ne font d'ailleurs l'objet d'aucune contestation sur ce point.

Pour preuve de ce qu'il avance, le rapport souligne que « les documents ne présentent aucune des caractéristiques des documents réellement établis par le GIC à l'époque [de leur production], selon les règles très précises de transcription et de dactylographie alors en vigueur ». « Les documents publiés, souligne Paul Bouchet, sont d'une tout autre nature, il s'agit de résumés ou de synthèses qui ne peuvent être établis qu'après traitement informatique, ainsi que cela ressort du "masque" faisant apparaître l'indication d'un "traitant" ».

En conclusion de ces constatations, le verdict tombe, sec et définitif : il s'agit bien de manipulations, effectuées hors du GIC, ce qui est déjà grave, et dans l'oubli de ses règles, ce qui l'est bien davantage.

La seconde illégalité de taille résulte du constat que la cellule s'est largement affranchie de l'obligation de présenter ses demandes d'interception selon la procédure en vigueur, soit avec la signature du ministre de la Défense, puisque le contingent de vingt lignes était prélevé sur la dotation de ce ministère. En réalité, et pour autant que l'on sache, le ministre Charles Hernu, ou plus vraisemblablement son directeur de cabinet, signait fréquemment, les yeux fermés, des cartons où la justification de la demande se réduisait à un mot ou à une formule lapidaire — comme « terrorisme » ou « sécurité du président » — sans indication de la personne réellement écoutée. Pour expliquer qu'une telle liberté ait été laissée aux membres de la cellule, le rapport explique que ceux-ci se prévalaient « de la responsabilité particulière qui était la leur dans la lutte antiterroriste et de la confiance des plus hautes autorités de l'Etat »; et encore qu'ils « supportaient mal toute entrave à leur action et acceptaient difficilement les contraintes auxquelles ils auraient dû rester soumis ». On ne peut parler plus clairement du fait du prince.

Le rapport Bouchet le dénonce à juste titre tant les manipulations opérées par la cellule sont manifestes. Mais au-delà, elles posent un vrai problème, puisqu'elles révèlent une volonté délibérée de travestir des faits, des données objectives, de les tordre en quelque sorte afin de les mettre au service d'une politique ou d'objectifs qui ne correspondent que de loin à l'intérêt général. Ainsi, on fabrique de fantomatiques projets d'attentats contre le président de la République pour justifier une action préventive contre Dominique Erulin. Ou bien on se risque dans des persécutions injustifiées autant que dérisoires contre un écrivain ou un journaliste suspectés ou coupables de révéler au grand jour les dessous de la vie privée dudit président. On assiste, à travers les écoutes, à travers l'utilisation des moyens de la puissance publique, et sous couvert des droits régaliens de l'Etat, à la mise en œuvre d'une police privée entièrement dévouée au monarque républicain. C'est une faute contre l'esprit des lois qui est ainsi commise au sommet de l'Etat.

Conséquence ou aggravation, on met, ce faisant, en danger l'existence même de services ou la légitimité de leur mission, on rend contestable l'utilisation pourtant nécessaire de méthodes et de moyens techniques dont aucun Etat national au monde ne saurait se priver. Ce sont des pans entiers de l'activité de la DST, des RG ou de la PJ qui risquent d'être dénoncés si les turpitudes de quelques-uns sont mises au jour. C'est l'honneur de la police et d'abord celui de la gendarmerie qui sont jetés aux chiens, sous le simple prétexte de placer un homme au-dessus des usages, de la morale et, surtout, du commun.

C'est plus gravement leur efficacité qui part en lambeaux, sacrifiée au nom de ce qui n'est plus que la déraison d'Etat.

C'est tout simplement un scandale, étrangement livré sur la place publique en plein débat électoral, ce qui ajoute à la lucidité du Premier ministre Pierre Bérégovoy, qui offre à une toute nouvelle institution l'occasion ou le cadeau empoisonné de justifier son existence.

Il faut rendre cet hommage au président de la commission pour le courage et la lucidité dont il fait preuve tout au long de ce document qui scelle, mieux encore qu'un texte officiel, la légitimité de cet organisme. Aussi, sans jamais se départir de la mesure que doit respecter tout détenteur d'une parcelle d'autorité, il n'hésite pas à mettre en cause le fonctionnement même de la présidence en soulignant « qu'un tel comportement a conduit peu à peu les membres de l'ex-cellule à échapper peu à peu à tout contrôle effectif, d'autant plus que n'existait encore à l'époque que le contrôle interne résultant de la circulaire du 28 mars 1980, à défaut du contrôle indépendant préconisé dès 1982 par le rapport Schmelck ». Il ne peut aller au-delà puisque la CNCIS ne peut « se prononcer sur les responsabilités personnelles qui pourraient être encourues au regard de la loi pénale, ce qui relève de la seule autorité judiciaire, par ailleurs saisie ».

C'est au juge qu'il revient d'instrumenter. Il s'appelle Jean-Paul Valat. Le choix fait par le doyen des juges d'instruction ne pouvait être plus judicieux.

Avant d'en venir au travail colossal que va représenter l'instruction de la plainte déposée en premier par Edwy Plenel puis, au fur et à mesure des « révélations » de la presse, par toutes les autres parties civiles, cinquante-six au départ dont cinquante-deux personnes physiques[1], il n'est pas inutile de souligner le travail accompli parallèlement par la CNCIS. La mise au propre ne se fait pas seulement au Palais de Justice, mais également rue Saint-Dominique.

En deux présidences, celle de Paul Bouchet, puis celle de Dieudonné Mandelkern, qui lui succède en septembre 1997, la CNCIS peut se prévaloir d'avoir largement rétabli des pratiques compatibles avec le respect de la vie privée des citoyens et la protection de l'Etat de droit. Ce « double et indivisible objectif » constitue d'ailleurs une des caractéristiques de l'Etat démocratique. Un régime qui n'y satisfait pas ne peut se prévaloir du privilège de figurer parmi les *happy few* qui se donnent en exemple au monde.

Pour être juste, il convient de relever que les parlementaires successivement membres de la commission, tous socialistes s'agissant de l'Assemblée nationale[2]

1. Qui, tout au long d'une instruction étalée sur neuf ans, vont se réduire à quarante-sept en raison de deux décès (Jean-Edern Hallier et Nelly Desroches), de deux désistements (Jean Picollec et Jacques André) et d'un refus de constitution de partie civile (Dominique Erulin). Il est à noter que M. Azerad est venu aux droits de son épouse Mme Desroches.

2. Exception faite d'Henri Cuq (UMP), qui a siégé de juillet 2002 à mars 2003.

puisque le représentant du Sénat est invariablement de droite, se sont complètement pénétrés de leur mission, dans la ligne de la convivialité née de la confraternité des membres « fondateurs », tous avocats, Paul Bouchet, François Massot et Marcel Rudloff. Soucieux de faire avancer l'élaboration et la promulgation des textes d'application de la loi de 1991, ils ont progressivement dégagé une jurisprudence, judicieusement cadrée dans l'ensemble européen, et fait évoluer les services utilisateurs vers un respect plus strict de la procédure.

Ce faisant, la commission n'a pu éviter les obstacles que place sur son parcours l'évolution des techniques, avec le développement des portables, l'apparition de la cryptologie, celle d'Internet, le développement des écoutes sauvages, et, dans une certaine mesure, celui des écoutes judiciaires qui peuvent, utilisées sous le « contrôle » du juge par les services dits de la police judiciaire (PJ et dans une bien moindre mesure DST), tourner par cette voie les refus qui leur seraient opposés.

Ces sujets méritent de larges développements qui ne sont pas l'objet de ce livre. Mais ils relativiseraient la faute commise par la cellule de l'Elysée si celle-ci n'avait pas porté atteinte aux principes mêmes de l'Etat républicain et si elle n'avait pas bénéficié au sommet de l'Etat d'une complaisance sinon d'encouragements proprement étonnants.

XII

La boîte de Pandore[1]

Il est toujours hasardeux de tirer un feu d'artifice en pleine tempête. On prend grand risque que la lueur et le bruit ne s'en trouvent étouffés par la tourmente. C'est en tout cas ce qui se passe, le 8 mars 1993, quand Edwy Plenel, choqué par les révélations de *Libération*, porte plainte. Ou presque. Car la réaction de la justice et celle du gouvernement moribond de Pierre Bérégovoy sont quasiment instantanées. Matignon saisit le président de la CNCIS, Paul Bouchet, d'une demande d'enquête[2]. Le parquet de Paris demande l'ouverture d'une information judiciaire, confiée au juge Jean-Paul Valat.

Pour le magistrat, qui s'est fait une spécialité des délits touchant aux libertés, le problème posé est nouveau. Comme le domaine est à la fois couvert par le secret défense, notion imprécise et commode, et vierge de toute légalité, il se doit de s'informer et d'avancer à pas prudents. Jean-Paul Valat a horreur de l'échec et il lui déplairait fort de lâcher prise sur un dossier dont il se régale des

1. La première femme, si l'on en croit la mythologie grecque, façonnée par Héphaïstos avec de la terre et de l'eau. Du vase de Pandore, dont les maux qu'il contenait se répandirent sur terre, il ne reste, enfermée, que l'Espérance.

2. Voir chapitre précédent.

implications « républicaines ». Il rassemble donc toute la documentation disponible, entend les principaux protagonistes, reconstitue l'organigramme de la cellule, prend connaissance du rapport Bouchet.

Il y trouve la justification de ses propres investigations, prend acte sans déplaisir des sévères conclusions du conseiller d'Etat, notamment de ce que les membres de la cellule « supportaient mal toute entrave à leur action » et avaient échappé « peu à peu à tout contrôle effectif ». Pourtant la récolte était maigre qui n'empêchait pas le magistrat de retenir l'incrimination d'« atteinte à l'intimité de la vie privée », à la vérité peu de chose puisque modestement punie, selon l'article 368 du Code pénal, d'un emprisonnement de deux mois à un an et d'une amende de 2 000 à 60 000 francs.

C'est le 6 décembre 1994 qu'intervient la première rafale des mises en examen : Gilles Ménage, Christian Prouteau, Jean-Louis Esquivié, Pierre-Yves Gilleron et Pierre-Yves Guézou. C'est la promotion des auteurs présumés du délit. Pour l'homme de la rue, ce sont tout simplement les hommes du président.

Le juge ne satisfait qu'à une simple formalité, de routine, comme il s'en accomplit chaque année des centaines de milliers sans autre conséquence que de bouleverser quelques consciences.

A peine engagée, la procédure explose pourtant : le 12 décembre, Pierre-Yves Guézou se donne la mort. Pour le juge, sans doute, pour ses amis et « coïnculpés » à coup sûr, le choc est rude. La réaction peut être disproportionnée, mais elle est. Désormais, nul ne pourra oublier celui qui semblait pourtant le moins concerné de tous les accusés.

Le juge Valat lui aussi devra s'en souvenir au moment de notifier dans son cabinet, une à une, entre le 16 janvier et le 13 février 1995 les mises en examen de Gilles

Ménage, Christian Prouteau, Jean-Louis Esquivié et Pierre-Yves Gilleron.

Désigné comme l'inspirateur, sinon le chef de la bande, Gilles Ménage est encore pour quelques mois le président du conseil d'administration d'EDF. La fin du second septennat sonnera le terme de la sinécure attribuée par François Mitterrand à son directeur de cabinet en remerciement de dix ans de loyaux et même de bons services. La cohabitation ne lui a pas permis de se refaire une virginité aux yeux de la nouvelle majorité parlementaire, en dépit du soin qu'il a apporté à traiter à sa table des députés de droite soigneusement choisis. Le nouvel attelage RPR, Jacques Chirac à l'Elysée, Alain Juppé à Matignon, offrira au balladurien Edmond Alphandéry la consolation du confortable fauteuil de l'avenue de Messine.

L'homme qui pénètre ce lundi 16 janvier dans le bureau du juge Jean-Paul Valat représente l'archétype de cette énarchie républicaine qui suscite tant de convoitises et de jalousies. Pourtant, la prestigieuse école de la rue des Saints-Pères a offert à la France, depuis une bonne quarantaine d'années, l'éventail le plus riche en talents indiscutables, à commencer par cet admirable sens du service public qui est devenu une spécificité française. Gilles Ménage l'a intégrée à vingt-quatre ans et a choisi en 1969 à la sortie de sa promotion, dénommée Jean Jaurès, le ministère de l'Intérieur. Le temps largement compté de faire ses classes en qualité de directeur de cabinet de préfet, soit tout près de cinq ans, et le voici appelé en cabinet ministériel. Certes, il ne s'agit que d'un secrétariat d'Etat, celui des PTT, et d'un éphémère ministre, Pierre Lelong, ancien député du Finistère, qui poursuivra une brillante carrière de haut fonctionnaire, mais le jeune fonctionnaire a le pied à l'étrier. Il se retrouve bien vite en selle : il passe au cabinet du préfet de

Paris, en 1975, puis, en 1981, à celui du président de la République.

Le bourreau de travail qu'il est y fait aussitôt ses preuves. Il s'y installe, s'y incruste. Il sera le plus fidèle, connaîtra, à l'Elysée, la plus importante longévité.

Gilles Ménage est d'ailleurs l'homme des séjours administratifs prolongés : en vingt-six ans de carrière, il ne connaît que cinq affectations. Encore y inclut-on deux passages de quelqucs mois à Montauban et avenue de Ségur, ce qui laisse un quart de siècle pour Limoges, le boulevard Morland (siège du secrétariat général de la préfecture de Paris) et la rue du Faubourg-Saint-Honoré. Il est, au sens plein du terme, un homme de cabinet : méthodique, patient, il n'a pas d'états d'âme. Il sert, un point c'est tout. Ou plutôt, si, il sert intelligemment, laissant percer parfois son humour, jugeant sans indulgence, condamnant sans recours. Pour bien faire son métier, il n'oublie pas sa carrière. Durant toutes ces années harassantes, il a pu se roder aux jeux et aux enjeux du pouvoir, à ses dangers, aux contraintes de son exercice. Il a tissé un réseau serré de relations dans ce microcosme parisien qui dirige bel et bien la France. Son cœur n'est pas forcément à gauche, mais son portefeuille est bien à droite. Attentif à l'endroit de la fortune, il s'applique à ne pas en connaître les revers.

Pour cela, un maître mot : la fidélité. Celle qu'il voue à François Mitterrand est et restera exemplaire. Au sein d'une équipe qui se cherche, où les plus expérimentés ont souvent atteint l'âge de la retraite, où les plus jeunes n'ont pas eu le loisir de faire leurs preuves, Gilles Ménage séduit par son application, son sérieux et sa compétence. Il n'a pas besoin de fouiller ses poches à la recherche d'une carte du parti socialiste : il ne l'a pas, et le nouveau président s'en moque bien. On l'installe bientôt dans l'aile gauche du palais, au premier étage, avec une vue imprenable sur les bureaux de l'ambassade de Colombie, de l'autre côté de la rue de l'Elysée. Son propre local n'excède pas les dimensions de celui d'un attaché de préfecture. Dans le réduit voisin, les deux secrétaires qu'il a amenées de la préfecture de Paris lui vouent une fidélité sans borne.

Gilles Ménage est tout le contraire de ces gauchistes braillards qui hurlent à chaque initiative présidentielle, veulent rappeler l'homme de la force tranquille à une supposée idéologie. Pour l'énarque consciencieux, la pensée du président, et aussi ses arrière-pensées, ses réactions, ses sautes d'humeur sont recueillies, analysées, étiquetées avec le soin jaloux d'un entomologiste. Indifférent aux rodomontades de tous ceux qui, au cœur même du palais, se vantent de recueillir les confidences du grand homme, le jeune sous-préfet tisse sa toile. Et se tait.

Pourtant, il ne manque ni d'humour, nous l'avons dit, ni de finesse. Il peut même se laisser aller à brocarder l'homme compassé et gentil qui lui dispute en vain le pré carré de la sécurité, François Durand, dit de Grossouvre. Ce n'est, de la part de Gilles Ménage, ni méchanceté ni jalousie, seulement procès d'incompétence. La preuve, il lui laisse volontiers les chasses présidentielles. Il se méfie bien davantage des premiers couteaux de l'intelligence, Régis Debray, Jean-Claude Colliard et, de l'autre côté de la rue, Frédéric Thiriez, directeur du cabinet de Joseph Franceschi.

Gilles Ménage sait naviguer. Il sait ne jamais heurter de front le président, accompagner ses préférences ou ses foucades. Il a choisi de manger son brouet sans dire son mot sur la qualité des mets autrement que sous la forme édulcorée de suggestions à peine formulées. Sauf qu'il a compris qu'il peut abonder dans le sens choisi par le président. En ce cas, il n'hésite pas à accabler, à pourfendre, à exécuter.

Nul ne verra Gilles Ménage mettre en jeu son propre

sort pour sauver un homme, fût-il son ami, ou une cause, fût-elle la meilleure. Il a mieux à faire, en protégeant son maître tout en se protégeant. Ce faisant, c'est d'abord lui qu'il ménage.

Quand Christian Prouteau s'introduit dans le premier cercle des intimes du président, nul ne sait si Gilles Ménage bondit de joie. On serait tenté de penser qu'il se résigne plutôt. Il a au moins le mérite de ne contrarier en rien les desseins du grand gendarme. Car, contrairement à ce qu'il affirmera plus tard, il est déjà dans la place, au cabinet du président, quand Charles Hernu suggère à son ami de la Convention des institutions républicaines de s'assurer le concours du patron du GIGN. Bien vite les relations se nouent entre les deux hommes, faites d'un égal dévouement à une personne, mieux qu'à une institution. Puis vient, avec le temps des premières bévues, le temps des complicités, avant que ne s'installe, sous la pression judiciaire, celui des dissonances.

Si Gilles Ménage demande, exige la confiance, il est loin de l'accorder aussi généreusement. Il dresse soigneusement entre ses interlocuteurs des barrières, il fait barrage aux demandes d'audience auprès du président. C'est lui qui fait des écoutes de la cellule un secret d'Etat. Il en nie même l'existence, au mépris de toute vraisemblance. Il en cache les « productions », qui ne sauraient être versées au pot commun de la lutte antiterroriste. Pour lui, l'information remonte, comme la sève, et ne descend jamais.

Probablement Gilles Ménage n'a-t-il confiance qu'en lui-même. Rendu sceptique quant à la nature humaine au point d'oublier ce que peuvent représenter les vertus toutes simples de l'amitié ou de la gratitude, il se refuse à confier son sort à d'autres soins qu'aux siens, a fortiori à courir le risque d'affronter le jugement de ses contemporains et les rigueurs de la justice.

C'est ainsi qu'il se prémunit, dès son départ de l'Elysée, en 1992, bien avant que n'éclate le scandale des écoutes, en déménageant des archives dont il ne lui vient pas à l'idée qu'elles ne sont pas siennes. La collecte est d'importance si l'on en juge par le foisonnement des arguments qu'il produira entre 1999 et 2001 dans les trois volumes de *L'Œil du pouvoir*, long plaidoyer pro domo accompagné de notes émanant non seulement de l'Elysée, mais de toutes sortes de services jusqu'aux plus secrets.

Nous n'en sommes pas là quand Gilles Ménage franchit le seuil du cabinet du premier juge d'instruction Jean-Paul Valat, sans un regard pour l'affichette pourtant bien en évidence où s'étalent les revendications corporatives des magistrats. Le préfet fixe la silhouette mince de l'autre côté du bureau, les yeux inquisiteurs derrière les fines lunettes, le front dégarni, les lèvres minces du bretteur qu'il va devoir affronter. Les deux hommes se jaugent. Ils se connaissent déjà : Gilles Ménage a été entendu comme témoin. Mais cette fois ce sont les choses sérieuses qui commencent, puisque l'ancien proche du président est mis en examen. Le premier interrogatoire, dit de première comparution, qui ne constitue le plus souvent qu'une simple formalité, donne le ton.

Gilles Ménage a soigneusement préparé son entrée en scène. Il a rédigé une déclaration liminaire de dix pages qu'il remet au juge et accompagne du texte d'une déclaration à l'AFP, d'un communiqué de presse, d'un article du *Monde* du jour même et, délicate attention, d'un exemplaire du livre d'Edwy Plenel *La Part d'ombre.* Il n'y manque, précise-t-il, que le rapport Schmelck et les travaux préparatoires de la loi de 1991.

C'est, bien entendu, cette déclaration soigneusement rédigée qui fixe les lignes de défense de l'ancien collaborateur de François Mitterrand. D'entrée de jeu, il déclenche un triple tir de barrage.

C'est d'abord la malveillance de l'attaque initiée par

Edwy Plenel qu'il faut dénoncer. Gilles Ménage le fait d'autant plus crûment qu'il voit se constituer l'alliance objective et contre nature du journaliste et de Paul Barril, ce gendarme par qui tout a commencé, celui dont les « erreurs » sont à l'origine de la première passe d'armes entre le quotidien du soir et l'Elysée, celui auquel « dans de multiples occasions, il s'est violemment opposé par voie de presse ». Le préfet a beau jeu de noter que « le dossier de l'instruction semble établir, au moins de façon implicite, que le capitaine Barril est directement à l'origine de la fourniture des documents publiés par la presse ». Au passage, il rappelle qu'il n'a « jamais eu aucun contact direct ou indirect avec le capitaine Barril ni physiquement, ni par téléphone, ni par écrit ».

Pour parfaire sa défense, le préfet pose deux rangées de mines.

Ce sont d'abord les strictes obligations du secret défense qui, non seulement, ne le servent pas, mais constituent « un très lourd handicap pour [sa] défense, car elles [l']empêchent de préciser au cas où un délit serait établi — ce qui n'est pas le cas — dans quelle mesure [sa] responsabilité pourrait être engagée ».

Seconde volée de boulets, rouges évidemment, la dénonciation de « la machination politique, visant à atteindre les plus hautes autorités de l'Etat ». Pour preuve de ce qu'il avance, Gilles Ménage souligne que les documents publiés sont « des faux grossiers », et, premier projectile dans le jardin du juge, que les thèses de M. Plenel semblent avoir été adoptées sans un examen réellement sérieux.

Puis, s'appuyant sur le bien-fondé des conclusions du rapport Bouchet sur le dysfonctionnement de la cellule élyséenne, Gilles Ménage remarque que, si tel est le cas, il y a eu « défaillance simultanée des procédures de contrôle ». Ce sont sans les nommer encore les services du Premier ministre et les directeurs de cabinet de la période 1982-1986 (Michel Delebarre et Louis Schweitzer) qui doivent assumer une large part de responsabilité.

Une dernière salve pour réfuter le témoignage de Christian Prouteau, selon lequel « quand nous avions besoin de faire poser une écoute, nous nous adressions à Gilles Ménage ». Une dernière tranche pour mettre en avant la prescription des faits qui lui sont reprochés.

Manifestement peu convaincu par cette habile argumentation, le juge croise aussitôt le fer sur le problème du secret défense, dont il mesure bien qu'il pourrait à lui seul mettre en panne tout l'instruction. Il vaut mieux contourner l'obstacle. Ce qu'il fait en demandant benoîtement à son interlocuteur à qui il doit s'adresser pour faire avancer l'instruction. Peine perdue. Il tente alors de l'entraîner à un commencement de début de réponse, si mineur soit-il. Il y parvient quand Gilles Ménage reconnaît l'existence de plusieurs lecteurs à la cellule, puis qu'il ne serait pas invraisemblable que des transcriptions d'écoutes aient été détournées du GIC. Puis enfin quand il reconnaît avoir été « au courant de beaucoup d'écoutes demandées par la cellule » comme de « pas mal d'écoutes demandées par d'autres services de police et de renseignements ». A vrai dire, la « révélation » n'est pas bouleversante venant du conseiller présidentiel en matière de sécurité, de renseignement et de police. Même si elle conforte le juge dans sa conviction de la responsabilité initiale de Gilles Ménage dans les dérapages de la cellule.

C'est à partir de ce moment et en fonction de cette « intime conviction » que Jean-Paul Valat et la justice feront de « l'affaire des écoutes de la cellule élyséenne » « l'affaire Ménage et autres », raccourci commode et improuvé pour ce qui aurait tout aussi bien pu s'appeler « l'affaire Prouteau et autres » ou « l'affaire Barril-bis et autres ».

Une instruction, cela se mène comme la dégustation

d'un artichaut, feuille à feuille. Dans les semaines qui suivent, Christian Prouteau, Jean-Louis Esquivié, Pierre-Yves Gilleron seront entendus, qui campent tous sur les positions de Gilles Ménage : le secret défense représente pour le juge Valat un redoutable obstacle.

Ce n'est que le 21 décembre 1995, soit plus de onze mois plus tard, qu'il convoque à nouveau son principal protagoniste, à coup sûr le plus redoutable, et aussi le plus acharné à se défendre. Jean-Paul Valat n'est donc pas déçu quand le préfet, qui a quitté entre-temps la présidence d'EDF mais conserve les avantages attachés à la condition d'« ancien » ou d'« honoraire », lui remet un nouveau mémoire, long cette fois de trente pages, accompagné de huit pièces jointes, des coupures de presse pour l'essentiel.

Le ton du plaidoyer est sensiblement plus agressif, ce qui ne peut qu'amuser le juge, dont l'humour affleure à chaque réplique[1]. Gilles Ménage reprend, en les précisant, ses attaques contre ses accusateurs : diffamations, fuites dans la presse. Il y ajoute les lacunes et l'orientation délibérée de l'instruction. Tirant les conséquences de la partialité qu'il relève chez le magistrat, Gilles Ménage a parfaitement compris qu'il est son meilleur défenseur. Il ne laisse à personne, pas même à ses avocats, le soin de contre-attaquer.

L'irritation sourd presque à chaque ligne du long exposé des « manipulations », des « faux grossiers » qu'il recense minutieusement, rejetant sur les services, DGSE,

1. Ainsi quand Gilles Ménage, le 16 janvier 1995, s'étonne que n'aient pas été suivies les prescriptions de la circulaire Debré, tout à fait officielles, mais les recommandations du rapport Schmelck, évidemment aléatoires, il s'attire cette réponse de Jean-Paul Valat : « Vous voyez les dangers du secret défense. MM. Schmelck et Massot n'ont pas dû pouvoir lire la circulaire de Michel Debré pour préparer leurs travaux, car elle était classée secret défense. »

DPSD et DST, la paternité d'écoutes qu'ils n'ont pas nécessairement demandées. Dénoncer le voisin pour détourner l'attention du juge constitue une pratique fréquente et payante dans le cours d'une instruction. Gilles Ménage en use largement. Non pas tant pour se dédouaner que pour démontrer au juge l'étendue de ses bévues et l'ampleur de son parti pris. Il lui faut, à tout prix, désintégrer l'accusation.

Aucun détail ne lui échappe dans le démantèlement méthodique des positions sur lesquelles campe ce magistrat narquois, courtois sous les outrages, souriant des arguments qui tombent dru.

Gilles Ménage fait feu de tout bois, explique par le menu la technique de falsification des disquettes dont il semble, en quelques mois, être devenu un expert. Visiblement, il ne retient que la thèse de la « fabrication », désignant quasi nommément l'auteur, un certain Paul Barril, qu'il n'a jamais rencontré, ni croisé, ni sans doute aperçu. Il démontre que « le manipulateur de la disquette a disposé potentiellement de dix ans pour opérer [les] modifications », manière de mouiller le gênant capitaine, qu'il a pourtant protégé, des années durant. Du même coup, il avoue implicitement que le même gendarme avait eu, au moins depuis 1983, accès aux travaux de la cellule.

Cet aveu, comme tant d'autres que Gilles Ménage sera conduit à lâcher un à un, risque d'affaiblir la thèse du chef qui ne sait rien, ne contrôle rien, n'est en rien responsable. Mais il peut tout aussi bien faire déraper toute l'instruction sur le terrain politique, ce domaine instable, fangeux où s'engluent tant de procédures, d'où l'on sort éclaboussé, bien sûr, mais jamais complètement noirci.

Il ne faut pas seulement accabler le juge, il convient aussi de dénoncer la presse, les journaux les plus crédibles, *Le Monde, Libération* et *Le Point.* Pour les deux premiers, c'est clairement la violation du secret de l'instruction qui est montrée du doigt. Pour le dernier, c'est le mensonge. Sur ce registre, Gilles Ménage marque indiscutablement des points. La connivence avec les juges constitue le fonds de commerce de certains journalistes qui fragilisent du même coup les « mis en examen ». Cette alliance objective de la robe et de la plume caractérise le système inquisitoire : la seule différence d'avec le temps regretté de l'Inquisition réside en ce que la mise au pilori médiatique n'a nul besoin de jugement pour être mise en œuvre.

Il est sans doute dommage pour sa défense que Gilles Ménage ne s'en soit pas tenu là, à la mise au jour soigneuse et précise des faiblesses de l'accusation. La dénonciation sans nuance de la partialité supposée de l'instruction à laquelle il se laisse aller dans la dernière partie de son mémoire n'est pas indispensable. Le juge sous le nez duquel on agite constamment le drapeau blanc du secret défense ne peut la considérer que comme une inutile provocation. Depuis l'ouverture de l'instruction, Jean-Paul Valat se heurte à la litanie de la nécessaire protection de la sécurité de l'Etat. Il a tôt fait de comprendre, à travers les documents qui lui viennent si facilement, que rien, ou à peu près, ne peut justifier, du point de vue de la défense des intérêts fondamentaux de la République, une pareille débauche de mesquineries, de coups bas, d'investigations de basse police. On se prend à regretter, en lisant le long papier de Gilles Ménage, que ce haut fonctionnaire si fin, si subtil, ne l'ait pas compris et qu'il n'ait pas lui-même livré les clés d'un secret de Polichinelle à un magistrat honnête et consciencieux.

La déclaration de guerre de l'ancien directeur de cabinet de François Mitterrand, quelques jours à peine avant la disparition de son grand homme, constitue sans aucun doute une faute. Que Jean-Paul Valat l'ait prise avec cet apparent détachement qui abuse bien des mis en examen ne change rien à l'erreur. Il le marque dès l'interrogatoire qui suit immédiatement, le 21 décembre 1995, la remise de la note-fleuve de Gilles Ménage.

Avec délices — du moins peut-on l'imaginer —, le juge notifie à celui qu'il a placé en tête de la procédure (« vu la procédure introduite contre Ménage et autres ») de nouveaux chefs de mise en examen. Ils suivent les plaintes déposées par Gérard Ecorcheville, Jean-Michel Beau, Gilles Kaehlin, Jean-Edern Hallier, François d'Aubert, Michel Cardoze, Paul-Loup Sulitzer, Jacques Bacelon, Blandine Vecten, pour n'en citer que quelques-uns. Pourtant, leur notoriété ne les place pas au cœur des secrets de l'Etat et on ne voit pas bien en quoi ils auraient pu menacer les institutions républicaines. Exception faite, à l'extrême rigueur, de Jean-Edern Hallier, dont les rodomontades ne sont finalement dangereuses que pour lui-même.

Fidèle à sa ligne de conduite, Gilles Ménage oppose une nouvelle fois le secret défense aux demandes d'explication du magistrat. Il déclenche une nouvelle passe d'armes, Jean-Paul Valat lui suggérant malicieusement de lui dire quelles écoutes figurant au dossier lui sont inconnues, ce qui, du même coup, lui interdirait de leur opposer l'inusable secret défense. Gilles Ménage ne tombe pas dans le panneau : « Cela reviendrait implicitement à vous dire que j'ai eu connaissance des autres, et là je violerais le secret défense. »

Sans le savoir, sans le vouloir, le magistrat et le préfet viennent de mettre au jour une notion inédite en droit, celle du secret défense implicite.

L'application que met Gilles Ménage à se démarquer de toute implication dans les activités de la cellule trouve son origine dans l'affaire des Irlandais de Vincennes. Bien entendu, il ne peut en être tenu pour comptable puisque, formellement, il ne s'est trouvé en charge des problèmes de sécurité qu'après ce fatidique mois d'août 1982, et qu'en tout état de cause il n'aurait pas été informé sur-le-champ de l'initiative intempestive du capitaine Barril.

Mais il a très vite pris le parti de dédouaner les vrais responsables de cette piteuse équipée en protégeant Paul Barril à travers ses errements puis en s'appliquant à démontrer l'extrême nuisance du trio Michael Plunkett-Mary Reid-Stephen King, ce qui se conçoit, et en refusant de prendre au sérieux la confession de Bernard Jégat, ce qui est beaucoup plus aventureux.

Tout système de défense basé sur une dénégation globale comporte un risque certain : celui de voir s'enclencher un engrenage qui, d'un premier aveu ou d'une première preuve, fait céder tout l'ensemble. C'est ce qu'a parfaitement compris le juge, qui n'hésite pas à partir de loin.

Ainsi, il explique à Gilles Ménage qu'il s'est lui-même trahi en expliquant qu'Hervé Brusini, journaliste à France 3, lui aurait téléphoné « depuis l'endroit où se trouvait Laon, pseudonyme supposé de M. Lannion ». Or, souligne Jean-Paul Valat, « Laon n'est pas Lannion mais Bernard Jégat ». La déduction vient aussitôt : on a donc fait au collaborateur du président une note sur les activités d'Hervé Brusini, qui apparaissait comme un interlocuteur habituel de Bernard Jégat.

Cette constatation n'est pas neutre. Elle prouve clairement que Gilles Ménage s'est bel et bien intéressé à Bernard Jégat, ce qu'il contestera avec force plus tard. En particulier quand il niera avoir reçu du directeur de la DST copie de la fameuse confession de l'informateur de Paul Barril qui, comme beaucoup de papiers confidentiels, va bientôt traîner dans toutes les salles de rédaction. Mais pourquoi ce refus d'une évidence que viennent corroborer les deux plus proches collaborateurs d'Yves Bonnet, Jacky Debain, qui se souvient encore de la couleur de la chemise (verte) et de l'encre (bleue) de l'annotation de son patron, et Raymond Nart, qui sera bientôt un de ses correspondants attitrés ?

On a d'autant plus de mal à le comprendre que le fait n'est révélateur que du soin qu'apporte l'Elysée à « protéger » le plus encombrant de ses séides. Et qu'il n'est nullement imputable à celui qui, courageusement, colmate les brèches. Et n'en est que plus cruellement trahi par celui-là même qu'il s'est appliqué, des années durant, à tirer des griffes émoussées d'une justice pourtant pateline.

Troisième Partie

Histoire d'une guérison incertaine

XIII

La Ménagerie[1]

On ne lutte jamais très longtemps contre son tempérament. Celui de Gilles Ménage ne le porte pas à subir. Il va donc bientôt sortir de son système de défense un peu sommaire, fondé sur le secret défense et le « je ne suis pas au courant ». Il va le faire à sa manière, plus académique que spadassine, ferraillant dans le cabinet du juge ou sur le plateau de Bernard Pivot contre des adversaires absents et forcément muets.

Mais le juge n'entend être ni complice ni spectateur. Il ne compte pas seulement les coups. Il en délivre, précis et secs.

C'est donc lui qui prend l'initiative le 16 février 1996 en revenant sur la note jointe au dossier du 21 décembre précédent. Il le fait à sa manière, impeccablement courtoise en la forme, féroce quant à sa finalité. Ce pourrait être un dialogue de film. « Si je vous ai bien compris, vous déplorez que je n'aie pas poussé assez loin les recherches pour identifier la source qui a alimenté les journaux... J'ai cru comprendre que vous soupçonniez le capitaine Barril d'être cette source. » Et il suggère benoîtement : « Pou-

1. Titre emprunté au célèbre pamphlet de Charles Cotin contre Gilles Ménage (1660).

vez-vous me faire quelques suggestions sur les investigations que je pourrais utilement mener? »

L'entrée en matière est habile en sa fausse humilité. Jean-Paul Valat se heurte depuis des années au mur opaque du secret défense invoqué à tout propos, souvent hors de propos. Le moindre commencement de révélation de la part d'un mis en examen conduit celui-ci à lézarder la fortification. Gilles Ménage s'y est déjà laissé prendre. Cette fois encore, il trébuche, sans doute heureux de marquer des points contre ses adversaires. Il répond aussitôt : « Je peux effectivement réfléchir à ces suggestions. » Il ne veut pas laisser passer l'occasion de contrer enfin ce Barril qu'il a si longtemps épargné et même protégé, et qui a eu le front de se porter partie civile. Il ne va évidemment pas le mettre en cause en raison de l'affaire de Vincennes ni de la trahison de Jégat, mais seulement pour avoir mis sur la place publique des écoutes qu'il prétend falsifiées.

Il n'est jamais innocent de parler dans un cabinet d'instruction si l'on a quelque chose à cacher. Gilles Ménage chute sur le fonctionnement des écoutes. A l'évidence, il connaît parfaitement le système, au point d'avouer comme par mégarde : « J'ai le souvenir que certains problèmes sont remontés jusqu'à moi ou au secrétaire général de l'Elysée. » Prévenant, le juge propose une confrontation avec Louis Schweitzer et avec les généraux Fresnel et Allamand, ancien chefs du bureau réservé du ministère de la Défense. Beau joueur, le préfet donne son aval, comme il acceptera plus tard dans le cours de la conversation d'être confronté au journaliste de *Minute* Eric Laffitte.

Mais l'essentiel de ce duel à fleurets mouchetés se situe ailleurs : il s'agit de l'irrépressible envie que semble avoir Gilles Ménage de se faire de nouveaux adversaires dans une bataille où le chacun pour soi est suicidaire. Il sabre ainsi pêle-mêle Paul Quilès, son directeur de cabinet Patrick Careil, Christian Prouteau, Louis Schweitzer. Le tout assorti d'une véritable indiscrétion quand il affirme que le docteur Raad était écouté par la DST. Le secret défense vient de voler en éclats.

Ce ne sont que les prémices d'une bien belle récolte pour le juge : le 11 avril, Gilles Ménage « se délie », selon ses propres termes, du secret défense. Une fois le terrain déminé, Jean-Paul Valat va pouvoir avancer.

C'est, dans le verre d'eau d'une instruction bien tranquille, une forte tempête que déclenche la déclaration du principal mis en examen[1]. Il s'en est, très logiquement, expliqué auprès du Premier ministre Alain Juppé par une lettre du 5 mars précédent. Il y explique que le secret défense, loin de l'avantager, le dessert et qu'il souhaite pouvoir exercer normalement les droits de sa propre défense. En effet, argumente-t-il, « la Cour de cassation vient de rendre un arrêt autorisant la poursuite de l'instruction de l'affaire dite des “écoutes téléphoniques de l'Elysée” en écartant l'application du droit commun de la prescription par trois ans du délit d'atteinte à l'intimité de la vie privée, créant ainsi par voie jurisprudentielle une nouvelle catégorie de délit imprescriptible ».

C'est effectivement un argument de poids que vient de mettre à bas la haute juridiction. On peut comprendre que Gilles Ménage s'en étonne. La relation de cause à effet qu'il établit avec les « contraintes » du secret défense est plus spécieuse, au point qu'on pourrait soutenir que c'est précisément parce qu'il a compris qu'il devrait forcément rendre des comptes, avec ou sans bouclier juridique, qu'il s'est résolu à s'expliquer sur le fond d'un dossier qui ne lui est pas si défavorable. Il a, en effet, bien

1. Médiatiquement parlant, s'entend. Gilles Ménage n'est, à la vérité, qu'indirectement mis en cause par les investigations du juge.

d'autres arguments à faire valoir que le « pas touche » du secret défense. D'autant que cet argument trop commode se délite et qu'à la notoire exception de Gilleron, les autres mis en examen lâchent des confidences qui en entraînent d'autres.

A la sommation de Gilles Ménage, Alain Juppé ne répond pas. Il est beaucoup plus préoccupé de renvoyer la majorité parlementaire qui l'a soutenu devant les électeurs. On peut regretter à cet égard qu'un esprit aussi éclairé n'ait pas perçu, au-delà du scandale politique, l'intérêt d'une prise de position sur un principe aussi prégnant que le secret défense.

Dans le silence du pouvoir, Gilles Ménage a beau jeu de poser ses repères : il est un serviteur loyal de l'Etat et de François Mitterrand, ce qui va de soi et ce que nul ne conteste, mais il est également victime d'une manipulation, ce qu'il lui appartient de démontrer. Aussi n'hésite-t-il pas à clamer haut et fort, à cent lieues de ses dénégations précédentes : « Une transparence totale est nécessaire à la justice. »

La manipulation a été conçue et exécutée par Edwy Plenel. Gilles Ménage le désigne explicitement puisque, le premier, le journaliste a osé l'assigner devant la justice.

Nous avons vu les tenants de cette haine réciproque qui va faire se croiser à plusieurs reprises, quatre au moins (les Irlandais, le reportage sur la DST, le *Rainbow Warrior* et les écoutes), les destins de ces deux hommes que tout oppose et qu'une providence malicieuse eût dû faire communier dans l'adoration d'un homme d'Etat.

Mais la fidélité personnelle du premier s'est heurtée à la fidélité idéologique de l'autre. Plus François Mitterrand, devenu président de la République, glisse vers ce conformisme présidentiel qui fait se ressembler tous les hôtes de l'Elysée, plus il rassure Gilles Ménage et plus il inquiète Edwy Plenel.

Ils ne sont pas loin de se considérer l'un l'autre comme

des usurpateurs. La guerre est sans doute venue comme cela, sans s'annoncer. C'est tout de même Gilles Ménage qui l'a déclarée, dès 1982, dans le silence de son cabinet.

Pendant des années, Plenel n'a pu que la subodorer. La veille de sa comparution devant le juge Valat le 25 avril 1997, Gilles Ménage rédige une nouvelle note expliquant « les motivations de la décision d'écoute d'Edwy Plenel ». Il s'agit pour lui de passer sous silence sa rancune tenace à l'encontre de Plenel et de se démarquer de tout le contexte des relations difficiles que *Le Monde* entretient depuis des années avec François Mitterrand, d'oublier l'affaire des Irlandais de Vincennes, d'écarter le scandale du *Rainbow Warrior*, tous événements qui ont terni l'image du président, et de choisir, en accusant Plenel d'œuvrer pour une puissance étrangère (les Etats-Unis), une affaire plus propre, plus lisse, avec les « révélations » publiées par le quotidien du soir au sujet de l'espionnage soviétique en avril 1985.

Cet épisode, on omet toujours de le dire, résulte clairement d'une interférence qui a conduit d'éminents journalistes, Edwy Plenel et Jean-Pierre Berthet, à oublier leur déontologie par crainte de manquer un scoop. La responsabilité du directeur de la DST, que celui-ci a revendiquée, vient ensuite ; elle ne se situe d'ailleurs pas là où les commentateurs d'occasion que sont Pierre Péan et Franz-Olivier Giesbert l'ont située. Voici les faits, qu'aucun protagoniste ne peut réfuter.

Au début de 1985, les services de la DST continuent d'exploiter les retombées de l'affaire Farewell en multipliant les rencontres avec les responsables militaires, administratifs et économiques et en les sensibilisant aux dangers de l'espionnage soviétique. François Mitterrand lui-même, après avoir convoqué ses ministres pour une séance de présentation de l'affaire Farewell à l'Elysée et par la DST, a demandé à son directeur de rencontrer séparément les ministres concernés (Charles Hernu,

Laurent Fabius, Jacques Delors, Edith Cresson) ainsi que certains responsables de grandes entreprises : Antoine Riboud et Jean-Luc Lagardère font partie, avec leurs états-majors, de ces bénéficiaires d'informations qui ne sont certes pas classifiées, mais protégées. Puis, dans un second temps, les chefs des secteurs de la DST (Lille, Metz, Lyon, Marseille, Bordeaux, Rennes, Tours) reçoivent instruction de procéder de même avec leurs propres dirigeants régionaux. En moins de deux ans, ce sont des centaines de personnes qui sont à leur tour informées, très précisément et très concrètement, des vols commis par le KGB et les services soviétiques en France et dans le monde. Nombre des documents communiqués sont d'ailleurs des transcriptions de tableaux et de graphiques dressés par la CIA qui fut, dès l'origine, associée par le prédécesseur d'Yves Bonnet à la collecte des renseignements Farewell. Il n'est donc plus possible de parler de confidentialité de documents qui sont, à chaque fois, produits comme preuves de la réalité d'une menace que le président Reagan prend très au sérieux.

Bien qu'éprouvés par une expulsion massive (quarante-sept diplomates), les Soviétiques reconstituent toutefois, peu à peu, leur potentiel d'espionnage. Le directeur de la DST imagine donc de procéder à une vaccination massive sous la forme d'un reportage télévisé qui serait consacré aux méthodes et aux résultats du KGB, du GRU et autres officines d'espionnage. Il s'en ouvre au patron d'Antenne 2, et tous deux conviennent de s'en remettre à leurs collaborateurs pour la préparation de l'émission. Sa programmation fera l'objet d'un accord ultérieur.

Première initiative.

La seconde vient bientôt sous la forme d'une proposition faite à Yves Bonnet par le cabinet de Pierre Joxe de faire publier par *Le Monde* un article sur la DST. Rendez-vous est pris avec Edwy Plenel qu'évidemment le directeur de la DST a déjà rencontré et dont il sait combien il est peu en cour au Château. D'un autre côté, le journaliste est considéré comme très proche de Pierre Joxe, qui ne se cache pas de ne pas partager les préventions de François Mitterrand à son sujet.

Cette fois encore, l'accord se fait. Yves Bonnet ne cache pas à son interlocuteur son désir d'adresser aux Soviétiques un appel à la prudence, en publiant un document émanant de leurs propres services, une note de la VPK qui est déjà connue en France d'un public certes averti mais nullement tenu à l'obligation de secret. Ceci comme la cerise sur le gâteau d'un reportage que le directeur de la DST demande à un de ses proches collaborateurs de nourrir. Sans doute le patron du contre-espionnage voit-il grand, trop grand peut-être, plus sûrement encore méconnaît-il la puissance du lobby prosoviétique renforcé des nouveaux admirateurs d'un certain Mikhaïl Gorbatchev, indiscutablement mésestime-t-il la haine présidentielle à l'encontre de Plenel.

Il y a les ingrédients d'une explosion. Il y manque le détonateur. Yves Bonnet croit tenir les choses en main puisqu'il est convenu avec Edwy Plenel que le reportage ne sera diffusé qu'avec son accord exprès et que, par ailleurs, rien n'est encore envisagé pour la diffusion de l'émission d'Antenne 2, encore en préparation.

Le fameux détonateur sera fourni par une innocente émission de radio consacrée à l'espionnage, à laquelle la DST est totalement étrangère. Persuadé de s'être fait doubler, Plenel lance la publication du premier des deux articles prévus. Tout juste prévient-il tardivement le directeur de cabinet d'Yves Bonnet, lequel n'a que le temps de s'assurer au Quai d'Orsay qu'aucun nuage n'assombrit l'horizon. Rien n'est prévu au calendrier des relations franco-soviétiques, lui répond-on.

Ce qui n'est qu'un changement de date, la tenue avancée de la commission franco-soviétique, et un épisode de la lutte médiatique entre une radio et un quotidien, se produit alors que le directeur de la DST, rappelé d'urgence d'un voyage aux Etats-Unis, à la CIA (tiens, tiens !), vient à peine de toucher terre dans tous les sens du terme. Le directeur de la DST vient d'être sollicité par ses supérieurs pour prendre en main la libération d'un des premiers otages français, Gilles Sydney Peyrolles. C'est alors que le patron du contre-espionnage survole l'Atlantique que *Le Monde* prend la décision unilatérale de publier le reportage sur la DST, illustré par la fameuse note de la VPK. Puis, quelques heures plus tard, c'est l'annonce fracassante du reportage de Jean-Pierre Berthet qui exhibe, lui aussi, des documents dont la direction de la DST n'a jamais autorisé la divulgation. L'orage éclate aussitôt. On connaît la suite. Ou, plus exactement, on croit la connaître.

Devant ce qui apparaît à la présidence et au ministre de l'Intérieur comme une provocation de la DST et en dépit des explications données quant au télescopage des deux reportages sur le KGB et l'espionnage soviétique, la fureur l'emporte. Sentant ou éprouvant la colère présidentielle, on fait assaut de surenchère et haro sur le baudet. On ne veut pas savoir que deux journalistes ont manqué à la déontologie en ne respectant pas les accords passés — et pour l'un sur la suggestion du cabinet du ministre —, on veut ignorer la bourde du Quai d'Orsay, on décide surtout de ne pas considérer que les « révélations » sont déjà largement diffusées, en France, en Europe et aux Etats-Unis, on a même le culot de les considérer comme « secret défense » alors que leur confidentialité supposée n'engagerait que l'Union soviétique. La grande erreur du directeur de la DST qui fut de faire confiance se double vite d'une seconde, qui est de couvrir tous ses subordonnés et d'assumer seul toute la responsabilité de l'affaire.

Nul ne lui saura gré de son attitude, ni au-dessus, ni, à

quelques exceptions près, au-dessous. C'est peut-être cela la solitude du pouvoir.

Laissons l'épisode pour n'en conserver que ce qui sera la justification de l'écoute d'Edwy Plenel. Douze ans plus tard, Gilles Ménage invoque cette péripétie pour justifier les écoutes pratiquées sur le journaliste. Il en fait une affaire d'Etat « portant gravement atteinte aux intérêts diplomatiques de la France, à la sécurité de l'Etat et des agents ayant participé à l'opération Farewell ». Excusez du peu. Pour moins que cela Clemenceau expédia Caillaux et Malvy en Haute Cour. C'est au point qu'on comprend mal pourquoi le directeur de la DST n'a pas été congédié sur-le-champ, voire révoqué, pourquoi il a fallu quatre mois pour lui trouver une autre affectation, pourquoi deux ans plus tard François Mitterrand, en personne, devait tenir ce propos à Yves Bonnet, devenu préfet de la Guadeloupe, sur l'aéroport du Raizet : « J'ai beaucoup apprécié votre action à la DST et j'ai regretté votre départ, mais vous devez comprendre que je ne pouvais pas faire autrement. »

La sévérité présente des propos de Ménage — et quelques années plus tard de son porte-plume Pierre Péan — a une explication bien simple : c'est la réaction d'amusement d'Yves Bonnet à l'accusation d'espionnage au profit de la CIA que lance Gilles Ménage à l'encontre d'Edwy Plenel. Que celui-ci ait failli à la déontologie journalistique est un fait avéré. Il a dû lui-même le reconnaître. Cela n'en fait pas pour autant l'agent d'une puissance étrangère. Sollicité par *Le Monde* afin de s'exprimer sur le sujet, Yves Bonnet a simplement eu l'honnêteté de le dire haut et fort, comme il a eu celle de s'élever contre les accusations de Paul Barril portées à l'encontre du président de la République d'avoir voulu faire assassiner Jacques Vergès, ou celle de défendre la mémoire de Charles Hernu accusé post mortem d'avoir été un agent roumain, puis russe.

Gilles Ménage, dans son insistance à justifier l'écoute d'Edwy Plenel, finit par oublier les impératifs de sa défense. Il reconnaît clairement qu'il était parfaitement au courant de cette interception, malaisément conciliable avec la lettre comme avec l'esprit du rapport Schmelck. La seule justification de l'écoute d'un journaliste serait à rechercher dans sa participation à une entreprise terroriste ou d'espionnage. En l'espèce, c'est ce dernier motif que le directeur de cabinet du président met en avant. Le seul ennui, c'est qu'alors le service compétent pour en décider eût été la DST et non la cellule. On comprend très bien dès lors combien la prise de position d'Yves Bonnet contrarie la défense de son collègue.

Pour se reprendre, Gilles Ménage ne voit qu'une issue : accréditer l'idée que non seulement Plenel mais également Bonnet seraient des agents américains. Après tout, en cherchant bien, on va lui mettre sur le dos l'indiscrétion commise en avril 1983 par un diplomate américain en poste à Moscou[1]. Et en oubliant les conditions dans lesquelles, bien avant l'arrivée d'Yves Bonnet à la DST, la CIA avait été mise dans la confidence et « dans le coup », avant même que Valéry Giscard d'Estaing et François Mitterrand ne soient informés de cette très belle affaire.

Dans son application à dénoncer une manipulation américaine[2], conduite avec la complicité difficilement

1. Quelques jours avant l'expulsion de Paris des diplomates soviétiques, un diplomate américain à Moscou félicite son homologue français. Le premier avait été avisé par sa hiérarchie de l'imminence de la mesure, le second non. Or, il faut savoir qu'en matière d'expulsion, l'usage veut que les services amis se préviennent afin de prendre toutes précautions utiles. La CIA, comme MI6, comme le BND, comme le service italien, avait été informée par la DST. Si faute il y eut, elle n'incombe qu'aux Américains... et au Quai d'Orsay qui aurait dû renseigner son ambassade en URSS.

2. Le 2 mai, il s'insurge contre les affirmations des médias et notamment contre les déclarations d'Yves Bonnet.

vraisemblable de l'ancien directeur de la DST, pourtant peu suspect de complaisance avec les Américains[1], et un ancien de l'extrême gauche révolutionnaire, Gilles Ménage ne fait que confirmer que la cellule a écouté Plenel, ce qui importe finalement au juge. Jean-Paul Valat, patiemment, enchaînant les interrogatoires, enregistrant chaque bout d'aveu lâché au détour d'une phrase, tisse sa toile. Il ne boude pas son plaisir quand Gilles Ménage ne peut expliquer pourquoi ces écoutes se sont prolongées jusqu'en mars 1986, puis quand il avoue qu'Helen Fraser, autre journaliste, a été mise sur écoute dans le cadre de l'affaire Greenpeace. Il y a beau temps que le juge subodorait le lien entre certaines écoutes, dont celle de Plenel, et le fiasco de la DGSE en Nouvelle-Zélande, dont il serait osé de prétendre qu'il mettait en péril la sécurité de la France. La petite phrase lâchée par Gilles Ménage — « ça faisait partie des activités normales de la cellule » — confirme bien la dérive d'une structure conçue pour organiser la lutte antiterroriste. Dérive parfaitement connue de Christian Prouteau et des préposés aux écoutes puisque le motif porté sur le carton d'Edwy Plenel était tout simplement « trafic d'armes ». Ce qui autorise Gilles Ménage à affirmer au juge que le général Charroy « ne pouvait pas ignorer que Plenel était écouté ».

Pourquoi un subterfuge aussi transparent? Pourquoi ne pas poser tout simplement le problème du contrôle d'une profession qui bénéficie du privilège exorbitant d'échapper à toute investigation policière comme de taire ses sources d'information? On peut s'en étonner, surtout en considération de l'absence de toute autodiscipline, à l'instar de celle qu'imposent les ordres professionnels. Ce

1. Yves Bonnet, devenu député, est le seul ancien chef du contre-espionnage qui ait dénoncé les erreurs stratégiques de la CIA.

n'est pas la charte des journalistes, document imprécis et indicatif, qui peut tenir lieu d'une instance de contrôle professionnelle d'autant plus nécessaire que les exemples de l'immixtion de journalistes, voire de leur participation à des actions subversives ne sont pas si rares.

Gilles Ménage, de toute façon, sait qu'il n'a guère de souci à se faire. Au moment des faits, la loi réglementant les écoutes téléphoniques n'était même pas en préparation[1] et même si le gouvernement affectait de se référer au rapport Schmelck, cet engagement unilatéral du gouvernement n'avait pas davantage de portée que la promesse de la réduction des impôts ou la déclaration du chômage hors la loi. En réalité, aucun texte spécifique ne permet d'incriminer les auteurs présumés des écoutes téléphoniques. Il faut se référer à la loi du 17 juillet 1970[2], devenue l'article 368 du Code pénal, pour trouver un fondement juridique à l'action en justice. Ce faisant, le magistrat crée un précédent dangereux dans la mesure où toutes les victimes d'interceptions administratives, y compris les représentations diplomatiques étrangères, pourraient s'y référer et engager des poursuites contre l'Etat français. Gilles Ménage aurait probablement mieux assis sa position en restant dans le cadre de la loi de 1970, qui ne lui est pas si défavorable. Ou en reconnaissant l'incohérence d'un comportement inavouable pour un président qui se référait aux plus hautes valeurs morales.

Il n'y a pas qu'Edwy Plenel. Il y a aussi Gilles Kaehlin, Korcarz et Dominique Erulin.

Gilles Kaehlin est policier aux Renseignements généraux. On le dit garde du corps de François de Gros-

1. Elle ne sera votée qu'en 1991.
2. Voir le chapitre premier.

souvre ; il est, plus simplement, son confident. Ce qui ne le désigne pas particulièrement à l'affection de Gilles Ménage, qui considère que l'inspecteur de police « a été une préoccupation constante de 1982 à 1990 ». Soit pendant huit ans.

L'accusation portée par Gilles Ménage ne s'applique pas seulement à une personne : elle met en cause la discipline qui doit prévaloir au sein de la police et le fonctionnement des Renseignements généraux. Le directeur du cabinet de François Mitterrand ajoute en effet que les relations entretenues par Gilles Kaehlin « avec les mouvements d'extrême gauche et les milieux journalistiques n'étaient pas compatibles avec ses affectations professionnelles ». Comment cela se peut-il alors que la « police politique » manifeste tant de zèle à débusquer et pourchasser Dominique Erulin, soupçonné des plus noirs desseins, mais, il est vrai, classé à l'extrême droite ? Comment le compagnon de promenade, sinon de route, du président n'y a-t-il pas été sensibilisé ?

Pour Korcarz, l'approche est différente mais tout aussi révélatrice de l'étrange ambiance qui régnait alors à l'Elysée. Il s'agit cette fois d'un « indicateur » qui a eu l'occasion de rencontrer à plusieurs reprises Gilles Ménage lui-même. A son sujet, le collaborateur de François Mitterrand a la mémoire incertaine, il ne sait plus « qui le lui a envoyé ». Il lui revient tout de même que ses renseignements sont douteux. Ce qui ne l'empêche pas de recevoir à plusieurs reprises le curieux personnage, avant de demander à Christian Prouteau de l'écouter. Pas moins de six branchements sont effectués, peut-être huit. Cette fois c'est le gaspillage de moyens et la perte de temps qui font sourire. Mais est-il bien nécessaire qu'un proche du président se consacre à ce genre de besogne ? A l'absence d'autorité constatée à propos de Kaehlin s'ajoute l'impéritie.

L'évocation de l'odyssée de Dominique Erulin n'est

pas moins étonnante. Gilles Ménage reconnaît avoir été alerté par Christian Prouteau quant au danger que « pouvait constituer l'ancien para pour la sécurité physique du président ». Il n'a que le tort de donner crédit aux arguments du commandant de gendarmerie et de se fier aux élucubrations de services de police qui ne reposent elles-mêmes que sur des accusations mensongères : la source est un authentique malfrat et la justice fera litière de ses calomnies quelques années plus tard. Mais ce n'est pas tout. Gilles Ménage met encore en cause un policier de la DST, Jean Lucat. Il a raison en ce sens que cet inspecteur, ami de longue date d'Erulin, l'a aidé dans sa cavale et probablement sauvé d'ennuis très sérieux. Mais l'enseignement de cette péripétie se situe sur un tout autre plan. Il apparaît une fois de plus que sans l'intervention ni la protection de quelque autre autorité que sa propre hiérarchie, un modeste fonctionnaire échappe aux foudres du Jupiter tonnant de l'Elysée. Le moins qu'on puisse en conclure est bien que la présidence de la République ne manifeste pas une grande résolution dans la mise à l'écart d'éléments dont elle se défie.

Faiblesse des uns, indulgence des autres, capacité de résistance d'une fonction publique « énarchisée », la présidence socialiste de François Mitterrand ne sera pas seule à montrer quelque irrésolution à sanctionner les « défaillances ». Pourquoi, dès lors, a-t-il fallu qu'elle se laisse aller à des investigations si particulières et à laisser traîner si maladroitement ses grandes oreilles ?

Placé par fonction au centre d'une toile d'araignée qu'il n'a pas lui-même tissée, Gilles Ménage s'efforce de se sortir du réseau qui, finalement, l'emprisonne. Sa stratégie de défense, d'abord fondée sur l'invocation du secret défense, doit être corrigée quand il apparaît que le Premier ministre Lionel Jospin ne s'oppose pas à sa levée. Dès lors, il s'applique à partager les responsabilités :

Louis Schweitzer[1]; le général Charroy; Paul Barril[2], par un remords tardif, et jusqu'à Christian Prouteau[3]. Ce qui l'amène à engager dans cette affaire plurielle une série de duels singuliers.

Le premier ne l'oppose pas à un de ses partenaires « fonctionnels » mais à l'ancien directeur de la DST. Celui-ci a eu le tort de laver Edwy Plenel de l'accusation d'espionnage au profit de la CIA. Gilles Ménage s'en offusque devant le juge, qui ne résiste pas au plaisir d'organiser ce premier combat des chefs. La confrontation entre Gilles Ménage et Yves Bonnet a lieu, le 17 septembre 1997. Le collaborateur de François Mitterrand a, comme à son habitude, soigneusement préparé son audition. Il remet au juge un long questionnaire de dix-sept pages, à la faveur duquel il compte bien démontrer la mauvaise foi ou l'hostilité délibérée d'Yves Bonnet. C'est une erreur : l'interlocuteur du jour ne se comporte nullement en adversaire, puisqu'il lui donne acte de nombre de ses affirmations. Le débat reste courtois, sinon consensuel, sauf, bien entendu, quand on en vient à la communication de la « confession » de Jégat à Gilles Ménage, que celui-ci nie catégoriquement avoir reçue d'Yves Bonnet. Le juge, pour mieux se faire une religion, appelle à témoigner Raymond Nart, ancien directeur adjoint, et Jacky Debain, ancien directeur de cabinet.

Le premier, il faut le souligner, a été consulté à plusieurs reprises par Ménage durant le printemps 1985, directement et en court-circuitant Yves Bonnet. Il n'est donc nullement enclin à déplaire à Gilles Ménage, qui a même envisagé, un moment, de lui faire confier la direction du contre-espionnage français. Il est interrogé au sujet de la confession de Jégat dont Ménage nie avoir

1. Voir chapitre XIV, « Le pris de la rigueur ».
2. Voir chapitre XVI, « Le book émissaire ».
3. Voir chapitre XV, « La partie de Plaisir ».

reçu communication par le patron de la DST : Nart se souvient fort bien qu'après le départ d'Yves Bonnet, le ministre de l'Intérieur (Pierre Joxe) et le directeur général de la police nationale (Pierre Verbrugghe) lui ont demandé de détruire le procès-verbal, ajoutant même : « J'ai le sentiment mais pas la certitude que c'est Gilles Ménage qui avait chargé Pierre Verbrugghe de me faire cette demande. » C'est une pierre dans la jardin de Gilles Ménage. Une seconde tombe bientôt avec ce souvenir de Raymond Nart : « Le fait qui se serait déroulé en 1985, à savoir que Bonnet serait revenu de l'Elysée en me disant que, à la demande de Ménage, il fallait garder le procès-verbal sous le coude, est fort probable. »

Jacky Debain confirme en tous points la version d'Yves Bonnet. Il ajoute même des précisions intéressantes sur l'affaire des « révélations », terme qu'il réfute, comme Raymond Nart, l'un et l'autre de ces policiers ramenant cette affaire démesurément grossie à ce qu'elle représentait en réalité, une opération de désinformation. Courageusement, Jacky Debain revendique d'avoir été partie prenante dans cette opération, ce qu'il n'eût assurément pas fait s'il avait eu conscience de « nuire gravement aux intérêts de la France », comme Gilles Ménage l'écrit, entre autres gracieusetés. Finalement, ce point ne constitue qu'une péripétie dans le cours d'une instruction où il s'agit de démêler les raisons qui ont poussé la cellule à écouter Edwy Plenel. Gilles Ménage ne veut pas admettre que ce qui a fait sortir l'ancien directeur de la DST d'un silence scrupuleusement observé depuis son départ de ce service, c'est tout simplement l'accusation portée contre Edwy Plenel de travailler pour les Etats-Unis. L'hypothèse lui a paru comique. Il l'a dit. Les choses auraient pu en rester là.

Mais Gilles Ménage veut se défendre pied à pied, démontrer que tous ceux qui n'argumentent pas dans son sens ne disent pas la vérité ou veulent le desservir. Ni plus ni moins. Il exhume donc l'affaire des « révélations » au *Monde* pour fustiger le comportement d'un directeur de police dont il produit pourtant les notes, quand celles-ci servent sa cause. Dans la masse de documents qu'il remet au juge Valat figurent des notes de la DST, évidemment confidentielles ou émanant de services alliés. C'est un oubli des règles en vigueur et, plus gravement pour l'ancien directeur d'EDF, l'oubli d'une stratégie naguère fondée sur le secret défense, voire, plus simplement, sur le secret administratif. Ainsi, il apporte tout seul la preuve qu'il a emporté avec lui les archives de l'Elysée. Les trois volumes qu'il consacrera deux plus tard à son action à la présidence de la République sous le titre aguichant de *L'Œil du pouvoir* confirmeront cette conception du secret et de la protection des archives. Avec, en prime, une double contradiction : accuser le directeur de la DST d'avoir compromis des documents classifiés, ce qui est inexact[1], et s'être réfugié, de longs mois durant, derrière le secret défense pour refuser de répondre aux interrogations de la justice.

Après s'être essayé à démonter un témoignage qui ne lui est pas si défavorable, Gilles Ménage va s'appliquer à reporter sur d'autres la responsabilité d'écoutes qui ne peuvent se justifier par des nécessités opérationnelles. La chaîne décisionnelle des « interceptions de sécurité », longue et lourde, le lui permet.

Le 15 juin 1998, il désigne le général Charroy, qui « ne peut pas avoir ignoré » que la cellule de l'Elysée disposait de plusieurs lecteurs au GIC. Au juge qui cherche à savoir s'il est possible que des productions de la cellule — en clair des écoutes — aient pu sortir du GIC sans que le

1. Puisque les documents communiqués au *Monde* sont d'origine soviétique, que la France n'est nullement tenue de les protéger et qu'ils n'ont fait l'objet d'aucune décision de classement de quelque autorité habilitée que ce soit.

général Charroy les contrôle, il répond, pour ce qui le concerne, par la négative. Il saisit habilement la perche ainsi tendue pour revenir sur la manipulation informatique dont les fichiers auraient fait l'objet et dit se souvenir que les écoutes qu'il lisait étaient « soit manuscrites, soit dactylographiées par le GIC » mais ne comportaient comme mentions que la date et le nom des interlocuteurs.

En dénonçant le responsable du GIC, Gilles Ménage reste fidèle aux termes de sa note du 8 février 1997 dans laquelle (p. 5) il dit comprendre mal « comment ont été mis en examen pour atteinte à la vie privée de Jean-Edern Hallier Christian Prouteau, Louis Schweitzer, Michel Delebarre, Jean-Louis Esquivié, Pierre-Yves Gilleron et [lui-même], alors que les responsables du GIC et du ministère de la Défense qui sont nécessairement intervenus en suivant la logique [du juge], sont exonérés de toute responsabilité ».

Après Charroy, Gilles Ménage s'en prend aux responsables du bureau réservé du ministère de la Défense, et, plus vertement encore, aux « responsables de Matignon, y compris bien entendu le général Charroy » [sic]. Il va jusqu'à qualifier leurs déclarations de « mensonges » car, selon lui, « ils étaient parfaitement informés de la production de la cellule et *avaient les moyens de l'être* ».

Cette accusation est plus lourde : elle représente la nouvelle ligne de défense du collaborateur de François Mitterrand et se justifie pleinement, si l'on s'en tient à une stricte considération de l'articulation du système.

En théorie, en effet, l'implication de Matignon dans la décision et le contrôle des interceptions est totale. Tout aussi théoriquement, l'Elysée ne dispose d'aucun moyen de surveillance ou d'information sur le sujet.

La réalité est tout autre. La création de la cellule prouve l'implication délibérée de la présidence dans le processus. A fortiori quand celle-ci « reçoit » un contingent de vingt lignes utilisé à sa guise. Qui pourrait songer à « contrôler » ce qui se décide et se fait au 2 rue de l'Elysée ?

Il y a mieux encore : tout oppose, tempérament, méthodes, conception de l'Etat, ces deux « hommes de l'ombre » parmi les plus puissants de France. L'évolution de moult dossiers les a vus prendre des positions opposées. Il est clair que Louis Schweitzer s'est sincèrement inquiété de la prolifération des écoutes et a tenté de les contrôler. La charge de travail écrasante qui est celle d'un directeur de cabinet à Matignon ne lui a sans doute pas permis de s'en acquitter à la perfection : il eût fallu qu'il y consacrât l'essentiel de son temps, ce qui n'était ni possible ni souhaitable. Mais il a sans doute bien pris conscience des dérives d'une cellule dont il avait appris à jauger les méthodes. Avec le préfet Claude Silberzahn, qui deviendra par la suite directeur général de la DGSE, il s'applique à contrôler, endiguer les initiatives de Christian Prouteau. Gilles Ménage, le premier, lui rend cette justice. Il se plaint auprès de François Mitterrand dans une note du 17 janvier 1986 que « Louis Schweitzer ait décidé de confier cette mission [d'écouter le docteur Raad] à la DST, ce qui a pour conséquence de rendre le ministre de l'Intérieur destinataire de renseignements qu'il ne devrait pas avoir à connaître [sic] ». D'autant, toujours selon Gilles Ménage, « qu'il y a fort à parier que la DST garde trace de ce qu'elle envoie » : ce qui revient à accuser le service de contre-espionnage que dirige à présent Rémy Pautrat de sortir clandestinement du GIC des copies d'écoute.

Le docteur Raad, faut-il le rappeler, est un médecin d'origine libanaise, installé à Argentan, dans l'Orne. Elu local — il est conseiller général —, il jouit d'une bonne réputation, au point qu'on lui confie la mission officieuse de faire libérer les otages français détenus au Liban, Jean-Paul Kaufmann, Michel Seurat, Marcel Carton et Marcel

Fontaine. La négociation n'est pas seulement compliquée, elle représente un enjeu politique majeur pour un gouvernement, celui de Laurent Fabius, qui ne se remet pas de la triste équipée du *Rainbow Warrior*, qu'il n'a ni voulue ni même connue.

Comme pour la baraterie d'Auckland, Matignon va une fois encore être invité à endosser une responsabilité qui n'est pas sienne.

XIV

Le pris de la rigueur

A force de s'escrimer avec le subtil Jean-Paul Valat, Gilles Ménage marque tout de même des points : il fait admettre, puis progresser, l'idée qu'il n'est pas le *deus ex machina* de l'affaire des écoutes, ni peut-être le chef d'orchestre du cacophonique jazz-band de la rue de l'Elysée. Tout au plus le parolier, puisque la mise en musique est laissée à Christian Prouteau. Gilles Ménage réussit à élargir la cohorte des mis en examen, à orienter la quête méticuleuse du juge vers Matignon. Pour lui, ils ont tous trempé dans l'affaire, les directeurs de cabinet de Pierre Mauroy et Laurent Fabius, Michel Delebarre et Louis Schweitzer, les commandants militaires du palais, Claude Gervais et Olivier Marie, le chef du GIC, le général Charroy.

Le juge Jean-Paul Valat finit par partager cette conviction puisqu'il met Louis Schweitzer en examen le 10 janvier 1996. Pour faire bonne mesure, il lui adjoint, un an plus tard, en février 1997, Dominique Mangin, Marie-Pier Sajous, Michel Tissier, Paul Barril... et Michel Delebarre, laissé de côté dans un premier temps.

Louis Schweitzer, qui a gravi patiemment les échelons de la hiérarchie industrielle depuis 1986, date de son départ du cabinet de Laurent Fabius et de la fonction publique, n'a pas depuis dix ans changé de maison ; c'est à la Régie Renault — qui redeviendra Renault — qu'il conduit une seconde et brillante carrière, bien loin des turbulences politiques qui ont marqué son expérience ministérielle. Sans doute a-t-il eu le temps d'oublier les péripéties d'une fin de règne annoncée en prenant possession en 1992 du fauteuil présidentiel du premier constructeur automobile français. La féroce compétition qui met aux prises sur un marché définitivement mondialisé des marques qui symbolisent la réussite de la production de masse le détourne d'un débat auquel il ne s'est jamais réellement intéressé. Ce protestant impavide ne se sent aucune attirance pour les intrigues, les jeux de cour, à plus forte raison les règlements de comptes qui secouent la Mitterrandie comme ils ont ébranlé la Giscardie et feront trembler la Chiraquie. Inspecteur des finances il est, gestionnaire il restera.

Aussi est-ce sans crainte ni arrière-pensée qu'il se rend à la convocation du juge d'instruction le 4 avril 1995. Il doit être entendu comme témoin.

Cette première déposition est très intéressante. Dès la première phrase, Louis Schweitzer donne le ton : il tient à préciser qu'il n'a pas gardé d'archives à ce sujet. Cette honnêteté peut paraître élémentaire, même si elle n'a manifestement pas inspiré la conduite de Gilles Ménage, ni celle de Christian Prouteau, pas plus que celle de Paul Barril. Il est significatif de constater que le sens du service public n'inspire pas de la même manière les hauts fonctionnaires selon qu'ils œuvrent à la présidence ou à l'hôtel Matignon.

Louis Schweitzer poursuit en expliquant le fonctionnement des interceptions de sécurité, puisant dans sa mémoire et, il le reconnaît, dans la lecture des journaux « récemment et plus précisément depuis deux ans » : le contingent global, de l'ordre du millier d'écoutes, la procédure d'autorisation, les motifs et les interdictions, rien de ce qu'il énonce n'apprend quoi que ce soit au juge.

En revanche, le problème du contrôle de la production suscite de la part de Jean-Paul Valat une interrogation qui n'est pas innocente ; comment s'exerçait-il a priori ? et a posteriori ? Louis Schweitzer répond sans hésitation : la vérification des motifs d'écoute n'était que formelle et s'appliquait au respect des contingents. Quant au contrôle des fiches d'écoute, aucun service du Premier ministre n'en était chargé. Tout au plus, de temps à autre, lui montrait-on « une ou deux écoutes, en général pour [lui] prouver qu'elle avait de l'utilité ».

Quand le juge en vient aux interceptions de la cellule de l'Elysée, Louis Schweitzer précise que ces demandes étaient clairement identifiées. A la question de savoir qui les signait, il répond honnêtement qu'il ne s'en souvient plus. « Pour moi, c'était Gilles Ménage le responsable qui avait la confiance. Je n'exclus toutefois pas avoir vu la signature de Christian Prouteau », ajoute-t-il. Indiscutablement, il fait erreur. Mais sur la forme, pas au fond. Gilles Ménage n'a jamais signé de demandes d'écoutes. S'il a joué un rôle en ce domaine très bien délimité, c'est en amont, au niveau de la décision initiale. Sans probablement songer une seconde que les services du Premier ministre puissent s'opposer à une demande, en forme d'injonction, de l'Elysée.

C'est bien là que réside le problème : pour qui connaît et mesure l'omnipotence du président sous la Ve République, il est incongru de penser qu'un refus puisse être opposé au moindre de ses désirs. Il ne se trouve aucun exemple d'une telle insubordination sauf, bien entendu, en cas de cohabitation. C'est bien ce que soulignent les adversaires de cette dernière forme de gouvernement, en la rejetant catégoriquement. On sait d'ailleurs que, lorsque les divergences sont apparues entre l'Elysée et Matignon sous François Mitterrand et sous Jacques Chirac, les dossiers sont remontés au plus haut niveau.

Le directeur du cabinet du Premier ministre a gardé

tout simplement une claire conscience de la mainmise de son homologue de l'Elysée sur les activités de la cellule. Durant son séjour de dix-huit mois à Matignon, Louis Schweitzer n'a d'ailleurs pas eu à se préoccuper des problèmes de sécurité. C'est le préfet Claude Silberzahn qui s'en chargeait, manifestant au passage une réelle compétence sur le sujet. Dans la tradition de la Ve République, le directeur de cabinet du Premier ministre partage avec le chef du gouvernement la charge écrasante du pouvoir. Il est une sorte de vice-Premier ministre, auquel reviennent le fonctionnement du secrétariat général du gouvernement, les arbitrages budgétaires, la préparation du conseil des ministres et la tenue de la maison. Les meilleurs s'y sont usés, les plus médiocres n'ont pas tenu.

La pratique républicaine veut que cette fonction soit confiée à un haut fonctionnaire, et de préférence à un préfet. La préfectorale prédispose aux discussions difficiles comme à la décision, et Raymond Barre n'a eu qu'à se louer des services de Philippe Mestre, comme de ceux de Daniel Doustin, ou Jacques Chaban-Delmas de ceux d'André Chadeau. Pour avoir méconnu cette sage leçon, Jacques Chirac avec François Heilbronner, Pierre Mauroy avec Robert Lion ou Edith Cresson avec Gérard Moine n'ont pas dépassé le niveau de médiocres performances.

Pourtant, Louis Schweitzer forme avec Laurent Fabius un tandem efficace. Sauf dans la gestion des affaires, dans la prévision des chausse-trapes, où les circonstances ou les bévues de ministres myopes ont fait trébucher le gouvernement. Manifestement, Louis Schweitzer n'a pas vu venir le scandale du *Rainbow Warrior* ni celui du sang contaminé, qui pèsent encore sur le destin politique de celui qui fut le plus jeune Premier ministre de la France.

Il est une autre tradition de la Ve République, activement remise au goût du jour par François Mitterrand, qui veut que le Premier ministre ne fourre pas son nez dans les affaires touchant à la sécurité de l'Etat. Bien qu'il soit en charge du secrétariat général de la Défense nationale et du service des écoutes, le chef du gouvernement est exclu du monde glauque de l'espionnage et de la sécurité, domaine réservé de l'Elysée.

C'est ainsi que la décision d'expulsion des « diplomates » soviétiques prise par François Mitterrand en 1983 n'est communiquée à Pierre Mauroy que plusieurs jours plus tard. Il faut que le directeur de la DST se rende à Matignon pour expliquer à Michel Delebarre, dont l'ambassadeur Vorontsov fait le siège, les tenants et aboutissants de l'affaire. Le Premier ministre ne s'en offusque pas et ne tient aucune rigueur à ses propres ministres, Gaston Defferre et Claude Cheysson, non plus qu'au chef du contre-espionnage de l'avoir proprement laissé hors jeu.

L'affaire du *Rainbow Warrior* est de la même veine, le succès en moins. Non seulement Laurent Fabius n'en saura rien mais quand, alerté par les journaux, il convoquera l'amiral Lacoste, directeur général de la DGSE, pour une bien légitime demande d'explications, il n'obtiendra qu'une dénégation catégorique quant à l'implication du service français de renseignement.

Même si on sauve les apparences en conviant le directeur de cabinet du Premier ministre aux comités antiterroristes tenus sous la présidence du ministre de l'Intérieur, force est de constater qu'il ne s'y dit pas grand-chose. Michel Delebarre s'y rend régulièrement, mais Louis Schweitzer n'y apparaît jamais [1].

La police, les espions, le terrorisme, de tout cela, l'inspecteur général des Finances se soucie comme d'une guigne. Il n'est pas bien difficile d'imaginer la répulsion, au mieux l'indifférence, qu'a dû provoquer chez lui la

1. Il délègue le futur directeur de la DGSE, le préfet Claude Silberzahn.

lecture de quelques écoutes. L'image d'un Schweitzer passionné par ces indiscrétions est aussi incongrue que celle d'un pasteur protestant recevant un fidèle en confession. Aussi s'exprime-t-il franchement, sans calcul, au cours de son audition par le juge Valat. Il faut le croire quand il dit ne pas se souvenir de l'arbitrage rendu entre la cellule et la DST, au profit de celle-ci, pour l'écoute du docteur Raad, ou de celles visant François Froment-Meurice et Carole Bouquet, personnalités bien connues. D'autant qu'il admet volontiers avoir prorogé l'autorisation concernant Jean-Edern Hallier et s'en explique sans barguigner.

Il est, à ce moment, le seul haut responsable qui reconnaisse une écoute. Pourtant, cette évidente bonne foi ne lui est pas créditée et il se retrouve mis en examen, d'abord pour « atteinte à l'intimité de la vie privée » du fantasque polémiste, puis, le 16 juin 1998, pour celles de Jacques Bacelon, Michel Cardoze, Jacques Merlino, journalistes, et Jean Picollec, éditeur. Pour que la mesure soit pleine, le juge rajoutera fin novembre 1999 les mises en examen résultant des plaintes de maître Antoine Comte, de Nicole Lapierre, Edwy Plenel, Hervé Brusini et de vingt-quatre autres parties civiles.

C'est un choc pour l'homme de devoir qu'est Louis Schweitzer, c'est même un choc à répétition. Quelle que soit l'appellation que l'on donne à la situation, inculpation ou mise en examen, quel que soit le statut réservé aux personnes concernées, une présomption d'innocence et un secret de l'instruction constamment bafoués, quel que soit leur nombre faramineux, des dizaines de milliers, le traumatisme est bien réel. Il faut d'ailleurs croire que tout mis en examen sent le soufre puisqu'aux ministres auxquels arrive pareille mésaventure, on applique la jurisprudence Balladur : la démission. La conscience la plus tranquille n'y résiste pas, même s'il faut se défendre.

Lors de sa première comparution de mis en examen,

Louis Schweitzer reste sur sa ligne de conduite, dire la vérité. Il s'exprime franchement, avec toute la marge d'incertitude, d'erreurs et d'omissions qui peut affecter l'évocation de souvenirs vieux d'une dizaine d'années. Il s'applique seulement à reprendre solennellement les termes d'un communiqué qu'il a cru devoir adresser à ses collaborateurs de Renault : « Je me suis attaché, dans le cadre des fonctions et des responsabilités qui étaient les miennes à l'époque, à veiller à ce que les interceptions administratives soient faites dans le respect des règles et principes fixés par le rapport établi par la commission présidée par M. Schmelck, premier président de la Cour de cassation, règles et principes repris par la loi du 10 juillet 1991. »

Toute la défense de Louis Schweitzer est contenue dans cette mise au point, qui ne dépare pas le florilège des poncifs administratifs. La langue de bois qui sied si bien aux propos mesurés signifie que l'on va se contenter d'invoquer la règle, proposée par un collège d'élus et de magistrats, qui anticipe largement la loi de 1991. Fort de son respect scrupuleux, Louis Schweitzer, à la différence de Gilles Ménage, ne fait pas sien le principe : « La meilleure défense, c'est l'attaque. » A la combativité, il oppose la retenue. A la mise en cause des autres, il préfère leur collaboration. Il veut bien admettre la possibilité d'erreurs, mais demande le bénéfice de la bonne foi. Aux certitudes, il préfère le doute.

Manifestement, le juge Valat entend ce message et ne place pas Louis Schweitzer au premier rang des responsables du scandale. Il lui faut plus de deux ans en effet pour revoir le président de Renault. Encore ne s'agit-il que de lui notifier des mises en examen. Le magistrat n'est même pas certain de devoir convoquer à nouveau Louis Schweitzer. Il le lui dit sans ambages, repoussant un éventuel interrogatoire après celui du général Charroy.

En fait, c'est Gilles Ménage qui va directement relancer la mise en cause de Louis Schweitzer dans sa note au juge du 4 décembre 1998, qui se concrétise par une demande explicite d'extension de la mise en examen du directeur de cabinet du Premier ministre. C'est, dans l'espace ouaté du cabinet d'instruction, une explosion silencieuse que ce déclenchement des hostilités. Manifestement, la défense de l'ancien directeur de cabinet de Laurent Fabius ne s'y attendait pas. Elle réagit pourtant promptement. Maîtres Philippe Lemaire et Pierre Haïk répondent longuement dans une lettre au juge de douze pages. Louis Schweitzer ne souhaite manifestement pas croiser le fer avec Gilles Ménage. Il ne sait que trop que nul ne sort indemne d'un déballage public. Aussi confie-t-il son sort judiciaire à ses avocats.

Ceux-ci vont répondre point par point à ce qu'ils identifient comme « une tentative de dilution et de détournement des responsabilités en cette affaire ». Ils le font en juristes, soulignant la « position constante » de leur client, manière de souligner au passage les changements de stratégie opérés par celui qu'ils sont bien obligés de considérer comme le principal adversaire.

Ce plaidoyer avant l'heure trace clairement les limites du rôle de Louis Schweitzer dans cette matière qui ne figure dans aucun organigramme administratif. Ils s'y appliquent tant pour les demandes d'écoute, soumises à une procédure stricte, que pour la production.

C'est ce dernier point qui requiert l'argumentation la plus serrée. On touche là, en effet, au fonctionnement même de la démocratie, à l'indécise et fluctuante limite entre raison d'Etat et droits de l'homme. Il faut bien réaliser que des réponses apportées à telle demande ou du sort réservé à telle écoute dépendent le comportement et la motivation des services de police ou de sécurité.

Or le problème se complique de la répartition, sinon des responsabilités, au moins des pouvoirs entre la présidence et la primature (les services du Premier ministre), autrement dit du domaine réservé. La doctrine en est changeante (et François Mitterrand l'a fait varier à son profit quand il a entendu s'impliquer personnellement, c'est-à-dire par cellule interposée, dans la lutte contre le terrorisme) et ne change rien au fond du problème. Pour ce qui tient de l'action de la DGSE, de la DST, des RG, a fortiori de la cellule, le Premier ministre est prié de détourner le regard. Il faut bien insister — et les avocats de Louis Schweitzer ne le font pas suffisamment — sur ce point capital que l'intervention de l'Elysée *interdit* toute action, si secondaire soit-elle, de Matignon.

Or, ce que nul ne dit mais que chacun pense très fortement, c'est qu'il s'avère inutile sinon dangereux de faire contrôler le fonctionnement des écoutes par un responsable politique qui n'a aucune capacité d'intervention. Les avocats sont bien près de l'écrire quand ils rappellent que le directeur de cabinet du Premier ministre n'avait même pas à rechercher si le nom correspondait bien à la personne réellement écoutée et si le motif invoqué était conforme à la réalité. Le contrôle formel qu'il exerce confine à l'absurde si l'on veut bien admettre que le volume quotidien des transcriptions les rendait invérifiables.

Il y a le pain quotidien des services. Il y a les interférences toujours possibles du monde politique dans la gestion des écoutes, à commencer par les ministres. La doctrine est claire : aucune interception dans laquelle serait invoqué la personne ou le rôle d'un membre du gouvernement ne peut être laissée à la discrétion d'un service : « Ce qui concernait les ministres et le président de la République était mis sur le dessus du panier. » Il y a enfin les catégories « sensibles », journalistes, avocats, parlementaires, responsables syndicaux, qu'il faut également ménager. Sur ce point, Louis Schweitzer reçoit le renfort du témoignage du général Charroy : d'une part,

« le GIC exerçait un contrôle de conditionnement et de tri », d'autre part, « il ne se serait jamais permis d'attirer l'attention du Premier ministre ou de son directeur de cabinet pour le cas où il aurait pu constater qu'une demande d'écoute concernait une catégorie de personnes protégées, estimant que cela ne relevait pas de ses attributions ». A l'appui, le patron du GIC ajoute : « Je n'ai rencontré M. Schweitzer que deux fois, une fois lorsqu'il a pris ses fonctions et une deuxième fois dans le cadre d'une affaire qui ne concernait pas la cellule. »

La chose n'a rien qui surprenne. C'est au cabinet militaire qu'il revient de traiter, à Matignon, des écoutes. Ce choix est, en lui-même, très explicite. Le cabinet militaire ne dispose d'aucun pouvoir et ne représente qu'une structure d'exécution. Sans vouloir mésestimer la compétence des chefs du cabinet militaire, on doit noter qu'ils sont souvent choisis en début de carrière — comme le furent Michel Roussin ou le capitaine Marie — et qu'ils ne règnent que sur une poignée de secrétaires.

Ceux qui officiaient « sous » Pierre Mauroy et Laurent Fabius vont expliquer au juge comment étaient acheminées les écoutes du GIC à Matignon, « dans une valise », comment ils se contentaient de lire les pages dactylographiées, comment s'opérait le choix très aléatoire de celles qu'il fallait soumettre au directeur de cabinet.

Maîtres Lemaire et Haïk en concluent que « le tri et la présentation des documents étaient faits en amont par le GIC ». Ils ne se trompent pas. Les correspondants habituels des services « consommateurs » au GIC savent parfaitement que l'épluchage minutieux de leurs productions n'est pas possible. Ils en profitent pour subtiliser les productions les plus croustillantes ou certaines de celles qui sont, à coup sûr, interceptées : conversations mettant en cause des ministres, par exemple. En fait, le GIC ne peut prétendre exercer un contrôle approfondi sur ces centaines de magnétophones qui tournent ni sur tous ces scribes qui, les écouteurs sur le crâne, transcrivent des propos inutiles ou s'escriment à traduire l'urdu et le swahili.

On pourrait penser que les correspondants attitrés des RG, de la DGSE, de la PJ ou de la DST qui viennent sagement prendre leur place, chaque matin, dans leur petite cage vitrée, abusent de la liberté qui leur est consentie. Ce serait ignorer la déontologie de ces policiers et de ces militaires qui s'autocensurent plus efficacement que ne le pourrait un contrôle tatillon. On s'autorise quelques écarts qui n'iront pas au-delà du bureau de leur directeur, c'est tout. Et s'il se trouve qu'un avocat est écouté, comme le fut Jacques Vergès, ou un journaliste, il y faut une bonne raison et l'autorisation donnée en haut lieu en toute connaissance de cause.

On peut donc considérer — et c'est ce que perçoivent les avocats de Louis Schweitzer sans forcément connaître les subtilités de la procédure — que la grosse machine du GIC fonctionne bien, sans risque de dérapage, parce que tous les partenaires savent qu'une erreur, commise par n'importe lequel d'entre eux, serait fatale à tous. Le chef du GIC connaît parfaitement les limites de ce *gentleman's agreement*. Il sait, au passage, se montrer compréhensif : si un service exprime le besoin momentané de quelques lignes « hors contingent », il les accorde, pour peu que le chef de service sache les justifier. Mais, encore une fois, cette bonne entente repose sur la loyauté et le respect de la règle.

Sans y répondre, les avocats de Louis Schweitzer posent alors la double question suivante : que se passe-t-il si les demandes d'écoute sont faites sous un faux nom ou si, malicieusement, les transcriptions sont manuscrites, pas très lisibles et enfouies au milieu de la pile ? En résumé, que se passe-t-il s'il y a triche ?

Est-ce que, par hasard, les nouveaux venus dans les sous-sols des Invalides ne se sentiraient pas plus enclins ou mieux autorisés que leurs petits camarades à enfreindre la règle? Est-ce que, le prestige du maître aidant, ils ne se permettraient pas quelques privautés?

Les avocats posent la question, ce qui est déjà une manière de réponse. Face à ce monde un peu glauque, il faut le dire, ils n'ont aucun mal à démontrer la rigueur et les scrupules du directeur de cabinet de Laurent Fabius « ayant pour éthique personnelle et professionnelle une approche restrictive des écoutes administratives ». Ils trouvent des alliés de poids, non seulement avec le capitaine Marie et le général Charroy[1], mais aussi avec Christian Prouteau, dont la note du 6 novembre 1985 au président de la République constitue décidément un morceau d'anthologie. Le chef de la cellule, angoissé par une défaite annoncée, moins sans doute par réticence politique que par la perspective de l'arrivée d'un nouveau Premier ministre, d'un nouveau ministre de l'Intérieur, d'un nouveau ministre de la Défense, « se pose à nouveau le problème des écoutes ». Il considère sans doute qu'il faudrait faire feu de tout bois puisqu'il dénonce les obstacles posés à son esprit d'entreprise : « les réticences du cabinet du Premier ministre en matière de "constructions" »; « la non-application des nouvelles mesures que M. Ménage avait proposées [au président] ». Il est bien dommage qu 'il ne précise pas lesquelles. Ce faisant, il reconnaît lui-même l'implication de Gilles Ménage dans l'organisation des écoutes élyséennes. C'est fort intéressant mais il y a mieux encore. Il y a ce passage qui se suffit à lui-même : « Les "lignes" que nous possédons par l'intermédiaire du cabinet réservé du ministère de la Défense n'ont pas leur contenu diffusé[2]. Cette procé-

1. « C'est de loin Louis Schweitzer qui a refusé le plus d'écoutes parmi les responsables que j'ai connus. »

2. Ce qui signifie qu'elles échappent à tout contrôle et sortent directement du GIC.

dure qui, à l'expérience, a fait la preuve de son intérêt et de sa discrétion nous permettant de *vous*[1] tenir informé de problèmes sensibles, rencontre actuellement quelques difficultés en la personne de M. Schweitzer. La technique utilisée par le cabinet du Premier ministre est simple : elle consiste à nous refuser systématiquement toute nouvelle "construction" et à ne pas nous accorder les demandes de renouvellement. Ainsi, en moins de deux mois, nous sommes passés de l'exploitation de vingt à onze lignes, réduisant d'autant nos moyens de *vous* renseigner. »

On n'est pas plus mauvais camarade, ni plus maladroit. Car en quelques lignes où perce l'indignation, Christian Prouteau accumule les soupçons sur sa personne et celle de Gilles Ménage tout en dédouanant un Louis Schweitzer qui a réduit de moitié « en moins de deux mois » le contingent des écoutes élyséennes. Indiscutablement, la défense de ce dernier marque un point. Elle pourrait en rester là. Puisqu'il en connaît les raisons, le juge Valat est parfaitement en mesure de trouver tout seul les modalités selon lesquelles des écoutes auraient pu être mises en œuvre à l'insu du directeur du cabinet du Premier ministre. Mais peut-être parce que Gilles Ménage a choisi d'attaquer, maîtres Lemaire et Haïk se sentent tenus de contre-attaquer.

Les deux avocats de Louis Schweitzer s'y prennent bien. Ils passent en revue les hypothèses qui pourraient expliquer les nombreuses indiscrétions dont la cellule se serait rendue coupable. Du coup, sans même paraître s'en apercevoir, les parties ont changé la règle du jeu. D'inquisitoire, conduite par le juge d'instruction, la procédure est devenue accusatoire, à l'anglo-saxonne : chaque camp apporte son argumentaire, ses preuves, ses

1. Ce sont les auteurs qui soulignent, mais François Mitterrand n'a nul besoin qu'on y insiste.

recherches documentaires, ses appels à témoins, ses conclusions. Le magistrat, complice ou consentant, enregistre.

Dans leur contre-attaque, maîtres Lemaire et Haïk restent un peu en retrait de ce qui leur serait permis en Grande-Bretagne ou aux Etats-Unis. Ils prennent appui sur le seul dossier pour expliquer comment des écoutes auraient pu sortir du circuit GIC et être utilisées à des fins inavouables. Pour eux, deux séries de faits ont concouru à ce dérèglement.

D'abord, et comme l'a souligné le rapport Bouchet, la cellule élyséenne a progressivement échappé à tout contrôle effectif. Pour ce faire, on a eu de moins en moins recours à la dactylographie, pratiquée par les militaires du GIC, dont on sait qu'elle rend la lecture plus facile et plus fréquente. Le registre de transcription des écoutes par le GIC le prouve. Il est ainsi devenu plus aisé de s'affranchir d'un contrôle aléatoire. Autre preuve des « libertés » prises avec les règles du GIC, les cassettes de marques différentes découvertes dans les cantines de Prouteau. Le général Charroy, lorsqu'on l'interroge sur ce point, déclare qu'elles n'auraient pas dû se trouver là et que le GIC avait toujours utilisé une marque unique.

Tout à fait logiquement, ces écoutes irrégulières n'auraient pas été communiquées à Matignon. Les avocats en veulent pour preuves la note du 17 janvier 1986 de Gilles Ménage à François Mitterrand proposant l'interruption des écoutes DST sur le docteur Raad et l'aveu que nous venons d'évoquer formulé par Christian Prouteau dans sa note du 6 novembre 1985. Avec cette perle en sus : « le colonel Charroy *qui nous est acquis* est actuellement déstabilisé ».

Il y aurait eu en somme, selon la défense de Louis Schweitzer, tricherie au sein du GIC et dissimulation à l'égard du cabinet du Premier ministre.

Pour bien enfoncer le clou, on revient sur l'affirmation de Gilles Ménage selon laquelle toute la procédure conforme aux recommandations du rapport Schmelck aurait été scrupuleusement respectée. En conséquence, Matignon aurait autorisé et contrôlé « effectivement les écoutes. »

Le rapport Bouchet est au centre de cette controverse. En effet, le président de la CNCIS a avancé l'hypothèse selon laquelle tout ou partie des feuillets des transcriptions destinées à la cellule était extrait clandestinement par l'adjudant-chef Guézou. Soucieux de défendre la mémoire de son ancien collaborateur autant que de colmater la première brèche par où pourrait s'engouffrer l'accusation, Gilles Ménage s'inscrit en faux contre cette assertion en soulignant que, par exemple, les écoutes relatives à Edwy Plenel étaient de deux écritures différentes, ce qui reviendrait à « mettre dans le coup » un autre transcripteur que l'infortuné Guézou. Et aussi que le général Charroy se serait nécessairement aperçu de la différence entre le peu de feuillets donnés à transcrire et le nombre de bandes traitées.

Ce dernier argument n'est que médiocrement intéressant dans la mesure où la personne qui procède aux transcriptions peut ne retenir que les phrases intéressantes et négliger les considérations « sur la pluie et le beau temps » qui n'intéressent personne. C'est plutôt sur le nombre de transcripteurs qu'il faut revenir. Il semble acquis que plusieurs personnes aient travaillé sur les bandes de la cellule. Le commissaire divisionnaire Orluc en convient, et nul ne peut le contredire, ne serait-ce que pour des raisons de vraisemblance. Dans ces conditions, il serait plus simple de se demander si un ou plusieurs « transcripteurs » ont pu aider Guézou à soustraire des feuillets au contrôle du général Charroy. La question reste en suspens. Il n'y sera jamais répondu, Pierre-Yves

Guézou s'étant donné la mort[1]. Tout au plus peut-on donner acte à Gilles Ménage qu'une telle complicité n'est nullement établie et à la défense de Louis Schweitzer qu'elle n'est pas impossible.

On passe au renouvellement des écoutes dont Gilles Ménage soutient qu'il n'aurait pas été possible si les noms portés sur les cartons de demande avaient été falsifiés. Il en donne l'exemple, décidément inusable, de l'interception de Plenel, qui a, en dépit de sa pauvreté, « justifié » une prolongation. Justement, répond la défense de Louis Schweitzer, jamais le directeur de cabinet n'aurait autorisé pareille écoute. Et les avocats en appellent au témoignage du capitaine Marie.

C'est toujours la même question qui revient à propos de chaque personnalité écoutée. Louis Schweitzer et le cabinet militaire auraient-ils dû être interpellés par son nom, sa notoriété? Dans ce cas, auraient-ils sciemment autorisé? Gilles Ménage répond par l'affirmative, reconnaissant a posteriori à Matignon des prérogatives et une pratique qui lui eussent souverainement déplu. Louis Schweitzer le dénie, comme l'ont fait le général Gervais et le capitaine Marie.

Dans ce débat qui met en jeu la bonne foi de l'un et de l'autre protagonistes, le général Charroy apporte une lueur d'honnêteté en affirmant : « Je sais de façon certaine que le GIC a écouté, à la demande de la cellule, Jean-Edern Hallier, Carole Bouquet et Dominique Erulin. » Louis Schweitzer admet se souvenir du premier. On peut, par conséquent, le croire quand il affirme ne pas avoir vu passer la demande concernant la belle et célèbre actrice ou le frère du héros de Kolwezi, tout en précisant qu'il en aurait autorisé l'écoute si on lui avait présenté l'opération comme liée à la sécurité personnelle de François Mitterrand.

1. Voir chapitre XIX, « Le grand absent ».

Pour Gilles Ménage, cette position n'est pas crédible. Il s'en explique, lors de sa confrontation avec le commissaire Orluc, le 10 mai 1999 : « Nous savons que l'écoute de Carole Bouquet a bien eu lieu, que son nom n'a pas été caché et nous savons par le capitaine Marie que M. Schweitzer était attentif aux demandes d'écoutes. On sait par le colonel Charroy qu'il ne faisait pas de branchement sans assurance formelle d'un ordre. Comment M. Schweitzer peut-il ne pas avoir vu ? » Et il assène ce qu'il croit être le coup décisif : « Je rappelle que je suis mis en examen pour cette écoute alors que je n'étais pas au courant et que Louis Schweitzer ne l'est pas. »

L'attaque est nette et bien argumentée. Elle a surtout l'avantage d'appeler le général Charroy au secours de Gilles Ménage, ce même Charroy, on s'en souvient, dont Christian Prouteau a imprudemment écrit qu'il était « acquis » à la cellule. La dénégation de maîtres Lemaire et Haïk ne s'appuie en revanche sur aucun témoignage, aucun document. C'est la parole de l'un contre celle de l'autre. L'ultime argument de la défense de Louis Schweitzer porte davantage : les avocats soulignent en effet que Gilles Ménage n'a produit aucun bordereau de transmission d'une écoute litigieuse de Matignon à l'Elysée, alors que le directeur adjoint du cabinet du président de la République a précisément prétendu que de tels documents existaient, qui prouvaient que le GIC et Matignon prenaient obligatoirement connaissance de la production et l'analysaient.

La conclusion est sèche : « Il serait incompréhensible, plaident les deux avocats, qu'une poursuite supplétive soit décidée, au seul motif qu'elle a été suggérée par un co-mis en examen, pour des raisons obscures, et en tout état de cause, très éloignées de la recherche de la manifestation de la vérité. »

La vérité : c'est précisément ce que cherche le juge, tenace et méthodique. Dans le silence de son cabinet, il mûrit sa décision. Doit-il considérer que, dans le maquis des déclarations et des dénégations, des fautes et des négligences, des turpitudes et de la naïveté, Matignon a pu prêter la main aux entreprises de la cellule ? Le reconnaître reviendrait à atténuer la responsabilité du Château, à la faire partager. Le nier serait accabler encore un peu plus les fidèles de François Mitterrand.

Un mois et demi après le long plaidoyer de maîtres Lemaire et Haïk, tombe la décision du juge : trente et une mises en examen complémentaires donnent apparemment raison à Gilles Ménage. Le président d'honneur d'EDF a foudroyé le président de Renault SA. Louis Schweitzer sort de sa réserve courtoise pour dire son incompréhension et son indignation. Il y a effectivement de quoi si l'intéressé a réellement dit la vérité, s'il s'est réellement attaché à expliquer le fonctionnement du système, a situé son rôle, défini ses responsabilités. Pourtant, le juge qui a convoqué Louis Schweitzer pour lui signifier ses nouvelles mises en examen semble ne pas faire cette lecture mais considérer que le monsieur « si comme il faut » assis en face de lui a menti, a sciemment caché son jeu ou, au mieux, est frappé d'une amnésie sélective. Il veut en convaincre Louis Schweitzer en revenant sur le cas emblématique de Carole Bouquet, dont deux mis en examen, le général Charroy et Christian Prouteau, confirment l'écoute.

Louis Schweitzer avance une explication en suggérant que le compagnon de l'actrice, un certain Rassam, en relation avec le colonel Khadafi, ait pu retenir l'attention de la cellule et qu'en conséquence il ait autorisé l'écoute de celui-ci.

« C'est Carole Bouquet qui était titulaire de la ligne téléphonique, rétorque le juge. C'est donc son nom qui devait apparaître sur le carton, ne serait-ce que pour France Telecom. Vous auriez donc dû voir apparaître le nom de Carole Bouquet sur le listing qui vous a été soumis. »

Louis Schweitzer ne se souvient plus clairement de cette écoute. Il cherche des explications, admet qu'il aurait pu accepter la mise sur écoute de Carole Bouquet si on lui avait présenté son mari, M. Rassam, comme représentant la cible réelle de l'interception.

Le juge peut penser avoir marqué un point, qui justifie sa décision. Il s'applique à en inscrire un second en produisant à son interlocuteur des bordereaux adressés à l'Elysée par le capitaine Marie, accompagnant des écoutes faisant apparaître des personnalités politiques protégées, le président de la République, des ministres ou leurs proches collaborateurs. C'est évidemment Gilles Ménage qui les lui a remis. On se croirait revenu au temps de l'affaire Dreyfus et du fameux bordereau de Schwartzkoppen. Or, c'est précisément de l'absence de telles pièces que les avocats de Louis Schweitzer tiraient argument dans leur mémoire du 7 octobre pour soutenir que Matignon n'exerçait aucun contrôle. L'ancien directeur de cabinet du Premier ministre marque le coup. Il ne peut que rappeler que le colonel Prouteau a lui-même admis que « certaines écoutes n'avaient pas leur contenu diffusé ». Et il persiste et signe au sujet d'Edwy Plenel dont il n'a ni n'aurait jamais signé l'écoute même si le président de la République, comme le lui suggère le juge, lui en avait manifesté sa volonté. Il reprend même la main quand Jean-Paul Valat se fait plus précis.

Le juge : « Gilles Ménage et Christian Prouteau affirment qu'Edwy Plenel a bien été écouté à la demande du président de la République. Le président de la République a donc obtenu satisfaction. L'a-t-il fait en imposant sa volonté ou par un autre biais ? »

Louis Schweitzer : « Tout le dossier montre qu'un autre biais a été employé. »

Le juge rebondit sur cette affirmation et tend la perche

à l'ancien directeur de cabinet de Laurent Fabius : « Si la procédure mise en place fin 1983 était effective — et il semble qu'elle l'ait été puisque Gilles Ménage a produit des bordereaux d'envoi —, vous auriez dû voir arriver par exemple la conversation enregistrée sur la ligne de Nicole Lapierre dans laquelle Edwy Plenel s'entretenait avec Françoise Fabius à propos du portrait qu'il avait consacré dans le monde à Laurent Fabius. De la même façon, vous auriez dû voir arriver la conversation dans laquelle Edwy Plenel et Bernard Legendre évoquaient les origines de Françoise Fabius. »

C'est évident, tellement que Louis Schweitzer surenchérit : « Je n'ai jamais vu ces conversations dont vous m'apprenez l'existence. J'en conclus que la procédure de 1983 ne s'appliquait pas de façon systématique, en tout cas en ce qui concerne les écoutes demandées par la cellule. »

Finalement, le juge et le mis en examen marquent ensemble des points. Le premier obtient ce qu'il cherchait vraisemblablement : la confirmation des petites ou grandes tricheries par lesquelles la cellule écoutait des personnes non autorisées et subtilisait les productions aux contrôles du GIC et de Matignon. Le second se voit largement exonéré de responsabilités qu'il n'a pu assumer.

Plus de trois ans auparavant, en mai 1996, le capitaine Marie et le général Gervais, anciens commandants militaires de Matignon, n'avaient rien dit d'autre.

Claude Gervais a été affecté à Matignon en juin 1982, soit deux mois avant la décision prise par François Mitterrand de confier au commandant Prouteau la coordination de l'action antiterroriste. Il est son camarade de promotion comme de Jean-Louis Esquivié : ironie d'un destin qui distribue ainsi les premiers rôles d'une affaire d'Etat entre trois officiers de gendarmerie sortis de la même école, et que rien ne préparait, même si l'on a ironisé sur la subtilité du « curé », aux jeux et ris du pouvoir. Des années auparavant, c'est Claude Gervais qui a recruté Prouteau pour créer, au sein de la gendarmerie, l'équipe commando d'intervention qui deviendra le GIGN. Leurs relations sont donc excellentes, de la même qualité que celles qu'il entretient avec le colonel Esquivié. Le conseiller spécial de François Mitterrand peut compter sur ses deux camarades pour la mise en place de sa nouvelle structure.

Un an plus tard, à la mi-1983, Michel Delebarre, directeur de cabinet de Pierre Mauroy, donne instruction au colonel Gervais de réactiver la structure de coordination du renseignement que Raymond Barre avait initiée et animée[1] et que le nouveau gouvernement socialiste avait un peu légèrement supprimée. Le Premier ministre vit, en effet, assez mal d'être tenu à l'écart de l'activité des services de renseignement et de sécurité. L'affaire Farewell dont il n'a été informé que tardivement lui a laissé le goût amer d'une sujétion trop marquée vis-à-vis de l'Elysée. Le commandant militaire s'applique à cette nouvelle mission en établissant des synthèses à partir des rapports qui parviennent au Premier ministre de la DGSE, de la DST, du SGDN ainsi que de la gendarmerie et des autres directions de police. Curieusement, et le fait est passé pratiquement inaperçu, on assiste donc, moins d'un an après la création de la cellule de l'Elysée, à la remise en œuvre d'un autre organisme, moins généreusement doté en personnel et en matériel, beaucoup plus discret et sans réelle influence. Il est également dirigé par un officier de gendarmerie, plus élevé en grade que Christian Prouteau. Le colonel Gervais, sans déplaisir, on l'imagine, rentre ainsi dans le jeu. Il y est d'autant

1. Raymond Barre ne négligeait en rien ce secteur de responsabilité. Il est le seul Premier ministre à avoir répondu favorablement aux demandes de moyens présentées par la DST.

plus intéressé que Michel Delebarre lui a également fait ses recommandations à propos du fonctionnement du GIC. Très clairement, le directeur de cabinet de Pierre Mauroy souligne que, à défaut de pouvoir légiférer en la matière — il faudra attendre pour cela le second septennat de François Mitterrand et les gouvernements de Michel Rocard et Edith Cresson —, le Premier ministre entend s'en tenir au strict respect des recommandations du rapport Schmelck. C'est lui qui fixe la règle qui veut que soient protégés de toute interception téléphonique les hommes politiques, les magistrats, les avocats et les journalistes. Michel Delebarre prescrit également que les procédures de construction et de démontage soient scrupuleusement respectées, ainsi que les contingents.

Au juge qui le questionne sur ce point, le général Gervais répond qu'il lui était impossible, avec les trois collaboratrices qui sont tout son effectif, de lire toute la production du GIC. Poussé plus avant par Jean-Paul Valat, à propos de « l'adéquation entre la production et le motif d'autorisation », il ne se fait pas tirer l'oreille pour mettre la cellule en cause : « Quand Michel Delebarre m'a demandé de réactiver la structure de Matignon, j'ai pris contact avec Jean-Louis Esquivié et je lui ai dit que je comptais travailler en bonne intelligence avec lui et Prouteau. Esquivié m'a assuré qu'il en allait de même de leur côté mais je me suis aperçu qu'en matière de renseignements, ils me roulaient dans la farine [sic]. » Il poursuit : « Les renseignements qu'ils me donnaient étaient de piètre qualité par rapport à ceux que je leur fournissais. Pour en avoir le cœur net, je leur ai demandé des renseignements sur des choses que je savais déjà et j'ai eu la confirmation que la cellule de l'Elysée ne renvoyait pas l'ascenseur. »

Pas bête, le gendarme. Moins futés, les archers de l'Elysée, lesquels, bardés de certitudes comme de calibres et d'électronique, n'ont pas flairé le bon vieux piège du faux ingénu qui les pousse à la faute. Ce faisant, en répondant mal ou à côté des interrogations de Matignon, ils ont manqué l'occasion de se faire un précieux allié dans l'exploitation quotidienne des écoutes. Le général Gervais, sans réticence, en bon militaire, s'en explique :

« Là où les choses se sont franchement gâtées avec la cellule de l'Elysée, c'est en matière d'écoutes téléphoniques. Ils se sont mis à franchir la ligne jaune... Une première fois, je me suis aperçu en lisant les productions que la personne réellement écoutée n'était pas celle indiquée lors de la demande. Je crois que c'est pour maître Comte que je me suis aperçu de cela. »

Le chef du cabinet militaire de Matignon rapporte ce premier accroc à Louis Joinet. Ce magistrat, venu du cabinet de Gaston Defferre, est tenu pour « gauchiste » par son ancien ministre. C'est beaucoup dire au sujet d'un militant qui n'a pas cru devoir mettre ses convictions dans sa poche en entrant dans un cabinet ministériel. Toujours est-il que le gendarme et le magistrat vont trouver Michel Delebarre, qui promet de s'en occuper. Comme Jean-Louis Esquivié, auquel son camarade d'arme ne peut se retenir d'en parler.

Ces mises en garde sont sans effet. Les accrocs se reproduisent, dont le colonel Gervais ne saisit même plus son ami Esquivié. D'ailleurs le temps passe, les jours de Pierre Mauroy à Matignon semblent comptés et Michel Delebarre signifie au chef du cabinet militaire la disparition de la structure de coordination du renseignement. Décidément, sa résurrection aura fait long feu. Pour faire bonne mesure, de vilaines histoires se mettent à circuler sur le compte de Claude Gervais : une liaison avec une collègue de Matignon, évidemment sans fondement. Le colonel fait sa petite enquête et en conclut que la rumeur a été propagée par Christian Prouteau.

Olivier Marie confirme au juge l'impression que lui a livrée le colonel Gervais d'une atmosphère trouble qui a embrumé les relations de Matignon et de la cellule de l'Elysée. Il souligne à son tour qu'« il y a eu plus de problèmes avec la cellule qu'avec d'autres services » et que lorsqu'il était chargé par M. Schweitzer de demander au colonel Charroy des explications complémentaires, celui-ci répondait très souvent que M. Schweitzer devait demander des explications *directement à l'Elysée*[1].

« A qui à l'Elysée ? s'inquiète le juge.

— Je n'en sais rien. »

Etonnante réponse, lourde de sous-entendus et d'une certitude : on ne communiquait pas entre le cabinet militaire de Matignon et la cellule de l'Elysée. Celui-là ne posait pas de questions à celle-ci, qui n'eût traité sa curiosité que par le mépris. A un niveau plus élevé, celui de la responsabilité, elle traduit en fait le climat d'ignorance plus encore que d'indifférence qui s'est installé entre les hommes du président et ceux du Premier ministre. Louis Schweitzer en tête qui s'applique à seconder le capitaine d'un navire pris dans la tempête, ne s'extirpant d'un cyclone que pour tomber dans un tourbillon. Les turpitudes de la cellule, dont, à présent, toute la presse fait ses choux gras, ne l'intéressent d'aucune manière. Il confie à son ami et coreligionnaire Claude Silberzahn le suivi du quotidien. Or, les relations entre Gilles Ménage et Claude Silberzahn, qui ne sont pas mauvaises, ne peuvent aller jusqu'à être qualifiées d'amicales. D'ailleurs, Gilles Ménage a-t-il des amis ? Il y a mieux encore.

Le préfet Silberzahn est aussi rigoureux que Louis Schweitzer. Profondément républicain, il se défie des galonnés et des étoilés ou s'amuse de leurs bévues. Il cultive au plus haut point, avec une ironie qu'il sait s'appliquer à lui-même, l'indépendance d'esprit. Il nour-

1. Ce sont les auteurs qui soulignent.

rit enfin une méfiance instinctive à l'encontre des courtisans et des faiseurs d'intrigues. Si Gilles Ménage lui offre une collaboration intelligente et désintéressée, Claude Silberzahn ne peut retrouver les mêmes qualités chez un Christian Prouteau.

C'est dans ce climat qu'éclate l'annonce du naufrage du *Rainbow Warrior* et que les évènements prennent une allure accélérée. Quand Laurent Fabius apprend la nouvelle et que ses conseillers lui susurrent que cela pourrait bien être un coup de la DGSE, il s'en inquiète, redoutant d'avoir été tenu à l'écart de la manipulation. Trop tard. Déjà circule la rumeur, complaisamment alimentée, que s'est tenue, début juin, à Matignon une réunion de mise au point de l'opération à laquelle auraient participé le chef du cabinet militaire de Matignon et le directeur de la DST. Pour ce dernier, c'est simplement grotesque, étant donné qu'il a toujours manifesté son opposition à de telles expéditions punitives, et qu'il a fait part à Charles Hernu de son incrédulité quant aux relations supposées de Greenpeace et du KGB[1]. Pour le général Norlain, c'est beaucoup plus ennuyeux et tout aussi inexact.

Il faut, sur ce sujet, réparer une flagrante injustice. Laurent Fabius, pour ceux qui ont peu ou prou approché le dossier, n'a jamais, ni le moindrement du monde, participé à la décision, à la préparation et à l'exécution de la calamiteuse équipée. Il n'en subit pas moins ses conséquences alors que le président, qui a connu et approuvé l'opération, est miraculeusement épargné. Ce n'est pas un fusible qui saute, c'est un paratonnerre qui reçoit toute la décharge. Même si Gilles Ménage et Christian Prouteau n'ont pris aucune part à l'affaire, ce qui paraît acquis, leurs relations avec Matignon vont s'en trouver

1. Ce qui prouve bien que, contrairement à l'opinion de Pierre Joxe et de Jean-Louis Bianco, Yves Bonnet n'est pas un illuminé de la lutte antisoviétique.

affectées. Il faut, en effet, sortir du guêpier tous ceux qui ont trempé dans l'affaire. Ce n'est pas seulement le soldat Ryan qu'il faut sauver, mais toute l'escouade. Comme l'ennemi s'identifie au *Monde* et à Edwy Plenel qui, avec la complicité supposée de Pierre Joxe, a évoqué la troisième équipe et fait exploser le scandale, on va lui régler son compte. Et commencer par l'espionner, l'écouter.

A cette affaire dans l'affaire, il est clair que Louis Schweitzer ne prend aucune part. Il paraît invraisemblable et même inconcevable qu'il ait fermé les yeux sur l'écoute de journalistes dont les projecteurs montraient la présence au cœur de la mêlée. A moins de le prendre pour un imbécile, ce qu'il n'est assurément pas, il devient très difficile pour Gilles Ménage de soutenir que Matignon a fermé les yeux sur les écoutes de journalistes ou a péché par négligence.

Ce serait en quelque sorte remettre en cause le prédécesseur de Louis Schweitzer rue de Varenne, le préfet Michel Delebarre.

Quand Michel Delebarre prend la direction du cabinet du Premier ministre, c'est la stupeur dans la haute fonction publique. Certes, l'homme est talentueux, sympathique, communicatif. Mais il n'a que trente-six ans, son expérience administrative se résume à un court séjour au secrétariat général de la mairie de Lille, il n'est ni énarque ni même Sciences-Po. Il succède à Robert Lion, un inspecteur général des Finances, lui-même assisté du préfet André Chadeau. Dans les coulisses du pouvoir, on attend pour voir, beaucoup souhaitant secrètement la chute de l'oisillon.

Le pire, pourtant, n'arrive pas. Michel Delebarre s'attelle au lourd fardier que son Premier ministre charge de ballots supplémentaires : nationalisations, décentralisation, déficits du budget de l'Etat et de celui de la sécurité sociale, cinquième semaine de congés payés, impôt sur la fortune. Il s'en acquitte au mieux et s'implique personnellement, jusqu'au domaine très particulier de la sécurité.

Comme il a coutume de le faire, et à la différence de ces juges d'instruction qui dégainent le Code pénal aussi vivement que Lucky Luke son colt, le juge Jean-Paul Valat commence par entendre les éventuels mis en cause avant de les mettre en examen. Il ne le fait pas nécessairement dans un ordre chronologique puisqu'il convoque Louis Schweitzer avant Michel Delebarre et qu'il attendra encore plus d'un an avant de lui signifier son inculpation.

D'entrée de jeu — le terme s'impose tant Jean-Paul Valat prend manifestement du plaisir à placer toutes ces excellences en contradiction les unes avec les autres —, le juge cherche la faille entre les deux hôtes successifs de l'hôtel Matignon. Quand Michel Delebarre indique qu'il ne regardait que les ministères d'où émanaient les demandes, quitte à vérifier auprès de Charles Hernu ou Gaston Defferre, et qu'il n'a pas gardé le souvenir de personnes précisément écoutées, le magistrat lui rétorque que son successeur se souvient de Jean-Edern Hallier. Et même « que ces écoutes avaient commencé avant qu'il ne prenne ses fonctions ». Michel Delabarre se défend de son mieux : « M. Schweitzer a une remarquable mémoire mais je n'ai pas autorisé une écoute de Jean-Edern Hallier. »

C'est pourtant sur ce fait que le juge va se fonder pour prendre à l'encontre du maire de Dunkerque la décision de sa mise en examen. Entre-temps, il a recueilli le témoignage du général Gervais, qui a confirmé le propos de Louis Schweitzer. Michel Delebarre ne peut faire autrement que de nuancer sa position : « Je n'ai aucun souvenir d'avoir autorisé une écoute de Jean-Edern Hallier. »

Jean-Paul Valat aime bien pousser son avantage : « La première fois où je vous ai entendu, vous affirmiez ne pas avoir autorisé l'écoute de Jean-Edern Hallier. Aujourd'hui vous dites ne pas en avoir le souvenir. Dois-je considérer que votre position d'aujourd'hui est en retrait par rapport à celle de décembre 1995 ? » Acculé dans ses retranchements, Michel Delebarre n'en dit pas davantage. Il confirme en ceci le principe qui veut que, plus on se hisse dans la hiérarchie de l'Etat, plus la mémoire vient à flancher.

Pourtant, pour preuve de sa bonne volonté, il veut bien concéder que lui revient l'autorisation d'écouter Jacques Vergès. Il peut le faire d'autant plus aisément que le brillant, sulfureux et redoutable avocat se répand dans tous les salons parisiens et proteste avec une feinte indignation qu'on ose ainsi violer sa vie privée et ses secrets professionnels. Michel Delebarre, qui sait qu'il tient là l'exemple de ce qui serait accepté par l'opinion publique, précise même : « J'en ai le souvenir car cela a fait l'objet de discussions. »

Le juge saute sur la concession : « Vous venez de me dire que la mise sur écoute de Jacques Vergès avait fait l'objet de discussions. S'agit-il de discussions entre le Premier ministre et vous ? »

Michel Delebarre laisse alors tomber cette réplique, noble et historique : « Il s'agissait de discussions entre ma conscience et moi. »

Momentanément sorti de son amnésie, l'ancien directeur de cabinet de Pierre Mauroy y retombe quand, à propos de maître Antoine Comte, il confesse ne plus avoir en mémoire son entretien avec Louis Joinet et le général Gervais. Décidément, le jeune secrétaire général de la mairie de Lille, qui grimpe avec agilité les échelons de la promotion sociale, et même socialiste[1], a vite

1. Ministre des Affaires sociales à quarante-deux ans, des Transports à quarante-trois, de l'Equipement la même année ; ministre d'Etat, ministre de la Ville à quarante-quatre ans ; ministre de la Fonction publique à quarante-cinq ans.

appris les règles du jeu. Il répond à côté sur la question pourtant essentielle de la cellule de renseignements de Matignon, et c'est bien dommage. En effet, l'implication du chef du gouvernement dans le processus de sécurisation du pays pose un problème de principe qui touche à l'organisation des pouvoirs publics. Raymond Barre y avait apporté une réponse claire. Avec un temps de retard, Pierre Mauroy avait repris la trace. Que le départ programmé du gouvernement du maire de Lille ait conduit à restaurer dans leur plénitude les prérogatives présidentielles n'aboutit qu'à fragiliser la plus haute personnalité de la République. Et à remettre à sa place un Premier ministre sur ce point comme sur tant d'autres définitivement vassalisé.

Michel Delebarre est récompensé de sa compréhension par une mise en examen.

XV

La partie de Plaisir

Christian Prouteau a choisi la stratégie de la dénégation. Contre toute évidence, le chef de la cellule élyséenne nie toute responsabilité dans le scandale des écoutes. Il déclare superbement au juge d'instruction : « Pour les mêmes raisons que je vous ai évoquées pour maître Comte, je n'ai jamais écouté ni journalistes, ni avocats, ni politiques. [...] Imaginer que j'ai pu le faire revient à penser que j'ai eu une démarche politique, ce qui n'a jamais été le cas. »

Au moment où la dame en noir s'en vient remettre les disquettes au juge Valat[1], le tout nouveau préfet s'insurge contre le mauvais procès qu'il dit lui être fait. Oubliant toute prudence, il s'épanche dans la presse. Le 6 mars 1995, il raconte dans *VSD* : « Entre 1983 et 1986, la cellule élyséenne n'a pas écouté plus de quatre-vingts personnes [...]. Quant aux disquettes, elles sont fausses. Elles sont de cinq pouces alors que moi j'utilisais des disquettes de trois pouces et demi. De plus, ces disquettes ont été créées sur un système, le programme Filing, qui à l'époque était très courant. Avec le traitement de texte, on peut faire toutes les manipulations que l'on veut et créer n'importe quoi sur un ordinateur. »

1. Voir chapitre XVI, « Le book émissaire ».

La fréquentation du pouvoir a rendu Prouteau un brin méprisant. Dans ce même entretien, il affirme : « Je n'étais pas dans une cave de l'Elysée avec les écouteurs sur les oreilles. J'étais au plus haut niveau de l'Etat. A ce niveau, on ne fait pas des écoutes sauvages ou illégales. Si quiconque m'avait demandé d'écouter quelqu'un pour une raison fallacieuse, je ne l'aurais pas fait. Je me serais senti insulté et atteint dans mon honneur. Si demain on m'apporte les vraies fiches d'écoutes et si on me prouve que j'ai porté atteinte à la vie privée ou professionnelle d'une personne que j'ai écoutée sans raison valable, alors à ce moment-là, je veux bien m'expliquer et lever le secret défense. » Sans modestie ni légitimité, Prouteau s'arroge froidement les prérogatives du Premier ministre, seul maître du secret défense. C'est d'ailleurs Lionel Jospin qui le lève effectivement dès son arrivée au pouvoir.

Le 7 février 1994, Jean-Paul Valat l'interroge pour la première fois. Le conseiller-confident de François Mitterrand feint d'ignorer le cheminement des demandes d'interceptions téléphoniques. « Quand nous avions besoin de faire poser une écoute, dit-il, nous nous adressions à Gilles Ménage, directeur adjoint du cabinet du président à l'époque des faits. Je crois qu'ensuite la demande passait au cabinet réservé du ministre de la Défense puis au cabinet du Premier ministre. J'ajoute que je ne suis pas tout à fait certain des endroits où passait la demande car je n'en suivais pas le cheminement. »

Le 26 janvier 1995, le préfet Prouteau tient un autre discours, oubliant ce que prétendait le commandant.

Le juge Valat lui tend la perche : « Entrons tout de suite dans le vif du sujet. Qui signait les demandes d'écoutes émanant de la cellule ? »

Prouteau la saisit et recale sa défense : « C'est moi qui les signais. »

Le juge : « Ce n'est pas ce que vous m'avez dit la première fois où je vous ai entendu.

— Après ma mise en examen, j'ai eu accès au dossier et j'ai vu que je vous avais dit que lorsque nous avions besoin d'une écoute, nous nous adressions à Gilles Ménage. Je m'étais mal expliqué. Je n'avais pas fait attention en relisant mon procès-verbal [sic][1]. Je signais les demandes d'écoutes et je les adressais à Gilles Ménage car les demandes partaient sous le timbre du cabinet. Ensuite, ces demandes étaient adressées au cabinet réservé, je ne crois pas qu'il y avait besoin pour Gilles Ménage d'apposer sa signature sur le document qu'il transmettait. »

Christian Prouteau oublie de parler des problèmes qu'il a rencontrés en 1985 avec Louis Schweitzer, directeur de cabinet de Laurent Fabius. Le magistrat le lui rappelle. Matignon s'est en effet indigné du fait que le contenu des écoutes de la cellule ne soit pas diffusé aux autres services de renseignements et de sécurité. Louis Schweitzer, qui n'accorde pas aussi facilement le renouvellement des écoutes, fait en sorte que le nombre des bretelles effectivement posées tombe de vingt à onze lignes. Le commandant s'en plaint auprès du président[2], qui charge Gilles Ménage de régler le problème.

Valat revient à ses moutons : « Etiez-vous le seul membre de la cellule élyséenne à remplir et signer ces formulaires ?

— Oui, bien sûr. »

Ce n'est plus une simple rectification, c'est un retournement de stratégie. Le juge comprend que le moment est venu d'aller au fond des choses :

« Qui était le responsable du cabinet réservé en 1983, 1985 et 1986 ?

— Je n'en sais rien. Je crois bien ne jamais être allé au cabinet réservé pendant que j'occupais mes fonctions. »

1. Christian Prouteau est pourtant gendarme.
2. Voir chapitre précédent, « Le pris de la rigueur ».

C'est fort probablement exact sur le dernier point. Quant à ignorer l'identité des quelques membres du cabinet militaire de Matignon, cela devient beaucoup moins plausible. Pourtant, le juge affecte de croire Christian Prouteau. Il veut revenir à la conduite de la procédure au sein de la cellule élyséenne afin de clairement hiérarchiser les priorités.

« Qui déterminait les pseudos ?

— Je crois que c'est le GIC mais je n'en suis pas sûr.

— Qui signait le document que vous receviez formalisant l'accord ?

— Je ne m'en souviens plus.

— Comment faisiez-vous pour vous assurer que vous ne dépassiez pas le contingent de vingt lignes qui vous était accordé ?

— Je tenais un cahier. »

Décidément, la mémoire lui est complètement revenue.

« Qu'est devenu ce cahier ?

— Il a été détruit comme c'était l'usage, en 1986, quand nous n'avions plus d'écoutes. Un mois après la cessation d'une écoute, on détruisait la pièce afférente.

— Plutôt que de tourner les pages de votre cahier, ne pensez-vous pas qu'il aurait été préférable d'informatiser les listes ?

— Je vous ai déjà dit que la cellule n'avait été informatisée qu'à la mi-85. Je vous répète ce que je vous ai dit la première fois, c'est-à-dire que l'on ne se soit pas interrogé sur l'origine de cette liste[1]. »

Le juge peut jubiler. Son vis-à-vis glisse doucement sur une pente dangereuse.

« J'ai effectivement constaté lors de votre première audition que vous étiez fort mécontent de cette liste ;

1. En français de Christian Prouteau dans le texte.

est-ce à dire que vous considérez que la liste est un faux alors que les synthèses des conversations seraient authentiques ? »

Christian Prouteau a compris. Il doit à tout prix contester l'authenticité des synthèses. Il le dit sans ambages : ce sont des faux. En revanche, il lui paraît que la liste présente toutes les apparences de la vraisemblance et il aimerait que le juge s'intéresse à son origine.

Celui-ci poursuit sans désemparer : « Après 1986, n'avez-vous pas procédé à des écoutes sauvages ?

— Certainement pas. J'ai toujours exercé mon métier avec une éthique... »

Il oublie de préciser laquelle.

« Sous quelle forme vous revenait la production des écoutes que vous aviez demandées ?

— Elles revenaient sur papier blanc. Les conversations retranscrites étaient parfois manuscrites, mais le plus souvent elles étaient dactylographiées.

— Qui faisait ces transcriptions manuscrites ou dactylographiées ?

— Les transcripteurs du GIC que je ne connaissais pas. Je considère qu'en vous répondant, je suis à la limite du secret défense. Mais j'estime qu'il est utile que vous soyez informé et c'est pourquoi je vous réponds.

— En ce qui concerne le lecteur de la cellule au GIC, est-ce que vous m'opposez également le secret défense ?

— Même si c'est un secret de Polichinelle, je vous l'oppose. [Il s'agit bien entendu de Pierre-Yves Guézou.]

— Que sont devenus les traitements informatiques faits par la cellule ? »

C'est la question fondamentale. Le préfet Prouteau revient à son premier sinon primitif système de défense. Il ne sait pas. Ou plutôt, si. Il croit se souvenir que le disque dur a été effacé en 1988, lorsqu'il a quitté ses fonctions. Puis il se défausse allègrement sur ses collaborateurs. Pour lui, « il n'y avait que Gilleron et Esquivié qui se servaient de l'informatique pour faire des synthèses d'écoutes ». Encore Esquivié ne faisait-il pas de synthèses d'écoutes. Il avait « autre chose à faire que de s'occuper des transcriptions ».

Entre les lignes, Christian Prouteau vient de « donner » Gilleron. Le juge insiste :

« Que sont devenues les disquettes ?

— Je ne sais pas. Je vous rappelle qu'il n'y avait qu'Esquivié et Gilleron qui se servaient de l'ordinateur. »

Le juge veut enfoncer le clou :

« Pierre-Yves Guézou se servait-il de l'ordinateur ?

— Il s'en est beaucoup servi après qu'on ait interrompu notre travail direct avec le GIC. A partir de ce moment-là, il n'était plus pris au GIC et il a fait beaucoup de compilations sur l'ordinateur. »

C'est un premier coup de pied de l'âne à l'homme le plus fragile de la cellule élyséenne. On ne peut plus clairement mettre en cause le capitaine Pierre-Yves Guézou, coupable d'avoir archivé beaucoup de renseignements... La suite de l'histoire sera tragique[1].

Il est de nouveau convoqué chez le juge le 5 avril 1995. Il ne s'agit cette fois que d'épicerie.

Le magistrat veut savoir où convoquer Patricia Welter, retrouver la trace des autres secrétaires que l'ex-commandant a perdues de vue.

Six mois plus tard, nouvelle échappatoire de Christian Prouteau.

Jean-Paul Valat veut retrouver une certaine Marie-Pierre. Il semble que cette aimable personne ait disparu de la circulation. Le juge s'inquiète de cette escapade prolongée :

« Votre mémoire est défaillante ; celle de votre secrétaire, Patricia Welter, l'est aussi et celle de l'Elysée ne

1. Voir chapitre XIX, « Le grand absent ».

l'est pas moins. En effet, le secrétaire général de l'Elysée m'a indiqué qu'il n'était pas en mesure de retrouver le nom de cette collaboratrice. Je trouve stupéfiant que l'on ne puisse pas retrouver le nom des gens ayant travaillé à la présidence de la République. Qui, parmi vos anciens collaborateurs, a plus de mémoire que vous ?

— Pendant les cinq ou six mois qu'elle était à la cellule, elle a travaillé avec Gilleron. »

Décidément, l'ancien commandant du GIGN a oublié le premier devoir du chef, qui est de couvrir ses subordonnés. Tout au contraire, il se dissimule derrière eux. Le plus étonnant reste à venir.

C'est quand le juge s'intéresse à Mme Anne Pingeot.

« Qui est Anne Pingeot ? » s'inquiète le faux naïf.

Il faut lui mettre les points sur les *i*. Jean-Paul Valat s'en charge, mi-agacé, mi-satisfait.

« Je crois qu'elle a eu une fille prénommée Mazarine dont Jean-Edern Hallier envisageait de révéler l'existence dans un livre qu'il n'a, en définitive, pas réussi à faire publier. Or, Anne Pingeot apparaît dans les transcriptions des disquettes. Il est indiqué qu'elle travaillait au musée d'Orsay et qu'elle est en relation avec une certaine Marguerite Correa dont le nom de code est "Crabe". »

Christian Prouteau feint de s'insurger : « Je ne vois pas ce que cela vient faire là-dedans. Je vous ai déjà dit que ce qu'il y avait dans les disquettes, je ne le connaissais pas. »

Décidément, les calculs du mis en examen sont enfantins. A la différence de Gilles Ménage, qui s'appuie sur une argumentation serrée et s'éloigne le moins possible de la vraisemblance, Christian Prouteau donne dans l'incroyable. Ce faisant, il s'aliène la sympathie du magistrat instructeur, pourtant précieuse quand viendra le moment du renvoi devant la énième chambre du TGI. Comme si sa propre maladresse ne suffisait pas, et sans que le hasard y soit forcément pour grand-chose, voici que la partie, d'un coup, vient se compliquer pour le « jeune » préfet.

La manœuvre, car c'en est une, se déroule en deux temps. C'est d'abord une lettre anonyme qui parvient au juge Valat en février 1997.

« *Monsieur le juge,*

Pour compléter votre enquête sur les écoutes de l'Elysée, vous devriez vous intéresser à M. Georges Cueille, 18 rue Massenet à Villeneuve-St-Georges, ancien de la cellule. Il joue encore un rôle essentiel auprès de Prouteau, Ménage, Esquivié, Chassigneux et autres, qui l'entourent d'attentions que seuls les services qu'il leur rend peuvent justifier.

Il vous conduira dans un box garage, 181 rue de Charonne à Paris 75011, où dormaient les documents sensibles dont il a organisé le déménagement à Plaisir dans les Yvelines, et où, peut-être, se trouvent encore des pièces pour lesquelles la police n'a pas eu de tuyau. Mme Gaguèche-Moine, 179 rue de Charonne à Paris 75011, en possède sûrement la clé car M. Cueille la connaît bien. Ceci pourrait vous permettre de récupérer ce qui se trouve dans son ou ses garages. »

C'est ensuite un coup de téléphone qui parvient au préfet Parent, directeur de la DST. L'aimable, bénévole et anonyme informateur signale au patron du contre-espionnage que des documents « secret défense » sont entreposés à Plaisir, dans un garage. Le préfet est un homme prudent qui se garde bien de foncer tête baissée dans le panneau. Il en réfère à sa hiérarchie sans pouvoir fournir d'autre précision que l'adresse dudit local. Tout de suite, on flaire le coup tordu. La décision est prise de ne pas s'écarter d'un millimètre de la légalité. On va procéder comme il sied dans un service de police judiciaire. Le préfet Parent convoque son directeur de cabinet, le contrôleur général Debain.

Jacky Debain, fonctionnaire d'expérience, a été appelé à cette responsabilité au départ de Michel Lacarrière.

Aussi loyal qu'ouvert, il a l'immense mérite de parfaitement comprendre les intentions de ses patrons successifs, de les traduire en actes, non sans manifester un humour que tous n'apprécient pas également.

Le préfet Parent, en toute logique, devrait confier la mission « d'aller voir » au commandant général Jean-Jacques Martini, chef du contre-espionnage défensif, et, comme tel, bras séculier et judiciaire de la maison. Il préfère, non par désaveu, mais pour mieux suivre l'affaire, en charger Debain, sous le contrôle de la justice.

Les choses se passent ainsi. Jacky Debain prend l'attache du procureur général de Versailles, territorialement compétent, et lui explique le pourquoi de sa démarche[1]. Il revient au magistrat d'arrêter le comment. Il faut en effet désigner un juge d'instruction qui procédera aux formalités. Le choix du procureur général se porte sur le juge Charpier. Debain, quant à lui, s'adjoint les services de son meilleur procédurier et de deux inspecteurs d'expérience.

Quand la petite troupe parvient dans la rue Marcel-Jeantet, elle est un peu surprise de l'apparente médiocrité de la cachette. Une porte de tôle qui ne résisterait pas à un bon coup de pied, que les policiers se gardent de donner. Le serrurier requis n'a ni peine ni mérite à en venir à bout.

Ce qu'ils découvrent à l'intérieur n'est intéressant qu'en raison de l'identité du locataire qui apparaît à l'évidence sous la forme d'une abondante documentation émanant du GIGN. Neuf malles constituent le gros de la saisie dont les policiers entreprennent patiemment de recenser le contenu. Assez vite, dans une liasse de notes des Renseignements généraux, apparaît une écoute téléphonique. La pièce est évidemment présumée secret défense. C'est ce que fait remarquer Jacky Debain au juge Charpier en lui suggérant d'alerter son collègue Jean-Paul Valat qui instruit à Paris le dossier des écoutes

1. Voir annexe 9.

de l'Elysée. Ce que fait le juge versaillais. Le temps de venir sur les lieux accompagné d'un magistrat du parquet, et les magistrats sont bientôt quatre puis cinq avec la venue du procureur général en personne.

L'inventaire des malles dure toute la journée : pour l'essentiel des notes de police émanant des Renseignements généraux, aucune de la DST, quelques écoutes. Rien de bien méchant en dehors du constat que le colonel-préfet Prouteau a une bien curieuse conception de la déontologie administrative. Rigoureux, le contrôleur général Debain conserve par-devers lui les documents susceptibles d'être considérés secret défense, notamment deux registres répertoriant les personnes écoutées. Parmi lesquelles de nombreuses femmes, inconnues de la police. Il laisse entre les mains du juge Valat un bric-à-brac de documents sans intérêt, compilations indigestes de notes RG, se rapportant à la Corse, à Action directe, à l'IRA-INLA, bien entendu, à Carlos, à la Bretagne, et à quelques destinations plus exotiques, le Gabon, l'Egypte, la Sardaigne, l'Arménie, ou le Centre-Afrique. Ce qui va intéresser le plus le magistrat, ce seront les agendas 1983 à 1987 de Christian Prouteau, tenus en double par lui-même et par sa secrétaire.

Ces carnets sont pour Jean-Paul Valat une véritable trouvaille. Ils recoupent, au jour le jour, le contenu des disquettes. Ainsi, sur les agendas tenus par sa secrétaire Patricia Welter, on trouve les demandes d'interception téléphonique, aussi bien que les informations obtenues grâce aux écoutes. Le 13 janvier 1986, la secrétaire note, par exemple, les numéros à identifier par Jean-Louis Esquivié : 89.54.03.XX et 33.34.52.XX[1]. A la même date, le fichier TPH fait apparaître avec la mention « Ely-

1. Les auteurs ont tenu à ne pas livrer les numéros complets afin de protéger les personnes concernées.

sée-Patricia » l'identification des titulaires des deux lignes.

Le lendemain, Patricia Welter note toujours sur l'agenda « N° à identifier 43.45.93.XX (à monter) ». Cette notation signifie bien sûr qu'on va monter « une bretelle », soit une écoute. Le fichier TPH contient, au 15 janvier 1986, le nom de la personne titulaire de la ligne, Chaanan Rafik. Il a déjà son pseudo, « Carpe ». C'est la preuve que la ligne est désormais interceptée.

Même concomitance pour le numéro 30.24.32.XX figurant sur l'un des calepins de Prouteau et mentionné dans le fichier TPH. Placé sous surveillance administrative, sous le pseudo « Héron », un nommé Jean-Pierre est « responsable d'une association d'anciens sous-mariniers et aurait voulu faire du chantage en disant qu'il connaissait des choses sur l'affaire Greenpeace ». Des transcriptions de ces écoutes ont été retrouvées sur les disquettes saisies.

L'ex-patron de la cellule élyséenne a également conservé des registres chronologiques. Les classeurs sont intitulés « Registres 2 ». Ces documents sont en lien direct avec les écoutes. Une note du 7 février 1985, signée Jean-Louis Esquivié, fait ainsi le point de l'activité de « Plume », soit Jean-Edern Hallier. On y apprend que « Raymonde Falavignat est la gérante de *L'Idiot international*. L'écrivain la considère comme d'extrême droite. Les problèmes financiers du journal seraient réglés. Jean-Edern Hallier devrait signer un accord avec "les Belges" dont il a accepté les conditions qui garantiraient la publication de douze numéros. Séguéla assurerait la publicité de *L'Idiot international.* »

Le « Fou », autre nom de code de Jean-Edern Hallier, a indiqué au téléphone que la signature du protocole se déroulerait le dimanche suivant à la Closerie des Lilas à 20 heures. Le texte précise que Labrousse, des éditions de l'Equerre, s'en occupe. Ce n'est pas un hasard si toutes ces informations se trouvent sur les disquettes. Les « trésors » du box de Plaisir recoupent en tous points le « cadeau » informatique offert à Jean-Paul Valat par la dame en noir. L'instruction peut rebondir de plus belle.

Pourtant, comme si la découverte des documents et des cassettes dans son garage ne le concernait pas, l'ancien responsable de la cellule persiste dans un système de défense à courte vue. Le juge Valat a désormais beau jeu de mettre en évidence la concordance des disquettes opportunément livrées et des agendas si spontanément découverts.

Le plus étonnant dans cette « affaire dans l'affaire » est que le magistrat ne dispose d'autant d'éléments en forme de preuves à l'égard d'aucun autre mis en examen, et qu'aucun autre mis en examen ne s'obstine si pauvrement à nier ou à charger les autres. Il ajoute donc l'isolement à l'inconfort d'une défense qui prend eau de toutes parts. Même l'ancien ami, le complice des bons comme des mauvais jours, doit l'abandonner, le contredire, l'accabler. De cette partie de « chacun pour soi », Christian Prouteau aura bien du mal à sortir vainqueur. L'image du champion déchu est d'autant plus saisissante que Paul Barril, quant à lui, a choisi de parler et livre des pans entiers de vérité.

XVI

Le book émissaire

Même grisonnant, il conserve indiscutablement cette séduction de l'allure et de l'expression qui rend son commerce intéressant. A le voir assis au milieu des invités de Paul Wermuz, attendant sagement son tour de parole, on se dit que décidément le démon a une belle gueule, même si son propos légèrement zozotant n'est pas forcément parole d'évangile.

« Malheur à celui par qui le scandale arrive », affirme la sagesse populaire. Le dicton ne se vérifie que tardivement en ce qui concerne Paul Barril, dont aujourd'hui bien peu se hasarderaient à minimiser le rôle dans la mauvaise tournure prise par l'arrestation des Irlandais de Vincennes. Sans reprendre dans le détail[1] le cheminement judiciaire d'une affaire qui, du 28 août 1982, date de la perquisition au 82 rue Diderot à Vincennes, au 23 janvier 2002, qui scelle l'annulation par la Cour d'appel de Versailles de « la totalité d'une procédure interminable dans laquelle le capitaine Barril était poursuivi pour atteinte à la liberté individuelle », force est de constater qu'au bout du compte il ne restera que deux condamnations, celle de l'indic volontaire, Bernard Jégat, et celle du complice

1. In *La Cour des Miracles,* Yves Bonnet, Flammarion, 2002, lire le chapitre X, « L'impudence de l'impunité ».

malgré lui, le colonel Jean-Michel Beau. Tous les autres acteurs, jusques et y compris les auteurs conscients de la manipulation et les organisateurs du mensonge d'Etat, sont purement et simplement blanchis.

Pourtant, à trois reprises, la justice, qui n'a pas cru bon de sanctionner Paul Barril, lui inflige le camouflet de le débouter dans son action en diffamation contre *Le Monde*[1] et assortit son jugement d'une sévère remontrance en précisant que « l'inaction du parquet et l'inertie du juge ne procurent pas un brevet d'innocence ». La XVIIe chambre et la Cour d'appel ont ainsi, comme elles le pouvaient, rétabli un semblant de cohérence dans un lourd dossier où un informateur bénévole et méritant — qui pouvait risquer sa vie — et un officier de tradition — qui mettait en jeu son honneur de soldat — ont payé la facture de tripatouillages peu glorieux.

Ce qu'il faut retenir ici, c'est que cette lamentable affaire a constitué la première bavure d'un double septennat qui en a connu bien d'autres, porté un premier coup de griffe sur l'image lisse du président de « la force tranquille » et contraint la cellule, dès sa constitution, à jouer la défensive dans son propre camp sans pouvoir songer à aller porter le danger dans celui de l'adversaire. Conséquence inévitable et autrement durable, elle a fourni le prétexte ou l'opportunité du long combat qui sera, treize années durant, celui du quotidien *Le Monde* contre la Mitterrandie.

Nul ne peut honnêtement, en dehors des intéressés, expliquer ce qui a conduit le tout nouveau conseiller technique de la présidence, Gilles Ménage, et le tout nouveau conseiller pour la sécurité, Christian Prouteau, à protéger Paul Barril de toute attaque, justifiée ou non.

1. Qui lui impute le transfert des armes du domicile de Jégat à l'appartement des Irlandais de Vincennes.

Solidarité de corps pour celui-ci, défense du président pour celui-là, sans doute. Faut-il ajouter à ces nobles raisons la crainte, moins glorieuse, d'un chantage qu'aurait exercé Paul Barril sur le président à propos de Mlle Pingeot ? La thèse en a été avancée, non sans vraisemblance. Mais l'annonce faite de l'existence de Mazarine par François Mitterrand en personne à la fin de son second mandat, la présentation ostentatoire d'une double vie et jusqu'à l'organisation de son départ, associant dans une incroyable mise en scène deux foyers distincts en une seule et belle famille, tout jusqu'aux images complaisamment livrées de la fratrie éplorée, frères et sœur au coude à coude devant le cercueil drapé de tricolore, toute cette fin dépassant celles imaginées par Molière relativise le poids du secret. Dans les années 80, il n'était nul besoin de fréquenter les salons parisiens pour le connaître. On peut même dire que la France de la haute fonction publique et du sérail politique s'en fichait bien de ce foutu secret qui n'était que de Polichinelle. Qui ne risquait pas de menacer l'Etat. Ni même d'écorner l'image du sphinx de l'Elysée.

Que Paul Barril ait été suspecté de le dénoncer, voire de s'en servir, n'est sans doute pas inexact puisque, dans le même temps et les mêmes lieux, quai Branly, le bon docteur François Durand, dit de Grossouvre, faisait son fonds de commerce de veiller jalousement sur l'adolescente comme Lagardère sur la jeune Aurore de Nevers. Nevers, précisément, où un certain François Mitterrand présidait le conseil général. Mais la menace, tacite ou suggérée, d'un chantage sans enjeu ne pouvait suffire à confirmer au capitaine du GIGN une impunité flagrante.

Il s'y est ajouté la colossale erreur que représente le communiqué sans précédent de l'Elysée annonçant l'arrestation des trois « terroristes irlandais ». La bavure devient alors inavouable. Elle prend la dimension d'un mensonge d'Etat. De même que Paul Barril est moins blâmable d'avoir introduit des armes chez Plunkett que d'avoir gâché, par naïveté, gloriole ou inexpérience, une belle occasion de mettre à bas un réseau terroriste, même si l'INLA n'était pas l'organisation la plus redoutable de la mouvance indépendantiste irlandaise. Les renseignements que la DST recueille en 1985, soit trois ans après l'affaire, établissent bien que l'INLA est une bande maigrelette déchirée par des conflits internes sanglants comme l'assassinat de Seamus Ruddy ou le passage à tabac de Stephen King. Elle affiche aussi à son palmarès quelques attentats comme l'attaque d'un casernement britannique en RFA. Plunkett lui-même reconnaît, lors de son audition du 4 juillet 2001 devant la justice française, que les armes, explosifs et documents saisis chez lui étaient bien sa propriété et qu'il les avait confiés à Bernard Jégat : Paul Barril n'est donc pas si coupable, si ce n'est d'avoir sciemment caché par quel miraculeux hasard le trésor de guerre de Plunkett confié à un journaliste un peu « paumé » a retrouvé tout seul l'appartement de Vincennes. Une gestion lucide de la bavure eût conduit à la reconnaître, à la justifier aux yeux de ce juge souverain qu'est l'opinion publique par la dangerosité effective des trois Irlandais et à abandonner, provisoirement, la procédure.

Mais il fallait davantage : au nom du dogme de l'infaillibilité présidentielle, il fallait dissimuler, ruser avec la justice, ce qui n'est pas toujours facile, avec la presse, ce qui est difficile, avec la vérité, ce qui est impossible. Du même coup, le mensonge d'Etat n'était plus guère l'affaire de Paul Barril, sauf qu'il en restait le déclencheur, ce qui en termes de balistique veut dire qu'il en demeurait le détonateur.

Un détonateur soigneusement ménagé par l'Elysée, en l'occurrence par Gilles Ménage, bien au-delà du bref commandement du capitaine Barril au sein du groupe d'action mixte de la cellule. En mai 1983, en effet, l'ancien patron du GIGN se blesse grièvement lors d'un entraînement parachutiste. Hospitalisé au Val-de-Grâce, fortement mis en cause dans l'affaire de Vincennes, il décide de ne pas reprendre ses fonctions et, finalement, quitte la gendarmerie.

Désormais l'électron est libre. Pour beaucoup, il est même devenu dangereux. Des rapports et des rumeurs l'incriminent. Ses imprudences verbales, ses initiatives diversement goûtées font le reste. L'affaire Novimo, un banal trafic international de produits stratégiques américains en violation des règlements COCOM, met au jour ses relations avec une bande de pieds nickelés qui jouent aux apprentis révolutionnaires. L'Elysée, informé, pose le couvercle sur la marmite. Une compromission flagrante du secret défense par la publication dans le premier ouvrage de Paul Barril, *Missions très spéciales,* de plusieurs paragraphes d'une note émanant de la DST et classifiée « secret défense » connaît le même sort. La confession de Bernard Jégat, enregistrée sur procès-verbal par deux inspecteurs de la DST, et dûment communiquée à qui de droit, ne suscite qu'une instruction de classement que Gilles Ménage contredira en son temps mais que confirment devant le juge Valat le directeur du contre-espionnage et deux de ses plus proches collaborateurs. Au total, c'est une ligne de défense hermétique qui est opposée à toute tentative de mise en cause du capitaine Barril, alors même que celui-ci n'appartient plus à la gendarmerie. Preuve supplémentaire de la mansuétude infinie de l'Administration, sa solde de gendarme lui sera versée plusieurs années durant, huit semble-t-il, après sa reconversion dans le privé.

Donc, Barril fait peur. Il le sait, n'hésite pas à le souligner et se comporte en toute indépendance, comme s'il n'avait rien à redouter des puissants, et qui le serait davantage que le président de la République, auquel il décoche ses traits.

Un des plus significatifs va atteindre l'Elysée en ces derniers mois où s'éternise le règne de François Mitterrand. Ce sont les vacances. L'actualité se traîne sur les plages d'Espagne ou dans les alpages du Massif central quand, d'un coup, le journal de 20 heures s'embrase d'une nouvelle d'importance. A proprement parler, c'est une révélation. Les auteurs en forment un duo de choc : l'avocat Jacques Vergès, l'un des plus brillants et, à coup sûr, le plus médiatique du barreau de Paris, et le capitaine Paul Barril, qu'on ne présente plus. Les deux compères viennent témoigner devant la France des joueurs de pétanque et à l'heure du pastis du projet d'assassinat de l'avocat réunionnais par ordre de François Mitterrand. Ils disposent de la meilleure tribune, profitent de la plus large écoute. Impossible que l'annonce ne remonte pas jusqu'à l'Elysée. Et c'est bien ce qu'il advient.

Pourtant, personne ne réagit, hormis deux anciens chefs des « services spéciaux », l'un et l'autre « remerciés » par François Mitterrand et qui ont cependant l'honnêteté de s'inscrire en faux contre l'accusation. Mais de la présidence, rien. Ni communiqué ni plainte. On accuse le premier personnage de l'Etat d'avoir commandité un assassinat et il ne se trouve aucune autorité pour démentir, ne serait-ce qu'en trois lignes. Décidément, l'invulnérabilité de Paul Barril le protège bien au-delà se sa disparition administrative. Beaucoup ont le sentiment que s'il se trouve en France un citoyen, un seul, au-dessus des lois, il a nom Paul Barril.

Car entre-temps s'est allumé un nouvel épisode, dont on espère qu'il sera le dernier, des turpitudes[1] élyséennes : l'affaire des écoutes. Et Paul Barril, décidément inévitable, y apparaît, à tort ou à raison.

1. Turpitude : « laideur morale », selon Littré.

« Parano en sous-sol », c'est sous ce titre ô combien justifié qu'Hervé Gattegno signe dans *Le Nouvel Observateur* un des meilleurs papiers sur les révélations de *Libération* qui ont justifié l'ouverture, en pleine campagne électorale législative, d'une enquête confiée au président de la toute nouvelle CNCIS, Paul Bouchet, par le Premier ministre, Pierre Bérégovoy : la cellule de l'Elysée a largement débordé de sa mission originelle pour espionner des personnalités protégées, non par la loi mais en vertu d'une pratique consensuelle[1]. Quelques semaines plus tard, *Le Point* en remet une louche, en dénonçant les écoutes de Georges Marion, ami d'Edwy Plenel, ancien pigiste à *Libé* et au *Canard enchaîné,* de Françoise Castro, épouse de Laurent Fabius alors Premier ministre, d'Alain Marsaud, magistrat à la section antiterroriste, du baron Empain et de quelques proches de Charles Pasqua. Il est manifeste que la première indiscrétion, celle de *Libération,* n'est pas sortie innocemment en pleine turbulence politique et que ses auteurs ont voulu porter l'estocade à une majorité parlementaire moribonde. Mais la seconde, celle du *Point,* va bien plus loin : elle désigne comme victimes les acteurs de l'affaire des Irlandais de Vincennes, côté « terroristes » l'avocat Antoine Comte, côté « gendarmes » Paul Barril. En même temps, la rumeur commence à sourdre que le plus fameux capitaine de la maréchaussée pourrait bien être à l'origine des fuites. On ne prête qu'aux riches...

Paul Barril, instigateur des fuites et informateur de *Libération* ? Il resterait à le prouver. Certes, son avocat, maître Alex Ursulet, gendre de Bernard Pons, glisse de-ci de-là des confidences sur l'identité des victimes des écoutes de l'Elysée. De même, certains de ses anciens

1. Qui proscrit toute intrusion dans la vie professionnelle des avocats, journalistes et hommes politiques.

frères d'armes de la cellule le situent parfaitement dans le rôle du petit rapporteur. Lui s'en défend. En tout état de cause, il est manifeste que l'essentiel des comptes-rendus livrés au public concerne la période octobre 1985-mars 1986, deux ans et demi après le départ du capitaine du groupe d'action mixte.

C'est en sa qualité de plaignant qu'il intervient dans la procédure, à la requête de Jean-Paul Valat. D'entrée, son propos tranche par sa netteté et sa prolixité. Soigneusement, il explique les raisons et les conditions de son recrutement, ses liens avec Christian Prouteau, l'implantation géographique de la cellule, sa composition, la mise en œuvre des écoutes, leur informatisation. Il souligne surtout l'intérêt de Gilles Ménage « pour ce que faisait la cellule », dont « rapidement il est devenu le leader ». Il ajoute même qu'« il était très curieux des écoutes » et que « les renseignements qu'on [leur] demandait ne concernaient pas forcément que le terrorisme ». Indirectement, il dément les dénégations du directeur adjoint du cabinet de la présidence, qui prétend quant à lui ne l'avoir jamais rencontré, par cette petite phrase innocemment lâchée : « Je l'ai parfois entendu dire qu'il avait un besoin urgent d'un de nos documents pour le montrer au chef de l'Etat. »

Aux questions du juge, Paul Barril répond sans se faire tirer l'oreille. Ainsi, à propos de la note manuscrite de Gilles Ménage prescrivant de « s'occuper sérieusement de maître Comte[1] », il déclare sans ambages : « Il veut dire qu'il faut que l'on sache tout de la vie de maître Comte pour éventuellement trouver la faille qui permettra de l'empêcher de nuire ». Il poursuit, à la demande du juge : « Dans la note en marge, Prouteau me demande de réunir des renseignements à travers mon info. Il peut s'agir de

1. Avocat des Irlandais de Vincennes.

Bernard Jégat mais aussi des contacts que j'avais avec les services irlandais. »

Puis il décrit par le menu la stratégie mise en place pour contrôler les agissements de l'avocat : écoute téléphonique étendue à l'entourage, selon un « système de surveillance en étoile en vigueur à la cellule », ce qui permet de déjouer la prudence de la cible par la surveillance de proches moins avertis et moins méfiants, filature jusqu'au Liban. Paul Barril confirme ainsi, dès décembre 1993, l'importance attachée en haut lieu à l'affaire des Irlandais. Il apporte ainsi, sans le vouloir nécessairement, un argument de poids à tous ceux qui dénoncent et dénonceront la dérive d'une cellule dédiée à la lutte antiterroriste. En s'acharnant à trouver la faille chez le défenseur de Plunkett et consorts, les hommes de Prouteau ne font plus œuvre antiterroriste puisque le trio de Vincennes est définitivement grillé, mais s'acharnent à démontrer la dangerosité des intéressés, et, par voie de conséquence, le bien-fondé de leur cause. On ne peut mieux expliquer le départ manqué de la « mission de coordination » qui ne cessera effectivement de vouloir rassembler toutes les justifications de l'opération de police de la rue Diderot et du communiqué triomphal du 28 août 1982.

Quant à François Mitterrand, Paul Barril explique qu'il se faisait remettre les synthèses d'écoutes les plus intéressantes et que c'est précisément pourquoi on y faisait figurer les initiales des traitants. Le chef de l'Etat pouvait ainsi identifier les meilleurs « auteurs », « l'honneur suprême » [sic] étant de se faire appeler dans le bureau présidentiel pour un avis qui valait félicitation.

Mais le capitaine n'est pas seulement dans le cabinet du juge Valat pour accuser, ni expliquer. Il doit également se disculper de l'accusation d'avoir fourni à la presse les écoutes qu'elle a publiées. Le magistrat s'en enquiert, en effet, sur le ton le plus neutre : « Qui, à votre avis, a communiqué à la presse les documents qui ont été publiés ? »

Paul Barril choisit la contre-attaque : comment la lettre confidentielle *Le Pli* a-t-elle eu connaissance du rapport Bouchet ? Cette première flèche est décochée, histoire de démontrer que les indiscrétions sont le pain quotidien des journaux et des libelles. Il peut ensuite faire part de sa conviction : les écoutes ont été données par le ou les mêmes qui ont remis en 1988 au *Figaro* un rapport de Régis Debray au chef de l'Etat qui le mettait en cause, lui, Paul Barril, dans l'affaire des Irlandais. Puis il se fait mystérieux pour tout à la fois aguicher le juge Valat et mettre en cause les puissants de l'Etat. La formulation mérite d'en être citée in extenso : « Je pense que la publication a été permise par des gens qui ont parié sur un ancien Premier ministre contre l'équipe du chef de l'Etat. Ces gens ont d'ailleurs travaillé à Matignon sous ce Premier ministre ».

Le juge se garde bien de décrypter le message. Il le faut cependant. En fait, que veut insinuer l'officier de gendarmerie ? Que les auteurs, parfaitement conscients, sont d'anciens collaborateurs de Matignon, évidemment en charge des affaires de sécurité. Quant aux Premiers ministres que le ou les « cafards » ont servis, il n'en est que deux qui puissent être cités, Jacques Chirac (1986-1988) et Michel Rocard (1988-1990). Ce qui revient à suspecter soit Michel Roussin, ancien officier de gendarmerie, conseiller pour les affaires de sécurité auprès du Premier ministre de la première cohabitation, soit Rémy Pautrat, ancien directeur de la DST (août 1985-avril 1986[1]), qui occupait les mêmes fonctions auprès du Premier ministre le plus populaire de la Mitterrandie. Le

1. C'est-à-dire, sans qu'il y ait évidemment de lien de cause à effet, durant la période de plus grande floraison des écoutes élyséennes.

contexte électoral de la fin de l'hiver 1993 rend plus probable la première hypothèse que la seconde, quelque conflictuelle qu'ait été la coexistence Mitterrand-Rocard.

Enfin, *in cauda venenum,* le capitaine Barril revient sur le rôle de Gilles Ménage, avec lequel, décidément, il semble avoir quelques comptes à régler. C'est pour bien insister sur la concentration des pouvoirs entre les mains du directeur adjoint de cabinet. « C'est Gilles Ménage qui coordonnait tout et qui s'intéressait à tout. *C'est donc à lui que nous remettions les demandes d'écoute*[1]. » Quand Jean-Paul Valat reçoit le président du conseil d'administration d'EDF trois semaines plus tard, il a donc en main les cartes aimablement fournies par Paul Barril. Il n'en tire pas pour autant un bien grand profit. Gilles Ménage répond posément. On n'en est pas encore venu à la suspicion réciproque, à défaut d'être légitime. Il livre sa version, celle du collaborateur qui réunit des informations « de la mise en cause des plus hautes autorités de l'Etat », et, s'agissant de maître Comte, rappelle que, tout en étant respectueux des droits de la défense, il devait s'informer d'éventuelles « anomalies de comportement ».

Quant au rôle que pouvait jouer Paul Barril, Gilles Ménage se souvient qu'« il était à la cellule sans y être, c'est-à-dire qu'il n'intervenait qu'en tant que second du GIGN, dont Christian Prouteau avait gardé le commandement ». Il ajoute ce point capital : « Je n'ai jamais rencontré Paul Barril, pas plus que Jean-Michel Beau. » Pour celui-ci, c'est parfaitement exact.

A peine posés les termes du débat et ses enjeux, la violation de quelques vies privées, de quelques secrets professionnels et de quelques déontologies politiques au nom de la sécurité de l'Etat justifiée par une règle autrement contraignante, le secret défense, à peine recueillies

1. Souligné par les auteurs.

les dépositions des principaux antagonistes, voici que rebondit l'affaire, une nouvelle fois au sujet ou à cause du capitaine Barril.

Au Palais de Justice de Paris, ce 12 janvier 1995, le maréchal des logis Lionel Billard assure la garde à l'entrée de la galerie des juges d'instruction. A 16 h 30 précises, une grande femme brune vêtue de noir se présente. A l'issue d'une brève conversation, elle remet au garde républicain une chemise cartonnée beige. Elle indique que ces documents sont destinés au juge Jean-Paul Valat. Au gendarme intrigué, elle glisse le nom de maître Berger, qui serait l'aimable avocat expéditeur des documents. La ficelle est un peu grosse : aucun maître Berger n'est inscrit au barreau de Paris. Mais la dame en noir a déjà disparu. A l'intérieur de la chemise qu'ouvre à présent le juge, figurent cinq disquettes informatiques, numérotées de 1 à 5, comportant une mystérieuse mention manuscrite : « Backup ».

Une heure plus tard, le juge reçoit un coup de téléphone. Une voix masculine lui demande s'il a bien reçu l'envoi de maître Berger. L'énigmatique correspondant refuse de se nommer, mais livre la clef d'accès des disquettes. Celles-ci sont désormais au cœur de l'affaire. Reste à savoir qui a pris l'initiative de leur envoi.

Parmi les premiers soupçonnés, Pierre-Yves Gilleron admet être l'homme qui a porté les mentions « Backup » figurant sur les fameuses disquettes. Mais il nie absolument être celui qui a fourni les disquettes au juge.

Le juge Valat aurait tendance à le croire. Il ne serait pas très malin de divulguer des disquettes renfermant des synthèses d'écoutes portant ses initiales. En revanche, faire remettre ces supports informatiques où sont collées des étiquettes écrites par Gilleron, ce serait, d'une part, conforter davantage encore leur authenticité et, d'autre part, vouloir impliquer directement l'intéressé.

Gilleron a quitté la cellule élyséenne en octobre 1987 à

sa demande, puis s'est associé à Paul Barril au sein de la société SECRETS. Les deux hommes se sont ensuite brouillés. Et l'un d'eux aurait bien pu vouloir se venger... A propos du mystérieux maître Berger, Gilleron affirme au magistrat qu'après une querelle avec Barril, il a reçu des menaces d'une personne se présentant comme Berger. Pour Gilleron, même s'il ne peut pas en apporter la preuve, il s'agissait bien de son ancien ami Paul.

Si ce n'est Gilleron, ce pourrait être Barril. Le juge se souvient que le 2 décembre précédent, avant la remise des disquettes, Paul Barril lui avait déclaré :

« L'un des intérêts de notre logiciel était de mettre en exergue les personnes citées, les organisations citées, les sujets traités et les numéros de téléphone. Une fois toutes ces données enregistrées, si nous interrogions l'ordinateur avec un nom, un sujet, une organisation, il nous ressortait toutes les conversations qui avaient trait à ce sujet, à ce nom ou à cette organisation. Cela permettait des recoupements extraordinaires. »

En livrant ces détails, le capitaine n'a-t-il pas avoué en fait qu'il a bien été en possession des fameuses disquettes ? On pourrait le penser, mais il a beau jeu de souligner que le système informatique de la cellule n'est devenu opérationnel qu'en 1984. Et qu'il a quitté la cellule en mai 1983.

Paul Barril, comme à son habitude, porte le différend sur la place publique. Dans un entretien donné au *Journal du dimanche,* il claironne : « Les disquettes sont bien arrivées par Pierre-Yves Gilleron. Moi, si j'avais eu ces disquettes, je n'aurais eu besoin de personne pour les donner. Au contraire, cela m'aurait servi. »

Une fois encore, *Libération* s'engage dans la bagarre. Sous la signature de Patricia Tourancheau, la même journaliste qui a livré, un an plus tôt, le premier scoop sur les écoutes de l'Elysée, on apprend que le capitaine Barril ferait toujours l'objet d'interceptions téléphoniques de la part de la DGSE. L'article daté du 9 mars 1995 l'explique en ces termes[1] : « Car les coups de téléphone de Paul Barril sont en effet régulièrement surveillés par les services français en raison de ses activités avec l'étranger. C'est ainsi qu'une transcription d'écoute de la DGSE réalisée par le GIC figure parmi les annexes du rapport Bouchet[2]. Selon cette note, le 25 février 1993 à 11 h 43, Barril aurait téléphoné à son bureau en ces termes : Dis à Corinne que Franck aille chercher les documents confidentiels sur Plenel qu'on distribuera. » Un peu plus avant dans le corps du papier, Patricia Tourancheau a pourtant pris la précaution de préciser que « les comptes-rendus d'écoutes publiés dans *Libération* [en mars 1993] comportaient des anomalies, notamment une mention "source secrète" et une double barre aux allures GIC. Mais ces tampons, observe-t-elle, ne correspondent pas à ceux du GIC et ont été après coup apposés sur le texte. Un faux a donc été monté à partir de vraies conversations téléphoniques de Plenel. »

La journaliste a vu juste, et c'est précisément une des constatations intéressantes qu'il convient de faire à propos des initiatives intempestives de la cellule : non seulement un certain nombre de personnalités et de professionnels censés être protégés par leur statut vu les conditions particulières de l'exercice de la profession ont été écoutés, non seulement les auteurs des synthèses ont été naïvement rendus identifiables, mais de surcroît les comptes-rendus ont fait l'objet de manipulations.

Paul Barril feint l'indignation. Il ne peut pas ignorer la tentation qui saisit ses anciens amis de le surveiller, lui et ses secrets. Il ne peut pas davantage échapper à la paranoïa qui saisit tous les acteurs de cette commedia dell'

1. Cités dans la sommation délivrée à Patricia Tourancheau par l'huissier de Paul Barril.

2. Commandé au président de la CNCIS par Pierre Bérégovoy.

arte et ne pas imaginer qu'en haut lieu « on » s'intéresse toujours à lui. Le statut de victime lui paraît confortable et il contre-attaque vigoureusement en demandant une confrontation avec le président de la CNCIS, le versement au dossier de son audition ainsi, bien entendu, que celui des éléments sur lesquels se fonde Patricia Tourancheau.

Ses espérances, s'il les a réellement nourries, sont évidemment déçues. Paul Bouchet se retranche derrière le secret défense, la journaliste se réfugie derrière les exigences de sa déontologie professionnelle pour refuser le débat. Dès lors, les tentatives du capitaine pour se défausser d'accusations qui ne sont pas portées contre lui — en l'occurrence celle de disposer d'un dossier sur Plenel — apparaissent décalées. Ses plus proches collaborateurs, la fameuse Corinne, Corinne Chaput, et Franck, Franck Boulot, adressent spontanément leur témoignage au juge Valat pour préciser qu'ils n'ont jamais entendu parler de documents confidentiels qu'aurait détenus leur capitaine de patron sur Edwy Plenel, et que le tutoiement n'a jamais été de mise au sein des sociétés du cher Paul.

L'avocate de Paul Barril, maître Hélène Clamagirand, s'acquitte du reste. Elle porte plainte contre le journal *Libération,* qui a commis l'imprudence de prendre quelques libertés avec le Code pénal et la protection du secret défense. C'est une première version de l'arroseur arrosé. Il est vrai que le quotidien cher à Nicolas Seydoux est coutumier du fait. Le juge Jean Zamponi, qui reçoit mission d'instruire la plainte, a pourtant la main lourde en fixant le montant de la consignation[1] à 15 000 francs, montant tout à fait inhabituel pour ce genre de délit. La justice, qui a « oublié » Paul Barril dans l'affaire des Irlan-

1. Il appartient à la personne qui porte plainte de consigner une somme, à la discrétion du juge, qui, d'ordinaire, en fixe le montant entre 2 000 et 3 000 francs.

dais, n'est pas si bonne princesse quand le capitaine s'avise de demander des comptes.

Pendant ce temps, Jean-Paul Valat poursuit imperturbablement l'instruction de l'affaire des écoutes de l'Elysée.

Nous en sommes au stade où les premières mises en examen viennent d'être décidées et notifiées, Gilles Ménage, Jean-Louis Esquivié, Christian Prouteau, Pierre-Yves Gilleron, Jean Orluc et Pierre-Marc Llitjos, le tout entre le 8 décembre 1994 pour le premier (Jean Orluc) et le 10 mars 1995 (Pierre-Marc Llitjos). Tous les intéressés opposent avec une touchante unanimité les exigences du secret défense aux questions du juge, confortés par les réponses en forme d'esquives du Premier ministre Edouard Balladur. Sans doute, le candidat déclaré à la présidence de la République qu'est alors l'hôte de Matignon ne se soucie-t-il nullement d'ouvrir un conflit avec François Mitterrand, qui vit de plus en plus difficilement les derniers mois d'un double septennat. Il ne peut donc « que constater que le service considéré [la cellule] n'a jamais été placé sous l'autorité du Premier ministre et qu'aucune disposition réglementaire particulière n'a conféré au chef du gouvernement une quelconque responsabilité dans son fonctionnement et dans la protection du secret de ses activités ». Dans le langage vulgaire, cela s'appelle botter en touche. Il n'empêche que le raisonnement est totalement spécieux puisqu'il appartient au Premier ministre de contrôler les activités du SGDN, gardien du secret défense. Lionel Jospin, quelques années plus tard, aura une autre vision du problème.

Le juge, décidément consciencieux, veut se faire une religion. Il confie à un expert en informatique agréé par la cour d'appel de Paris, Jean-Pierre Augendre, le soin d'examiner les cinq disquettes. Le spécialiste constate immédiatement que les disquettes placées sous scellés sont le résultat d'une seule opération de sauvegarde opérée le 15 février 1988, date à laquelle les fichiers figuraient donc sur un autre support. Ils n'étaient pas directement lisibles ou compréhensibles à l'aide de logiciels standard.

Seule la manipulation du logiciel Filing permet d'établir sur papier l'intégralité de leur contenu. En tout 5 184 pages représentant 28 fichiers qui peuvent être regroupés en un index des personnes écoutées (nom, code attribué, demandeur de l'écoute, motif, durée). Au total un chiffre faramineux. Jean-Pierre Augendre recense près de quatre millions de caractères. Sur son ordinateur il voit défiler, consterné, des milliers de pages où converse tout le gratin de la vie politique et médiatique française. Certains sont les principaux amis du président de la République.

Il est utile de rappeler que ces véritables annuaires des écoutes élyséennes n'ont pas été déclarés à la CNIL (Commission nationale Informatique et Libertés) présidée par l'ancien directeur du *Monde,* Jacques Fauvet. Cette attitude de l'Elysée est d'autant plus fâcheuse que les socialistes, et principalement François Mitterrand, ont toujours condamné ces inquisitions téléphoniques.

Hermès est le fichier central entre 1983 et 1986. Il contient environ 150 personnalités directement placées sur écoute. Les gendarmes ironisent-ils en choisissant ce nom ? Ou ignorent-ils qu'Hermès était, dans l'Olympe, le dieu qui incarnait la ruse, protecteur des marchands et des voleurs ?

Le second fichier — TPH — comprend les numéros de 1 022 correspondants. Ils ont été au moins une fois en contact avec l'une des personnes écoutées. Avec 128 journalistes recensés, la presse occupe une large place. Les gendarmes « apprécient » tout particulièrement la lecture des journaux *Le Monde, Libération, L'Evénement du jeudi, Le Nouvel Observateur, Minute,* etc. mais préfèrent sensiblement les bavardages et la vie privée de leurs journalistes.

Le troisième fichier — « Kidnapping » —, très riche lui aussi, recense essentiellement toutes les personnes ou les organisations qui ont été en contact avec l'écrivain Jean-Edern Hallier.

Voici une liste non exhaustive des victimes des écoutes, tirée des disquettes.

Le journaliste Edwy Plenel, nom de code « Benêt », est « titulaire » de plusieurs centaines de fiches. Si l'on en croit le dossier Valat, il devancerait d'une tête l'écrivain trublion Jean-Edern Hallier qui n'a cessé de se mêler des secrets d'alcôve du président Mitterrand. Figurent aussi Charles Pasqua, l'épouse de Laurent Fabius, Jean d'Ormesson, Michel Déon, Robert Badinter, Philippe Séguin, Robert-André Vivien, Alain Madelin, Jean-Marie Le Pen, Raymond Barre, Pierre Bérégovoy, Bernard Kouchner, Carole Bouquet, Jean-Pierre Chevènement, Pierre Joxe, Charles Hernu, Valéry Giscard d'Estaing, Claude Estier, Michel Debré, Jacques Chirac, Pierre Novat, Joël Galipapa (l'un des collaborateurs de Charles Pasqua), Nicolas Tandler, François Froment-Meurice (du fait d'une écoute fallacieuse reprise par la presse qui l'accusait de trafic d'armes, le secrétaire général du CDS perdra son mandat de député), Marcel Dassault, le baron Empain, Claude Chabrol, Marthe Mercadier, Thierry Le Luron, Bernard Lavilliers, Roland Topor, Michel Droit, Philippe Sollers, Paul-Loup Sulitzer, François Cavanna, Catherine Clément, André Glucksmann, Robert Sabatier, Jean Baudrillard... Même les plus proches de Mitterrand sont écoutés : Jacques Séguéla, Jean-Claude Collard, Jean Glavany, Gérard Colé, Régis Debray, jusqu'à François Dalle, ancien patron de L'Oréal et vieille connaissance du président.

Comble de l'ironie, Paul Barril est lui-même fiché. Il porte désormais une double casquette. Il figure aussi parmi les parties civiles appelées à témoigner sur les écoutes lors du procès.

C'est à ce titre que Jean-Paul Valat retrouve en face de lui un interlocuteur qui répond très précisément à ses questions, non seulement quant au fonctionnement de la cellule, nous l'avons vu, mais également au sujet de ses deux secrétaires suspectées d'être « la dame en noir », gentiment dénoncées par l'avocat de Pierre-Yves Gilleron. C'est donc bien l'heure des coups bas.

Paul Barril se défend à sa façon. Il balance allègrement : Gilleron, qui « a détourné des fonds de la société PCS » où ils étaient associés ; Gilles Ménage, pour avoir « négocié avec un certain Bele Calo et le même Gilleron l'achat du Falcon 50 dans lequel le président du Rwanda a été tué [sic] » ; quelques anciens gendarmes du GIGN, dont le garde du corps de Prouteau. Lequel, comble de l'ironie, ne devait pas se sentir capable de se protéger tout seul. Il livre la clé des initiales MP, qui signifient Marie-Pier, la secrétaire de Gilleron, de Mpyves, synthèse de la collaboration de Marie-Pier et de Pierre-Yves Gilleron, et des pseudos, comme François pour Charles Pellegrini. Il jette au passage un pavé dans la mare en expliquant que « la cellule en la personne de Guézou récoltait des comptes-rendus d'écoutes faits par les autres services militaires comme la DGSE ou la DPSD ». Il va même plus loin en estimant que « la cellule a pu récupérer les transcriptions ou les synthèses d'écoutes faites à la demande d'autres services *directement de la part du patron du GIC*, le colonel Charroy ». La révélation de Barril va loin quand il « pense que Guézou au GIC n'avait pas pour rôle que de transcrire ou synthétiser les écoutes, ce qui pouvait être fait par les militaires du GIC ». « Guézou, insiste-t-il, avait avant tout pour rôle de déterminer ce qu'il y avait de plus urgent à tirer des conversations enregistrées. » On ne peut être plus clair. Barril dénonce clairement la dérive non plus seulement d'une institution, la cellule de l'Elysée, mais de tout un système, celui des écoutes de la République confisquées pour une cause personnelle. Aveu? Calomnie? Le doute s'impose qui représente l'une des inconnues majeures de toute l'affaire des écoutes : la personnalité de Paul Barril. Car de deux choses l'une : ou bien le capitaine dit la vérité, et la dérive apparaît en pleine lumière d'une machine qui divague sans autre but que de complaire au prince, par exemple en sauvant ce qui peut l'être de la réputation du président, nouveau « M. Le Trouhadec saisi par la débauche ». Ou bien il travestit la vérité et il poignarde dans le dos tous ceux qui l'ont sauvé de ses incartades.

En attendant, la pugnacité procédurière de l'ancien adjoint de Christian Prouteau ne se dément pas. Il va, à présent que la compromission de l'écoute du 25 février 1993 est avérée — Paul Bouchet, président de la CNCIS, l'ayant en quelque sorte ratifiée —, s'appliquer à en démontrer l'inanité. Il le fait en prouvant qu'à la date et à l'heure où il était supposé téléphoner à sa collaboratrice Corinne, il se trouvait en conversation au Palais de Justice avec ses avocats en attente d'audience. Il ne fait que confirmer l'hypothèse de manipulations formulée par Patricia Tourancheau. Avec un soupçon de « déjà vu » qui ne peut échapper aux initiés.

Paul Barril « dénonciateur », Paul Barril « dénoncé », c'est au juge qu'il appartient de trancher. Au moins, confronté à ce dilemme, il ne peut se plaindre du refus de collaboration de son interlocuteur, qui doit à présent se défendre de l'accusation d'avoir poussé Pierre-Yves Guézou au suicide.

Disons-le tout net, cette attaque est infondée, non seulement parce qu'aucun fait ne vient la corroborer[1], mais aussi parce que le capitaine Barril s'est exprimé, lui au

1. Voir chapitre XIX, « Le grand absent ».

moins, très complètement et très franchement sur les habitudes de Guézou et sur la mission qui lui était impartie d'étendre sa collecte bien au-delà du contingent de vingt lignes rétrocédé à la cellule par la DGSE. Le capitaine Guézou, qui s'est parfaitement acquitté de sa mission et qui, après 1986, est demeuré pratiquement seul à l'Elysée jusqu'à la dissolution définitive de la cellule, n'a en fait commis que l'erreur de faire tenir à une tierce personne, en l'occurrence le préfet Jacques Fournet, des disquettes d'écoutes. Il l'a fait sans l'aval de son chef, Christian Prouteau, ou celui de Gilles Ménage, mais en pensant tout de même que le directeur de la DST pouvait être qualifié pour les recevoir. L'affaire n'est pas si grave, à la différence d'une remise en des mains non autorisées, un journaliste par exemple, et ne justifie en rien la mort d'un homme. Faire intervenir le capitaine Barril en cette malheureuse transaction clairement expliquée par le commissaire Jean Orluc relève de l'affabulation pure et simple.

Deux ans passent. Paul Barril est invité à retrouver le discret confort du cabinet du premier juge d'instruction Jean-Paul Valat. Son tour est venu de rejoindre la longue cohorte des mis en examen. Pour lui, il s'agit de « recel de traitement automatisé illicite d'informations nominatives par des moyens frauduleux »; donc de « vol de disquettes ». L'instant est historique pour l'ancien patron du GIGN, pour la première fois mis en examen. Le Latude des prétoires[1], le Raboliot des cours est pris cette fois pour une petite affaire de rien du tout, comme il s'en présente chaque jour dans les palais de justice où les lettres anonymes sont reçues et soigneusement versées au dossier. Il s'en trouve une, d'ailleurs, dans le dossier de Paul

1. Latude (Jean Henri de), spécialiste de l'évasion, finalement gracié et pensionné par Louis XVI.

Barril, parvenue le 2 juillet 1998 et enregistrée sous la cote D 1780.

Le dos au mur, un mur de paperasses et de disputes, le roi de l'escalade et du tir instinctif se fait polémiste. Il discute mot à mot les interprétations du juge qui pose notamment l'hypothèse que le dirigeant de SECRETS a pu réellement être écouté par la DGSE et que les transcriptions ont pu en être conservées. Il discute quant à lui la légalité de ce document qui ne porte pas les mentions normales de date ni de numéro de la ligne écoutée. Il conteste enfin formellement avoir distribué des documents se rapportant à Edwy Plenel. Ce faisant, il reste sur une ligne de défense très stricte, la dénégation de toute manipulation de sa part à travers la détention de disquettes, qui lui interdit tout changement de stratégie.

Le juge l'a bien compris, qui s'applique quelques mois plus tard, dans le cours d'un second interrogatoire qui sera le dernier, à trouver la faille. Il lui suffirait d'un demi-aveu, par exemple la connaissance des modalités de la remise des disquettes par Guézou à Jacques Fournet, pour faire tomber les positions tenues par le capitaine. Mais il ne le peut. Manifestement sur ses gardes, Barril ne lâche rien, sauf s'il s'agit de donner des noms de code, dont il sait qu'ils ne mènent à rien. Sauf pour insister à nouveau sur le fait que « le général Charroy était très redevable à la cellule pour diverses raisons tant professionnelles que personnelles » et glisser cette confidence un tantinet venimeuse : « Un membre de la cellule a même régularisé le titre de séjour d'un de ses intimes. »

Sans doute aimerait-il que le juge ait la bonne idée d'aller fouiller par là. Puis, pour apporter une conclusion forte à son interrogatoire, il lâche cette petite phrase qui pourrait en disculper plus d'un, à commencer par Louis Schweitzer, et en compromettre d'autres, comme Christian Prouteau et Gilles Ménage : « Guézou faisait ce qu'il voulait au GIC et il pouvait sortir les pelures sans aucun contrôle. » Dans le bras de fer qui oppose l'Elysée à Matignon, les proches du Premier ministre viennent de trouver, sans l'avoir recruté, un allié de poids.

Le capitaine peut retourner à ses œuvres, à la rédaction de ses livres, incontestables succès de librairie, en attendant de savoir sur quel banc il devra s'asseoir, à main gauche du président, avec les parties civiles, ou à main droite, avec les mis en examen. A moins qu'il ne se présente dans l'allée centrale pour recevoir les malédictions d'Israël avant d'être chassé dans le désert.

XVII

Le bon élève

A la Comédie-Française, il arrive que les seconds rôles soient tenus par des sociétaires. Ils le font avec tout leur talent, apportant à la présentation du spectacle cette perfection qui sublime l'écriture. Pierre-Yves Gilleron est de ces personnages. Cela ne lui déplaît nullement. Grandi dans le sérail de la DST, il cultive avec la rigueur d'un moine ce culte du secret qu'il doit à ceux qui l'emploient et rend à ceux qui le servent. Ce policier promis à un brillant avenir pense, sans doute, quand on le sollicite pour traverser la rue du Faubourg-Saint-Honoré pour intégrer « la mission de renseignements, de coordination et d'action » du commandant Prouteau, qu'il va continuer à servir, et même, s'il se peut, mieux servir, son pays et sa maison, qui doit rester la DST. Puisqu'on y entre, selon l'adage bien connu, comme on entre en religion.

On lui assigne d'entrée de jeu la mission très délicate d'assurer la liaison entre la cellule et la DST. Autrement dit de célébrer chaque jour le mariage de la carpe et du lapin : comment concilier une double loyauté à une vieille maison à l'intransigeante déontologie, hermétique, claquemurée comme une bastille à l'élargissement de son domaine, à l'entrée d'éléments « extérieurs », et à une pétulante escouade, multiforme, pluridisciplinaire, tout éblouie de l'éclat du monarque ? Comment harmoniser des méthodes dissemblables, des conceptions du travail divergentes, des déontologies opposées ?

A la DST, on cultive le renseignement plusieurs fois recoupé ; à la cellule, une information, même vaseuse, est aussitôt crédible. La DST déteste la publicité, les « crânes[1] », les scoops ; la première « opération » de l'ère Prouteau — l'honnêteté exige que l'on prenne note de ce que la cellule n'est pas constituée — est instantanément saluée comme un exploit retentissant par un communiqué de la présidence. La DST, en trois ans, va accumuler les succès, aussi bien dans le domaine du contre-espionnage que dans celui de la lutte antiterroriste[2], sans recevoir le plus mince satisfecit de l'Elysée, qui salue pourtant les victoires sportives et les succès cinématographiques ; la cellule concentrera rapidement ses efforts autour de la protection physique de François Mitterrand, que personne ne menace, puis de la défense de son image, la DST ne se souciant que de la sécurité du pays. Un commissaire de la DST détaché à l'Elysée ne peut faire indéfiniment le grand écart entre ces deux mondes. A lui qui croit servir la France, on enjoint de se dévouer à un homme.

Pourtant, son grade de commissaire principal, sa rigueur, sa compétence lui valent d'emblée de figurer parmi les *happy few* qui jouissent de la confiance de Christian Prouteau et de Gilles Ménage. Avec Jean Orluc et Charles Pellegrini, il représente cette police qui se méfie puis se gausse des « gendarmes de l'Elysée ». En dépit de l'inconfort de sa situation, il assume.

Pierre-Yves Gilleron assume d'abord en s'acquittant scrupuleusement de ses fonctions. La liaison avec la DST

1. Les flagrants délits.

2. Citons le démantèlement du réseau de l'ASALA, de celui des FARL avec l'arrestation de Georges Ibrahim Abdallah, la libération de Gilles Sydney Peyrolles, l'arrêt des attentats sur le sol français.

étant rapidement tombée dans la fosse des illusions perdues, le jeune commissaire collabore activement avec Jean-Louis Esquivié à l'informatisation du travail de la cellule. Il se trouve donc placé au cœur du système de recueil du renseignement. On peut dès lors penser que la ligne d'action de Christian Prouteau ne lui est pas inconnue. Accomplit-il d'autres missions ? Au moins une, qu'il ne conteste pas, celle d'entretenir avec Bernard Jégat, le gêneur, le témoin encombrant, des relations apaisantes. D'aucuns diraient « de neutralisation ».

Il assume aussi sa responsabilité de fonctionnaire habilité au secret défense. Même si l'on peut douter que son nouveau travail à la cellule soit couvert par une décision prise en sa faveur en raison de sa nomination à la DST, même si l'on peut penser que les arguments qu'il avance pour exciper à tout moment du secret défense participent d'une défense excessivement élargie, le fait s'impose : Pierre-Yves Gilleron ne veut pas, si légèrement que ce soit, lever un coin du voile sur ses activités professionnelles.

C'est ce qu'il signifie au juge Valat quand, mis en examen le 6 décembre 1994, il comparaît pour la seconde fois le 13 février 1995. Cinq mois plus tôt, invité à déposer en qualité de témoin, il a purement et simplement refusé de s'exprimer en avançant son habilitation à la fois comme un bouclier et comme un bâillon. Jean-Paul Valat ne l'a pas entendu de cette oreille et a donc décidé de le mettre en examen, afin de le contraindre à s'exprimer. Il a, par ailleurs, interrogé le ministre de l'Intérieur, Charles Pasqua, sur le point de savoir si le commissaire Gilleron était bel et bien soumis au secret défense alors qu'il ne se trouvait plus en fonction dans son administration d'origine. Le ministre s'est habilement défaussé : il ne peut juger du refus de témoigner de Pierre-Yves Gilleron puisque le service auquel celui-ci a appartenu de 1982 à 1986, la cellule de l'Elysée, ne relevait pas de l'autorité de ses prédécesseurs. Ceux-ci ne pouvaient donc exercer aucun contrôle ni porter aucune appréciation sur ses activités, ce qui le prive, lui, de tout moyen d'aller plus loin. C'est sans doute ce qu'on appelle une situation de non-droit. Pierre-Yves Gilleron ne peut que s'en satisfaire. Il prend toutefois le risque, en choisissant l'affrontement, de s'aliéner définitivement la sympathie, la bienveillance ou même la neutralité du magistrat. C'est sa stratégie, il assume.

Le juge n'est donc pas surpris quand, ce lundi de février, le commissaire principal, assisté de maître Olivier Metzner, un ténor du barreau de Paris dont il n'a pas rechigné à s'offrir le concours, vient poser, en préambule à toute question, les limites que devraient respecter les questions du juge. Dans la déclaration qu'il lit, imitant en ceci la manière de Gilles Ménage, il a soigneusement pesé chaque terme. Ainsi, il se présente comme tenu au secret défense « en sa qualité de commissaire principal de la DST », et soumis aux dispositions de l'article 75 du Code pénal[1].

Ce faisant, le commissaire Gilleron fait preuve d'une incroyable audace. Plus communément, on dirait qu'il ne manque pas d'air.

Pour se prévaloir, en effet, de la protection du secret

1. Article 75 du Code pénal : « Sera puni de la détention criminelle à temps de dix à vingt ans, tout gardien, tout dépositaire par fonction ou par qualité d'un renseignement, objet, document ou procédé qui doit être tenu secret dans l'intérêt de la défense nationale ou dont la connaissance pourrait conduire à la découverte d'un secret de la défense nationale qui, sans intention de trahison ou d'espionnage, l'aura : 1°) détruit, soustrait, laissé détruire ou soustraire, reproduit ou laissé reproduire ; 2°) porté ou laissé porter à la connaissance d'une personne non qualifiée ou du public ;

La peine sera celle de la détention criminelle à temps de cinq à dix ans si le gardien ou dépositaire a agi par maladresse, imprudence, inattention, négligence ou inobservation des règlements. »

défense que lui accorderait sa qualité de collaborateur de la DST, il eût fallu qu'il ait travaillé au sein et au profit de ce service ou que, à tout le moins, ses activités aient été contrôlées ou, concession ultime, connues des responsables de la DST. Ce ne fut pas le cas. Pierre-Yves Gilleron n'entretenait que de très épisodiques relations avec quelques-uns de ses anciens collègues. Rien en tout cas qui fût compatible avec les règles d'une réelle collaboration.

Le juge le sent bien, qui a méticuleusement préparé son entame : « A qui dois-je m'adresser pour savoir si votre refus [de répondre] est légitime et, dans l'affirmative, pour demander la levée du secret défense ? »

La formalisation est habile. Jean-Paul Valat sait que le ministre ou le directeur de la DST ou un de ses collaborateurs pourrait avaliser la réalité du secret défense. Il sait aussi que, tout premier personnage de l'Etat qu'il se trouve, le président de la République ne figure pas parmi les autorités investies du pouvoir de classer en secret défense.

Pierre-Yves Gilleron choisit le dialogue de sourds. Ou plutôt il feint de ne pas avoir compris la finalité de la question : « Il ne m'appartient pas de désigner la personne compétente ni de régler les contradictions de la loi. »

C'est un peu facile. Il pourrait plus efficacement faire valoir que la situation à laquelle il est confronté résulte de l'intrusion du chef de l'Etat dans un domaine qui relève directement de la responsabilité du gouvernement. C'est d'ailleurs la conséquence qu'en tire le juge : « Résultat, vous échappez à tout contrôle. »

Pierre-Yves Gilleron : « Je peux être contrôlé par les personnes habilitées au secret défense. »

Le juge : « En l'occurrence, le ministre de l'Intérieur, qui a le pouvoir de classer, se déclare incompétent. Je serais curieux de savoir quelles sont les personnes habilitées auxquelles vous faites allusion. »

On nage en pleine confusion. Tout simplement parce que nul ne veut ni ne peut appliquer la loi. La solution au casse-tête du juge est pourtant simple. Des fonctionnaires de police et de gendarmerie quittent les fonctions pour lesquelles ils sont habilités pour d'autres, officieuses, qui ne s'inscrivent dans aucun organigramme. Ils auraient dû de ce fait perdre leur habilitation ou s'en faire délivrer une nouvelle. Ne l'ayant pas fait, ils se trouvent dans la situation d'un maire, officier de police judiciaire, qui perdrait son mandat et, par conséquent, sa qualification et, pourtant, continuerait d'user de ses pouvoirs. Nul n'a eu l'outrecuidance d'aller soumettre ce problème au président de la République.

On comprend parfaitement que le problème posé par l'immixtion de policiers et de gendarmes dans un domaine aussi sensible que la lutte antiterroriste exige leur habilitation au secret défense. Et, en poussant plus loin, leur agrément en qualité d'officiers de police judiciaire. Mais cette double « investiture » — secret défense et OPJ — aboutirait à placer les fonctionnaires bénéficiaires sous le double contrôle d'une hiérarchie pérenne et de l'autorité judiciaire. On sait que tel ne fut pas précisément le cas lors des malencontreuses arrestation et perquisition menées à l'encontre des Irlandais de Vincennes. La cellule va simplement pousser comme un furoncle sur un organisme qui s'en passerait bien. Tout ce que la France y gagne au fond du compte, ce sont des démangeaisons.

Les inconvénients de la stratégie antiterroriste de François Mitterrand ne s'arrêtent pas là. Quand il apparaît, et cela dès le courant de l'année 1983, que l'apport de la cellule à la lutte antiterroriste est nul, celle-ci, pour justifier son existence, se tourne vers d'autres activités qui devraient complaire au prince. C'est d'abord sa protection physique, d'autant plus facile à assurer qu'il ne court aucun risque. Au point de se promener très bourgeoisement dans les rues de Paris en compagnie de son ami François de Grossouvre, et sans que, jamais, le plus anodin incident ne l'affecte. C'est ensuite la sauvegarde de son image, mise à mal par des révélations chuchotées dans le Tout-Paris. Car tout le monde sait. La jeune Mazarine n'est pas l'enfant de la honte, mais une brillante et attachante jeune personne qui ne peut susciter que de la sympathie. François Mitterrand lui-même lèvera le voile sur un faux secret sans susciter la moindre polémique, les Français étant, au fond, de bien braves gens qui s'accommodent mieux des écarts présidentiels que la reine d'Angleterre ne le fait des frasques de ses propres enfants.

Pour la cellule, ce glissement de ses priorités vers le tout-privé emporte une double conséquence : les activités de ses membres ne peuvent s'apparenter qu'à celles d'une police personnelle, un cran au-dessous de la police politique, et le secret défense ne peut être invoqué raisonnablement pour couvrir des turpitudes d'un autre âge. François Mitterrand lui-même en a suffisamment appelé à l'éloquence du grand Jaurès pour qu'on se prive de citer le fondateur de *L'Humanité* : « J'aimerais mieux, s'exclame-t-il devant les assises de la Seine[1], pour notre pays les maisons de débauche où agonisait la vieille monarchie de l'ancien régime que la maison louche où agonise l'honneur de la République bourgeoise. » Et au président de la Cour qui objectait : « Monsieur Jaurès, vous allez trop loin, vous comparez la maison du président de la République à une demeure de débauche », il répondit : « Je ne la compare pas, je la mets en dessous. »

« Je ne l'imagine pas sensible au goût morbide des affaires de police. Mais je suis certain qu'il leur accorde

1. Il défend Gérault-Richard, directeur de l'hebdo *Le Chambard*, poursuivi pour avoir écrit un article intitulé « A bas Casimir-Perier ».

une grande importance et qu'il s'attache à les exploiter. Il a son cabinet noir. Au-dessus ou au-dehors du ministre de l'Intérieur et des hauts fonctionnaires compétents, le directeur de la Sûreté nationale et le préfet de police, il mène de l'Elysée ses propres enquêtes, s'informe directement et, le cas échéant, ordonne certaines opérations. Des membres de son entourage qui lui sont entièrement dévoués et qui échappent à toute hiérarchie le renseignent, tirent des fils, patronnent des réseaux parallèles, entretiennent des indicateurs. » La description est parfaite, rien ne manque dans ce tableau brossé d'une plume précise par un artiste de grand talent. Ce texte, Pierre-Yves Gilleron aurait pu le lire, le méditer, en faire son profit. Il l'eût dû, il l'eût pu. Il lui suffisait d'ouvrir à la page 251 un fulgurant pamphlet qui en compte 279, intitulé *Le Coup d'Etat permanent.* Auteur : François Mitterrand. Mais une autre question brûle les lèvres, forte, irrépressible : par quelle aberration un homme d'Etat comme le fut le premier président socialiste de la Vᵉ République a-t-il délibérément cédé aux démons qu'il dénonçait chez de Gaulle ? Comment a-t-il pu oublier aussi légèrement la solennelle mise en garde adressée au premier des Français Libres, au restaurateur de la légalité républicaine, à celui qui, désavoué par le peuple, quittera le pouvoir et les honneurs pour garder sa place dans l'Histoire ?

Le juge n'entre pas dans ce débat, qu'il faut laisser à la Justice le soin d'ouvrir. La Justice avec une majuscule, celle de l'Histoire. Jean-Paul Valat n'a pas, en face de lui, le premier responsable d'un dérapage dont on imagine en quels termes le François Mitterrand de 1964 l'eût dénoncé. Il n'est pas procureur, il se doit de construire le plus solidement possible les conclusions qui conduiront ou non les mis en examen devant le tribunal correctionnel. Or, dans sa recherche de la vérité, il bute sur ce faux obstacle qui ne doit rien au droit mais qui doit tout à la lâcheté du politique. On le prie de ne pas se mêler des affaires de l'Etat, quand l'Etat se mêlait de celles des citoyens. On oppose une absurdité au bon sens. Il le sait si bien qu'il ose, pour convaincre Pierre-Yves Gilleron de l'inanité de ses arguments, une comparaison extrême : « Si par exemple vous aviez assisté dans les locaux mêmes de la cellule à un meurtre, vous n'auriez pas pu vous retrancher derrière le secret défense pour refuser de témoigner. » A cette démonstration d'évidence, Gilleron répond à nouveau par une litote pour exprimer son refus d'ouvrir la bouche. Il ne veut pas céder un pouce de terrain. Il y a du Joffre dans son obstination à ne rien dire, du général qui a décidé tout simplement de ne pas reculer.

Pourtant, questionné sur un point précis, il doit répondre, et par l'affirmative. Il s'agit de savoir si son écriture figure bien sur les disquettes apportées, le 20 janvier 1995, au cabinet d'instruction, de la part de maître Berger, par une mystérieuse femme brune. Dans le cours d'une instruction qui s'essoufflait et s'ennuyait, l'irruption de cette charmante personne qui vient opportunément réveiller juge et mis en examen apporte une touche de fantaisie sinon de comique. Depuis Fausto Coppi, l'Italie avait sa dame blanche. Désormais, et pour beaucoup grâce à Paul Barril, la France aura sa dame brune.

Le cocasse ne s'arrête pas en si bon chemin : la description donnée par le garde républicain de service qui reçoit ce jour-là l'enveloppe contenant les providentielles disquettes est précise : la personne est d'assez grande taille, brune, les cheveux coupés au carré. Elle ne dissimule nullement, ne porte ni lunettes noires ni fausse poitrine. Pourtant le brave gendarme se révélera incapable de la reconnaître parmi les quatre personnes dont Jean-Paul Valat a tout lieu de supposer qu'en leur sein se trouve la messagère. Après tout, cela ne constituera qu'une énigme de plus dans l'affaire.

Donc, c'est bien Pierre-Yves Gilleron qui a annoté les disquettes. Il le reconnaît. Il les reconnaît : elles proviennent de la société SECRETS de Paul Barril où il a travaillé pendant quelques mois. Il ne se fait d'ailleurs pas tirer l'oreille pour souligner que leur rupture fut orageuse et que, depuis lors, le capitaine le « poursuit de sa vindicte ». Selon Gilleron, ces disquettes constituaient la sauvegarde d'un disque dur où étaient consignés les contrats de la société et des coupures de presse.

Tout de même, s'étonne le juge, « en quoi Paul Barril assouvissait-il sa vindicte en me faisant parvenir les contrats de sa société et des résumés de coupures de journaux ? ».

« Attendons de voir ce qui s'y trouve », rétorque justement le policier, qui se doute bien que les disquettes contiennent tout autre chose.

Maître Metzner, en vieux routier du barreau, sent que le climat se détend. Il pourrait en profiter, aider le juge. Il interroge son client au sujet de la dame brune. Beau joueur, Pierre-Yves Gilleron saute sur l'occasion, avance des noms. Il pourrait s'agir de Mme Dupont — il y a en France des gens qui s'appellent Dupont — ou de Mme Chaput. Une confidence en entraîne une autre. Le commissaire explique que Paul Barril utilise couramment le pseudo de maître Berger pour signer ses messages « anonymes ». Si ce n'est pas une dénonciation, cela y ressemble furieusement.

Le 6 décembre 1995, la liste des mis en examen s'est allongée de quarante et un nouveaux chefs, concernant vingt-cinq parties civiles. Le juge la notifie au commissaire Gilleron et ne se prive pas d'ironiser : « J'aurais pu me contenter de vous indiquer que vous étiez mis en examen supplétivement, sans vous dire de quels chefs et sans vous dire sur quels faits reposait cette mise en examen, arguant que le secret de l'instruction ne me permettait pas de vous en dire plus. » Il enfonce même le clou de la dérision : « Si vous aviez objecté que l'article 116 du Code de procédure pénale me faisait obligation de vous faire connaître chacun des faits pour lesquels vous êtes mis en examen, j'aurais pu, vous plagiant, répondre : "J'ai une obligation légale et je m'y conforme", et ajouter "il ne m'appartient pas de résoudre les contradictions de la loi". J'espère que l'absurdité de mon propos ne vous a pas échappé et que cela va vous conduire à réviser votre attitude. »

Pierre-Yves Gilleron n'est pas d'humeur à plaisanter. Il se raidit et, comme un soldat fait prisonnier se contente d'ânonner son numéro matricule, il répète qu'il « se soumet à une obligation légale ».

Manifestement de bonne humeur, Jean-Paul Valat se régale du système de défense de Gilleron. Il l'interroge au sujet du nom de famille de sa collaboratrice Marie-Pier (Marie-Pier Sajous).

Réponse : « Je n'ai jamais eu à la DST ou à la cellule ou même aujourd'hui de collaboratrice. Et cela pour une raison simple : la discrétion. »

Le juge : « Parce que vous faisiez des choses indiscrètes à la cellule ? »

Réponse : « Des choses couvertes par le secret défense. »

C'est décidément une obsession. Le juge en a pris son parti :

« Je vais formuler ma question autrement : une certaine Marie-Pier a travaillé à la cellule. Quel est son nom de famille ?

— Je ne sais pas.

— S'agissait-il d'une civile ou d'une militaire ?

— Je ne sais pas qui est cette Marie-Pier. »

Pierre-Yves Gilleron se trompe : il doit s'imaginer comparaître devant la Gestapo. Car ses dénégations systématiques frisent l'invraisemblance. D'autant que le juge rappelle à Pierre-Yves Gilleron que Christian Prouteau lui-même a reconnu l'existence de Marie-Pier et lui a indiqué qu'elle travaillait avec Gilleron. « Christian Prouteau ment-il ou sa mémoire est-elle défaillante ? »

Le commissaire persiste et s'enferre : il ne se connaît que deux collaborateurs, venus comme lui de la DST, Dominique Mangin et Alain Theilliez. Ils travaillaient avec lui « sur des documents venant de [son] service d'origine. Il fallait qu'ils soient habilités secret défense ».

Pierre-Yves Gilleron, en reconnaissant qu'il travaillait, à la cellule, sur des documents émanant de son ancienne direction, commet une double erreur. Il oublie que les informations sensibles, c'est-à-dire les plus importantes, étaient apportées à Gilles Ménage par le directeur de la DST, sans qu'elles soient nécessairement couvertes par une classification formelle. Ensuite, il place son propre chef, Christian Prouteau, et, au-delà, Gilles Ménage, en situation difficile dans la mesure où ce dernier a nourri son dossier et ses livres de documents réputés classifiés secret défense. Du moins si l'on s'en tient à la version soutenue par Pierre-Yves Gilleron. Le juge Valat, qui a bien raison de souligner l'absurdité du système de défense du commissaire, pourrait aller plus loin et dénoncer la violation du secret défense par ceux qui s'en prévalent sans justification plausible.

Ce n'est pas la seule ouverture qui soit faite à Pierre-Yves Gilleron. Il est en effet manifeste que l'ancien associé de Barril sait parfaitement que les disquettes apportées par la dame brune ne concernent pas l'activité commerciale de la société SECRETS. Le juge pourrait le presser sur ce point. Il ne le fait pas. Il se retient aussi de trop le bousculer quand, à la question « Pourquoi avez-vous écouté Bernard Jégat ? », Gilleron répond : « C'était mon travail. » Le magistrat lui laisse même une chance de se rattraper : « J'ai l'impression qu'il y a une ambiguïté, ou alors c'est que vous passez des aveux. En effet, quand je dis "écoutes", je veux parler d'écoutes téléphoniques. » Gilleron la saisit au vol : « Il aurait fallu préciser car j'ai longuement écouté Bernard Jégat jusque sur son lit de mort. »

Mais il en a tout de même trop dit, en avouant ses relations confiantes avec Jégat. Dès lors, c'est un jeu d'enfant pour Jean-Paul Valat que de lui fourrer sous le nez plusieurs annotations d'un certain GPYves rapportant des entrevues avec « Franck », le pseudo de Jégat. Or ces commentaires figurent sur des écoutes. Il devient absurde de nier que le policier ait eu connaissance des écoutes du journaliste. Les feuillets en sont caractérisés et Gilleron en a forcément eu entre les mains à la DST. Pourtant il s'obstine.

Il n'en démordra plus jusqu'à la fin de l'interrogatoire.

C'est une autre chanson que pousse le juge le 8 juillet 1998, quand il retrouve en face de lui un Pierre-Yves Gilleron délivré par le Premier ministre Lionel Jospin de l'obligation de respecter le secret défense. Il peut espérer qu'enfin l'ancien policier va s'expliquer sur ses activités au sein de la cellule. La sortie d'un système de défense est toujours délicate à négocier. Pour Gilleron bien davantage que pour tout autre, puisqu'il annonce tout de go à son interlocuteur, confirmant ainsi l'annonce qu'il en avait faite six mois plus tôt[1], qu'il « ne va pas changer [son] attitude au gré des contingences », puisque, pour lui, « la décision du Premier ministre est conjoncturelle ». Jean-Paul Valat, à l'énoncé de cette réaction, commence par ironiser sur « le désir immense d'aider la justice » qu'il a cru déceler chez son « client », et se fait un devoir de lui rappeler ses précédentes déclarations. Et il pose clairement la question :

« Si vous aviez, à l'époque, le désir d'aider la justice,

1. Interrogatoire du 30 janvier 1998.

pourquoi n'avez-vous plus ce désir aujourd'hui alors que vous n'avez plus d'obligation légale ? »

« Il faut être cohérent dans la vie, philosophe le policier. Mon obligation légale est devenue une obligation morale et professionnelle. » Et il enchaîne : « Je me suis engagé vis-à-vis des gens et des plus hautes autorités de l'Etat [sous-entendu : François Mitterrand] à ne pas trahir les secrets dont j'avais connaissance. Je ne vais pas changer d'avis aujourd'hui. Les gens qui me font confiance doivent pouvoir être sûrs que je ne les trahirai pas dans trente ans. »

Adieu le secret défense, bonjour la clause de conscience et la déontologie. Par un tour de passe-passe que n'eût pas désavoué un docteur en casuistique, le brillant cavalier change de monture en plein galop et se défend à présent de trahir qui que ce soit. Il a, en quelque sorte, prêté serment d'allégeance et ceci vaut pour l'éternité. On a déjà vu de tels comportements dans le passé qui ont conduit de très scrupuleux hauts fonctionnaires ou militaires à manifester jusqu'à l'entêtement leur attachement au maréchal Pétain. Pierre-Yves Gilleron est trop jeune pour en avoir conscience, ou pour qu'on lui en fasse reproche. Le juge ne va d'ailleurs pas jusque-là. Il se contente de lui demander si cette position a un rapport avec la perte de son emploi de conseiller technique auprès du président du Congo et s'il ne cherche pas ainsi à faire bonne figure face à d'éventuels futurs employeurs. Plus jugulaire-jugulaire qu'un gendarme, Gilleron reste campé sur ses positions : « Je ne vois pas le rapport, mais le président Mitterrand et ses plus proches collaborateurs, de même que le président Lissouba, m'ont honoré de leur confiance. Je ne vais pas trahir cette confiance. »

C'est très noble ou, du moins, ce pourrait l'être si les secrets protégés étaient à la hauteur de l'idéal républicain. Mais Pierre-Yves Gilleron a choisi d'aller jusqu'au bout du sacrifice. Il n'imagine pas qu'on lui ait demandé de faire des choses illégales. Et il le dit. L'infaillibilité présidentielle vient tout naturellement couronner le tout. La boîte est hermétique que tente d'ouvrir le juge avec les clés que lui offrent le Code pénal et son expérience de magistrat. Il pourrait suffire à Pierre-Yves Gilleron de s'en tenir à son refus catégorique de livrer le moindre élément de réponse. Malheureusement pour lui, ses « coïnculpés » ont choisi d'abandonner la ligne de tranchées du secret défense, le mettant en grand péril d'être contourné par ses arrières. Le sentant, son conseil, maître Olivier Metzner, choisit une autre voie : celle de la mise en œuvre de la prescription.

Pour bien comprendre l'argumentaire ainsi avancé par l'avocat, il faut faire un retour en arrière et replonger dans la bataille de la procédure qui a mis aux prises, quelques années plus tôt, le juge d'instruction d'une part, seul et sans renfort, les avocats des mis en examen d'autre part, confortés par le parquet.

Dans la panoplie des incriminations possibles, Jean-Paul Valat choisit, quand on lui confie le dossier des écoutes, deux chefs d'accusation : l'attentat à la liberté, qui est un crime passible de la Cour d'assises, et l'atteinte à l'intimité de la vie privée qui, en tant que délit, ressort du tribunal correctionnel. Quand, en septembre et octobre 1995, le juge prend deux ordonnances en ce sens, elles sont aussitôt frappées d'appel tant par le procureur de la République de Paris, qu'on a connu moins « compréhensif », que, fort légitimement, par certains des mis en examen. L'enjeu est porté devant la chambre d'accusation, puis devant la Cour de cassation.

Le 4 mars 1997, la chambre criminelle de la haute juridiction rend son arrêt. Comme souvent, elle argumente davantage en bon sens qu'en s'appuyant sur une stricte lecture des textes. Aussi peut-on, et doit-on, considérer comme raisonnable le rejet de la qualification criminelle, qui irait beaucoup trop loin, et la retenue de la qualification délictuelle, qui ne met pas en cause l'honorabilité des personnalités citées. Comme toujours, cette décision, qui déçoit le juge, est pondérée par l'ajustement du délai de prescription.

Celui-ci, qui eût été de dix ans si le « crime » avait été envisagé, se trouve réduit à trois ans. Pour en tenir compte, et ne pas décourager le juge, la Cour considère que le délai ne peut courir qu'à compter de la révélation aux victimes de l'atteinte qui a pu être portée à leurs droits[1].

Tout le problème est donc de savoir si les parties civiles ont pu avoir connaissance de la mise sur écoute de leur ligne téléphonique avant le mois de novembre 1992. C'est ce que maître Metzner s'applique à démontrer pour ce qui concerne Edwy Plenel, Jean-Edern Hallier et Antoine Comte.

Le plus amusant de l'argumentation de l'avocat est qu'il s'appuie sur les écoutes pour justifier l'information de Plenel et de Jean-Edern Hallier dès 1985 comme celle

1. « D'une part, les articles 368 ancien et 226-1 nouveau du Code pénal font de la clandestinité un élément constitutif essentiel du délit d'atteinte à l'intimité de la vie privée d'autrui, qui n'est caractérisé que lorsque la personne, dont les paroles ont été enregistrées sans son consentement, est informée de la captation ou de leur transmission, et qui, selon l'article 226-6, ne peut être poursuivi que sur la plainte de la victime ou de ses ayants droit.

Que la clandestinité est, de même, inhérente au délit, repris de la loi du 6 janvier 1975 dans l'article 226-19, constitué par la mise en mémoire informatisée, sans l'accord exprès de l'intéressé, de données nominatives faisant apparaître, notamment, ses opinions politiques, philosophiques ou religieuses.

Qu'ainsi, sauf à retirer son effectivité à la loi, ces deux infractions ne peuvent être prescrites avant qu'elles aient pu être constatées en tous leurs éléments et que soit révélée aux victimes l'atteinte qui a pu être portée à leurs droits ; que tel aurait été le cas, en l'espèce, au plus tôt au mois de novembre 1992... »

de Comte dès 1983, ignorant ainsi le sage précepte latin *Nemo turpitudinem suam auditur* : nul ne peut se prévaloir de sa propre turpitude. Bien entendu, le magistrat déclare irrecevable la demande de Pierre-Yves Gilleron le 20 février 2001. Ce rejet est confirmé par la chambre de l'instruction le 20 avril 2002, et cela par un curieux retour des choses, pour prescription.

Sa dernière cartouche tirée, Pierre-Yves Gilleron peut donc affronter ses juges.

A la suite du commissaire, deux autres policiers de la DST font leur entrée sur la scène. Il s'agit de Dominique Mangin, inspecteur de police quand il intègre la cellule, promu commissaire depuis lors, et Alain Theilliez, commandant de police. Ils ne tiennent, certes, que des petits rôles, mais leurs situations sont dissemblables : le premier est mis en examen, non le second. Leur dialogue avec le juge s'en ressent.

Entendu comme témoin, Dominique Mangin, d'emblée, se montre coopératif. Il s'explique sur les conditions de son recrutement, ses activités à la cellule, son départ. Il insiste sur sa réussite à un concours du cycle préparatoire de l'ENA, heureux événement qui lui permettra de décrocher le concours de commissaire. On peut supposer que le juge va longuement hésiter avant de décider ou non de le mettre en examen. C'est sans doute l'invocation du secret défense pour se dérober à toute indication relative aux écoutes téléphoniques qui fera pencher la balance, tardivement d'ailleurs, en février 1997. Dès lors, le commissaire principal Mangin va s'appliquer à calquer son attitude sur celle de Pierre-Yves Gilleron.

Le juge connaît le refrain « je n'ai aucune réponse à faire ». Il ne gagnera rien en s'obstinant à buter sur les dénégations du commissaire. Il choisit de biaiser. Il lui demande s'il a été chanteur à la Croix de bois. « Vous ne tombez pas si loin que ça, admet Mangin, j'ai chanté dans une chorale de province. »

C'est le sésame qu'il fallait au magistrat. Il fait état d'un certain Roger L., que le policier aurait pu connaître, qui s'est présenté à lui en qualité de victime (son nom apparaît dans la liste publiée par *Le Point*). « En dépit de sollicitations de journalistes » [sic], il n'a pas voulu porter plainte. Pourtant, le passé de baroudeur de ce Roger L. a tout pour séduire; plusieurs livres et films lui ont d'ailleurs été consacrés. Ancien légionnaire, décoré de la Légion d'honneur et de la médaille militaire, il en a été déchu après une condamnation pour trafic de faux dollars. Reconverti dans des activités barbouzardes, Roger L. avait été contacté par l'ambassadeur Delamare[1] et mis en relation avec deux « intermédiaires » déclarant s'appeler Gervais et Masson. Or, le Masson de l'histoire ressemble en tous points à Mangin, même taille, visage poupin, ancien chanteur à la Croix de bois, ayant passé le concours d'entrée à l'ENA, né dans la Meuse. Roger L. a, quant à lui, bel et bien été écouté, et le juge est convaincu que Mangin le sait. Pourtant, en l'absence de plainte, il ne peut aller plus loin et se dispose à fermer le dossier quand le commissaire vient tout seul s'empêtrer en avouant finalement : « Je souhaiterais faire apparaître en réponse à votre première question sur Roger L. qu'il s'agit d'informations relevant du secret défense sans rapport avec ce pour quoi je suis mis en examen. » Autrement dit, il connaît Roger L. Quand son avocat, maître Jean-Marc Natali, veut corriger le tir, il est trop tard... mais cela reste sans conséquence.

Tout autre est l'unique comparution d'Alain Theilliez. Il est l'un des plus âgés de la cellule, un des plus modestes aussi. Il a gravi un à un les échelons de la hié-

1. Assassiné par les services syriens.

rarchie policière pour accéder enfin, en 1975, à la prestigieuse DST. C'est Dominique Mangin qui le fait venir à l'Elysée, connaissant sa compétence en matière de terrorisme proche-oriental. Il s'explique sans réticence, avouant ses oublis plutôt que de se réfugier derrière le sacro-saint secret défense. Il ne manifeste aucune réticence à dénommer les secrétaires, ce qui pour d'autres constituait une inexpiable faute. Il commente son arrivée en juin 1983, « en pleine tourmente ». Il éclaire le juge sur l'absence de relations entre la DST et la cellule, ramenant ainsi le rôle de Pierre-Yves Gilleron à de tout autres missions que la lutte antiterroriste. Il se montre coopératif sans dénoncer ni compromettre quiconque. Si bien qu'au bout du compte il sauve sinon sa tête, du moins sa réputation... et celle de la DST.

XVIII

Le marginal de la plume

Mitterrand et « Edern » s'étaient appréciés. La publication en 1979 d'un violent pamphlet contre Valéry Giscard d'Estaing, *Lettre ouverte au colin froid,* avait rapproché les deux hommes. A plusieurs reprises, ils avaient aimablement ferraillé sur leurs goûts littéraires. Ils allaient, maintenant, se détester. Précisons pour être juste que les fréquentations et les provocations parfois malheureuses et même dangereuses du polémiste menaçaient le président dans sa vie privée. Elles le poussèrent à réagir. Mais les écoutes d'Edern, avec toutes les justifications possibles, auraient dû être toujours décidées de manière légale...

Avec François Mitterrand c'est la grande fâcherie. Jean-Edern se voyait déjà ministre de la Culture. Le président lui avait aussi promis le poste de directeur d'Antenne 2, mais les prises de position de l'écrivain à propos des événements de Pologne dans le « bloc-notes » du quotidien socialiste *Le Matin de Paris* avaient tout remis en question. Puis ce sera un lourd silence de la part du président. Le flamboyant polémiste ne supportera pas l'affront. L'heure de la vengeance a sonné.

Jean-Edern prépare, avec rage, son ouvrage au vitriol. Il devait s'appeler *Tonton et Mazarine. L'Honneur perdu de François Mitterrand* sera le titre finalement retenu. Ce dilettante très cultivé, passionné d'histoire, apprend l'épisode de la francisque, une décoration donnée par le régime de Vichy à ses plus fidèles adeptes. François Mitterrand, qui l'avait reçue, réussira à cacher cela à une partie des socialistes français. Les autres fermeront « pudiquement » les yeux. Il découvre également la photo d'une importante manifestation antisémite de 1934 où le président figure au premier rang sous une banderole très explicite, dénonçant les métèques. C'était l'époque où de nombreux étudiants juifs fuyaient l'Europe centrale pour venir étudier à Paris.

Mieux encore, l'agitateur, poursuivant son enquête avec acharnement, découvre les liens de François Mitterrand avec René Bousquet, l'ancien chef de la police de Vichy et l'organisateur de la rafle du Vél' d'Hiv' en février 1943. Les deux hommes s'étaient connus pendant l'Occupation et n'avaient jamais cessé de se voir. Une véritable amitié naîtra entre eux sous les yeux des dirigeants socialistes qui feindront de l'ignorer. Un autre ami de Mitterrand passionne aussi Jean-Edern : le millionnaire Roger-Patrice Pelat, ses filières, ses entreprises, ses liens financiers douteux avec certaines personnalités politiques. L'écrivain retrouve Robert Pesquet, l'auteur de l'« attentat de l'Observatoire » qui avait ridiculisé François Mitterrand. Jean-Edern ne respecte plus rien. Il rencontre d'anciennes amies du chef de l'Etat, pour connaître ses secrets les plus intimes. Il écrit même sur les voyages privés et secrets du président à Venise, où il retrouve sa dernière conquête.

Et puis un jour, presque par hasard, Hallier apprend l'existence de Mazarine, la fille naturelle de Mitterrand. Cette découverte lui rappelle un souvenir douloureux. Dans ses *Carnets impudiques*, il écrira : « J'ai eu une enfant, il y a vingt-cinq ans, de la fille de la romancière Béatrix Beck. J'ai attendu 1984 pour la reconnaître. Quand je la rencontrai enfin chez Lipp déjeunant avec elle, au forceps des mots timides que je lui arrachais, j'eus la sensation bouleversante qu'elle était en train de naître pour la première fois. Pendant vingt-cinq ans, elle a baigné dans le liquide de l'attente. Par ma faute, elle n'était jamais venue au monde. Au hors-d'œuvre, elle sortait la tête, suivirent les bras et les jambes. Au dessert, j'étais son père. Au café, elle s'appelait Béatrice Szapiro-Hallier, ma petite juive esseulée aux grands yeux verts comme les miens. »

Hallier exhibe sa fille, s'exhibe surtout. L'écrivain Sarah Vajda fait ce constat : « Ce fils de général, par essence, naissance, nature, ne conçoit pas la beauté, le vertige du secret partagé. Chez les Hallier, les secrets sont nids de boue et de fange. Il n'a [pas] su emmener [...] aucune femme aimée à l'abri des regards. Il n'a pas su fermer la porte de sa chambre, ni supporté une heure de solitude et ne devine pas la douceur du licol clandestin, licier du lien indéfectible entre père et fille [1]. » Il est tout le contraire de François Mitterrand lorsqu'il prône la transparence à propos de la vie privée. Concernant l'affaire Mazarine, il s'indigne de bonne foi à la manière anglo-saxonne. Il sait surtout qu'il dispose maintenant d'un extraordinaire moyen de pression sur Mitterrand, qui a toujours protégé ses amours. C'est sur ce terrain qu'il va affronter le président.

L'Honneur perdu de François Mitterrand ne trouve pas d'éditeur. Certains ont été « sermonnés ». D'autres n'ont pas aimé le livre. Au-delà de son caractère politique, il égrène une suite de détails graveleux sur l'anatomie du chef de l'Etat. Dans son journal intime, l'écrivain Marc-Edouard Nabe, qui deviendra plus tard l'ami d'Edern, écrit :

« Nous lisons des morceaux de son pamphlet sur Fran-

1. Sarah Vajda, *Jean-Edern Hallier*, Flammarion, 2003.

çois Mitterrand (la cicatrice du président, son appartenance à la Cagoule, sa fille naturelle)... Ce livre est une honte mais pas au sens où l'entendraient les bien-pensants [...] A cause du scandale de la publication que son bouquin provoquerait à coup sûr, les éditeurs ne peuvent pas dire à Edern que s'ils ne le publient pas, c'est surtout parce que ce livre est très raté. »

Néanmoins, au Château, on s'inquiète. La première manœuvre est très subtile. Hallier a déposé son premier manuscrit à La Table ronde, une maison d'édition d'opposition. Maître Jean-Marc Varaut lit l'ouvrage et donne à l'éditeur un long document pour expliquer qu'en vertu de l'article 9 du Code civil, il est impubliable.

Au nom du respect de la vie privée, il serait immédiatement saisi au moment de sa sortie. Quelques jours après la remise du mémorandum de l'avocat, La Table ronde est cambriolée. Les « visiteurs » emportent le document et rien d'autre. Il circule ensuite de maison d'édition en maison d'édition. Cela décourage la plupart de celles-ci, même celles qui auraient volontiers pris le risque de contrevenir à la loi. L'Elysée emploie aussi des méthodes plus expéditives. Le jour même où l'éditeur Carrère, associé de Michel Lafon, dépose le livre dans son coffre de voiture, on lui vole celle-ci. Elle ne sera jamais retrouvée.

La cellule élyséenne ne s'arrête pas à ces pressions sur les maisons d'édition. Edern, le plus bavard des jeunes écrivains d'alors, ne peut plus prononcer une parole sans qu'elle résonne jusqu'à l'Elysée : jusqu'à plus de six cents écoutes sur la période du 4 septembre 1985 au 19 mars 1986. L'écrivain collectionne les codes, parmi lesquels : « Kid », « Kidnapping », « Fabulateur », « Débile », « Cape ». La cellule élyséenne va écouter non seulement l'écrivain, mais aussi ses collaborateurs de *L'Idiot international*, ses femmes, ses ex-femmes, sa cuisinière, le bar-tabac où il a l'habitude d'acheter ses cigarettes, le célèbre restaurant la

Closerie des Lilas, boulevard Montparnasse, où l'écrivain a table ouverte. Jusqu'aux chefs d'ateliers de composition, aux éditeurs célèbres, en passant par une foule de journalistes...

Edern bénéficie, à lui seul, de son propre fichier « Kidnapping ». Normal, il téléphone à tout Paris. Et son fichier centralise toutes les personnes ou les organisations qui ont été directement ou indirectement en contact avec lui. De Robert Badinter à Jean-Marie Colombani en passant par Gérard de Villiers, Michel Droit, Claude Estier, Françoise Giroud, Valéry Giscard d'Estaing, André Glucksmann, Serge July, Pierre Joxe, Bernard Kouchner, Gilles Ménage, Thierry Pfister, Yann Plougastel, Jean-Jacques Servan-Schreiber, Jean-Louis Tixier-Vignancourt, Jacques Vergès, tout le gratin est présent, avec beaucoup d'autres, anonymes.

Les hommes de la cellule élyséenne ont placé des « bretelles » sur tout ce qui l'entoure. Dans le jargon, on appelle cela des « écoutes en étoiles ». Tout correspondant jugé intéressant se trouve à son tour branché. Négocie-t-il un contrat avec l'éditeur Lionel Labrousse ? L'écoute est placée avec le nom de code « Labre ». Ce même éditeur téléphone-t-il depuis sa société, les « Editions de l'Equerre » ? Cela s'appelle « Labre 2 ». Appelle-t-il François Dutourd, fils de son ami académicien Jean ? Le code prend le nom de « Devin ». Qu'on ne s'y trompe pas, Christian Prouteau, le gendarme du président, et même les politiques comme Louis Schweitzer, l'ancien directeur de cabinet de Laurent Fabius, justifieront les écoutes d'Edern parce que ce dernier risquait de porter atteinte à Mazarine et à l'entourage du chef de l'Etat.

Ce manipulateur des hommes de lettres autant que des escrocs, constamment en ébullition, n'était pas un « petit saint ». Qui pourrait imaginer qu'il aurait voulu être soldat ? Il rêvait de Saint-Cyr, la grande école militaire. Il dut y renoncer, du fait d'un accident pendant la guerre.

Son père était attaché militaire à Budapest et organisait des réseaux de résistance. Le petit « Edern », chahuteur et turbulent, rendait-il de menus services ? Quoi qu'il en soit, il prit une balle perdue dans la tête et y laissa un œil. Il devint donc un grognard des lettres. « Le meilleur écrivain de sa génération », dit de lui François Mitterrand, au temps de leurs « amours ». Ce compliment n'aidera pas le narcissique Edern, qui ne cessera de le seriner pendant les deux septennats de « désamour ». Mais il est vrai que ses ouvrages figurent parmi la très bonne littérature du xxe siècle : *Chagrin d'amour, Lettre ouverte au colin froid* (un livre flamboyant !), *Bréviaire pour une jeunesse déracinée*, pour n'en citer que quelques-uns.

Hallier, à défaut d'intégrer la carrière militaire, va, au-delà de l'écriture, devenir un soldat très controversé du gauchisme. Mai 68 lui permet d'acquérir une certaine renommée dans les groupes d'extrême gauche. Ainsi, il est interpellé le 7 juin 1968 au pont de Saint-Cloud au cours d'une manifestation organisée par le syndicat étudiant, l'UNEF. Après la dissolution d'organisations gauchistes et de certaines de leurs publications, il est l'un des signataires d'une affiche diffusée en juin 1968 intitulée « Les organisations dissoutes » : cent quatre-vingts écrivains et artistes se tiennent responsables des actions incriminées et ont demandé aux responsables du mouvement révolutionnaire de les aider à en effectuer le collage.

Déjà, la police le suit pas à pas. C'est ainsi qu'elle apprend ses contacts avec l'« ex-mouvement du 22 mars » de Daniel Cohn-Bendit, ainsi qu'avec l'intelligentsia des Jeunesses communistes révolutionnaires (JCR). Les rapports des Renseignements généraux sont très précis. On apprend qu'Edern a rencontré Alain Krivine le 24 mars 1970 et Michel Rocard, alors secrétaire national du PSU, le 24 mai 1971, au siège de ce parti. Hallier diversifie ses activités. Il se présente comme le Pygmalion des luttes minoritaires les plus diverses : mouvements régionalistes, campagnes contre le milieu carcéral, pour la suppression des asiles d'aliénés, contre la répression policière. En 1973, c'est le divorce avec ses partenaires politiques, et plus particulièrement les maoïstes qui l'accusent de se servir de la cause gauchiste pour satisfaire sa publicité personnelle et ses ambitions littéraires. L'écrivain se tourne alors vers le CERES, le courant de Jean-Pierre Chevènement, mais il finit, à force d'initiatives égocentriques, par irriter les dirigeants socialistes.

Il quitte alors la France pour une série de voyages à l'étranger. Durant l'hiver 1973, il parcourt l'Amérique latine : le Pérou, la Bolivie, le Chili, l'Argentine. Il effectue également un voyage en Amazonie en suivant le parcours de Lévi-Strauss décrit dans l'ouvrage *Tristes Tropiques*. Chargé par on ne sait quelle aberration d'une mission en Amérique latine pour remettre des fonds à la résistance chilienne, Jean-Edern Hallier s'en acquitte et en rend compte à sa manière dans *Chagrin d'amour*. Une véritable attaque contre Régis Debray, qu'il accuse d'être un bavard dont l'indiscrétion a perdu Che Guevara. En janvier 1975, Jacques d'Arthuis ainsi que le représentant du parti socialiste chilien en exil lui reprochent d'avoir détourné d'importantes sommes d'argent, environ six mille dollars, collectées par les réfugiés chiliens et destinées à venir en aide aux prisonniers détenus au pays par la junte militaire.

Edern proteste de son innocence et demande la constitution d'un jury d'honneur. Il affirme qu'à son retour en France en avril 1974 il a pris contact avec le responsable du parti socialiste chilien d'alors, M. Zamora, qui lui délivra un satisfecit pour sa mission et à qui il remit deux mille dollars. Cette rencontre n'est guère confirmée. Enfin, l'aventurier gauchiste s'étonne que des gens respectables comme Jean-Paul Sartre et Simone de Beauvoir aient pu se prononcer sur le seul témoignage de M. d'Arthuis et conclut en affirmant qu'il « n'y a pas de résistance chilienne » et que personne n'a le droit en Europe de s'en prétendre le porte-parole. Son action au Chili sera qualifiée par la plupart de ses anciens camarades de « crapuleuse et n'ayant servi que de placard publicitaire ».

En 1979, Jean-Edern Hallier veut constituer une liste pour les élections européennes, regroupant les formations minoritaires. Il lance sa campagne en fanfare. Dans la soirée du jeudi 17 mai se déroule le grand débat « TF1-RTL » entre Simone Veil, François Mitterrand, Georges Marchais et Jacques Chirac. Déplorant que les minorités régionales ne puissent s'exprimer normalement à la télévision dans le cadre des émissions consacrées aux élections européennes, Edern pénètre brutalement sur le plateau et est éjecté manu militari de la salle par les « gros bras » de TF1.

A la demande de son journal, *Le Matin de Paris,* Pascal Krop est chargé d'interviewer Jean-Edern. Il se rend à son domicile rue de Birague au cœur du IVe arrondissement de Paris. L'écrivain le reçoit courtoisement puis, sans raison apparente, se met à délirer. Ne répondant même plus aux questions de son interlocuteur, il tempête, vitupère, éructe : « La Résistance bretonne a bien fait de s'allier avec les Allemands pendant la guerre. Eux leur auraient accordé l'indépendance. » C'est ensuite un flot d'injures contre des personnalités et diverses communautés et des propos douteux sur les camps de concentration. Jean-Edern, qui multiplie les scandales, est fui par ses amis. Il se marginalise totalement. A la veille des européennes, l'équipage hétéroclite qu'il avait vainement tenté de créer se désagrège de lui-même.

Dès l'avènement du président socialiste au pouvoir, Hallier n'amuse plus vraiment. Ses excès l'emportent de plus en plus loin. Sa haine de Mitterrand dérive vers de troubles liaisons, des amitiés douteuses. Dans la nuit du 25 au 26 avril 1982, après avoir dîné à la Closerie des

Lilas, Jean-Edern Hallier est victime d'un enlèvement revendiqué par les Brigades révolutionnaires françaises. Les différents communiqués des BRF exigent la libération immédiate des « révolutionnaires Bréguet et Magdalena Kopp, ainsi que le renvoi du gouvernement des ministres communistes, la démission du ministre de l'Intérieur, Gaston Defferre, l'annulation des accords sur le gaz soviétique et une aide nationale à la résistance des peuples opprimés ».

Finalement, l'écrivain est « retrouvé » le 4 mai vers 1 heure, place de la porte des Ternes dans le XVIIe arrondissement de Paris. Il prétend qu'il a été séquestré pendant dix jours « en slip, dans un grand placard ». Pour une fois le romancier manque d'imagination, affirmant que le chef des ravisseurs avait le physique d'un Corse RPR de Marseille. On apprendra plus tard qu'il avait lui-même organisé son enlèvement, auquel aurait pris part Cyrille Soudoplatov. Un événement sans gravité, puisqu'un non-lieu sera rendu en mars 1984 par le juge Grellier. Un premier pied de nez au pouvoir.

Le 21 juillet 1982, c'est l'attentat contre la résidence de Régis Debray. Une affaire qui restera très ténébreuse, malgré les « révélations » tardives de Cyrille Soudoplatov. Le 13 juin 1983, l'écrivain est interpellé par les policiers à sa descente d'avion en provenance de Genève. Il est interrogé sur l'attentat contre Debray. Après avoir affirmé dès le début de son interrogatoire être l'instigateur de cet acte terroriste, il se rétracte pour déclarer que tous ses aveux n'étaient que littérature.

Soudoplatov est un escroc haut en couleur. Beaucoup plus tard, il demandera à être entendu par le juge Valat au sujet des écoutes de l'Elysée. Il connaissait bien le sujet puisqu'il avait occupé entre 1980 et 1989 la fonction de secrétaire particulier de Jean-Edern Hallier. Il s'intéressait surtout à sa communication et à sa sécurité. Il se plaindra auprès du juge des incessants harcèlements téléphoniques qu'il subit tant dans sa vie privée qu'au journal *L'Idiot international.* Mais, devant le magistrat, il va trahir son ancien employeur. Il confirme d'abord qu'il avait organisé avec Jean-Edern Hallier un faux enlèvement pour lui donner de la notoriété auprès du public. Soudoplatov oublie toutefois son objectif essentiel qui était d'influencer la population concernant la nomination des ministres communistes, à laquelle il était opposé. Il était à l'époque ambassadeur de l'Internationale de la résistance dont le président s'appelait Vladimir Boukovski. Seconde accusation : l'attentat contre Régis Debray a été fait à la demande de Jean-Edern Hallier, celui-ci s'étant présenté sur les lieux dès le lendemain matin.

Puis Soudoplatov fait office de véritable « balance » auprès du magistrat : « Je confirme que Jean-Edern Hallier avait un comportement dangereux, notamment avec Mazarine Pingeot à l'époque âgée de neuf à dix ans dont il avait commandé l'enlèvement en 1983. Edern a commandité un groupe d'hommes d'action proche de lui depuis plusieurs années suite aux affaires du FLN, M. Laziz était soupçonné par la police de trafic de drogue. Mon patron m'a demandé de participer à l'enlèvement. J'ai accepté pour éviter que l'enfant ne subisse des dommages et des sévices. » Toujours « bon samaritain », l'ancien secrétaire de Hallier prétend être allé négocier avec le gendarme de faction chargé de la protection de Mazarine afin d'éviter qu'elle ne soit enlevée. Et solennellement Soudoplatov déclare : « J'ai fait échouer cet enlèvement. Jean-Edern Hallier voulait commettre un crime contre l'innocence, c'est ainsi qu'il définissait ce genre d'acte dans son livre *L'Enlèvement.* Par la suite il n'a plus commandité d'actes violents. »

L'ex-collaborateur précise au juge dans quelles conditions il a connu Carole Bouquet (nom de code · « Bûche »). Elle était très proche du producteur de films Jean-Pierre Rassam, ami de Jean-Edern Hallier et de

Laziz. Certains anciens collaborateurs de la cellule prétendront cependant que c'est la féminité de l'actrice qui intéressait une personne haut placée au Château. En tout cas, Carole Bouquet fut la seule actrice vraiment « branchée ». D'autres célébrités, tels Roland Topor, Claude Chabrol ou Thierry Le Luron, ne furent écoutées qu'incidemment.

Les hommes de Christian Prouteau ne dédaignent pas, si l'on en croit certains témoignages, de révéler des détails très intimes sur les « écoutés ». Les fiches font référence aux maîtresses de tel ou tel dirigeant, à l'usage de stupéfiants par des journalistes, des écrivains ou des avocats. Les écoutes s'intéressent même à la situation financière de leurs victimes. Beaucoup de ces dossiers ont mystérieusement disparu.

Quant à Cyrille Soudoplatov, cet « homme providentiel » pour la petite Mazarine, il retrouve très vite ses mauvaises habitudes. Le 10 septembre 1987, il cambriole une succursale de la Banque nationale de Paris dans le Ve arrondissement de Paris. Le 14 mars 1989, il pénètre, cette fois, dans les locaux de la banque Nancéienne et Varin Barnier, boulevard Haussmann à Paris. Prenant la fuite, il est très vite rattrapé par trois gendarmes. Il tire toutefois sur l'un d'eux et le blesse. Après une nouvelle course-poursuite, il jette son arme et sort une grenade. Il est heureusement ceinturé par les forces de l'ordre.

A propos des attaques portées contre lui par son ancien « ami », Jean-Edern Hallier répondra que « Soudoplatov est un psychopathe pitoyable, auteur d'un hold-up et déclaré irresponsable par la justice. Je l'avais engagé pour vendre *L'Idiot* et remercié parce qu'il volait dans la caisse[1] ».

1. Jean-Marie Pontaut et Jérôme Dupuis, *Les Oreilles du président*, Fayard, 1996.

Lorsqu'il apprend qu'il est écouté, Edern se déchaîne vraiment. Il téléphone cette fois à François de Grossouvre pour se plaindre du harcèlement dont il est l'objet. C'est la secrétaire du conseiller de Mitterrand qui lui répond.

« Oui, monsieur.

— Ecoutez, je vous téléphone pour la raison suivante, c'est que je reçois sans cesse, ainsi que mes correspondants, des coups de téléphone, genre coups de téléphone brouilleurs. Je viens par exemple de recevoir ce matin un appel de Michel Guy, l'ancien ministre de la Culture, qui était la onzième personne à recevoir ce type de coups de téléphone qui ne peuvent provenir que de mes propres écoutes pour me brouiller avec les gens, et j'en ai absolument ras le bol. N'est-ce pas un jeu indigne de la classe de 12ᵉ? Je tiens à prévenir François de Grossouvre que si ce petit jeu ne s'arrête pas et si la prochaine fois, j'ai un appel de quelqu'un qui aurait été emmerdé de cette manière, je vous donne ma parole que les affaires en détail, toutes les histoires de Grossouvre sur le Liban sortiront dans le premier numéro de *L'Idiot international.* C'est grotesque et inutile parce que tout le monde perd son temps. Je vous rappellerai dans les quarante-huit heures pour savoir si on est décidé à stopper ce jeu. J'ai appelé le préfet de police ce matin parce que j'en ai marre. J'ai appelé les Renseignements généraux, et Michel Guy téléphonera lui-même au préfet de police. »

Au terme de la communication, la secrétaire promet à Jean-Edern Hallier de faire part à de Grossouvre de son appel.

L'Elysée s'intéresse au dossier de très près. Christian Prouteau rend compte de l'évolution de la situation à François Mitterrand, bien entendu, à Gilles Ménage aussi et à Jean-Claude Colliard, chargé des questions de presse et d'audiovisuel au « Château ». A propos de ces écoutes, l'affaire prend parfois un tour burlesque.

Jean-Edern Hallier ne cesse d'appeler le ministère des PTT.

« Je vous téléphone et j'ai déjà commencé à le faire hier soir, parce que nous sommes littéralement submergés, mes collègues et moi au journal, de coups de fil anonymes et de menaces auprès des familles de mes collaborateurs, d'appels toutes les trois secondes chez moi sans qu'il y ait personne au bout du fil, d'intimidations diverses de tous ordres et de tracts diffamatoires qui sont distribués et qui ne peuvent être que le produit des Grandes Oreilles. Les responsables sont soit les Renseignements généraux du secteur antiterroriste du commissaire Ferrand, soit des gens d'une cellule élyséenne qui s'amusent, des véritables cow-boys. Je voudrais qu'on remédie à cette situation. Le ministère des PTT n'est pas une succursale de la préfecture de police, n'est-ce pas, alors c'est inadmissible, cette utilisation.

— Ecoutez, je vais voir le problème, répond l'employé des PTT, quelle est votre adresse ?

— Je suis l'écrivain "Kidnapping". Et je dirige le journal *L'Idiot international*. Si vous avez vu la presse ces derniers jours dans *Le Monde* et ailleurs, on a pas mal parlé de ce qui nous arrive. C'est devenu complètement irrespirable. Et s'il n'est pas porté remède à ça, moi je vais faire téléphoner par cent personnes en permanence au ministère des PTT, et par trois cents personnes à l'Elysée, nous mènerons la même guerre qu'eux en perturbant leur standard. »

Voici pour les PTT. Passons maintenant aux Impôts.

Coup de téléphone de « Fabulateur », le 17 mai 1984, à M. B., un percepteur du Trésor public. On dirait presque que l'écrivain, qui sait qu'il est « branché », y prend un certain plaisir.

« Si le serrurier vient, explique-t-il au fonctionnaire, je veux bien, mais à ce moment là, aussitôt l'agence France Presse et différentes agences de presse seront prévenues et un certain nombre de documents concernant Mitterrand, sa vie privée et sa vie publique seront divulgués avant même la sortie de mon livre. »

Joignant le geste à la parole, Jean-Edern Hallier se présente le 14 juin 1984 devant l'Elysée vêtu d'une robe de bure et la corde au cou. Il donne même une conférence de presse, mais ne dit rien de précis.

Edern est confronté à un problème fiscal important. Il doit environ quatre cent mille francs. Il écrit au trésorier-payeur général en se présentant comme « l'enfant non reconnu de la gauche ». Il s'identifie à Mazarine. Là est la véritable déclaration de guerre à François Mitterrand. A l'époque, pourtant, l'existence de cet enfant est un secret très bien gardé. L'écrivain pousse même le culot jusqu'à envoyer un double de sa lettre à François Mitterrand et à Pierre Bérégovoy, alors Premier ministre.

Paul Barril est chargé de calmer l'écrivain. Mais on ne saura jamais jusqu'à quel point son rôle d'intermédiaire se limitera à empêcher la sortie du livre. Beaucoup de ses camarades de la cellule élyséenne penseront qu'il encourage en même temps l'écrivain à poursuivre son chantage.

En effet, Paul Barril avouera plus tard dans un livre[1] : « J'aime Jean-Edern Hallier, j'admire son intelligence, son éloquence, sa culture et son total sans-gêne. Je l'ai rencontré début 1983 chez Marie-Madeleine Fourcade, la grande résistante du réseau “Alliance” où son nom de code était “Hérisson”. Elle est ma marraine de “combat” depuis longtemps. Elle m'a beaucoup appris sur l'histoire de mon pays et sur la période de la Résistance. Elle m'a ouvert de nombreuses portes et m'a laissé quelques passe-partout fort utiles. Devant deux témoins un soir, dans le plus grand secret, elle me fit prêter serment de protéger, envers et contre tout, Jean-Edern, quoi qu'il

1. *Guerre secrète à l'Elysée*, Albin Michel, 1996.

fasse, quoi qu'il écrive. Sans réfléchir, flatté, j'ai juré. Quelle aventure ! »

Le capitaine affirmera ensuite que deux jeunes gangsters asiatiques du « Chinatown » de Paris, quartier du XIIIe arrondissement, membres de l'une des meilleures équipes de braqueurs de banque, s'étaient vu proposer une somme de trois cent mille francs pour « fumer » Jean-Edern Hallier.

François de Grossouvre, à l'époque l'homme des services secrets de François Mitterrand, fait part au journaliste Pascal Krop de ses craintes à propos de Jean-Edern Hallier. Dans son appartement du quai Branly, avec son éternel masque de faux conspirateur, il penche un peu la tête et lui dit : « Je soupçonne, d'après un certain nombre d'informations que j'ai obtenues cette semaine, que l'on va tenter quelque chose contre Hallier. A mon avis, Gilles Ménage et Christian Prouteau sont dans le coup. Je ne prétends pas qu'ils veuillent le tuer, mais certainement l'intimider. Or ces affaires-là peuvent toujours mal tourner. Il existe des gros bras qui ne comprennent pas toujours ce qu'on leur demande. »

Pascal Krop sortira sceptique de cet entretien tant il connaissait la haine que pouvait vouer François de Grossouvre à Gilles Ménage.

Le garde du corps de Grossouvre, Gilles Kaehlin, dira plus tard au juge Jean-Paul Valat beaucoup de vérités interdites. Un flic très atypique que ce policier affecté auprès de Grossouvre, chargé des affaires de sécurité ! Officiellement, Kaehlin devait assurer la sécurité de ce dernier, mais son rôle ne se limitait pas là. Il était le chef de cabinet de Grossouvre, qui restait à l'époque l'un des plus proches confidents de François Mitterrand. C'est pourquoi le « garde du corps » avait pu recruter trois policiers, Castino, Lanz, Lavail, avec qui il s'occupait de renseignements. La grande affaire était à l'époque que l'existence de Mazarine ne soit pas révélée au grand public.

Presque tous les soirs, le président et de Grossouvre étaient raccompagnés dans l'appartement des Mitterrand, rue de Bièvre dans le Ve arrondissement, par les policiers des « Voyages officiels » (VO). Quand ceux-ci partaient, Kaehlin et son équipe prenaient le relais pour assurer la sécurité du président et de Grossouvre, qui allaient 11 quai Branly dans le VIIe arrondissement.

Pourquoi ce jeu de piste? Dans cet immeuble juste avant le poste de garde, il y avait à gauche une porte anonyme. Lorsqu'on la franchissait, un escalier menait à deux appartements. Au premier étage vivaient Anne Pingeot et Mazarine. Au second habitait François de Grossouvre, le parrain de la petite. Le secret était bien gardé. Lorsque la porte se refermait, le président ne se rendait pas chez son ami de toujours, mais l'abandonnait pour aller choyer sa fille naturelle.

Gilles Kaehlin précisera au juge : « En ce qui concerne Jean-Edern Hallier, celui-ci, dès le début de 1982, a commencé à faire du chantage. Il venait voir François de Grossouvre et moi-même. Il nous disait qu'il savait tout sur Mazarine mais qu'il n'en parlerait pas car il adorait le président de la République, mais qu'il aimerait bien, pour être remercié de son silence, être nommé ambassadeur de France à Rome. Il y eut quelques mois de négociations, puis le président de la République a refusé de céder au chantage de Jean-Edern Hallier. A partir de ce moment-là, ce dernier a commencé à se répandre en commentaires sur l'existence de Mazarine. C'est pendant cette période que François de Grossouvre m'avait dit de ne plus appeler Hallier car il était sur écoute. Après le refus du président, l'écrivain a été l'objet d'une surveillance permanente. Un jour, un commissaire des RG m'a remis une photo sur laquelle François Mitterrand, Anne Pingeot et Mazarine se tenaient par la main. Il m'a dit qu'il y en avait d'autres exemplaires et que le journal d'extrême droite *Minute* s'apprêtait à les publier. Il y eut alors une tractation qui finalement a abouti à ce que de Grossouvre verse cinq cent mille francs en espèces à Goudeau, directeur de *Minute*, pour récupérer les négatifs. Je n'ai pas participé aux entretiens, mais j'étais présent quand de Grossouvre a remis l'argent [...]. »

Gilles Kaehlin poursuit.

« Gilles Ménage avait profité de l'affaire Mazarine pour étendre son emprise. Il a fait valoir au président de la République un rapport tendancieux fait à partir d'écoutes tronquées faisant état d'indiscrétions de ma part. C'est ainsi qu'il a obtenu mon départ de l'Elysée. J'ai donc à ce moment-là en mars 1983 été affecté dans les services de Joseph Franceschi, secrétaire d'Etat à l'Intérieur auprès de Gaston Defferre. Ma position m'a donné une plus grande liberté, et cela était insupportable pour les membres de la cellule élyséenne. Quelque temps après, François de Grossouvre m'a indiqué que Paul Barril lui avait confié qu'au cours d'une réunion, certains membres de la cellule, Orluc, Tissier, Gilleron [...] avaient envisagé de me tuer. Ils avaient établi une liste de gens à tuer sur laquelle entre autres figuraient, en dehors de moi, Dominique Erulin, Jacques Vergès et Jean-Edern Hallier. C'est à partir de ce moment-là qu'a commencé la disgrâce de Grossouvre. La cellule et le GSPR ont pris en charge totalement la sécurité du président de la République. Grossouvre a pris au sérieux le projet d'assassinat me concernant et m'a conseillé de partir loin de Paris. C'est ainsi que j'ai demandé à être affecté sur l'île de Saint-Martin. »

A une question précise du juge Valat qui demande si le projet d'assassinat s'est concrétisé d'une quelconque manière, Gilles Kaehlin reconnaît que non. Par contre, un soir juste avant de partir pour Saint-Martin, il a rencontré Orluc dans un café proche du ministère de l'Intérieur et de l'Elysée. Orluc était ivre et lui a dit sans que le policier ne comprenne à quoi il faisait référence : « Nous aussi, on connaît des Palestiniens, fais gaffe à toi, il va t'arriver malheur. »

De son côté, à la fin de l'année 1983, « Fabulateur », c'est l'un des nombreux pseudos, comme nous l'avons dit, que lui ont donnés les gendarmes, est sûr d'avoir gagné la partie.

A tous ses interlocuteurs, il clame, avec son art de l'emphase :

« J'écris mon pamphlet contre Mitterrand, "Tonton et Mazarine", où j'ai déjà écrit quinze pages. »

« Ils sont morts de peur. Ils ont reculé le paiement de mes impôts, ça y est. »

« Oui, c'est l'immunité absolue. »

« Il n'y a jamais plus fort que moi en pamphlet. C'est cinquante fois plus fort que les attaques que j'avais portées lors de l'enlèvement. »

Il faut dire que lorsque Jean-Edern Hallier prend la plume, ce n'est jamais doucereux. Citons un passage de l'un de ses nombreux pamphlets :

« La conséquence logique du vampirisme de Mitterrand, c'est sa complaisance pour les cimetières. Jamais un politicien n'en aura autant visité, impavide et frénétique : la boulimie mortuaire de notre homme est proprement désopilante. Du temps où il daignait encore écouter mes conseils, j'arrivai un jour dans son bureau, vil flatteur, pour caresser ce penchant qu'il a hérité à la fois des rites funéraires, des sociétés secrètes du XIXe, et des campagnes des morts de l'extrême droite française lancées par Maurice Barrès à l'orée de ce siècle. [...] Un jour il va en pèlerinage au cimetière Montparnasse sur la tombe de son ami Georges Dayan, le lendemain, on le retrouve sur la roche de Solutré, ossuaire préhistorique d'où il plonge pour celui de Douaumont, pour s'envoler d'un coup d'aile vers le caveau de Pierre Mendès France. "Ce con", comme il le traite si volontiers dans l'intimité. De mémoire de République jamais un président ne se sera autant incliné devant des tombes. La prophétie de Pouchkine est donc vraie : “Ils ne savent aimer que les morts”... »

Le 29 mars 1984, Barril rencontre une ultime fois Jean-Edern Hallier à la brasserie Lipp. Le capitaine juge en effet que la confrontation entre le polémiste et l'Elysée devient de plus en dangereuse. Le deal se fait en douceur. L'écrivain fait un communiqué à l'AFP pour dire qu'il renonce à la publication du manuscrit tout en précisant qu'il le met en lieu sûr :

« Bien qu'ayant achevé mon livre sur François Mitterrand, j'en dépose le manuscrit, en lieu sûr, afin que son existence ne soit pas mise en doute et je suspends, sine die, sa parution. En effet, elle m'apparaît inopportune à la veille des prochaines échéances électorales. Il y a beaucoup plus de courage aujourd'hui à soutenir le président de la République qu'à l'attaquer. Je ne peux pas faire profiter la droite. De plus l'homme de gauche que je suis toujours ne voit pas pourquoi il lui ferait ce cadeau qu'elle ne mérite pas, elle qui, même, sans les nostalgiques de son retour au pouvoir, n'a su ni renouveler ses hommes, ni tirer la leçon de son échec en reconstruisant une image d'espérance. »

Immédiatement le livre est remis à l'Elysée à François de Grossouvre ainsi qu'au commandant Prouteau. En même temps, le capitaine Barril obtient d'Edern qu'il lui restitue deux armes de gros calibre : un revolver et un pistolet de 11,43. Quel marché a été conclu ? Jean-Edern Hallier se targue d'avoir obtenu satisfaction grâce à ses multiples pressions : remise d'impôt, et amnistie à propos de l'attentat contre Régis Debray, dont il avait été un instant soupçonné. En fait, ces rodomontades du provocateur ne sont pas exactes. Le problème concernant sa dette fiscale n'est pas réglé. Il perdurera en 1984, 1985 et début 1986.

Un autre ami de Jean-Edern, Georges Gabbay, affirme

au juge Valat avoir subi un contrôle fiscal en 1984 et en 1995 et que tout cela était lié aux écoutes téléphoniques. Le 7 mars 1985, Gabbay, qui conseillait à l'époque Jean-Edern Hallier, est agressé dans son bureau par trois hommes qui le menacent avec des armes à feu et un poignard. Ils ont fouillé tout le bureau. Très curieusement, les policiers arrivent cinq minutes à peine après l'appel au secours de l'ami d'Edern.

Il y a là la brigade criminelle et l'identité judiciaire. C'est la sixième DPJ dirigée à l'époque par Bloch qui a fait l'enquête. Elle est menée par l'inspecteur Michel Cotto. Le 11 juin 1999, Gabbay contacte Cotto. Interrogé par le juge Valat dans le cadre de l'enquête judiciaire, il lui révèle que Cotto a maintenant quitté la police après être passé par les RG. Ce dernier lui a rappelé qu'à l'époque de l'enquête, il lui avait confié le manuscrit du pamphlet de Jean-Edern Hallier sur François Mitterrand.

« Cotto, ajoute Gabbay, m'a avoué qu'avant de me rendre l'original, il en avait pris des photocopies et il m'a dit que c'était donc son service qui avait eu le manuscrit avant Christian Prouteau. Cotto avait ensuite donné le manuscrit à son patron Bloch. Cotto m'a dit qu'il n'était pas prêt à confirmer devant vous ce qu'il me disait. J'ai maintenant compris que l'agression dont j'ai été l'objet en mars 1985 était destinée à m'intimider. » Les écoutes téléphoniques avaient en tout cas bien fonctionné.

L'année 1992, il perd la vision de son seul œil valide après une journée trop ensoleillée alors qu'il pratiquait le moto-scaf sans lunettes de soleil. Après la mort de François Mitterrand, l'écrivain publie enfin *L'Honneur perdu de François Mitterrand*. Avec trois cent mille exemplaires vendus, c'est le best-seller de l'année 1996. Dans l'introduction de son ouvrage[1], il écrit :

1. *L'Honneur perdu de François Mitterrand*, Ed. du Rocher, Paris, 1996.

« Ce n'est pas un livre comme les autres. Tel quel, je le mets en librairie. Ce n'est pas un livre comme un autre. Il est resté onze ans inédit parce qu'on m'a empêché de le publier [...]. Ensuite vinrent les pressions sur les éditeurs : dix-sept d'entre eux acceptèrent mon manuscrit avant de le refuser inexplicablement. Mes banques furent découragées de me prêter de l'argent. Mes collaborateurs furent menacés et je ne reviendrai pas sur les mille écoutes téléphoniques dont je fus la victime. [...] Ce n'est pas ici que je vais gémir. Tout cela relève de l'anecdote, et non de la formidable vision artistique qui m'a poussé. »

Edern revit. Et ses derniers écrits sont toujours aussi brillants. Il n'en a toutefois pas moins des moments de folie, notamment lorsqu'il affirme avoir recouvré la vue en octobre 1996 à Lourdes. Finies les provocations, le polémiste caresse dans le sens du poil les académiciens. Il rêve de l'habit vert.

Ses ennuis ne sont pourtant pas terminés. En mars 1996, Jean-Edern Hallier reçoit de nouvelles menaces de mort et est désormais accompagné par deux gardes du corps. Le 7 mars, il écrit au capitaine Barril pour lui demander de respecter sa parole et de le protéger :

« Cher Paul,

« C'est énervant d'être sans nouvelles de toi, sinon par l'intermédiaire de ceux que tu appelles. Tu peux me rencontrer discrètement. Il suffit que tu sonnes à la maison. Je serai là jusqu'à demain, au milieu de la journée. Après je descendrai me reposer au Normandy escorté par un garde que le ministère de l'Intérieur a mis à disposition pour me protéger [...].

Jean-Edern Hallier. »

Mais finalement ce ne sont pas ses prises de positions politiques, ses écrits, ses frasques, ses crises qui frisaient parfois la démence qui vont l'emporter. Le destin va en décider autrement. Depuis plus d'un an, l'écrivain se rendait fréquemment à Deauville, où avaient vécu ses parents. Presque tous les week-ends, il réside à l'hôtel Normandy, le vieil établissement de la ville dont les lustres et les salons feutrés lui rappellent tant de souvenirs. Edern y a maintenant ses habitudes. Il est devenu le client de la suite 198.

Le 12 janvier 1997, après avoir pris son petit déjeuner, il enfourche son vélo noir, s'arrête au café pour boire son traditionnel Viandox. Après beaucoup d'excès, Jean-Edern s'était en effet refait une santé. Une brève discussion avec le patron de bistrot, puis il remonte sur son engin, se dirigeant vers les bords de mer alors qu'il n'y voyait goutte dans la grisaille de ce matin hivernal. Quelques instants plus tard, il est tombé. Une hémorragie cérébrale l'avait brusquement frappé. C'est un employé du casino de Deauville qui découvrira le drame juste derrière l'hôtel. Quelques jours auparavant il avait confié à des amis : « J'arrête la polémique. Je prépare un livre romantique. » Jean-Edern Hallier, qui aimait se comparer à Victor Hugo, n'aura pas eu le temps de réaliser son œuvre maîtresse.

Sur le plan politique, l'homme le plus écouté de France ne fut jamais entendu.

XIX

Le grand absent

Les absents ont toujours tort mais on ne peut les faire parler. Avec les morts, il en va tout différemment. Sous couvert de commisération, voire de réelle fidélité, on peut, tout à l'aise, les appeler au secours d'une cause vacillante, les charger de péchés inavoués, ou au contraire les parer de toutes les vertus.

Pierre-Yves Guézou, comme avant lui Jean-Michel Beau, va plonger dans une tourmente médiatique qu'il n'a pas vu venir, tout à son devoir d'obéissance, son obligation de fidélité, son statut militaire. Il va sombrer, perdre sa raison de vivre et disparaître de cette pièce de théâtre qui, sans lui, serait demeurée une comédie aux cent actes divers mais qui, à partir de son suicide, devient une pauvre tragédie. Comme la pantalonnade des Irlandais de Vincennes se fera drame insoutenable pour l'officier de gendarmerie qui croira y avoir perdu son honneur. L'ironie cruelle du sort aura voulu qu'en ces deux affaires du premier septennat de gauche, ce soit deux gendarmes qui aient payé le prix fort des initiatives intempestives de François Mitterrand. Mis en cause, de surcroît, par un troisième gendarme, Paul Barril.

Au point que l'on peut penser que, sans l'affaire des Irlandais de Vincennes — qu'il eût mieux valu appeler l'affaire Barril —, la cellule n'aurait pas connu son premier et fatal dérapage, celui qui a provoqué tous les autres.

Pierre-Yves Guézou a choisi d'embrasser tout à la fois la carrière de gendarme et le service de la République. C'est souvent ainsi en Bretagne et en Corse : pas de République sans gendarmerie, ni de gendarmerie sans République. Son frère Jean-Claude, son aîné de six ans, lui a montré la voie. Sauf qu'il a choisi la police et qu'il y réussit brillamment. C'est peut-être un peu là que se situe le problème de Pierre-Yves, si problème il y a. Il aimerait bien réussir comme le grand. Le rêve serait de passer officier.

Or, voici que l'occasion se présente. On lui propose de rejoindre la cellule de l'Elysée, on lui fait miroiter de beaux galons d'argent. La présidence ! L'affectation dont on rêve, non pas parce qu'elle est une sinécure, mais parce qu'elle s'inscrit dans un beau parcours. Et aussi parce qu'elle permet bien des rencontres, qu'elle vous fait pénétrer au cœur de l'Histoire. L'adjudant-chef Guézou accepte, avec enthousiasme. La quarantaine athlétique, sympathique, ouvert, il s'intègre sans difficulté à la petite équipe qui, déjà, vibrionne autour de Christian Prouteau. D'entrée de jeu, on lui confie les écoutes. C'est une mission de confiance, cela deviendra une mission impossible.

Pierre-Yves Guézou, à partir de juin 1983, se rend quotidiennement aux Invalides. Il y retrouve, fraternellement mélangés, militaires, policiers et pékins, transcripteurs et interprètes, tous soigneusement triés sur le volet, dépositaires de secrets qui ne sont pas forcément de Polichinelle, une sorte de gratin anonyme d'une vraie police secrète, celle qui écoute, sans se lasser ni se poser de questions, les voyous, les espions, les terroristes, les indélicats et pas mal d'innocents.

Pierre-Yves Guézou pêche dans les eaux troubles du terrorisme avec vingt lignes à l'eau. Sans grand succès. D'abord parce que, tout ce petit monde le sait, rares sont les imprudents ou les maladroits qui se laissent aller à de vraies confidences au téléphone. Surtout s'il s'agit de professionnels. Ensuite parce que la qualité des écoutes dépend du travail d'identification fait en amont. Plus l'approche est précise, meilleure est la chance de faire de bonnes prises.

Malheureusement pour l'adjudant Guézou, la cellule, très vite, se focalise sur le terrorisme irlandais. Il faut à tout prix river leur clou à tous ces policiers qui ricanent, se gaussant d'arrestations dont ils ont, en vrais spécialistes, flairé les failles et mesuré la modestie. Du côté de la rue de l'Elysée, il faut serrer les rangs, se concentrer sur cet objectif premier : démontrer que King, Reid et Plunkett figurent bien au Bottin mondain du terrorisme international. Guézou n'y peut rien. Il se contente de relever les lignes et de rapporter sa pêche chaque jour à la présidence.

A qui précisément ? Il semble bien que ce soit à Gilles Ménage, si l'on en croit un de ses amis policiers[1]. Ou bien à Christian Prouteau, selon Gilles Ménage. Au fond, cela n'a d'importance que pour déterminer le degré d'implication de l'un et de l'autre dans ces pratiques douteuses. Et Pierre-Yves Guézou n'est plus là pour les départager.

Avant son geste fatal, il aura eu le temps de comparaître devant le juge Valat. Comme témoin, ainsi que le fait le magistrat qui, au contraire de certains de ses confrères ou de ses consœurs, ne se fie qu'à lui-même, et non seulement aux rapports de police, pour décider de mises en examen.

Nous sommes le 25 mai 1994 en début d'après-midi. Le juge en est encore à se faire une religion, à pénétrer les arcanes de l'interception téléphonique, à découvrir cette

1. Encore en activité, ce qui explique son anonymat.

étrange et merveilleuse machine que fut la cellule. Le témoin qu'il reçoit, qui décline son identité et sa profession, « chef de bureau », lui remet une note relatant ses activités depuis 1983. Aux premières questions de Jean-Paul Valat, il répond sans ambages, clairement, précisément. Il ne s'agit, il est vrai, que de cerner les contours de son travail. Dès que sont abordés les détails de la procédure, Pierre-Yves Guézou sombre dans l'amnésie ou confesse son ignorance : ainsi, il ignore comment les transcriptions d'écoutes arrivaient à la cellule, comment étaient choisis les noms de code, ou si les écoutes de journalistes passaient sous le manteau. D'ailleurs, afin que les choses soient bien claires, il n'hésite pas à ramener son rôle aux plus modestes proportions.

« Moi, je vous dis ce que j'ai fait. Je ne suis au courant de rien pour le reste. Mon rôle était secondaire. »

Le juge tique : « Vous avez été promu officier au choix[1]. Vous deviez donc être un élément de valeur. J'ai un peu de mal à croire que, pendant plusieurs années, vous avez mécaniquement transcrit des conversations téléphoniques sans savoir qui elles concernaient ni à quoi elles se rapportaient. »

Guézou ne s'en tire pas mal.

« Ça ne m'intéressait pas de savoir qui était écouté. Je savais quel était le sujet de l'écoute : il s'agissait de terrorisme ou de la sécurité du chef de l'Etat. »

Ce que le capitaine ignore, c'est l'acception excessive donnée au concept de « sécurité du chef de l'Etat ». On lui a probablement tu que cette protection s'est étendue, comme une tache d'huile, à la réputation de François Mitterrand et à sa vie privée.

Jean-Paul Valat lui pose une question autrement intéressante :

1. Capitaine. Pierre-Yves Guézou était effectivement un gradé de grande qualité.

« Etiez-vous fouillé en sortant du GIC?

— Non. Il y avait un contrôle à la sortie mais je n'ai jamais été fouillé. »

C'est bien ici que le bât blesse. On doit comprendre la position délicate dans laquelle se trouve le chef du GIC. Il doit impérativement faire respecter les restrictions posées par le Premier ministre aux écoutes administratives, concernant les personnalités du gouvernement et certaines catégories socio-professionnelles, mais comment le faire concrètement? On imagine mal la fouille quotidienne de plusieurs centaines de personnes, à la manière des mines de diamant du Transvaal. D'autant que certains sont des gradés de l'armée ou de la police et que d'autres, les interprètes notamment, n'accepteraient pas nécessairement d'être soumis à ce traitement humiliant. La DST, à titre d'exemple, a dû recourir pour la traduction d'écoutes en langue rare aux services d'un ecclésiastique. Peut-on penser que l'intéressé qui agissait ainsi par civisme et non par esprit de lucre se fût soumis sans broncher à ce genre de contrôle?

D'autant que, pendant tout le temps où Pierre-Yves Guézou opère aux Invalides, de juin 1983 à mars 1986, aucun dysfonctionnement n'est constaté, aucune indiscrétion n'est relevée, aucun scandale n'éclate. Rien ne s'opposait, par conséquent, à ce qu'il fasse comme ses petits camarades de la DGSE ou des services de police et emporte dans ses poches des feuillets plus particulièrement passionnants. Rien ne l'établit non plus, et nous retrouvons la zone d'ombre qui recouvre les relations de Gilles Ménage et de Pierre-Yves Guézou : quotidiennes selon un proche du capitaine; rarissimes, sinon inexistantes, pour le directeur de cabinet du président. Mais Gilles Ménage était-il vraiment le bon interlocuteur de Pierre-Yves Guézou? Celui-ci ne pouvait-il en avoir d'autres?

En tout état de cause, il eût fallu pour que le capitaine

sorte clandestinement des écoutes du GIC et les apporte subrepticement à l'Elysée qu'il les juge intéressantes et qu'il témoigne donc de cette capacité d'appréciation qu'il se dénie à lui-même. Or, vers la fin de sa déposition, il se fait piéger par le juge :

« Lorsque vous avez cessé d'être le lecteur de la cellule au GIC, quelle fonction avez-vous occupée ?

— A partir de ce moment [...] mon travail consistait à faire des synthèses sur la situation de différents pays du monde à partir de notes établies par le SGDN[1]. »

Le juge lui demandant qui lui avait commandé ce travail, Pierre-Yves Guézou répond :

« J'ai pris l'initiative de faire des notes de synthèse qu'en définitive personne n'a jamais lues. »

Tout en parlant, il réalise d'un coup qu'il reconnaît sa réelle aptitude à un travail intelligent, bien au-dessus de ce rôle obscur de gratte-papier qu'il prétendait assumer au GIC. Il essaie de se reprendre : « J'ai fait ce genre de notes de synthèse jusqu'à mon départ en retraite en 1991, mais personne ne les a jamais lues. »

Tout de même, cinq années de travail inutile ou méconnu, c'est bien long, même quant on attend d'être rayé des cadres. Le juge s'en étonne :

« Vous avez passé cinq ans à faire des notes de synthèse que personne ne lisait. N'aurait-il pas été plus opportun de demander que l'on vous fasse faire un travail utile ? »

La réponse du capitaine a des accents de sincérité :

« Si j'avais dit que je ne servais à rien, on m'aurait renvoyé en gendarmerie départementale et je n'en avais pas envie. » Calculateur, il ajoute : « Ça ne m'intéressait pas car je voulais prendre ma retraite, ayant acquis le maximum d'annuités. »

C'est plus qu'un aveu, c'est un constat de faillite. Celui

1. Service général de la Défense nationale.

d'un organisme créé par la volonté présidentielle pour jouer un rôle essentiel dans la lutte contre le terrorisme et qui rend les armes moins de quatre années plus tard, après s'être ravalé au rang d'une officine de basse police, indigne de ceux qui l'ont imaginée et créée. Comment se peut-il que la présidence de la République devienne le lieu d'inutiles sinécures quand tant d'efforts sont requis d'autres fonctionnaires pour traquer et neutraliser les véritables terroristes, conjurer les vrais dangers ? Il ne faut pas perdre de vue que, durant ces années de délire — on ne peut les qualifier autrement —, d'autres services, DST et PJ, ont pu identifier et démanteler des réseaux entiers, tout en assurant, sur le sol national, une tranquillité qu'aucun autre pays européen ne connaissait. Le plus comique de l'histoire n'est-il pas que François Mitterrand, tout à sa chasse personnelle, ne se soit pas rendu compte de la qualité de la copie rendue par ceux dont il se méfiait tant ?

Le juge n'est manifestement pas convaincu du rôle modeste, quasi négligeable, auquel le capitaine Guézou prétend s'être tenu. Il le place donc en examen et le convoque pour la fin décembre 1994. Il est loin de prévoir quelle tempête cette simple convocation va déclencher sous un crâne : le capitaine Pierre-Yves Guézou met fin à ses jours le 12 décembre 1994, quelques heures avant l'aube.

La comédie, brutalement, vire à la tragédie. Comme Jégat laisse un arrière-goût d'amertume au fond de la gorge, avec ces images poignantes d'un homme décharné sur un lit d'hôpital, rassemblant ses dernières forces pour s'arracher la vérité, Pierre-Yves Guézou ne peut partir sans soulever le cœur de ceux qui savent que ce ne sont pas les seconds rôles qui doivent se sacrifier.

Dès ce 12 décembre 1994, alors que s'aiguisent dans les coulisses du théâtre de la politique les longs couteaux du parti gaulliste, la question revient sur toutes les lèvres, sous toutes les plumes : pourquoi ?

Est-ce parce que le capitaine de gendarmerie ne pouvait supporter l'idée d'être mis en examen parmi les tout premiers ? Est-ce parce qu'il s'est rendu coupable de quelques indiscrétions, de quelques libertés prises avec la loi ? Est-ce parce qu'il s'est senti trahi ? Autant de questions qui ne recevront jamais de réponse, mais qui peuvent être éclairées par le témoignage de ses proches.

Parmi ceux-ci, ce policier, encore en activité, qui l'a connu et fréquenté au point d'avoir été sollicité d'entrer à la cellule de l'Elysée. Pour lui, le geste ultime de Pierre-Yves Guézou reste un mystère, puisqu'il l'avait rencontré l'avant-veille et trouvé dans un état parfaitement normal. Certes, l'ancien capitaine ne cachait pas sa préoccupation d'une nouvelle comparution devant le juge Valat, cette fois en qualité de mis en examen. Il avait toutefois fait remarquer qu'il s'y trouvait en bonne compagnie, et se sentait « protégé » par les grandes ombres de Gilles Ménage et de Christian Prouteau. D'autant plus qu'il avait conscience d'avoir loyalement servi le directeur de cabinet de François Mitterrand en lui faisant régulièrement rapport des écoutes[1].

Ou cet ancien sous-directeur à la DST, qui n'a conservé de Pierre-Yves Guézou que l'image d'un personnage indécis, renfermé, conservant ses distances avec les autres correspondants au GIC.

Ou son propre frère, contrôleur général de la police nationale, auquel il aurait pu se confier s'il avait été en proie à une grave crise morale. Jean-Claude Guézou, entendu par le juge qui a cherché à élucider les causes de ce drame, n'a pu livrer que des impressions, celle en particulier d'une certaine sérénité, avec ce fait précis : le jour

1. Ce que Gilles Ménage conteste catégoriquement.

même du drame, le lundi 12 décembre, les deux frères devaient déjeuner ensemble. Le policier, à la réflexion, s'étonne que Pierre-Yves ne lui ait pas laissé un mot et soit parti aussi brusquement.

Pourtant, le capitaine s'était entretenu au téléphone avec son frère de sa mise en examen. Ce dernier ne l'avait pas « senti très atteint », sinon, précise-t-il, « je serais allé le voir immédiatement ». Ce relatif détachement vis-à-vis de la décision prise par le juge paraît effectivement s'accorder avec son refus de s'abriter derrière le secret défense. Attitude que Jean-Claude Guézou explique simplement par le fait que son frère n'avait rien à se reprocher.

Au total, c'est tout un faisceau de témoignages, qui laissent planer une grande incertitude quant à l'événement le plus dramatique de tout le dossier des écoutes.

Tout autre est l'opinion de Jean Orluc, dont l'irruption dans la mêlée sournoise et confuse fait l'effet d'un rappel aux réalités. Achille Brandibus — c'est le nom de guerre qu'on lui a donné à l'école puis aux RG — a le bouillant tempérament de son illustre homonyme. Ardeur et colères, travail en solitaire, acharnement à traquer le nuisible, ce Corrézien quadragénaire s'est acquis au fil des années une réputation solide et justifiée. Particulièrement averti dans le domaine du terrorisme palestinien, il a croisé à plusieurs reprises Christian Prouteau et Paul Barril. Il semble que ce soit celui-ci qui ait recommandé son recrutement. Le choix est judicieux, même si Jean Orluc ne manifeste aucune prédisposition à s'intégrer à une équipe.

Au moins apporte-t-il au juge Valat lors de sa première audition, le 13 février 1996, des réponses claires, précises et, ce qui ne gâte rien, franches. Ainsi reconnaît-il les lacunes de la cellule, qui ne pouvait offrir à ses membres « une vision globale » des choses, la déception qu'il a rapidement ressentie de son fonctionnement et de ses résultats, l'imprécision de ses fonctions. Le duo qu'il constitue avec Michel Tissier sombre bientôt dans la morosité, puis l'inquiétude quand éclate le scandale des Irlandais de Vincennes. Est-il tenté d'accepter le poste à Marseille que lui propose Gaston Defferre ? Achille, qui n'a pourtant pas le pied marin, ne veut pas abandonner le bateau dans la tempête. Il y gagne peut-être l'estime de ses collègues et la confiance de ses chefs aux RG. Il oublie cependant que de tels sentiments ne durent que ce que durent les roses.

Un peu plus d'un an plus tard, Achille Brandibus retrouve la galerie d'instruction où siège le juge aux lèvres serrées et au regard inquisiteur. Jean-Paul Valat pense avoir marqué, dans cette ténébreuse affaire, un point décisif avec le renoncement de Gilles Ménage à se prévaloir du secret défense. Il s'en ouvre, d'entrée de jeu, au commissaire divisionnaire, qui lui objecte sagement qu'il n'appartient pas à un joueur de s'affranchir de la règle du jeu instaurée par une autorité supérieure. Il s'en tient donc à ce secret défense dont, il est vrai, il ne fait qu'un usage limité.

Il est en pleine forme, ce cher Achille, que le juge n'est pas loin de trouver sympathique. Si bien qu'il retranscrit, mot pour mot[1], les répliques très théâtrales de son vis-à-vis : « Faites excuse, Monsieur le Juge, ne vous méprenez point », ou bien « je ne saurais, sans transgresser le secret défense », ou encore « en matière de sublime inconséquence, on ne fait pas mieux », ou enfin « eût-on voulu me mouiller qu'on ne s'y fût point pris autrement ». Tout cela sur fond de recherche d'un numéro, le 23, qui aurait pu être celui attribué à Jean Orluc au registre des demandes d'écoute.

1. C'est en effet le juge qui dicte au greffier les questions et les réponses, non sans modifier celles-ci si besoin est, le besoin allant jusqu'à la nécessaire clarté de la déclaration.

Mais c'est l'entretien suivant, le 6 juillet 1998, qui s'avère le plus intéressant ; le Premier ministre a autorisé les mis en examen à parler des écoutes demandées et exploitées par la cellule. Le juge saute sur l'aubaine et engage Jean Orluc à s'exprimer enfin sur les écoutes. L'ancien commissaire divisionnaire avait sans doute prévu l'entame puisqu'il esquive la question pour poser un tout autre problème, celui de la relation du suicide de Pierre-Yves Guézou à la divulgation des disquettes sur lesquelles ont été enregistrées les écoutes. Il entend ainsi « honorer la mémoire d'un défunt ».

La thèse de Jean Orluc est simple : son ami s'est donné la mort par crainte d'avoir à répondre devant la justice d'une faute dont il se serait rendu coupable, la livraison à une tierce personne de ces fameuses disquettes, par lesquelles le scandale est arrivé.

L'histoire, telle qu'il la conte au juge, apparaît plausible, ce qui pour autant ne lui confère pas toutes les garanties d'authenticité. Voici le récit qu'en fait Jean Orluc à un Jean-Paul Valat manifestement intéressé.

Le 12 décembre 1994, quelques heures à peine après le suicide du capitaine Guézou, Nadine Caël, ancienne assistante de Jean Orluc à Air Inter, réveille ce dernier. C'est une bien triste nouvelle qu'elle lui apprend. Le policier, abasourdi, réalise que l'ancien officier de gendarmerie n'a pas supporté la perspective de sa mise en examen. D'un coup il lui revient que, depuis quarante-huit heures, le malheureux cherchait à le joindre pour récupérer des disquettes. Il s'en explique.

En juillet 1991, Jacques Fournet, directeur de la DST[1], vient remettre à son ancien collaborateur Jean

1. Jacques Fournet, cas unique dans l'histoire du corps préfectoral, « enchaîne » en 1988 et 1990 les fonctions de directeur des RG, puis de directeur de la DST, ce qui indique bien sa forte relation de confiance avec François Mitterrand.

Orluc la croix de chevalier dans l'Ordre national du Mérite. D'un commun accord, le parrain et son filleul ont choisi de procéder à cette cérémonie à Reims, dans les caves du champagne Ruinart. Une trentaine d'invités vont célébrer l'événement, parmi lesquels Pierre-Yves Guézou, ce qui situe son rapport d'amitié avec le policier. Après la cérémonie, le commissaire divisionnaire remarque que son ancien patron et nouveau parrain s'entretient en particulier avec l'officier de gendarmerie. Il n'y prête pas autrement attention.

Une dizaine de mois plus tard, Jean Orluc, qui n'a jamais cessé d'entretenir une relation confiante avec son ancien patron jusqu'à lui rendre régulièrement visite à la DST, se voit sollicité par Jacques Fournet. Il ne s'agit de rien de moins que de mettre la main sur les écoutes de la cellule — pudiquement appelées les productions — qu'il croit ou sait être détenues par Pierre-Yves Guézou, autrement dénommé Gaël[1]. Le patron du contre-espionnage, natif de Chamalières, a connu jusqu'alors un parcours très rapide, passant, en moins de dix ans, de l'ENA à la préfecture de la Nièvre, en transitant par le cabinet du secrétaire d'Etat aux DOM-TOM, Georges Lemoine, maire de Chartres et « gradé » en maçonnerie. Avec l'appui d'un certain Michel Charasse, autre franc-maçon notoire. La Nièvre sonne comme une promesse de brillante carrière en ces années de mitterrandisme éclairé : Pierre Verbrugghe, Pierre Chassigneux n'ont pas eu à se repentir d'avoir affronté les rigueurs climatiques du Morvan. Malheur, en revanche, à ceux qui n'ont pas eu l'heur de plaire au seigneur des lieux : François Mitterrand, à peine installé à l'Elysée, a demandé, nous l'avons vu, qu'on lui fasse tenir la liste exhaustive des préfets et sous-

1. Ne pas confondre Gaël (Guézou) et Nadine Caël, assistante d'Orluc.

préfets qui ont servi dans ce département cher à Romain Rolland. Il a lui-même coché les bons et les mauvais et réglé ainsi, en quelques minutes, une bonne collection de carrières. Sans doute Jacques Fournet a-t-il bien réussi puisqu'« on » lui confie, au départ de Pierre Chassigneux précisément, la direction des Renseignements généraux.

Il n'est que normal que le directeur de la DST qu'il est devenu ambitionne de retrouver à l'Elysée son bienfaiteur, Michel Charasse, et son grand homme, François Mitterrand. Il se marmonne, en effet, dans les alentours de la rue du Faubourg-Saint-Honoré que Gilles Ménage, au charbon depuis dix ans, éprouve le besoin de souffler. Peut-être aussi de récolter ce qu'il a patiemment semé à force de dévouements, grands et petits, et d'un labeur incessant, en cueillant une belle présidence d'établissement public.

Un peu vite, sans doute, mais aussi parce qu'il se sent en confiance avec Jean Orluc, la remarque est d'importance, Jacques Fournet imagine qu'il pourrait succéder à Gilles Ménage. Pour appâter Jean Orluc, il lui glisse qu'il pourrait avoir besoin de ses services : il envisage en effet de reconstituer la cellule, ou du moins de réunir autour de lui une « brigade du chef » comme il l'a fait à la DST[1]. Sans doute Achille Brandibus devrait-il se méfier, et il s'en ouvre à Jacques Fournet. Toutefois, il accepte de se charger de la mission et de solliciter Pierre-Yves Guézou, justifiant sa demande par la nécessité de poursuivre activement la lutte antiterroriste.

Le capitaine demande un délai de réflexion. Jean Orluc explique que « Fournet est sur ses talons » et va jusqu'à promettre au gendarme de retrouver une vraie fonction à l'Elysée. En bon Breton, Pierre-Yves Guézou ne peut res-

1. Cette « brigade du chef » créée par Jacques Fournet à la DST, et qui ne lui a pas survécu, a été faussement portée au compte d'Yves Bonnet par Frédéric Ploquin dans son ouvrage sur la DST.

ter insensible à une proposition qui lui permettra de réintégrer, la tête haute, ce palais qu'il a eu quelque peine à quitter. Une rencontre avec le directeur de la DST, rue Nélaton, le convainc d'accepter la proposition du grand patron du contre-espionnage et, un ou deux mois plus tard, il remet à Jean Orluc un sac en plastique vert contenant des disquettes de format 3 ½, quatre ou cinq, semble-t-il. Le commissaire, qui rencontre régulièrement Jacques Fournet dans son bureau, au point que ses allées et venues intriguent ses collègues de la DST, lui remet les disquettes quelques jours plus tard, non sans lui préciser qu'il n'en détient pas le code. Ce à quoi le directeur lui répond : « Oh vous savez, ça n'a pas d'importance car on peut casser n'importe quel code. »

Le vent ne souffle pas de manière favorable pour Jacques Fournet, qui voit, au cours de cet été 1992, ses chances s'envoler comme les étamines d'une fleur des champs. Quand Pierre-Yves Guézou comprend que le choix du président ne se portera pas sur le patron de la DST, il s'inquiète de ses disquettes. Il lui est répondu, toujours par l'intermédiaire de Jean Orluc, que celles-ci sont bien à l'abri dans le coffre directorial[1]. Le commissaire, qui a un mauvais pressentiment, s'en inquiète et revient à la charge. Jacques Fournet le rassure définitivement en lui disant que les disquettes ont été détruites et en donne sa parole. Quelques mois plus tard, le 19 novembre 1992, *National Hebdo*, journal d'extrême

1. Il faut noter que le coffre-fort qui se trouvait dans le bureau du directeur de la ST rue des Saussaies n'a pas été transporté rue Nélaton. Lorsque le directeur voulut le faire ouvrir avant le déménagement, en juin 1985, il dut faire appel aux spécialistes de la maison, la combinaison ayant été oubliée et les clés perdues. En fait de documents secrets, le coffre ne contenait que les photos des préfets prêtant serment au maréchal Pétain en présence de l'amiral Darlan, à Vichy.

droite, publie le fac-similé d'une note de Gilles Ménage au commandant Prouteau faisant état de l'écoute de maître Antoine Comte. L'indiscrétion passe inaperçue. Le 4 mars 1993, en pleine campagne électorale, c'est au tour de *Libération* de publier le contenu des synthèses de seize interceptions de communications téléphoniques réalisées sur la ligne personnelle d'Edwy Plenel et de sa compagne, Nicole Lapierre, réalisées entre le 30 décembre 1985 et le 26 février 1986. Le 12 mars, le même journal, sous la signature d'Alain Léauthier et de Patricia Tourancheau, affirme, documents à l'appui, qu'entre janvier 1983 et janvier 1986, au moins 114 écoutes téléphoniques ont été demandées et obtenues, dont certaines concernant des personnalités politiques ou des acteurs de l'affaire des Irlandais de Vincennes.

Jean Orluc est pris d'« une sourde inquiétude ». Il assiste à l'exploitation politique de l'affaire, note « le maintien de Jacques Fournet à la tête de la DST contre toute attente[1] ». Puis sa nomination comme préfet de région en Champagne-Ardennes[2]. Bien que, selon sa déposition, la question lui brûle les lèvres, il s'abstient de demander à son ancien patron « s'il était pour quelque chose dans la parution des articles de *Libération* ».

Plus d'un an et demi après les articles de *Libération* qu'accompagnent et confortent des articles de *National Hebdo* en avril 1993, du *Nouvel Observateur* le 18 mai et

1. En mars 1986, dans des circonstances analogues, le même ministre de l'Intérieur, Charles Pasqua, « remercie » le directeur de la ST, Rémy Pautrat, dès son arrivée place Beauvau. Il est amusant de constater que Rémy Pautrat comme Jacques Fournet sont issus de l'Ecole des Impôts.

2. Seul, avant Jacques Fournet, Bernard Gérard a quitté la DST pour un poste de préfet de région, tous les autres directeurs ayant été nommés en département.

du *Point* le 13 mai, Pierre-Yves Guézou met fin à ses jours. Sans oser complètement se l'avouer à lui-même, le policier se sent mal à l'aise. Il appelle son ancien patron et, bien qu'il lui en coûte, l'interroge enfin sur les fameuses disquettes. Il s'y sent encouragé sinon autorisé par l'épisode, digne de Gaston Leroux, de la dame en noir, cette mystérieuse personne surgissant devant un garde républicain vraiment peu physionomiste, le 12 janvier 1995, pour lui remettre des disquettes.

Il y a aussi dans cette affaire aux relents de polar les menaces de mort qu'Orluc prétend avoir reçues, les filatures menées par un service auquel il a appartenu, et même une tentative d'arrachage de sac. Dès lors, ses révélations sonnent étrangement, et la question se pose : délire de la persécution ou affabulation?

La réponse que donne le préfet Jacques Fournet au juge Valat met en avant, on s'en doute, la seconde explication. Pourtant, il se trouve dans les explications qu'il fournit des contradictions, des inexactitudes sur fond d'amnésie généralisée qui brouillent son témoignage.

Ainsi, quand l'ancien directeur de la DST invoque le décret de décembre 1982 qui régit le fonctionnement de la DST, il le fait sans courir le risque d'être démenti puisque ce texte n'a fait l'objet d'aucune publication au *Journal officiel.* Il peut ainsi affirmer que « la DST centralise, coordonne les renseignements obtenus en matière antiterroriste par tous les services français ». Ce qui est faux et fait bon marché de la conscience professionnelle de ses prédécesseurs qui se fussent évidemment acquittés de cette mission si elle leur avait été confiée. Or, ce serait en exécution de ce « pouvoir » qu'il aurait demandé à Pierre-Yves Guézou par l'entremise de Jean Orluc « la production antiterroriste de la cellule ».

Il reçoit alors « sept ou huit disquettes » qu'il rend sans les avoir utilisées ni demandé le code qui l'eût permis. Ses souvenirs ne vont pas beaucoup plus loin : il a oublié à qui il les avait restituées et quand. Il ne sait plus à qui il avait demandé de les décrypter, ni si Orluc les lui a réclamées. « De toute façon, [il] considère que cette production faisait partie du patrimoine antiterroriste de la France. » Le juge, pourtant plus sagace à l'égard d'autres témoins, ne rebondit pas pour lui demander pourquoi, dans ces conditions, il ne les a pas conservées. Puis Jacques Fournet se coupe en reconnaissant que les disquettes « avaient été utilisées pour faire les tirages papier ». Enfin, avant d'avouer qu'il ne connaît rien en informatique — ce qui importe peu —, il déclare douter « que la production totale de la cellule en matière antiterroriste tienne sur sept à huit disquettes ».

L'essentiel est ailleurs. Il importe peu au juge, en effet, que Jacques Fournet ait eu entre les mains des informations relatives au terrorisme. En revanche, il veut savoir si les disquettes que l'ancien directeur de la DST reconnaît avoir eues entre les mains étaient relatives à des écoutes téléphoniques. Bien évidemment, ce dernier prétend que non. Mais alors, on peut se demander pourquoi il s'est adressé à Pierre-Yves Guézou, qui ne s'occupait que d'écoutes. Jacques Fournet, à cette question, répond que Guézou « assurait le secrétariat de la cellule », ce qui est inexact, mais ce qu'il pouvait à bon droit ignorer. Si telle est la vérité, reste à savoir quelles disquettes le capitaine de gendarmerie avait pu lui remettre et, sur ce point, la réponse est évidente.

Poursuivant ses investigations, le juge Valat convoque l'ancien directeur adjoint de la DST, Raymond Nart. L'entretien est bref, le policier ne se souvenant de rien, pas même de ce que Jacques Fournet a prétendu lui avoir dit. Il sait seulement que Jean Orluc est « un fonctionnaire marginal dont tout le monde se débarrassait », que « son penchant pour l'alcool était notoire »... Mais il ne l'a jamais rencontré. Cette réponse gêne visiblement Jacques Fournet, qui ne peut s'appuyer sur son témoignage et, finalement, « botte en touche » en supposant qu'il n'a pas remis la production antiterroriste de la cellule à son adjoint. Il suppose aussi que la DST n'a pas tenté de décrypter les disquettes. « L'affaire ne le justifiait pas. Ce n'était pas un dossier de premier plan », conclut-il.

« Certes, doit penser le juge, mais comment peut-il le savoir, puisqu'il ne les a pas décryptées ? Et d'ailleurs, il a reconnu avoir reçu un tirage papier. Alors de qui et comment ? » Dans la controverse qui s'engage entre le préfet et son ancien collaborateur, celui-ci reçoit l'appoint non négligeable d'une de ses anciennes collaboratrices à Air Inter qui confirme bien que le malheureux Pierre-Yves Guézou s'était fortement inquiété de récupérer ses disquettes, lorsqu'il fut mis en examen. C'est un renfort appréciable pour Achille quand vient l'heure de la confrontation avec Jacques Fournet, sous l'œil bigrement intéressé de Jean-Paul Valat.

Comme souvent, le duel tant espéré tourne court. Jean Orluc maintient ses affirmations en forme d'accusations, Jacques Fournet ses dénégations. Tout au plus apprend-on qu'il y a eu non pas une mais deux livraisons de disquettes, ce qui ne règle en rien le mystère de leur restitution, et que Pierre-Yves Guézou connaissait des problèmes de couple, ce qui n'a rien d'exceptionnel. Le juge ne peut tirer aucune conclusion définitive du dialogue de sourds qui se déroule devant lui et reste, selon la formule consacrée, seul avec sa conscience pour décider ou non de la mise en examen de Jacques Fournet pour recel de documents. Heureusement pour le préfet, son ex-ami Achille ne pense pas que les fameuses disquettes — qu'elles soient de la première ou de la deuxième livraison — concernaient les écoutes : incomparables limiers que ces hommes qui savent rien qu'en les regardant ce que peuvent contenir ces petits disques anodins.

L'intrigue décidément fournie rebondit encore quand

le capitaine Barril sort d'une réserve qui n'est plus africaine — il en a fini avec le Rwanda et autres pays « exotiques » — pour saisir le juge Jean-Marie Charpier, de Versailles, afin de corroborer les propos de Jean Orluc. Ce qui aurait pu, quelques années ou mois plus tôt, constituer un « scoop » n'est finalement qu'un coup d'épée dans l'eau, un de plus, qui n'éclabousse que son auteur.

Jean Orluc n'a pourtant pas fini de se rendre utile dans cette affaire. A la demande de Gilles Ménage, il lui est confronté. Associé devrait-on dire, tant les propos du commissaire viennent conforter la position du directeur de cabinet de François Mitterrand : Gilles Ménage n'a jamais été le gestionnaire des écoutes, ce sont les Renseignements généraux qui ont mis la cellule sur la piste d'un projet d'attentat contre François Mitterrand, fomenté par Dominique Erulin ; la cellule échangeait des renseignements avec « les autres services », notamment entre « spécialistes » [sic], « la cellule a beaucoup apporté à l'antiterrorisme » [re-sic].

« Et votre adjoint a servi à faire sauter les contraventions », fait remarquer le juge.

Orluc en vient alors, à la demande de Gilles Ménage, à l'évocation de la personnalité et de l'activité du colonel Charroy. Le policier s'y livre avec délectation, cédant à son amour des formules bien léchées. Chaque mot, chaque phrase touche juste, ajoutant à la précision d'un portrait sans complaisance ni méchanceté. Il le fait sans y être prié, avec la même spontanéité dont il a fait preuve en lavant sa conscience de la mort du capitaine Guézou.

C'est en effet Ménage qui, conduisant la « confrontation » comme il a coutume de le faire, lui offre l'opportunité :

« J'aimerais maintenant, lance-t-il, que M. Orluc explique comment fonctionnait le GIC.

— Je ne peux pas parler du GIC sans parler du colonel

Charroy, que j'ai connu au moment où il est entré en fonction. »

Le policier est donc, au sein de la cellule, et même parmi les usagers du GIC, l'un de ceux qui connaissent le mieux le colonel. Il s'en explique précisément. « Depuis 1974, j'étais habilité secret défense et j'étais admis au GIC pour m'être occupé, jusqu'en 1979, de la section des étrangers, puis jusqu'en 1982 de la section DOM-TOM de la DCRG. »

Le décor est posé. Il passe à la présentation de l'acteur. Chaque mot pèse son poids, en ces derniers interrogatoires où se forge, se conforte ou s'infirme la conviction du magistrat. Dans la distribution des responsabilités, le chef du GIC n'était-il qu'un simple exécutant, comme il n'a cessé de le dire, ou un chef de service conscient, informé ou responsable ? Jean Orluc veut éclairer le juge :

« Le colonel Charroy est un homme fin, subtil, vieux célibataire de haute stature morale, de grandes capacités intellectuelles. » Voici pour l'intellect. « C'est un officier supérieur qui est un réel technicien. » Voilà pour la compétence. « C'est un serviteur de l'Etat volontiers centralisateur. » C'est la touche finale du portrait d'un vrai patron. Et, pour bien appuyer le trait, le policier enchaîne les hommages.

Hommage à son application : « Il connaissait tous les détours de son service » et « il s'en prévalait ». « Son action était le service du Roi que j'écrirais avec un y ». Nous voici replongés dans l'ambiance un peu désuète d'un roman d'Alexandre Dumas. Charroy en mousquetaire ? Peut-être pas. Plutôt en M. de Tréville ou en lord de Winter ? Pourquoi le cacher, Jean Orluc et le colonel étaient « en appréciation mutuelle ». Ils déjeunaient ensemble à la Maison du Valais, rue Royale et, une fois, à la Ferme des Mathurins, rue Vignon. Au sens premier du terme, ils étaient bons copains. Et Jean Orluc enchaîne les confidences : « Il me revient qu'un jour, au cours d'un déjeuner, il m'a dit, se prenant la tête entre les mains : "Monsieur le commissaire, si vous saviez, Benêt, si vous saviez." Je savais de quoi il s'agissait par Gaël [Pierre-Yves Guézou]. » Il conclut : « Le colonel Charroy s'est repris et ne m'en a pas dit plus, mais je suis surpris qu'aujourd'hui il ait perdu la mémoire à ce point. »

Cet aveu est d'importance. Non seulement il affirme que le colonel Charroy et Guézou étaient parfaitement informés de la mise sur écoute d'Edwy Plenel, ce qu'ils ont toujours l'un et l'autre nié, mais il apporte une certaine crédibilité aux dénégations de Ménage et surtout à celles de Louis Schweitzer, qui, eux, affirment qu'ils ne savaient pas. Après tout, il n'est pas exclu que l'interception délictuelle du journaliste du *Monde* soit demeurée une opération interne à la cellule, ignorée de la hiérarchie. Si Orluc dit vrai, le colonel Charroy se retrouve coupable de dissimulation à l'encontre de son supérieur hiérarchique direct, le directeur de cabinet du Premier ministre. Du coup, on peut beaucoup plus facilement admettre que celui-ci ait été délibérément floué. Plus exactement, on pourrait. Car Gilles Ménage veille, on va bientôt s'en apercevoir.

A présent qu'il est lancé, Jean Orluc dévide l'écheveau de ses confidences : il existait bien, comme le pense Jean-Paul Valat, un directeur de la production au GIC. Cela remonte au prédécesseur du colonel Charroy, « surnommé Gégène ». Ce militaire, un commandant, contrôlait notamment les trois militaires du GIC qui travaillaient pour la cellule, mais Guézou avait « un statut à part et une forme d'autonomie ».

Peut-on penser alors que Pierre-Yves Guézou n'était pas contrôlé par ce directeur de la production ? Orluc l'ignore, mais il peut dire que le capitaine « n'aurait rien fait sans l'aval du colonel Charroy ». Le policier, décidément, enfonce le clou. Il ne s'en contente pas, il explique pourquoi. Le colonel voulait ses étoiles de général « et il n'était pas pensable qu'il s'aliène le Château ». Du coup, il contrôlait étroitement son adjoint auquel l'opposait une sourde rivalité. Au point que Charroy avait surnommé ce dernier « l'Hydre ».

On pourrait en rester là. Mais Gilles Ménage tient absolument à enfoncer Louis Schweitzer. Il revient sur les relations du colonel Charroy et de Matignon : « Je voudrais que M. Orluc précise si, en plus du "service du Roy", le colonel Charroy rendait compte à Matignon ? » L'ouverture est belle. Comme dans un scénario bien réglé, le commissaire s'y précipite.

« Tel que je connais le colonel Charroy, il ne pouvait pas ne pas informer M. Schweitzer. Il est arrivé au cours de nos entrevues que le colonel Charroy fasse référence, sans m'en donner la teneur, aux fréquents entretiens qu'il avait avec Louis Schweitzer. » Et il insiste : « Le colonel Charroy n'était point homme à ne pas rendre compte, d'autant qu'il lui fallait ménager les deux aspects de sa carrière vis-à-vis de l'Elysée et de Matignon. »

Le juge s'étonne de ce soudain accès de vérité. Orluc retrouve, pour lui répondre, une de ces formules sentencieuses dont il se régale : « La vérité est un long chemin qui se trace en pointillés. » Insensible à l'élégance du propos, Gilles Ménage recadre l'attaque. Il le fait en deux temps. D'abord en faisant confirmer par son interlocuteur que le colonel Charroy était au courant de l'écoute d'Edwy Plenel, puis en revenant sur les relations entre le chef du GIC et le directeur de cabinet de Matignon : « M. Orluc vient de dire que le colonel Charroy était au courant de l'écoute de Plenel, que le colonel Charroy rendait compte à Matignon. Est-il concevable qu'il ait fait une exception au sujet d'Edwy Plenel ? » La réponse tant attendue tombe : « Je ne peux pas le concevoir. »

C'est déjà bien pour Gilles Ménage. Mais il ne s'en contente pas. Il revient « sur la possibilité que M. Schweitzer n'ait pas été informé complètement » pour la dénier et s'étonner de sa propre mise en examen « alors qu'il n'était pas au courant » et que Louis Schweitzer y échappe.

Jean-Paul Valat juge la question intéressante et se déclare prêt à organiser une confrontation entre Louis Schweitzer et Gilles Ménage. Celui-ci saute sur l'occasion : « Je participerai d'autant plus volontiers à cette confrontation que vous aurez tiré les conséquences de ce raisonnement. » Assuré d'avoir marqué un point, il poursuit en demandant à son compère s'il est concevable que Pierre-Yves Guézou ait sorti des transcriptions du GIC à l'insu du colonel Charroy. Bon prince, le policier révèle ce que tout le monde sait déjà, à savoir que, pour ce qui concerne les RG[1], des fonctionnaires allaient tous les soirs chercher la production aux Invalides.

L'aveu est d'importance. Il établit que le GIC est une gigantesque passoire qui laisse filtrer quotidiennement des copies des écoutes les plus intéressantes, et que la direction de la production ne sert pas à grand-chose. A qui, à la vérité, Orluc rend-il service ? A Gilles Ménage ? A Louis Schweitzer ?

Le préfet, décidément, ne ménage personne. C'est lui qui conduit la confrontation. A peine laisse-t-il le loisir au juge de faire dire à Jean Orluc que Pierre-Yves Guézou était le seul à traiter l'écoute de Plenel, ce qui pourrait induire que celui-ci a été « branché » avant le 16 avril 1985, et il tombe sur Jacques Fournet, à travers le cheminement des disquettes. Il fait constater la concordance des versions avancées par Paul Barril et Jean Orluc sans qu'il y ait eu entre eux de concertation. Puis, le plus naturellement du monde, il conclut la confrontation la plus complice de l'instruction en relevant que les disquettes confiées par Pierre-Yves Guézou à Jacques Four-

1. La remarque est valable pour tous les services.

net ne devaient pas avoir le caractère anodin avancé par l'ancien directeur de la DST. Et il se paie le luxe d'indiquer au juge ce qu'il devrait faire à présent : entendre les proches de Guézou sur d'éventuelles confidences qu'il aurait pu faire.

Ce 10 mai 1999, Gilles Ménage peut avoir le sentiment d'avoir marqué des points précieux.

XX

La fosse aux lions

L'instruction n'a nullement pour objet de trancher. Le juge Valat le sait qui va renvoyer devant le tribunal correctionnel tous les acteurs de cette farce à l'italienne — que les Italiens me pardonnent —, premiers rôles, seconds rôles, et même figurants. C'est bien entendu sur cette distribution que le débat s'engage, expliquant l'apparition de ces conflits qui ne sont ni secondaires ni innocents entre l'Elysée et Matignon, en clair entre Gilles Ménage et Louis Schweitzer, entre Gilles Ménage et Christian Prouteau, entre Gilles Ménage et Jean Orluc, et ceux, plus périphériques, entre Gilles Ménage et Paul Bouchet, entre Gilles Ménage et Yves Bonnet, entre Gilles Ménage et Paul Barril, Christian Prouteau, Jean-Louis Esquivié, entre Gilles Ménage et le général Charroy. Sans oublier le conflit frontal, fondamental, entre la défense et l'accusation.

Les confrontations que demande et obtient Gilles Ménage ont au moins l'avantage d'en poser clairement les termes. C'est dire combien leur relation est essentielle au débat.

La stratégie de Gilles Ménage le conduit à l'affrontement. Avec le juge, auquel, sans mâcher ses mots, il reproche sa partialité sinon sa mauvaise foi. Avec ses anciens correspondants de Matignon ou de l'Intérieur, voire ses anciens collaborateurs de l'Elysée pour partager le poids de l'accusation.

Sans se départir d'une parfaite urbanité, le juge se prête au jeu, laissant ainsi, en apparence, à l'ancien directeur de cabinet de François Mitterrand le contrôle de la manœuvre.

Cela commence en 1997. La première confrontation se tient le 24 février. Y sont convoqués l'ancien ministre de la Défense Paul Quilès, et trois généraux, François Fresnel, Jean Heinrich et Marc Allamand, qui ont en commun d'avoir dirigé le bureau réservé du ministère. Seul manque évidemment à l'appel Charles Hernu. Les trois militaires ont été interrogés en tant que témoins en juin 1995.

Le juge pousse l'amabilité jusqu'à inviter Gilles Ménage à rappeler l'objet de cette confrontation. Ce dernier, très « préfet » et comme tel méthodique, déclare souhaiter obtenir des éclaircissements sur : la procédure d'autorisation des écoutes, le contrôle effectué par le bureau réservé sur la production des écoutes téléphoniques, les contradictions des déclarations des trois généraux. Est expressément visé le général Allamand, qui, selon Gilles Ménage, a expliqué « avoir fait des réserves auprès de M. Hernu et ne semble pas s'en être ouvert auprès de M. Quilès ».

Franchement, ni le sujet ni le débat ne se révèlent enthousiasmants. Les trois généraux n'ont guère de mal à se mettre d'accord pour expliquer que deux personnes seulement s'occupaient des écoutes ; un sous-officier (une PCMF[1]) s'acquittait de la frappe des cartons d'écoute en trois volets. Quant à la fréquence de leurs contacts avec le ministre, les trois généraux répondent d'une même voix qu'ils étaient irréguliers, plutôt rares, et

1. Personnel des cadres militaires féminins.

même exceptionnels quand il s'agissait d'évoquer les écoutes. Ils laissaient en effet ce soin aux chefs des services concernés, le directeur général de la DGSE et le directeur de la DPSD[1].

Le juge, qui sait que les écoutes de la cellule étaient prélevées sur le contingent de la DGSE, s'inquiète :

« Y avait-il un moyen de distinguer les écoutes de la cellule des écoutes venant réellement de la DGSE?

— Oui, répond le général Fresnel. La DGSE présentait ses demandes sur des cartons de couleur verte. Alors qu'il existait des cartons de couleur blanche qui étaient à la disposition du ministre. Pendant une période, ces cartons blancs n'ont pas servi et ils ont été à nouveau utilisés pour la cellule. »

C'est donc bien au niveau du cabinet du ministre que s'engageait la procédure de demande. Le général Allamand confirme. Le général Heinrich a oublié. Sans doute ce trou de mémoire s'explique-t-il par ses contacts « tardifs » et rares avec la cellule et par son départ du bureau réservé en septembre 1983.

Cette manière de se défausser ne paraît pas correspondre à ses précédentes déclarations. Jean-Paul Valat s'en étonne.

Le général Heinrich rectifie : « J'ai eu quelques rencontres avec Christian Prouteau. J'ai peut-être eu quelques contacts sur une, deux ou quelques écoutes, mais je ne me souviens plus comment ça s'est passé matériellement. »

Décidément, l'amnésie gagne le haut commandement. Pas tout le monde, fort heureusement, puisque le général Allamand se remémore que les cartons blancs n'ont pas été utilisés pour d'autres écoutes que celles demandées

1. Direction de la protection du secret défense, ex-Sécurité militaire.

par la cellule. Il ajoute qu'il rencontrait Charles Hernu et Paul Quilès une fois par semaine au sujet des demandes d'écoutes.

Les deux ministres se sont donc personnellement impliqués et, en particulier, n'ont pas pu ignorer les sollicitations de la cellule. Il n'en reste qu'un, Paul Quilès, qui a ce mot inoubliable : « Si longtemps après, se souvenir est impossible. » Tant pis pour l'Histoire. Tout de même, il veut bien lâcher quelques concessions. Mais il le fait indirectement, avec des phrases convenues comme « je suppose que je devais être moi aussi en mesure de déterminer [la demande] » ou « compte tenu de ce qui vient d'être dit, je devais être en mesure d'identifier la demande ». Mais le florilège des réponses de l'ancien ministre de la Défense ne s'arrête pas là. Quand le juge Valat lui suggère, « pour lever toute ambiguïté », qu'il n'y avait peut-être aucun contrôle sur les demandes de la cellule, il rectifie dignement : « J'ai dit qu'il n'y avait rien à dire [sic] ; cela signifiait qu'il s'agissait de lignes réservées qui avaient été attribuées à la cellule bien avant mon arrivée [et alors ?]. J'exerçais sur ces demandes le même contrôle que sur les autres demandes [ce qui n'est guère rassurant]. Je veillais à ce que soit respecté le principe selon lequel ne peuvent pas être écoutés des journalistes, des hommes politiques, des syndicalistes, des avocats et des magistrats. »

Cela ne l'engage pas beaucoup. Il se reconnaît responsable mais pas nécessairement coupable, selon une formule aussi célèbre que malheureuse. Mais qui n'est pas forcément inexacte.

Jean-Paul Valat feint d'abonder dans son sens, admet que « le contrôle [qu'il exerçait] n'était sans doute qu'un contrôle des apparences ». Tout de même, il aimerait bien savoir si, au-delà de ces formalités, ne pouvait poindre un risque de fraude. En apposant, par exemple, une sorte de cache sur l'identité d'une personne entrant dans les catégories interdites. Paul Quilès a une autre conception de ses fonctions. Il lui rétorque ainsi noblement : « La vocation première du ministre de la Défense n'est pas de passer son temps à contrôler la loyauté de ses services. » Il fait sien, peut-être au-delà de toute prudence, l'adage romain *De minimis non curat praetor*.

Gilles Ménage, qui a assisté, sans intervenir, à l'exposé de la défense de Paul Quilès, ne souhaite pas perdre la main que le juge lui a si obligeamment laissée. Il revient à ses moutons : « J'aimerais que les généraux qui ont commandé le bureau réservé disent s'ils ont eu des contacts avec moi et avec Christian Prouteau en ce qui concerne les écoutes ? » Se sentant visé, le général Heinrich reconnaît avoir rencontré le chef de la cellule « mais ce n'était pas à propos des écoutes ». Gilles Ménage corrige aussitôt :

« Ce n'est pas ce que le général Heinrich a dit tout à l'heure ni ce qu'il a dit dans sa première déposition comme témoin. » Le juge s'engouffre à son tour dans la brèche : « J'ai, comme Gilles Ménage, compris que vous aviez eu des contacts avec Christian Prouteau au sujet des écoutes. » Et il propose :

« Je vous rappelle vos déclarations ? »

Ce ne sera pas nécessaire. Le général Heinrich retrouve un semblant de lucidité :

« Je ne m'en souvenais pas mais il est possible que j'aie eu des contacts avec Prouteau au sujet des écoutes. » Et prudemment, il ajoute : « Je n'ai jamais eu de contact avec Gilles Ménage. » L'ancien directeur adjoint de cabinet du président de la République vient de marquer un point. Et même trois, puisque le général Fresnel et le général Allamand n'ont pas eu davantage l'occasion de le rencontrer ou de correspondre avec lui et qu'ils en conviennent sans se faire tirer l'oreille. En fait, c'est à Christian Prouteau qu'ils ont pu avoir affaire.

Gilles Ménage sent se desserrer le garrot de son incrimination. Mais son salut passe nécessairement par le transfert de tout ou partie des charges sur un autre. Il enfonce le clou : « Si les demandes d'explications étaient adressées à Christian Prouteau, c'est donc qu'il n'y avait pas de doute sur le fait que c'était Christian Prouteau qui était le demandeur ? »

C'est au tour du général Allamand de se retrouver sur le gril. Encore une fois, c'est Gilles Ménage, de plus en plus sûr de son fait, qui l'y place, et le juge, décidément bienveillant, qui soutient ses efforts en prolongeant ses attaques. Le général Allamand a expliqué qu'il n'avait eu aucun contact avec la cellule, à la différence de ses prédécesseurs, « parce qu'il n'y a pas eu de problème nécessitant que je prenne contact avec la cellule ». Jean-Paul Valat saute sur l'erreur :

« Vous m'avez indiqué le 15 juin 1995 que Jean-Edern Hallier avait été écouté à la demande de la cellule. Vous venez de me dire que vous n'aviez pas eu de contact avec la cellule car il n'y avait pas eu de problème. Dois-je comprendre que vous ne considériez pas l'écoute de Jean-Edern Hallier comme un problème ? » C'est impeccablement raisonné. Il enchaîne : « Le général Fresnel m'a indiqué qu'il avait émis des réserves auprès de Charles Hernu. Vous-même, avez-vous émis des réserves auprès de Charles Hernu et auprès de Paul Quilès lors de sa prise de fonction ? »

Le général Allamand trouve la parade ; du moins le croit-il :

« Je n'ai pas émis de réserve auprès de Charles Hernu car le général Fresnel l'avait déjà fait, sans succès. Lorsque Paul Quilès a pris ses fonctions, je ne sais pas si l'écoute de Jean-Edern Hallier tournait toujours. »

C'est sans doute bien répondu, mais un peu court. Le juge ne peut que constater que l'écoute du célèbre polémiste se prolonge jusqu'au 19 mars 1986. Il a donc bien fallu qu'intervienne une demande de renouvellement.

Pour tout le monde, sans doute. Mais pas pour le général Allamand ni pour Paul Quilès, qui ne se souviennent pas. Gilles Ménage à nouveau donne le coup de grâce. Il le peut parce qu'il possède mieux que personne son dossier. Il note qu'une demande de construction concernant Mme Capelle-Hallier est pratiquement concomitante de la prise de fonction de Paul Quilès et, mieux encore, qu'une même démarche concernant Simon Baruch [Georges Marion] est datée du 28 janvier 1986 avec pour motif « sécurité président de la République en rapport avec Cape [nom de code de Jean-Edern Hallier] ». Malheureusement pour lui, il se tire en même temps une balle dans le pied en avouant tout de go l'écoute du journaliste, ami d'Edwy Plenel.

Il ne se décourage pas pour si peu. Puisqu'on en vient au contrôle de la production, c'est encore lui qui s'installe au cœur de la procédure inquisitoire. Ainsi les généraux peuvent-ils dire si les pelures des écoutes de la cellule leur parvenaient et s'ils en contrôlaient le contenu.

Manifestement, les généraux ne se sont pas concertés et leurs réponses vont différer.

Le général Heinrich se souvient d'avoir lu les écoutes, mais non de leur contenu. On peut penser qu'il se contentait de vérifier l'orthographe. Le général Fresnel, lui, a relevé des anomalies qu'il a signalées à Charles Hernu. Mais celui-ci lui a poliment enjoint de se mêler de ce qui le regardait. Le général Allamand, moins soupçonneux, n'a jamais rien remarqué d'anormal.

Le juge intervient alors fermement — il faut bien qu'il reprenne la main :

« Le contrôle de la production, fait-il justement remarquer, est le cœur du problème. Avez-vous (il s'adresse au général Allamand), oui ou non, lu les pelures de la cellule ? »

Le général reconnaît :

« J'ai fait une lecture, certes superficielle, mais j'ai fait une lecture. »

Encore une fois, Gilles Ménage vient clarifier le débat :

« On nous a expliqué que le contrôle avait été possible, les pelures parvenant au bureau réservé, mais qu'il avait été rendu ineffectif par la volonté de M. Hernu. Pourquoi, à l'arrivée de M. Quilès, ne le prévient-on pas des dysfonctionnements de la cellule qui ont été remarqués sous le ministère de M. Hernu ? »

Décidément, le duo inattendu constitué du juge Valat et du préfet Ménage fonctionne à merveille : face à ces deux redoutables bretteurs, le ministre Quilès et les trois généraux battent en retraite. Ils veulent bien concéder que l'écoute d'Edern Hallier constituait un dysfonctionnement, mais ils ne sauraient dire en quoi, ni, surtout, s'il fut le seul à porter au débit de la cellule. Paul Quilès va même jusqu'à défendre les généraux, en rejetant sur son prédécesseur, opportunément disparu, la responsabilité de la bavure. Rétabli dans sa dignité de haut fonctionnaire, Gilles Ménage proteste :

« Je n'ai pas le même point de vue. Si les chefs du bureau réservé considèrent qu'une question pose un problème, j'estime qu'ils ont l'obligation d'alerter le nouveau ministre. »

Mais quand le juge intervient : « Pouvez-vous me confirmer que l'écoute de Jean-Edern Hallier a bien été demandée par la cellule ? », Gilles Ménage retrouve, d'un coup, la sécurité de sa tranchée : « Etant tenu au secret défense, je ne peux pas répondre à votre question. »

On sait que Gilles Ménage abandonnera un an plus tard ce système de défense aussi allègrement qu'il avait apporté de constance à s'en prévaloir. Pour l'heure, le juge ne peut que s'en irriter, mesurant qu'en tout bon sens, les sujets qui justifient les écoutes de la cellule n'ont que de bien lointains rapports avec les notions de sûreté de l'Etat ou de défense des intérêts supérieurs du pays. Et puis, c'est une ligne de défense difficile à tenir. Dès lors, en effet, que Gilles Ménage se hasarde à être trop précis et prend le risque de se découvrir, Jean-Paul Valat en profite. Ainsi, il fait remarquer à Gilles Ménage qu'à deux reprises, pour les écoutes Rovira et Raad, ce dernier n'a pas hésité à indiquer qu'elles étaient faites à la demande de la DST. Evidemment embarrassé, l'ancien collaborateur de François Mitterrand détourne le feu des questions sur les généraux et Paul Quilès en leur citant des noms, entre autres ceux de Gilbert Le Cavelier, Nicole Lapierre (compagne de Plenel), Claude Lévy (compagne de Jégat), Christian Bongain et Simon Baruch, qu'il leur demande d'identifier. Un peu vite, il leur livre la clé de ces écoutes : « La ligne de Nicole Benoit-Lapierre serait celle d'Edwy Plenel, celle de Claude Lévy serait celle de Bernard Jégat, Simon Baruch écrit dans *Le Monde* sous le nom de Georges Marion. » Et il donne les chiffres de production, respectivement 437 pages, 448 pages et 143 pages. Curieusement, il souligne lui-même combien il est curieux « qu'un nombre aussi important de pages d'écoutes de la cellule ne soit pas passé par le ministère de la Défense ». L'attaque est féroce, mais elle est aussi à double tranchant : si réellement ces écoutes ont échappé à la vigilance du bureau réservé, qui, rappelons-le, lisait les pelures, cela peut tout aussi bien signifier que des fuites conséquentes intervenaient au GIC. Aussi enchaîne-t-il en demandant au juge de montrer aux témoins certains documents, aux fins d'identification.

Jean-Paul Valat saute sur l'occasion :

« Si je comprends bien, vous demandez aux généraux de violer le secret défense puisque, paraît-il, les procédures GIC sont couvertes par le secret défense ? »

C'est bien là que le bât blesse. Le secret défense gêne finalement bien davantage qu'il ne couvre. Il ne va donc pas tenir bien longtemps et Gilles Ménage, de lui-même, y renoncera quand il l'aura compris. En attendant cette salutaire volte-face, il n'aura pu que persuader le magistrat instructeur de son refus de toute coopération.

Deux ans plus tard, les nouveaux rendez-vous se tiennent dans un tout autre climat. Et les interlocuteurs ont changé. Ce ne sont plus des exécutants, fussent-ils étoilés, mais des responsables, simplement galonnés. Ces rendez-vous vont se tenir en plusieurs temps. D'abord entre Gilles Ménage, Christian Prouteau et le colonel Charroy, puis les mêmes auxquels s'adjoignent le capitaine Marie et Louis Schweitzer. C'est indiscutablement un grand moment de théâtre que celui qui voit paraître en scène les militaires mis en examen. Comme dans le théâtre classique, chaque personnage paraît flanqué de son confident, c'est-à-dire de son avocat. Ces seconds rôles sont pourtant tenus par des sociétaires de haut vol, maître Mario Stasi pour le général Charroy, maître Patrick Maisonneuve pour Gilles Ménage, maître Francis Szpiner pour Christian Prouteau.

Malice ou courtoisie, le juge « laisse le soin à M. Ménage de poser au général Charroy les questions qu'il estime utiles ». Il y a du panache chez Gilles Ménage, qui attaque d'entrée de jeu en demandant au patron du GIC de confirmer la procédure d'autorisation des écoutes. Le sujet devient par trop répétitif, mais il semble que le directeur de cabinet de François Mitterrand y trouve quelque opportunité d'embarrasser le général. Il enchaîne sur la signature des cartons sans lui laisser le loisir de souffler. Le général Charroy se laisse aller à « supposer » que deux ministres[1] ont successivement signé l'écoute de Mme Lapierre ou que les motifs de demande pour la cellule étaient aussi succincts que ceux invoqués par la PJ, ce qui n'est pas peu dire. Le bout de

1. Charles Hernu et Paul Quilès.

l'oreille apparaît quand le général Charroy précise qu'il établissait, à partir des cartons de demande, une liste qu'il faisait passer à Matignon pour « contrôle et visa ». Maître Szpiner ne rate pas l'occasion :

« Le contrôle de la décision, c'est l'autorité gouvernementale ? » Réponse du général : « Oui. » Le juge le pousse alors dans ses retranchements : « Quand vous voyiez arriver un carton signé du ministre de la Défense vous demandant d'écouter une personne appartenant à une catégorie protégée tel un avocat ou un journaliste, attiriez-vous l'attention du Premier ministre ou de son directeur de cabinet spécialement sur cette écoute ? »

La réponse qui tombe est lourde de conséquences, non seulement pour le général Charroy mais pour Louis Schweitzer :

« Non, j'estimais que je n'avais pas à le faire. »

A l'instar de Ménage, mais un registre plus bas, le général Charroy adopte le profil bas : il n'était qu'un exécutant, un acteur de seconde zone, obéissant sans chercher à les comprendre aux ordres de ses chefs, au premier rang desquels un commandant de gendarmerie. A travers ses réponses, on imagine une organisation indécise, un bateau ivre sur une mer incertaine. Ainsi, quand le juge poursuit plus avant : « Vous avait-on expressément donné l'ordre de ne pas attirer l'attention [sur les « écoutes interdites »] ? », il répond : « Personne ne m'a donné cet ordre-là. »

Puis, quand Jean-Paul Valat insiste : « Pourquoi avez-vous estimé ne pas avoir à le faire ? », il se dérobe : « Ce n'était pas dans le cadre de ma mission à l'époque. »

Il faut alors que Gilles Ménage, jouant jusqu'au bout son rôle d'indispensable auxiliaire du juge, intervienne pour recadrer la fonction du responsable du GIC :

« Je ne suis pas d'accord avec la vision qu'a le général Charroy de son rôle. Si la circulaire Debré a créé le GIC pour centraliser les écoutes, c'est précisément pour que le GIC puisse au moins alerter le Premier ministre, si ce n'est contrôler. » Et il donne, pour illustrer sa position, l'exemple de Jean-Edern Hallier : fin 1983, alors que l'écrivain, protégé par sa qualité de journaliste, n'était pas écouté, il est apparu qu'il se préparait à déclencher une de ces campagnes médiatiques dont il s'était fait une spécialité, autour de l'existence de Mazarine. Gilles Ménage explique que s'est alors tenue une réunion de concertation où il fut décidé que Matignon prendrait à son compte la prévention et la parade des attaques contre le président de la République. Dans cette logique, il fut également convenu que toute écoute mentionnant le président de la République ou les ministres ou leurs collaborateurs serait adressée aux services du Premier ministre qui déciderait ou non de la laisser parvenir au service demandeur. Le directeur de cabinet du président apporte comme preuve des bordereaux qui lui avaient été adressés par Matignon — ce qui au passage révèle un des aspects de son rôle dans la procédure des écoutes — et il en conclut, imparablement, « qu'il fallait bien que le GIC prenne connaissance de la production et l'analyse pour décider de ce qui remonterait à Matignon et ne serait pas livré immédiatement au service demandeur ».

Le général Charroy a beau « tempérer » le propos de Gilles Ménage en usant d'un euphémisme (« il ne s'agissait pas d'une lecture de qualité mais d'un simple tri sommaire »), il est en réelle difficulté quand, inexplicablement, Christian Prouteau vole à son secours. Contredisant son ancien chef qui soutenait que le GIC devait trier la production, il intervient sans que nul ne le lui demande : « Moi, j'affirme que l'ensemble de la production remontait à Matignon. » Et il ajoute : « Avant la fin de 1983, on m'a envoyé des productions d'autres services que le mien *parce qu'elles concernaient le président de la République*[1]. » Ce disant et voulant, peut-être, sauver le général Charroy, il l'enfonce un peu plus en reconnaissant que le GIC, non content de « trier » comme le reconnaît tout de même son patron, a entendu faire jouer à la cellule le rôle d'une police personnelle au service du président. Ce ne sont plus seulement les mousquetaires qui veillent au château, mais aussi les gardes du cardinal.

Gilles Ménage revient à la charge. Lui, au moins, n'a rien chassé de sa mémoire. Il explique au juge qu'un adjoint du général Charroy avait le titre de « directeur de la production ». « Cet adjoint avait lui-même un adjoint. Il est donc bien évident que la production était lue de façon approfondie et relue pour les cas sensibles. » Et il conclut justement : « Nous sommes au cœur du débat. » Ce faisant, il dévoile enfin la finalité de son système de défense : le rapport Bouchet impute à la cellule le dysfonctionnement d'un système dont on lui interdit de connaître le fonctionnement normal. Il est donc impératif d'étudier soigneusement la procédure suivie par le GIC pour démontrer, le cas échéant, que les écoutes de la cellule se sont inscrites dans une pratique parfaitement régulière.

C'est au tour du général Charroy d'invoquer le secret défense, qui ressemble de plus en plus à ce « pouce » que lèvent les écoliers dans la cour de récréation pour demander une pause et échapper au vilain gendarme. Christian Prouteau laisse alors ressortir sa rancœur à l'encontre du Premier ministre Alain Juppé, qui ne permet pas de mettre à bas cet obstacle « en pensant que seuls Gilles Ménage et [lui] seraient impliqués ». « Sa réponse, commente-t-il, constitue une ignominie. »

L'appréciation n'est pas seulement excessive, elle est inadéquate. En vérité, depuis que l'affaire a éclaté au

1. Ce sont les auteurs qui soulignent.

grand jour, c'est-à-dire depuis le printemps 1993, date de retour au pouvoir de la droite, celle-ci s'est soigneusement gardée d'empoigner ce bâton breneux. Bien loin de saisir l'occasion d'atteindre François Mitterrand et les gouvernements socialistes de Pierre Mauroy et de Laurent Fabius, les Premiers ministres RPR Edouard Balladur et Alain Juppé, ainsi que leurs ministres de l'Intérieur, Charles Pasqua et Jean-Louis Debré, ont voulu demeurer en dehors du débat. De la sorte, et curieusement, l'affaire des écoutes aura été dès l'origine et restera jusqu'à sa conclusion une guérilla interne à la gauche et même au PS. Les affrontements n'en seront que plus violents et laisseront sans doute plus de meurtrissures.

Revenons à Gilles Ménage, qui pose habilement une longue série de questions au général Charroy, sachant parfaitement qu'il se verra invariablement opposer le secret défense. Il veut seulement prendre acte et en demande la transcription au procès-verbal. Ce questionnaire minutieux pourrait tout aussi bien tomber de la bouche du juge. Il tend à démontrer qu'il est impossible que le GIC n'ait rien su des écoutes de la cellule, de leur finalité, de leurs orientations. Autrement dit, que les « sécurités » n'ont pas fonctionné.

C'est un étonnant numéro auquel se livre Gilles Ménage, se faisant l'avocat du diable. Il rappelle qu'il a été reproché à la cellule d'avoir utilisé d'autres noms que ceux des personnes écoutées, en particulier pour ce qui concerne Edwy Plenel, « enregistré » à travers son amie Nicole Lapierre. Il aimerait bien savoir si un tel subterfuge a pu être utilisé par d'autres services. Le chef du GIC répond alors qu'« on écoute les gens où on peut les écouter ».

Le juge ne laisse pas passer la réponse sans réagir. Il admet « bien évidemment » qu'on écoute les gens où ils se trouvent. Mais, pour lui, la question est ailleurs : elle est de « savoir si on prévient le ministre à qui l'on demande de signer qu'au domicile de Dupont on va en réalité écouter Durand ? ».

Le général Charroy botte en touche :

« Il est souhaitable qu'une telle indication apparaisse.

— Au-delà du souhaitable, le reprend le juge, qu'en était-il dans les années 83-86 ?

— C'était au ministre de l'exiger [on peut se demander comment ledit ministre aurait su...]. C'était indiqué de temps en temps à l'époque.

— Etait-ce indiqué systématiquement ou rarement ?

— C'est difficile à dire. J'ai du mal à me rappeler. »

Dans le rôle de Monsieur Scrupule[1], le général est parfait ; Gilles Ménage, à son tour, va le mettre en valeur :

« J'aimerais que le général Charroy dise ce qui se passait en cas de renouvellement d'une écoute concernant une personne non titulaire de la ligne. C'est un fusil à un coup[2], on ne peut tromper les gens qu'une fois. »

Le général Charroy : « Je suis incapable de répondre à cette question. »

C'est bien ce que l'on pensait. Le général a dû gagner ses étoiles au Monopoly. Son tortionnaire revient à la question :

« Le général Charroy peut-il dire s'il n'a pas évoqué l'écoute Plenel avec Orluc ? »

Le général Charroy : « Il m'en a peut-être parlé mais sans que j'y fasse attention. Il arrivait qu'on cite un nom devant moi et que, bien que ne connaissant pas ce nom, je ne demande pas de précision... Je maintiens que je n'ai pas de souvenir de cette écoute. »

1. Monsieur Scrupule dans *Le Légataire universel* de Regnard, s'écrie ainsi, comme eût pu le faire le général Charroy : « Quel éclaircissement voulez-vous qu'on vous donne ? Et je n'écris jamais que ce que l'on m'ordonne. »

2. Comme dans *La Mamma*, d'André Roussin.

La confrontation va s'achever. C'est le moment tant attendu du coup de théâtre. Le spectateur qu'est devenu tout à fait volontairement le juge Valat ne va pas être déçu. Tout à son triomphe du jour, Gilles Ménage demande à faire une mise au point sur la fameuse note de Christian Prouteau au président de la République de novembre 1985, dans laquelle, on s'en souvient, le commandant soulignait que « le colonel Charroy nous est acquis ».

Sans doute après avoir secoué le directeur du GIC pour les besoins de sa défense, veut-il lui offrir une bouée de sauvetage pour la suite de l'instruction et, le cas échéant, du procès. Il va donc s'appliquer à expliquer pourquoi « il était important pour l'Elysée d'être informé en période de cohabitation. »

Jugeant que « le gouvernement sortant (celui de Laurent Fabius) ne se sentait pas très concerné par cette question », le directeur adjoint du cabinet avait « préparé avec le général Charroy la procédure de remontée de la production à l'Elysée et *ce sur instruction du président de la République*[1] ». « Il était important, se justifie-t-il, que le président de la République sache sur qui il pouvait compter dans la perspective de la cohabitation » et « c'est dans cet esprit que Christian Prouteau a écrit qu'un officier supérieur était fidèle au président de la République, chef des armées ».

Cette intervention ne manque ni d'habileté ni de courage. Mais, utile à la défense de Gilles Ménage, elle éclaire d'un jour cru la conception que l'on se fait à l'Elysée, en ces derniers mois de pouvoir sans partage, de la perspective inéluctable de la cohabitation. Hérésie constitutionnelle, si l'on veut bien considérer l'esprit des textes, elle aurait pu tout aussi bien advenir en 1978, et Valéry

1. Souligné par les auteurs.

Giscard d'Estaing, se sentant menacé, avait annoncé qu'il s'en accommoderait. Que les deux premiers présidents de l'après-gaullisme[1] se soient résignés si facilement à cette entorse aux principes mêmes du gaullisme n'a rien qui puisse surprendre. Lorsqu'on tient le pouvoir, on ne le lâche pas si aisément. Fort de ce précédent, François Mitterrand veut bien se résoudre à l'échéance d'une défaite annoncée. Il consent, ou condescend, à suivre la pente de son illustre prédécesseur, le général de Gaulle, qui, « cédant au travers commun aux monarques d'occasion, désirait que sa primauté fût solennellement, publiquement affirmée et reconnue[2] ». Il restera à l'Elysée et puisque, en ce domaine si sensible des écoutes, c'est le gouvernement qui prendra la main, Jacques Chirac à Matignon, Charles Pasqua à l'Intérieur, comme il se dit déjà, il faut organiser une relation qui n'existait pas quant l'Elysée et Matignon communiaient dans une même pensée politique. Très concrètement, cela veut dire qu'il importe que les productions du GIC aboutissement directement sur le bureau de Gilles Ménage. C'est ce qu'il explique au juge, à présent que le pavé s'est trouvé jeté dans la mare par le colonel Prouteau. C'est vraiment à ce moment de notre Histoire que l'Elysée va mériter l'appellation de « Château ». Château fort, devrait-on dire.

La seconde partie de la pièce, que l'on pourrait, plagiant Marivaux, intituler « Les Fausses Confidences » s'ouvre bientôt. Avec ce sous-titre que nous proposons au lecteur : « Où il apparaît que le contrôle des écoutes est effectif à Matignon, que la production de la cellule est

1. Jacques Chirac en 1997 n'est pas davantage regardant.
2. In *Le Coup d'Etat permanent.*

des plus minces et que le général Charroy ne sert décidément à rien. »

C'est le capitaine Marie qui intervient le premier : sans alléguer de troubles de mémoire, il explique que le colonel Gervais, son prédécesseur, contrôlait « l'adéquation entre les motivations des demandes et la production ». Le contrôle qu'il allait devoir exercer serait moins approfondi. Et il confirme la distinction un peu curieuse, ou facile, entre les productions dactylographiées qu'il fallait lire et les productions manuscrites qui, n'étant pas toujours très lisibles, passaient à travers. Le juge ne se prive pas du plaisir de goûter de nouveau les belles répliques du général Charroy. Il le presse :

« Est-ce que vous adressiez toutes les productions au cabinet du Premier ministre ?

— Je n'ai pas donné d'ordre contraire.

— Qu'est-ce que cela veut dire ? Soupçonnez-vous que vos collaborateurs n'aient pas été loyaux car il me semble que la circulaire Debré, seul texte réglementaire en vigueur à l'époque, prévoyait que la production était adressée au Premier ministre ?

— On ne peut exclure que les gens emportent des papiers. Je ne fouillais pas les gens.

— Etes-vous en train de penser aux lecteurs des services ou au personnel du GIC ?

— Je n'évoque personne. Je ne peux pas répondre à cette question. »

C'est déjà amusant. Jean-Paul Valat ne peut se contenter d'aussi faciles réparties. Il insiste :

« Soyez clair. Dites-moi si vous pensez à Guézou, qui soustrayait des papiers à votre contrôle, ou si vous pensez à votre adjoint, qui voulait se faire bien voir par tel ou tel service ? »

La réponse est cornélienne :

« Vous faites sans doute allusion aux déclarations de Jean Orluc selon lesquelles mon adjoint voulait prendre ma place. C'est absolument faux. Mon adjoint n'a jamais voulu prendre ma place. Ça me fait beaucoup de peine que Jean Orluc ait dit ça. »

Le juge ne semble guère s'émouvoir du chagrin du général :

« Puisque nous en sommes à la peine que Jean Orluc a pu vous faire, dites-moi s'il est exact que vous avez dit à Jean Orluc : "Monsieur le Commissaire, Benêt, si vous saviez ?" »

La vertu du général est outragée. Il retrouve sa superbe.

« Je n'ai jamais dit ça. Je relève dans les propos de Jean Orluc que je l'aurais appelé "Monsieur le Commissaire" et que je l'aurais vouvoyé alors que nous étions réputés être très proches. C'est une erreur parmi d'autres dans ce que raconte Jean Orluc. »

Jean-Paul Valat conclut la scène :

« Si je comprends bien, vous ignoriez que Plenel était écouté ?

— Oui, tout à fait »

On poursuit. Il apparaît que la dactylographie de certaines productions représentait dix pour cent du total des écoutes, soit de quinze à vingt pages par jour. Or, reconnaît Olivier Marie, peu de productions étaient tapées par la cellule. Le juge s'en étonne, cherche des explications : la cellule avait peu de lignes, les clients de la cellule, par malchance, étaient peu bavards, le lecteur de la cellule ne demandait pas de frappe. Le général Charroy est toujours d'aussi bonne composition : « C'est possible. Je ne m'en souviens pas. On ne peut rien exclure. » Pourtant, il concède : « En général, les productions des militaires étaient dactylographiées, et les policiers se servaient davantage de productions manuscrites. »

Le magistrat saute sur l'ouverture :

« Donc la production de la cellule aurait dû être dactylographiée ?

— Oui, bien qu'il y ait eu des exceptions.

— Donc comment expliquez-vous les déclarations de M. Marie selon lesquelles la production dactylographiée de la cellule était mince ? »

L'huître, un court moment entrouverte, se ferme :

« Je ne peux pas me prononcer sur ce qu'ont pu faire des personnels du GIC, car les personnels du GIC sont couverts par le secret défense. »

La réponse du juge fuse avec une précision qui cloue le général sur sa batterie :

« Si Guézou est sorti de votre maison avec des papiers dans la poche pour les faire échapper au contrôle hiérarchique, vous pouvez vous exprimer, d'une part parce que Guézou n'était pas un personnel GIC, et d'autre part parce que c'est le fonctionnement du GIC qui est couvert par le secret défense et non pas son dysfonctionnement. » Il fallait l'oser. Jean-Paul Valat l'a fait.

Le militaire tente de se justifier : le GIC est une gigantesque maison, à peu près incontrôlable. Car plus de la moitié des tâcherons qui vont et viennent dans les sous-sols échappent à son autorité hiérarchique. Et chacun sait combien, en milieu militaire, il est fondamental de se référer au principe du chef. Même si le colonel, et c'est son droit sinon son devoir, les considère comme placés sous sa responsabilité et comme bénéficiant des mêmes protections que leurs collègues du GIC.

Il y a eu les gens de plume, écrivains et journalistes écoutés sous des prétextes vaseux et des noms d'emprunt. On a ferraillé durement autour d'Edern Hallier et de Plenel, figures emblématiques de cette guerre pichrocoline. Les armes sont déposées lorsque apparaît sur la scène la silhouette la plus élégante qui soit, celle de Carole Bouquet. Son nom autorise toutes les questions : « Que vient-elle faire en ce procès ? Par quelle aberration a-t-on pu décider de l'écouter? » ou encore : « N'y aurait-il pas quelque vilaine affaire là-dessous? »

A vrai dire, le dossier paraît bien mince et l'affaire modeste, sauf pour l'intéressée bien entendu. Si elle ne renvoyait si gracieusement l'image de la Femme, qui se soucierait qu'elle ait été méchamment espionnée?

Les hommes de Matignon, Louis Schweitzer et le capitaine Marie, réalisent si bien l'incongruité de la demande qu'ils s'interrogent à voix haute : cette demande était-elle réellement à son nom? Cela agit comme un déclic sur le général Charroy, qui retrouve soudain la mémoire. Lui qui a tout oublié, Plenel, le renouvellement des écoutes, ses conversations avec Orluc, se rappelle miraculeusement :

« C'est une chose dont je me souviens bien. C'est d'ailleurs pour cela que j'en ai parlé à la justice. Le carton était bien au nom de Carole Bouquet. »

Le moment est historique, que l'on peut expliquer par quelque adulation secrète vouée par l'austère général à la divine créature au regard troublant. Le juge veut porter l'estocade.

« C'est le nom de Carole Bouquet que vous avez reporté sur le listing soumis à la signature de M. Louis Schweitzer?

— Oui. »

Louis Schweitzer voudrait bien que ne se referme pas une porte qui le condamne.

« N'était-il pas indiqué sur le document qu'en réalité la personne dont on voulait intercepter les conversations était quelqu'un d'autre?

— Absolument pas », tranche le général Charroy, redevenu sûr de lui. Et il explique, totalement crédible : « Il était dit que c'était pour garantir la sécurité d'une personnalité quelconque mais il n'était pas dit que l'écoute visait quelqu'un d'autre que Carole Bouquet. Cela n'exclut pas que l'écoute ait en réalité visé quelqu'un d'autre, mais le nom de cette autre personne n'apparaissait pas. » Et il lâche cette confidence : « Pour ma part, je me suis imaginé que Carole Bouquet devait fréquenter un proche du président de la République. »

Il faut s'arrêter un instant sur cette réponse. Quand elle fut connue, l'écoute d'une star aussi médiatisée que Carole Bouquet fit l'objet de multiples commentaires. Pas nécessairement gracieux, ni pour le président de la République, lui-même soupçonné de quelque penchant hugolien pour une aussi agréable personne, ni pour Mme Bouquet elle-même, dont il était un peu facile et très méchant de supposer qu'elle faisait de sa vie privée un marivaudage permanent. C'est ce que l'aparté, heureusement enregistré, du général Charroy peut laisser entendre. Alors qu'en réalité, et ceci le général Charroy eût dû le savoir ou en être informé, c'est en raison des fréquentations de M. Rassam que son téléphone fut branché. La malveillance court toujours plus vite que le bon sens.

Louis Schweitzer a tout de même perdu sur ce point. Il peut difficilement arguer d'autre raison qu'une inattention passagère pour expliquer qu'il n'ait pas vu la demande concernant Carole Bouquet. Mais est-ce si important ? Le juge ne s'arrête pas encore à cette question. Il poursuit son idée :

« Le cabinet du Premier ministre était-il informé de ces écoutes visant une autre personne que le titulaire de la ligne ? Quand vous détectiez ce fait, en rendiez-vous compte au directeur de cabinet ou au commandant militaire de Matignon ? »

Une fois de plus, on touche aux limites d'une concertation pourtant indispensable entre le cabinet du Premier ministre et un service placé sous son autorité. Le général Charroy explique, benoîtement ou naïvement :

« Je ne sais pas si le cabinet du Premier ministre était au courant. Moi, mon rôle consistait à brancher, et c'est tout. Il n'était pas pensable à l'époque de déranger le directeur de cabinet ou le commandant militaire pour lui faire part de ça. »

La réflexion est étonnante à première vue, venant d'un officier supérieur, régnant sur un centre hautement protégé de quatre cents personnes, et apportant une contribution non négligeable à la sécurité du territoire. Comment peut-il se faire que ses relations avec ses supérieurs soient à ce point révérencieuses qu'il n'ose pas s'ouvrir à eux d'un problème à pépins ? Réduire son rôle au branchement, soit à peu près à celui d'un cadre de France Telecom, est sans doute excessif, même si l'on comprend que le général, dépassé par le zèle de certains et les irrégularités de quelques autres, ait éprouvé le besoin de se défausser. Après tout, le commandant militaire de Matignon, un officier d'un grade largement inférieur au sien, aurait pu l'écouter et rendre compte à son tour. D'ailleurs les deux officiers devaient se parler, puisque le capitaine Marie déclare que, de temps à autre, le chef du GIC lui disait, en lui remettant une demande, que « quelque chose allait l'étonner ». Mais n'est-ce pas en même temps la conséquence d'une gestion lourde, compliquée à loisir, enchevêtrée, excluant toute initiative ? Le système n'est-il pas, en définitive, plus condamnable que les hommes ?

On en vient à la minceur des productions de la cellule. Sur ce point, tout le monde est d'accord.

« Alors, demande le juge au général Charroy, quelles conséquences en avez-vous tiré ?

— Je n'en ai tiré aucune conséquence. »

Jean-Paul Valat bondit :

« On croit rêver. Le capitaine Marie vous demande si la cellule ne biaise pas et vous ne faites rien ?

— Je n'ai rien à dire là-dessus. »

Gilles Ménage essaie de relativiser le propos du capitaine. Il fait justement observer que la modestie de la production de la cellule peut tout simplement s'expliquer par le petit nombre de lignes, vingt, allouées à Christian Prouteau et ses hommes. Olivier Marie enfonce le clou :

« Si j'en avais reçu dix, j'aurais considéré qu'il y en avait beaucoup. Il y avait des jours où je n'en recevais pas du tout. »

Autant dire que les transcripteurs de la cellule trichaient allègrement, sans que cela perturbe qui que ce soit. Le juge commence à être blasé de ce désintérêt, réel ou simulé, des responsables du GIC pour leur travail. Sans doute un peu las, il interroge le général :

« Pratiquement, comment fait-on pour mettre un document sur le dessus du panier?

— On le met sur le dessus de la pile, répond M. de La Palice.

— Attire-t-on spécialement l'attention de M. Marie sur ce papier?

— On l'envoie avec le reste en le mettant sur le dessus de la pile mais sans le marquer d'un signe distinctif. »

Jean-Paul Valat n'en revient pas :

« Vous ai-je bien compris en entendant qu'étaient concernées par ces procédures les transcriptions des conversations où étaient évoqués le président de la République et les membres du gouvernement?

— Oui, vous m'avez bien compris. »

C'est ainsi. On traite les écoutes comme des copies de baccalauréat. A la limite, on s'en fout. Le juge revient à un de ses sujets favoris, l'écoute d'Edwy Plenel. Il demande si les feuillets le concernant et qui, très souvent, traitaient du président de la République, des ministres et de leurs collaborateurs, se retrouvaient sur le haut de la pile. Evidemment, et de bonne foi, personne ne s'en souvient. Louis Schweitzer saute sur l'occasion de se justifier une nouvelle fois devant Gilles Ménage. D'abord il ne pense pas que la procédure du « dessus du panier » ait toujours fonctionné. Pour Plenel, il en est même sûr : « Si cette procédure avait fonctionné, je m'en souviendrais. Cela n'aurait pas pu m'échapper. »

Le juge abonde dans le sens de l'argumentation de Louis Schweitzer. Il se retourne vers le général Charroy, auquel rien ne sera épargné :

« Si vous n'avez rien détecté concernant Edwy Plenel, c'est donc nécessairement que le lecteur de la cellule habilité au GIC [il s'agit de Pierre-Yves Guézou] a quitté tous les jours pendant onze mois votre maison avec quelques papiers dans les poches. » Jean-Paul Valat se demande alors tout haut pourquoi le GIC lui donnait des bandes magnétiques s'il ne montrait jamais, pour sa part, le moindre papier. Il ironise : « Mais peut-être bénéficiait-il d'un emploi fictif ? »

La réponse de Charroy, qui devrait pourtant commencer à se faire à l'humour du juge, peut paraître particulièrement suave. Mais, en même temps, elle est honnête.

« On ne peut pas exclure qu'il soit sorti chaque jour avec dix feuilles dans la poche. »

Autrement dit, le GIC devrait s'appeler le GIE, le Groupement interministériel d'écoute. Et non de contrôle avec un C. Tout le débat est là, le juge l'a parfaitement compris. Il s'agit de savoir à quel niveau s'exerçait le contrôle de la production : soit au GIC, comme le soutient Gilles Ménage et le pense fortement Louis Schweitzer, soit à Matignon, comme le prétend le général Charroy. A l'appui de la première thèse, la présence aux Invalides d'un directeur de la production, indépendamment d'une infrastructure très riche en personnel : quatre cents personnes, civils et militaires, pour un millier d'écoutes, cela représente une capacité humaine plus que correcte. D'autant que les correspondants habilités par les services ne sont pas de simples exécutants mais des inspecteurs (pour la police) et des gradés (pour l'armée) parfaitement capables d'apprécier par eux-mêmes le sens des paroles qui s'échangent. Ils le font si bien que, lorsqu'une écoute leur est retenue par le GIC, en application des consignes de respect de certaines fonctions ou de certaines professions, ils en font tout de même le rapport verbal à leur hiérarchie. Régulièrement, sans sortir des sous-sols des Invalides avec des papiers dans les poches, ils viennent raconter à un commissaire amusé ou à un colonel perplexe les frasques de telle personnalité ou l'implication douteuse de telle autre. Il s'exerce donc une autocensure de fait, confortée par une réelle et très légale censure exercée par le GIC. Le capitaine Marie doit bien en convenir quand il souligne que ce sont des résumés qui sont le plus généralement établis. La suite du processus se décline aisément : le GIC sait parfaitement ce que contiennent les écoutes et si, d'aventure, il n'a pas connaissance de telle information, cela signifie tout simplement qu'elle a été détournée, subtilisée, au nez et à la barbe de ses contrôleurs. Ou bien, ce qui serait plus préoccupant, avec leur accord.

C'est sur ce constat que le juge referme avec un soupir le dossier des deux principales confrontations.

XXI

Le défilé des amnésiques

La mémoire humaine est fragile, incertaine, parfois trompeuse. Du moins existe-t-elle. Ce qui est réconfortant pour l'avenir de l'espèce. Malheureusement, il peut se rencontrer des individus qui ont oublié jusqu'à leur nom, leur emploi, le visage de leurs compagnons de lit ou de bureau, des amnésiques rétrogrades [1], à moins qu'ils ne soient antérogrades. Des malheureux pour qui le diagnostic médical sonne comme un glas, leur maladie résultant soit d'un état d'arriération mentale, soit d'épilepsie ou d'un état confusionnel, soit encore d'une détérioration mentale chronique.

Impitoyable bourreau, le juge Valat les fait défiler dans son cabinet, les sonde, les persécute, ces malheureux qui n'ont rien vu, rien entendu. Il le fait comme il le ferait de vulgaires malfrats qui, eux non plus, n'ont rien mémorisé, rien retenu.

Ils sont censés être témoins, ils ne sont que spectateurs. Aussi faut-il respecter leur anonymat, ne pas les livrer à la pitié de leurs concitoyens, d'autant que certains d'entre eux servent encore la France sous l'uniforme ou en tenue

1. Est amnésique rétrograde celui ou celle qui a oublié les faits qui ont précédé un événement déterminé, au contraire de l'amnésique antérograde qui, lui, occulte les faits qui l'ont suivi.

bourgeoise. Un pandore ou un flic, c'est bien connu, n'a nullement besoin de mémoire. Nous nous contenterons de verser à la médecine la contribution de ce juge si scrupuleux, digne des enseignements du docteur Sigmund Freud.

La première est Eliane V., une de ces secrétaires dont le nom constitue, pour Pierre-Yves Gilleron, un secret défense. En fait, une gendarmette, comme on disait alors. Son cas n'est pas totalement désespéré puisqu'elle se souvient d'avoir travaillé à la cellule de l'Elysée de 1985 à 1988 et d'avoir appartenu à la gendarmerie. En revanche, cela se gâte dans la suite de l'interrogatoire, selon un dialogue que l'on croirait sorti de chez Feydeau : nous le restituons tel quel, en prenant la liberté d'y donner la parole au muet de service — le greffier — qui a bien le droit, après tout, de livrer au public, du bord de la scène, ses réflexions.

Le juge : « Quel grade aviez-vous ? »

Eliane : « Je ne sais plus. »

Le greffier : « C'est fâcheux s'il faut lui verser une retraite. »

Le juge : « Pour quelle raison avez-vous été affectée à la cellule ? »

Eliane : « C'est le ministère de la Défense qui m'y a détachée. »

Le juge : « Connaissiez-vous quelqu'un à la cellule avant d'y arriver ? »

Eliane : « Non. »

Le juge : « Quelles étaient vos fonctions ? »

Eliane : « J'étais secrétaire. »

Le juge : « Quel travail effectuiez-vous ? »

Le greffier : « Ah, ah ! Nous y voilà ! »

Eliane : « Téléphone, réception du courrier, revue de presse. »

Le greffier : « Une boîte vocale répondrait aussi bien. »

Le juge : « Travailliez-vous pour tous les membres de la

cellule ou pour quelqu'un de particulier ? Qui vous donnait des instructions ? »

Eliane : « C'était plutôt M. Esquivié. »

Le greffier : « Elle a oublié son grade, à lui aussi. Décidément, la gendarmerie n'est plus ce qu'elle était. »

Le juge : « Tapiez-vous des lettres ? »

Eliane : « Je ne sais même plus si j'avais une machine à écrire. Je ne sais même plus si j'ai fait de la frappe. »

Le greffier : « La pauvre dame. Se souvient-elle seulement de son adresse ? »

Le juge : « Vous m'avez dit que vous vous occupiez du téléphone. Je suppose que vous avez voulu dire que vous répondiez aux appels téléphoniques et que vous en passiez à la demande des membres de la cellule ? »

Eliane : « Je répondais aux appels qui arrivaient par le standard mais je recevais peu d'appels car les gens de la cellule avaient des lignes directes. »

Le greffier : « Elle risquait d'autant moins d'être importunée que la cellule n'avait pas de numéro répertorié et que le standard ne lui passait pas de communications. »

Le juge : « Je suppose que les membres de la cellule vous demandaient parfois de rechercher le numéro de téléphone d'une personne qu'ils voulaient appeler ? »

Eliane : « Non. »

Le juge : « Le faisaient-ils eux-mêmes ? »

Eliane : « Je suppose. »

Le greffier : « Bigre. Voici une bien curieuse maison. »

Autre sujet, la composition de la cellule.

Eliane : « Il y avait M. Esquivié, il y avait M. Guézou et M. Gilleron, je crois. »

Le juge : « C'est tout ? »

Eliane : « Il y avait M. Prouteau et sa secrétaire. »

Le greffier : « La dame, qui a oublié tous les grades, est bien civile. »

Le juge (qui insiste) : « Comment s'appelait sa secrétaire ? »

Eliane : « Patricia, je crois. »

Le juge : « N'y avait-il pas d'autres secrétaires ? »

Eliane : « Non. »

Le greffier : « Décidément, ce devait être le château de la Belle au bois dormant. »

Le juge : « Avec quels membres de la cellule avez-vous gardé des contacts ? »

Eliane : « Avec personne. Je n'ai revu aucun membre de la cellule depuis que je suis partie. »

Le juge : « Si je vous ai bien comprise, la cellule était composée uniquement de six personnes ? »

Eliane : « A ma connaissance, oui. »

Le juge : « Etiez-vous seule dans votre bureau ? »

Eliane : « Oui. »

Le juge : « Comment étaient aménagés les bureaux ? »

Le greffier : « Décidément, la curiosité du juge est insatiable. »

Eliane (qui ne se trouble pas) : « J'avais un bureau dont la porte était toujours fermée et les autres étaient dans un autre bureau. »

Le juge (qui sursaute) : « Est-ce que cela veut dire que les cinq autres membres de la cellule se tenaient dans un seul bureau ? »

Le greffier : « Fichtre ! Une simple secrétaire, qui ne faisait pas grand-chose, seule dans une pièce, cinq responsables, commissaire et officiers, entassés dans une autre. Quel bordel ! »

Eliane : « Oui, mais ils n'étaient pas là en permanence. En fait, dans le bureau qui était à côté du mien, il n'y avait pas cinq personnes mais trois : M. Esquivié, M. Guézou et M. Gilleron. »

Le juge : « Et où était M. Prouteau ? »

Eliane : « Dans un autre bâtiment. »

Le juge : « Et sa secrétaire ? »

Eliane : « Je suppose qu'elle était dans le même bâtiment que M. Prouteau. »

Le greffier : « Finement déduit. »

Le juge : « N'y avait-il pas une secrétaire d'origine néo-zélandaise ? »

Le greffier : « En pleine affaire Greenpeace ! »

Eliane : « Je ne sais pas. »

Le juge : « N'y avait-il pas une secrétaire qui se prénommait Marie-Pier ? »

Eliane : « Je ne sais pas. »

On en vient au fond du problème.

Le juge : « A quoi servait la cellule ? »

Eliane : « Elle s'occupait du terrorisme. »

Le greffier : « Ah ! Quand même ! Elle a compris à quelle noble cause elle a consacré tant de temps et pas beaucoup d'efforts. »

Le juge : « Vous répondiez peu au téléphone, vous ne recherchiez pas de numéros de téléphone, vous ne tapiez pas à la machine. Vous ne deviez pas bavarder beaucoup avec vos collègues puisque vous ne les connaissiez pas. Comment occupiez-vous vos journées ? »

Eliane : « J'attendais que le temps passe. »

Une lueur mauvaise allume sans doute à ce moment le regard du juge. A moins qu'il ne contienne une franche hilarité.

Le juge : « Etiez-vous bien payée pour ça ? Touchiez-vous des primes que vous n'aviez pas dans la gendarmerie ? »

Eliane : « Je ne me souviens pas si j'avais des primes. »

Le greffier : « Et désintéressée, avec ça ! »

La cruauté du juge est sans limite.

Le juge : « Lorsque vous avez reçu une convocation, est-ce que vous ne vous êtes pas demandé comment j'avais connu votre existence ? »

Eliane : « Si, mais je suis convoquée, alors je viens. »

Quelques questions encore, pour s'assurer qu'Eliane, la secrétaire idéale, était bien à sa place, et le juge en vient à

Michel Tissier, autre membre de la cellule. Le connaîtrait-elle, par hasard?

Eliane : « Je ne connais pas Michel Tissier... Je ne sais même pas si en octobre j'étais là. »

Le juge : « A quelle date précise êtes-vous arrivée à la cellule ? »

Eliane : « Je sais que c'est courant 85 mais je ne sais plus à quelle date. »

Le juge referme sa chemise, attend gentiment que son greffier lui remette les six feuillets de la déposition d'Eliane V. Il relit. La frappe est impeccable. Il signe, tend les papiers à la jeune femme qui demande, timidement : « Pourrais-je, s'il vous plaît, rajouter quelque chose ? » Jean-Paul Valat acquiesce : « Je vous écoute. »

Rassurée, elle reprend : « En relisant le procès-verbal, je souhaiterais qu'il soit précisé que je ne transférais pas d'appels téléphoniques à M. Prouteau. Il avait une secrétaire. En ce qui concerne les instructions qui m'étaient données par M. Esquivié, il s'agissait d'aller chercher le courrier ou d'aller chercher les fournitures. Je veux insister sur le fait que je ne sais absolument pas ce que sont les cinq fiches que vous m'avez montrées. »

Le juge conclut sobrement : « Soyez rassurée. J'avais parfaitement compris que vous disiez n'être au courant de rien. »

Patricia W. appartient également à la gendarmerie. Ces jeunes femmes que Charles Hernu regardait avec gourmandise ont pris la place des dactylographes du sexe masculin qui s'escrimaient de leurs gros doigts pataudes sur d'antiques machines Japy. Leur dextérité à pianoter les claviers silencieux des micro-ordinateurs propulse la maréchaussée dans l'ère moderne de l'informatique, de l'électronique et de la cybernétique.

Il faut croire que la charmante personne excelle dans ce

domaine, car, manifestement, elle manque cruellement de repères et de mémoire quand le juge Valat l'interroge sur ses fonctions passées, au secrétariat de Christian Prouteau.

Comme Eliane V., Patricia W. ne garde qu'un souvenir très confus de son passage dans ces lieux cependant prestigieux que sont le palais de l'Elysée et ses dépendances. Quand la mémoire lui revient, par exemple au sujet des documents qu'elle conservait dans son bureau, il se trouve, pure coïncidence, qu'elle les a détruits. Curieuse maison, où le stockage des archives est à ce point déconseillé que le conseiller ou le directeur de cabinet qui quitte ses fonctions n'a le choix qu'entre la destruction des documents ou le transfert dans des malles que l'on retrouve fort heureusement plus tard dans un garage de banlieue.

Patricia est un peu plus loquace qu'Eliane. Elle devait être aussi un peu plus occupée. Secrétaire du chef de la cellule, elle a naturellement été plus impliquée dans le fonctionnement de cette machine parfaitement huilée. Aussi, en dehors des trous de mémoire habituels à une personne de son âge — elle a tout de même quarante ans —, se déclare-t-elle prête, lors du second interrogatoire, à regarder les documents retrouvés dans le box de Christian Prouteau et à donner au juge des explications à leur sujet. Le juge se félicite évidemment de ce que la destruction n'ait pas été totale. Patricia tempère son optimisme : « Moi, j'ai détruit ce que j'avais. Quant au reste, je ne sais pas si ça a été détruit. » Sa bonne volonté la conduit à reconnaître son écriture sur l'agenda de Christian Prouteau, ainsi que celle de ce dernier. Elle ne conteste pas davantage les annotations portées de sa main. Avec quelques nuances [1]. Cela importe peu, puisqu'elle se bornait à une fonction de scribe, annotant sans comprendre ni demander d'explication les agendas de son patron. Elle

1. Voir chapitre XV, « La partie de Plaisir ».

s'en explique à propos de M. Montoya, visiteur régulier de Christian Prouteau.

« Je ne connais pas ce monsieur. M. Prouteau me demandait de noter des noms sur son agenda, mais je ne connaissais pas forcément les personnes. »

Le juge lui donne connaissance d'une annotation : « Gaël → Raad → depuis quand elles tournent ? où vont-elles ? → capitaine Marie ».

Elle ne conteste pas l'avoir portée de sa blanche main mais ne va pas au-delà.

« Je ne sais pas du tout ce que ça signifie. M. Prouteau me demandait de noter des choses sur *mon* [1] agenda pour les lui rappeler mais je ne sais pas du tout ce que cela signifie. »

— Eh bien, je vais vous donner une explication. Ça peut vouloir dire qu'il fallait que vous déterminiez, soit par Guézou [2], soit auprès du capitaine Marie, quel était le service destinataire des productions de l'écoute du docteur Raad.

— C'est peut-être ça, mais moi je n'en sais rien.

— A la date du 10 janvier 1986, vous avez écrit "MP veut-il voir Charroy?". Si les mots ont un sens, ce n'est pas une demande émanant de M. Prouteau, mais une demande qui lui est adressée. Je souhaiterais donc que vous me donniez une explication.

— Je ne suis pas en mesure de vous donner une explication. Je ne suis pas capable de dire qui a pu me donner ce message. »

Là est tout le problème : Patricia ne sait pas ce qu'elle écrit. Elle le confirme quand le juge lui lit une liste de numéros de téléphone d'avocats en relation avec des procédures en diffamation où Franck (Bernard Jégat) est impliqué.

1. Ce sont les auteurs qui soulignent.
2. Dont le pseudo est effectivement Gaël.

« Je ne sais pas. Mis à part ce que j'ai noté, je ne sais pas ce que ça veut dire. »

Elle le regrette sans doute : « Je notais bêtement ce qu'on me disait sans chercher à comprendre ce qu'on me disait. » Comme, de surcroît, sa mémoire flanche : « Douze ans après, je ne peux évidemment pas me souvenir », le dialogue ressemble à un mauvais pastiche d'Eugène Ionesco.

Ainsi quand le juge s'inquiète : « Arrivait-il que Guézou vous téléphone depuis le GIC pour vous donner ce type de message ? » s'embrouille-t-elle un peu : « Je ne sais pas, je ne sais plus. D'ailleurs, je ne sais pas ce qu'est le GIC. »

Diable, cela se complique. La pauvre secrétaire du chef de la cellule était décidément tenue à l'écart de tout ce qui se faisait autour d'elle.

« Ignoriez-vous que la cellule faisait procéder à des écoutes ?

— Je l'ignorais tout à fait. Je ne voyais rien concernant les écoutes.

— A la date du 14 janvier 1986, vous avez écrit : "numéro à identifier... (à monter)". Qu'est-ce que ça peut bien vouloir dire ?

— Je ne sais pas. Quelquefois, M. Prouteau me demandait de rechercher des adresses. J'appelais le central de l'Elysée pour obtenir cette adresse.

— Là en l'occurrence, il s'agissait d'identifier un numéro et non pas une adresse. Il fallait donc disposer d'un annuaire inversé. Est-ce que le central de l'Elysée en avait un ?

— Je ne sais pas comment procédait le central mais quand je leur donnais un numéro, ils étaient capables de me donner le nom du titulaire de ce numéro.

— Et vous n'avez pas la moindre idée de ce que peut signifier "à monter" ?

— Non, pas du tout. »

Elle oublie, elle ne sait rien et elle n'est pas perspicace. Le juge, lui, se fait pédagogue :

« Pour votre information, je vous indique que "à monter" peut concerner une construction.

— Construction est un terme que je n'ai jamais entendu, à part dans le bâtiment. [sic]

— A la date du 13 janvier, vous aviez noté d'identifier les numéros "........... → JL". Or ces deux numéros se retrouvent dans le fichier comme identifiés par Patricia le 13 janvier 1983. Comment expliquez-vous que les mentions que vous avez notées à la main dans votre carnet se retrouvent dans le fichier informatique ?

— Je ne sais pas. Je ne me l'explique pas.

— Pourquoi avez-vous écrit "→ JL" ?

— Je ne sais pas. Je ne sais plus.

— A la page du 15 janvier, figure un Post-it sur lequel vous avez écrit "Pyves commission sénatoriale". Qui est Pyves ?

— Je ne sais plus, je ne sais pas. Vous savez, j'ai rencontré beaucoup de gens.

— N'y avait-il pas des membres de la cellule prénommés Pierre-Yves ?

— Il me semble, mais je n'en suis pas certaine.

— De mieux en mieux. »

Il pose une nouvelle question et conclut :

« Allez-vous me dire que vous avez passé plusieurs années de votre vie à noter des messages sans les comprendre ?

— Oui. Vu la quantité, oui. »

Ce n'est pas tout. Patricia ne sait plus relire sa propre sténo.

« A la date du 24 janvier, vous avez écrit "Raad → problème. Pyves bureau" et un signe que je n'arrive pas à déchiffrer.

— Il s'agit d'un signe sténo que je n'arrive pas à identifier.

— A la date du 7 février, vous avez écrit “M. Pier”. Vous m’aviez affirmé que vous n’aviez pas le souvenir de Marie-Pier Sajous dont vous ignoriez totalement le nom de famille. Or il apparaît qu’elle a travaillé à la cellule pendant une quinzaine de mois. Votre mémoire est vraiment très défaillante.

— Il y a des choses qu’on oublie. »

Le juge s’agace un peu. A moins qu’il ne joue au chat et à la souris. Admettons-le pour reconstituer un dialogue tel que l’aurait écrit Jules Renard.

Le chat : « Le même jour, 7 février 1986, vous avez écrit “Alain → conversation Raad inaudible”. Vous allez avoir du mal à me dire que vous ne savez pas ce que signifie le terme “conversation”. »

La souris : « J’écrivais ce qu’on me disait sans chercher à comprendre. »

Le chat (qui pose une autre question) : « Mais je suis sûr que vous allez me dire “je ne sais pas, je ne sais plus”. »

La souris « Oui, puisque je n’avais pas d’informatique. »

Le temps pour la souris de dire encore : « on me disait de noter, je notais » et « moi j’ai noté sans chercher à comprendre », et pour le chat de donner un coup de patte un peu plus nerveux.

« Si vous n’étiez pas gendarme en exercice, votre attitude serait risible, mais de savoir qu’un gendarme peut se moquer à ce point de la justice ne me fait plus rire. »

— Je ne suis pas gendarme. J’ai un emploi administratif dans la gendarmerie mais je n’ai pas le port d’arme ».

C’est tiré par les cheveux, au point que le juge en déduit : « Donc, ça vous donne le droit de vous moquer de la justice ? »

Bien qu’elle s’en défende, Patricia fait comme si. L’interrogatoire se poursuit au rythme de la mer venant inlassablement rouler ses vagues sur des galets bien polis. Le juge prend soin de détailler les questions alors que Patricia les rejette obstinément, étalant sans vergogne son ignorance (« je ne savais pas forcément ce que signifie “sources techniques” »), son inintelligence (« c’est peut-être moi qui ai dactylographié ce document, mais ça ne veut pas dire pour autant que j’aie compris ce que j’ai tapé »), ses amnésies (« je ne me souviens plus »), (« je ne me souviens plus du tout »), et de rares concessions (« oui, ça y ressemble »). Au passage, on apprend que, selon Prouteau, il y avait à la cellule « un chef à trois plumes », lui, et « un chef à deux plumes », Jean-Louis Esquivié. On se croirait au conseil des sachems dans une troupe scoute. Le sommet est tout de même atteint quand Patricia lâche ces mots qui résument tout son personnage : « Je n’étais pas là pour penser. »

Certes, mais quand le juge extrait des papiers saisis chez Christian Prouteau un fax adressé à celui-ci, « lui demandant d’appeler de toute urgence Gillou au numéro de téléphone 45.......... », et qu’elle reconnaît en être l’auteur, elle se trouve subitement bien embarrassée : le numéro est celui de Gilles Ménage à la présidence d’EDF.

« Je vous trouve bien familière avec l’ancien directeur de cabinet du président de la République. Appeliez-vous habituellement M. Ménage Gillou ?

— Non, si c’est bien de lui qu’il s’agit. »

Il le semble bien, en effet. Comme il apparaît que la très serviable Patricia continuait à frapper le courrier de certains anciens membres de la cellule bien après leurs départs respectifs de l’Elysée, à commencer par une lettre de Jean-Louis Esquivié au *Monde* après le suicide de Pierre-Yves Guézou. Et, en suivant, par le résumé de l’audition de Christian Prouteau en qualité de témoin du 7 février 1994, qu’elle aurait pu avoir tapé. Reste à savoir à partir de quelle source.

Le juge : « Comme je n’imagine pas que [Christian Prouteau] se soit présenté à ma convocation muni d’un magnétophone, je m’interroge sur l’origine de ce document. »

Patricia : « J'ai peut-être dactylographié ce qu'il m'a dicté ou ce qu'il m'avait écrit.

— Me voilà pleinement rassuré. Et maintenant, enchaîne Jean-Paul Valat, je vous présente les deux registres placés sous scellés [et découverts dans le garage de Christian Prouteau]. A force de voir votre écriture, je crois la reconnaître dans ces registres ?

— Oui, elle y figure.

— Alors, expliquez-moi à quoi correspondent ces registres ?

— Si je me souviens bien [la mémoire lui revient tout de même], tous les soirs, M. Prouteau me faisait venir dans son bureau, il sortait le registre de son coffre-fort [la confiance régnait] et je notais ce qu'il me disait en ayant le registre sur les genoux. »

Qu'on ne se méprenne pas, c'est Patricia qui avait le registre sur les genoux.

Le juge s'étonne : « Pourquoi ? Christian Prouteau ne sait-il pas écrire ? »

L'humour de la remarque échappe à la jeune femme.

« Bien sûr qu'il sait écrire, mais c'était une question de rapidité.

— A quoi correspondait ce qu'il vous dictait ?

— Je ne sais pas du tout.

— Vous avez fait cela pendant trois ans au moins, et vous ne lui avez jamais demandé de quoi il s'agissait ? »

Elle concède : « Sur le moment, j'ai dû me poser des questions, mais comme c'était le rendement avant tout qui comptait, je n'ai pas dû m'en poser outre mesure. »

Un peu plus tard, le juge : « Avez-vous constaté, au fil du temps, une augmentation, une diminution ou une stabilité de ces exercices de dictée ?

— Je ne sais pas. Je notais mais je ne comptabilisais pas. »

Jean-Paul Valat, lui, sait. Il a constaté que Patricia intervient jusqu'au 31 juillet 1985.

« A partir de cette date, note-t-il, votre écriture n'apparaît plus que très exceptionnellement.

— C'est exact. »

Et elle donne les dates où elle reconnaît son écriture. A quatre reprises seulement.

« Quelle est l'écriture qui apparaît le plus souvent après août 1985 [en fait à partir d'août 85] ? On dirait bien que c'est celle de Christian Prouteau.

— Je suppose que oui, mais je n'en suis pas certaine à cent pour cent. »

Heureusement qu'il n'est pas nécessaire d'avoir étudié la graphologie pour tenir un emploi de secrétaire. Le juge pinaille :

« Force est de constater que, quand Christian Prouteau s'est mis à écrire lui-même, il a fait quelques erreurs : le 7 octobre s'est intercalé entre le 3 et le 5 ; le 22 octobre entre le 20 et le 21 ; le 2 décembre s'est intercalé entre le 28 novembre et le 29 novembre. »

Heureusement que Napoléon n'a pas eu Christian Prouteau comme chef d'état-major, sinon il eût perdu la bataille d'Austerlitz et ne se fût pas fait couronner Empereur des Français [1].

Le juge, insensible à ce clin d'œil de l'histoire, poursuit son épluchage :

« De même, ce que vous avez noté à la date du 10 décembre s'est intercalé entre ce que Christian Prouteau avait noté à la date du 9 décembre et ce qu'il a noté ensuite, encore à la date du 9 décembre. En plus, il s'est mis à travailler le samedi et le dimanche. »

Ce qui prouve que, quand on trafique un agenda, il est prudent de vérifier ce genre de détail.

Patricia admet : « C'est vrai qu'il a moins fait appel à moi. »

1. Puisque ces événements eurent lieu le 2 décembre.

Le juge a un doute : « Vous êtes bien sûre que cette dernière partie n'aurait pas été remplie à la hâte en mars 1993 ?

— Certainement pas. C'est comme le magnétophone dans la poche dont vous avez parlé tout à l'heure. »

Le juge peut se détendre et, pour que Patricia, selon l'expression consacrée, ne meure pas idiote, il veut bien expliquer :

« Me voilà tranquillisé. Christian Prouteau m'a expliqué que ces registres correspondaient à l'arrivée des personnes du GIC à la cellule. Grâce à moi, vous savez donc à quoi a servi votre travail, mais une interrogation m'habite : qui recevait les personnes du GIC quand Christian Prouteau n'était pas là ?

— Je suppose que c'était son adjoint.

— Et qui était son adjoint ?

— C'était M. Esquivié. En tous les cas, ce n'était pas moi qui recevais les documents qui arrivaient. »

On s'en serait douté.

Caroline B. est adjudant de gendarmerie. Les contingences de sa carrière l'ont expédiée à Basse-Terre, en Guadeloupe, où elle est appelée à témoigner devant un juge d'instruction du tribunal de grande instance de Pointe-à-Pitre. Celui-ci ne peut que se conformer au questionnaire reçu de Paris, sans s'en écarter, ce qui retire tout son sel au face à face. Aux interrogations formulées à distance par Jean-Paul Valat, elle répond précisément et complètement, tout au moins pour ce qui concerne la composition de la cellule et la description de ses tâches.

En revanche, elle ne sait rien des écoutes et pas grand-chose des personnes qui travaillaient à la cellule. Elle les rencontrait au café le matin et elles disparaissaient pour le restant de la journée. Elle demeurait seule dans un grand bureau, assurait une permanence téléphonique et la frappe de quelques lettres. Elle en a tout oublié. Elle aussi.

Avec Marie-Pier Sajous, c'est une autre paire de manches. La jeune femme a du répondant et s'explique clairement sur son recrutement, son travail, ses relations. Elle ne se laisse pas démonter par les questions du juge, même lorsque celui-ci lui fourre sous le nez des écoutes où se retrouvent des initiales MP (pour Marie-Pier), MPS (pour Marie-Pier Sajous), avec ou sans majuscules. Elle soutient avoir fait des synthèses de la presse française et étrangère au sujet, bien évidemment, du terrorisme. Mais elle n'a pas mis le doigt dans l'engrenage des écoutes, c'est du moins ce qu'elle soutient, sans jamais se couper, au juge Valat.

Pourtant, celui-ci s'est donné beaucoup de mal pour extraire ses initiales de feuilles d'écoutes ou de synthèse. Il les a relevées quatre-vingt-trois fois, ainsi que sur les notices biographiques d'Edwy Plenel, Bertrand Legendre et Alain Schifres. Autant d'accusations qu'elle rejette catégoriquement, sans mettre en avant de quelconques trous de mémoire ni, bien entendu, l'inoxydable secret défense.

Cela agace manifestement le juge, qui la met à son tour en examen, à la différence des autres secrétaires. Ce traitement particulier intrigue, s'appliquant à une jeune femme — elle entre à la cellule à vingt-cinq ans — qui n'a pas pu exercer de véritables responsabilités, et n'avait aucune expérience administrative ou policière. Sans doute le juge s'est-il irrité du comportement de Marie-Pier Sajous, qui ne lui laisse aucun espace pour pénétrer sa garde et la mettre en difficulté.

Au bout du compte, c'est même lui qui dérape quand il se met à rechercher les raisons pour lesquelles elle a été recrutée à la cellule. Il se hasarde :

« Vous m'avez dit que votre père était un militaire. A quelle arme appartient-il ?

— Il était commando dans l'armée de terre.

— Connaissait-il Christian Prouteau ?

— Non.

— Et votre mère, que faisait-elle ? »

Elle pourrait répondre « Du vélo, comme ma grand-mère », mais elle ne cède pas à la tentation.

« Elle est secrétaire.

— Où ?

— Dans un ministère.

— Quel ministère ?

— De la Défense.

— Où est-elle affectée ? »

Cela commence à devenir lassant. Elle répond encore :

« Elle travaille rue du Bac.

— A-t-elle travaillé au GIC ?

— Je ne pense pas. De toute façon, si ça avait été le cas, je pense qu'elle ne me l'aurait pas dit. »

Et toc ! Cela ne décourage pourtant pas le juge.

« Pouvez-vous me rappeler comment vous êtes arrivée à la cellule ?

— J'ai pensé à un moment à faire la magistrature. » Et retoc ! Elle ne manque pas de cran, la petite. Qui poursuit : « Ensuite, j'ai voulu être attachée d'ambassade. Dans le but de pouvoir faire des stages, j'ai envoyé mon CV à différents ministères et j'ai été contactée par le secrétariat de M. Prouteau. J'ai été reçue par la secrétaire de M. Prouteau, Patricia [qui ne jouait donc pas un rôle aussi modeste qu'elle le prétend], et par la Néo-Zélandaise que je devais remplacer. Je ne sais pas quel est le ministère qui leur a adressé mon CV.

— Le hasard fait bien les choses : vous aviez un père militaire, une mère secrétaire au ministère de la Défense et c'est la cellule de l'Elysée qui fait appel à vous ? »

Et après ? pourrait rétorquer Marie-Pier. Mais elle n'en a cure. Elle se sort de l'épreuve avec les honneurs. Et avec une mise en examen.

Conclusion

L'oreille basse

Ils ont l'oreille basse, pris comme des collégiens en flagrance de chahut. Ils se regardent à peine, gênés de se retrouver, assis côte à côte sur ces bancs polis par tant de frocs luisants, ou peu reluisants pour quelques-uns, échangeant furtivement de maigres et plates réflexions. Ils sont les accusés d'un procès promis à huit semaines d'audience, aux manchettes des journaux, aux apparitions sentencieuses sur le petit écran de Jean-Pierre Berthet ou de quelque autre de ces chroniqueurs qui n'ont pas su retrouver les envolées tonitruantes d'un Frédéric Pottecher ni les subtilités d'un Jean-Marc Théolleyre.

Ils représentent un pan entier de la Mitterrandie, cette nébuleuse aussi complexe et lointaine que celle d'Orion, un mot que l'on chuchote à voix basse dans cette salle d'audience parce que « orion », dans le langage convenu des policiers et des agents secrets, cela veut dire « oreillon », écoute, interception téléphonique, mots volés. Ils ont servi celui qui, pour avoir injustement comparu devant d'autres instances et sous de mauvais prétextes — affaire des fuites, attentat de l'Observatoire —, ne se présentera jamais pour rendre des comptes sur cette « affaire » dont il porte la première responsabilité. L'un fut son directeur de cabinet, un autre son conseiller pour la sécurité, un autre encore le directeur de cabinet du Premier ministre. Présumés innocents, ils ont été jetés en pâture aux journaux, aux « chiens », à cette foule cruelle qui n'a jamais perdu l'habitude, héritée des Romains, de lever la main, le pouce tourné vers le bas.

Sur le banc d'à côté, ceux qui les accusent, leurs « victimes », outragés de l'indiscrétion, spoliés de leur intimité. Ils appartiennent, pour beaucoup, à ces corporations que l'on dit protégées, filles adultérines de la société médiévale et du pétainisme. Ce dont ils se plaignent, ce dont ils viennent demander réparation, c'est de l'irrespect de leurs privilèges. On ne s'est pas soucié de leur condition, on a délibérément oublié qu'ils n'étaient pas des citoyens comme les autres, qu'il avaient le droit d'agir, de parler et d'écrire avec l'impunité absolue du secret. Un secret dont certains font bon marché quand cela les arrange.

Ce sont des journalistes, des avocats, soutenus qui par le syndicat national, qui par leur ordre, mais il s'y trouve aussi des gendarmes, un policier, des hommes politiques, des écrivains, un éditeur, tous gentilshommes de la plume quand ce n'est de l'épée, aucun n'ayant l'audace de manier l'une et l'autre, aucun n'étant académicien. C'est peut-être en fin de compte ce qui manque à cette troupe, un des quarante qui s'en viendrait produire son habit vert à la barre.

Derrière, enfournés dans les stalles malcommodes où les avocats souffrent à demeurer immobiles, les robes noires sont portées par les plus grands noms, ceux qui, affaire après affaire, Elf, emplois fictifs, pots-de-vin, monopolisent l'écoute des juges et empochent les honoraires les plus confortables. Les citer ici reviendrait à ouvrir le Who's Who ou le Bottin mondain, mais ne pas les mentionner ferait gâcher l'occasion de savoureux rapprochements, comme seul les ménage ce jeu des chaises musicales que l'on appelle le Palais de Justice de Paris.

Maître Olivier Metzner, avocat de Loïc Le Floch-Prigent

et de Bertrand Cantat, défend Pierre-Yves Gilleron, ancien policier reconverti dans le « conseil en présidence ». Maître Francis Szpiner, avocat de l'Elysée et conseiller occulte du président Jacques Chirac, assiste l'ancien conseiller de François Mitterrand, le préfet Christian Prouteau. Maître Jacques Vergès, à coup sûr le plus flamboyant et le plus controversé, est aux côtés de Paul Barril et doit plaider tour à tour comme défenseur et comme partie civile. Maître Mario Stasi, ancien bâtonnier, frère du ministre et médiateur Bernard Stasi, est l'avocat du général Charroy, comme le sont de Gilles Ménage maître Patrick Maisonneuve, de Louis Schweitzer maîtres Philippe Lemaire et Pierre Haïk.

Ils ne sont pas seuls : plus de quarante de leurs confrères et consœurs se disposent à ferrailler contre l'élite du barreau, pour le compte des plaignants. Vaste et confuse mêlée qu'Alexandre Dumas n'eût pas dédaigné de décrire, mousquetaires du roi contre gardes du cardinal, sans que l'on sache très bien lesquels sont les gris et lesquels les noirs. Pendant que la joute se prépare, les grands oiseaux noirs se regroupent, plongent dans leurs épais dossiers comme les corbeaux ouvrent la terre de leurs becs puissants.

Derrière, loin derrière, les journalistes, ceux qui n'ont pas cru devoir s'asseoir aux premiers rangs, ceux des plaignants, bien sûr. Partagés entre leur indignation de se voir traités en citoyens ordinaires et la jalousie de la publicité offerte à quelques-uns d'entre eux. Ils ont laissé à l'extérieur l'impressionnante cohorte des photographes et des cinéastes, aussi dense que la troupe des *tercios* du roi d'Espagne. Le vaste hall pavé de marbre, habituellement désert et silencieux, a pris des allures de foire d'empoigne, et les rares curieux tentent de se faufiler tant bien que mal, plutôt mal que bien dans cette cohue tentaculaire.

C'est un grand procès qui va s'ouvrir, un de ceux qui laisseront une trace. Dans les écrits, sur les cassettes et dans les esprits. C'est le dernier procès intenté à François

Mitterrand, celui où il ne se trouvera pas grand monde pour sauver le grand homme de ses frasques, de ses intolérances, certes, mais aussi, et surtout, de ses propres discours, éclatants, de ses écrits indignés, de sa colère enfin. Ce procès ne peut marquer que la fin du mitterrandisme, cette quête éperdue et vertueuse d'un idéalisme que Jean Jaurès et Léon Blum avaient porté au faîte de la pensée politique.

« C'est le sort des principes d'être proclamés par les gens de bien, et mal appliqués ou contrariés par les méchants » : telle est la question que Maximilien Robespierre pose à François Mitterrand à deux siècles de distance. Oui, telle est cette question, obsédante parce qu'essentielle, impertinente par sa profondeur : qui sera jugé, à travers les masques tristes et résignés de Gilles Ménage, Christian Prouteau et Louis Schweitzer ? Sera-ce l'homme de bien et ses principes ou le méchant et ses fausses applications ?

Au-delà de la gauche victorieuse, beaucoup ont espéré en 1981 que serait tenue la promesse de l'ouverture de la modulation de fréquence aux radios libres. Ils n'ont pas été déçus : en novembre, est promulguée la loi Fillioud, ambitieuse entreprise de libéralisation, moins de dix mois après la saisie, par la police, du matériel de Radio-Gilda et de Radio 75. Ce texte généreux et bien inspiré, c'est François Mitterrand en personne qui l'a voulu. Comme il a tenu à ce que soit instituée une haute autorité de l'audiovisuel. Le président du peuple de gauche se conduit en démocrate. Ne fusent vers lui que les critiques d'une droite conservatrice.

En 1995, ce n'est assurément pas le même homme qui laisse les affaires à Jacques Chirac, lui aussi débordant de bons sentiments. Ce Mitterrand-ci ressemble curieusement à un Louis XVIII recevant, dès potron-minet, des mains du duc Decazes les lettres interceptées. Il y fait de constantes références dans son *Coup d'Etat permanent*, jusqu'à le citer longuement en introduction à son troisième chapitre. Comme le vieux monarque « lassé et lourd », il remplit le rôle d'un Vincent Auriol, « attentif au changement des mœurs », mais fidèle aux enseignements de ses propres débuts. Il n'est plus ni de droite ni de gauche, il est le président et lutte jusqu'à son dernier souffle pour demeurer, à l'Elysée, celui par qui la France vit et s'exprime.

S'il n'avait pas prétendu donner des leçons de conduite au monde et à son pays, il eût échappé à ce procès où s'empêtrent ses proches. Pas tous, bien entendu. D'aucuns sont disparus, les amis, Georges Dayan, François Durand dit de Grossouvre, René Bousquet, qu'il a eu le rarissime courage de ne pas abandonner, les fidèles, Pierre Mendès France qui fut son maître et son chef de file, Charles Hernu, Gaston Defferre, Joseph Franceschi. D'autres regardent ailleurs en sifflotant une marche militaire, si nombreux qu'il ne faut pas se hasarder à les citer. La plupart le renient, oubliant les faveurs et les bienfaits dont il les a comblés. Il ne se trouve que le bon peuple pour lui reconnaître une stature d'homme d'Etat, un engagement européen au-dessus de tout soupçon, un véritable amour de la République, et quelques élus socialistes pour lui consacrer une place ou une bibliothèque.

Des principes proclamés aux bassesses cachées, tout le parcours de François Mitterrand s'inscrit dans cette lente dérive qui croise curieusement la montée des garanties offertes au citoyen par la loi. De 1960, date de la circulaire Debré, à 1991 où s'achève en juillet le travail de codification parlementaire, le pouvoir politique s'est, peu à peu, résigné à organiser la détestable et indispensable pratique des écoutes. Toutes les formations politiques ont concouru à cette prise de conscience, les socialistes plus hardiment que bien d'autres. Mais pendant que la gauche se faisait vertueuse, quitte à passer pour naïve, le seul président de gauche qu'ait connu la Ve République se laissait aller à des vilenies qu'un Charles de Gaulle ou un Georges Pompidou n'eût pas envisagées.

Du moins jusqu'à ces dernières années, où ressurgit, sous une forme inattendue, la menace de ces « interceptions » qui n'ont de sécurité que l'appellation. Ce sont cette fois des juges qui crient au charron, se disent convaincus d'avoir été écoutés et en tirent des conclusions sceptiques quant aux mœurs politiques. Les progrès de la technologie aidant, il semble peu probable que les enquêtes diligentées par la présidence de la République — excusez du peu ! —, l'Assemblée nationale — qui pourrait avoir d'autres sujets de préoccupation — et le parquet de Nanterre aboutissent. Le Conseil supérieur de la magistrature prend acte sans oser aller plus loin. Le mystère restera entier et si, d'aventure, un plaisant, mauvais ou facétieux, s'est appliqué à écouter les téléphones cellulaires des magistrats avec du matériel israélien dernier cri ou à se brancher par ces connexions nodales sur les lignes fixes de ces mêmes honorables personnes, il y a fort à parier qu'on ne le débusquera pas.

Pourquoi, d'ailleurs, s'indigner de ces procédés de basse police quant là-haut, tout là-haut, les satellites du réseau Echelon veillent inlassablement pour intercepter et balancer dans le même temps les conversations de tous ceux qui comptent sur la terre ? La toute-puissante NSA (National Security Agency) et ses petits frères (ou sœurs) du GCHQ britannique (Government Communications Headquarters), du DSD australien (Defense Signals Directorate), de la GCSB néo-zélandaise (Government Communications Security Branch) et du CSE canadien (Communication Security Establishment) nous espionnent sans vergogne, sans contrôle, sans scandale. Avec une efficacité totale que seule viendra contrarier l'utilisation de fibres optiques à haute capacité. Mais comment, en attendant ce jour béni où la planète retrouvera un semblant de paix intérieure[1], ne pas évoquer l'encerclement téléphonique de la République d'Irlande à l'aide d'une simple tour sans fenêtre de quarante-huit mètres de haut construite pour l'occasion sur le site d'une centrale nucléaire, à Capenhurst dans le Cheshire, de 1990 à 1998 ?

Les mis en examen refont mentalement le parcours de l'instruction, interminable. Les auditions, les confrontations, la fourniture de notes. Ils ne se sont pas défendus avec la même hargne, avec le même bonheur. Ils ont même remporté quelques succès : le juge a constaté la prescription de la plainte déposée par Véronique Brocard, journaliste à *Libération*, le retrait des plaintes de trois plaignants. Il a prononcé des non-lieux quant aux dossiers concernant Jacques André, honorable citoyen helvète, qui n'a eu que le malheur (ou le bonheur) d'être voisin de Georges Marion, François d'Aubert, député, ancien ministre, Nelly Azerad, Dominique Erulin, Angela Schmidt épouse Barril, et quelques autres moins emblématiques et tout aussi honorables. Et puis, il y a les morts, Jean-Edern Hallier, Pierre-Yves Guézou, qui resteront au centre des débats, partenaires impuissants de l'empoignade finale.

Ce ne sont pas les seules ombres des morts qui planent sur la salle d'audience. Il y a aussi celle du juge Jean-Paul Valat, travailleur acharné, quêteur infatigable, qui a nourri une ordonnance de renvoi de plus de quatre cents pages, voici trois ans, le 1er août 2001. Quelques querelles de procédure ont encore ralenti le cheminement d'une affaire qui a pris l'allure des lourds charrois des rois fainéants. Pour

1. En réalité, seuls les pays technologiquement avancés pourront se protéger de cette manière, compte tenu de la nécessité d'un accès physique aux câbles et de la mise sur écoute des répéteurs optoélectroniques.

chacun des mis en examen il a détaillé les motifs de renvoi devant le tribunal correctionnel de Paris : pour Paul Barril, par ailleurs partie civile et seul de son état, pour avoir détenu, dissimulé ou transmis des fichiers informatiques, ces précieuses pièces à conviction qui ont si opportunément relancé l'instruction. En un mot, pour avoir tenu le rôle du boutefeu. Pour le général Pierre Charroy, pour avoir « écouté » trente-quatre plaignants, ce qui ne manque pas de piquant quand on sait que telle était précisément sa mission. Pour Michel Delebarre, pour avoir commis le même délit à l'encontre du seul Jean-Edern Hallier, alors que son successeur à Matignon, pourtant plus en retrait sur ce genre d'activités, se voit attribuer trente et une « victimes ». Pour Gilles Ménage, pour s'être rendu coupable de ces mêmes indiscrétions commises à l'endroit de trente-quatre citoyens dont on ne dit pas s'ils sont au-dessus de tout soupçon. Comme pour Jean-Louis Esquivié, Pierre-Yves Gilleron, Christian Prouteau. Pour Jean Orluc, le score est ramené à six, pour Dominique Mangin à deux, pour Marie-Pier Sajous à onze et pour Michel Tissier à quatre.

Des oubliés de l'audience, Charles Pellegrini a le mieux tiré son épingle du jeu. Patron de facto du groupe d'action mixte (le GAM), composé de neuf policiers et de six gendarmes eux-mêmes dépendant du capitaine Barril, il aurait pu succomber à quelque tentation, suivre Paul Barril dans une aventure scabreuse, abuser des écoutes dont il reconnaît avoir fait usage comme « un moyen essentiel de lutte contre le banditisme et le terrorisme » sans jamais tomber dans un « dévoiement condamnable ». C'est peut-être le grave accident de parachutisme survenu à Paul Barril en mai 1983 qui sauve paradoxalement le GAM et Charles Pellegrini : six mois après, le groupe de choc, modèle réduit ou succédané présidentiel, pour ne pas dire prétorien, du service Action de la DGSE meurt dans la discrétion. Il est vrai que, n'ayant jamais eu de naissance légale, il ne pouvait prétendre à un acte de décès. L'ancien chef de la 5e section de la direction centrale de la police judiciaire se retrouve, de ce fait, hors circuit. Un circuit presque aussi dangereux que celui d'Imola.

Les réquisitions du parquet étayent la décision : près de trois cents pages d'une œuvre qui eût fait un best-seller plus qu'honorable ou, à tout le moins, un admirable sujet de résumé de texte comme il s'en présentait autrefois aux examens.

C'est l'histoire d'une instruction qui nous est ainsi livrée, sous la plume alerte de Jean-Paul Valat dont les termes sont repris mot pour mot par un parquet qui a depuis longtemps perdu l'habitude de fouiller les dossiers. Comme un bon auteur de pièce de théâtre, le juge campe d'abord les personnages, rappelle leur situation, décrit leur travail, présente leurs déclarations. Certains ont échappé au renvoi devant le tribunal, Alain Theilliez, Pierre-Marc Llitjos... Et Paul Barril pour ce qui concerne le cœur du débat, l'atteinte à l'intimité de la vie privée.

On sait que, finalement, la Cour de cassation a entendu requalifier ainsi les faits reprochés à tous ces fonctionnaires, hauts et moyens, qui ont entendu, peut-être maladroitement mais sincèrement, servir leur maître et sa cause. Ils se sont comportés comme de vulgaires détectives privés, nouveaux Nestor Burma, ou John Callaghan. Non comme de sinistres agents de quelque Guépéou ou Gestapo qui auraient attenté à la liberté ou à la Constitution comme prévu par l'article 114 ancien du Code pénal. A d'autres, on aurait passé ce péché véniel. A ceux qui doivent donner l'exemple, respecter « la confiance du peuple souverain », est promise la rigueur de la loi.

Le juge et, dans la foulée, le parquet distribuent les rôles : pour eux, le chef de bande, c'est Gilles Ménage, dont « la connaissance des interceptions réalisées par la cellule ne peut s'expliquer que par un suivi attentif des activités » de celle-ci. Flèche du Parthe décochée comme un hommage, les magistrats soulignent qu'« on imagine au demeurant fort mal comment Gilles Ménage aurait pu laisser échapper totalement [à Prouteau] un domaine qui relevait de sa compétence ». Ils ne s'arrêtent pas en si bon chemin et pointent du doigt celui qui n'est plus là pour rendre des comptes, François Mitterrand, qui, « ayant organisé un fonctionnement collégial de son cabinet, préférait s'adresser séparément à chacun de ses conseillers, privilégiant un cloisonnement certain pour croiser les informations, voire mettre ceux-ci en position de concurrence ».

C'est l'essence même du système à la Mitterrand que cette dualité recherchée, que cette mise en concurrence, Ménage contre de Grossouvre, Defferre contre Franceschi, Dumas contre Debray, Delors contre Fabius. Sa prudence s'en accommode, sa méfiance l'exige. Pour régner, il faut partager. Pas soi-même avec les autres, non, les autres entre eux. Le sommet est atteint quand il place la cellule en compétition avec toutes les polices de France. Non pour les coordonner, mais pour les contrer.

Pour couronner le tout, François Mitterrand, qui a décidément oublié qu'il fut ministre de l'Intérieur et, plus particulièrement, ce qu'il doit à la police, à la DST, qui le disculpa dans l'affaire des fuites, François Mitterrand donc oublie aussi ses paroles, ses prises de position et met les citoyens, certains en tout cas, sous écoute.

Certes, ce ne sont que vingt bretelles, mais c'est beaucoup trop. Ces vingt lignes interceptées vont intéresser des centaines de personnes, en toucher des milliers, en inquiéter bien davantage. Plus gravement, elles touchent aux principes, ruinent une certaine idée de la gauche, la déshonorent, elle qui voulait tant apporter la vertu au monde.

Le jeudi 5 février 2004, sept candidats en quête d'électeurs se retrouvent sur la scène de TF1, sous la direction de Patrick Poivre d'Arvor. Ce sont Marie-Georges Buffet, Olivier Besancenot, Dominique Voynet, François Bayrou, François Hollande, Jean-Marie Le Pen et Philippe Douste-

Blazy. Ils dissertent courtoisement sur l'affaire du jour, la condamnation d'Alain Juppé, pris la main dans le pot de confiture. Chacun y va de son commentaire, de son explication, sans tellement convaincre, ni tellement choquer.

Jusqu'à ce que François Bayrou, de cette voix douce à peine relevée d'un soupçon d'accent béarnais, élargisse le débat, le fasse remonter deux dizaines d'années en arrière pour désigner comme le père de toutes ces turpitudes l'homme qui se pendait aux oreilles des autres. Il apporte à sa démonstration l'exagération gasconne, se trompe quand il parle de magistrats écoutés, mais n'a pas forcément tort quant il évoque la vie publique « polluée » par ces pratiques, polluée durablement, imprudemment, irrémédiablement. Les autres se retiennent de l'accompagner mais il est visible qu'ils en brûlent d'envie. Et pourtant, comme son successeur, dans l'affaire des emplois fictifs de la Ville de Paris, François Mitterrand, mort ou vivant, s'est placé au-dessus de la loi, au dehors de ce procès. A charge pour ceux qui l'ont servi au palais de continuer à le servir outre-tombe.

La responsabilité de Gilles Ménage s'en trouvera-t-elle atténuée ? C'est une des incertitudes majeures du procès qui va s'ouvrir.

Il en est bien d'autres qui sont autant d'accusations que la défense va s'appliquer à démonter. Chacune d'entre elles va voir s'engager un de ces combats singuliers qui, comme à Austerlitz, s'emboîtent les uns dans les autres pour constituer finalement une grande bataille.

C'est d'abord l'authenticité des renseignements contenus dans les disquettes informatiques. Ces documents parvenus par des voies inhabituelles entre les mains du juge contiennent des transcriptions administratives — en clair : des écoutes — que les mis en examen contestent hautement et unanimement.

C'est ensuite le contrôle *ab initio* effectué lors de la mise en place des écoutes qui verra surgir plusieurs questions : qui signait les demandes à l'Elysée ? qui les contresignait au ministère de la Défense ? qui les vérifiait ? qui les contrôlait ensuite au GIC ? à Matignon ?

Suit immédiatement le contrôle de la production, qui met en scène les mêmes protagonistes. Il s'agit de vérifier si les filtres qui doivent protéger certaines personnalités, jusqu'aux plus hautes de l'Etat, et certaines catégories de citoyens, ont bien fonctionné. Comme, à l'évidence, il n'en a rien été, le problème se pose des responsabilités et de leur partage.

On en vient donc, tout naturellement, à la revue de détail. Chaque protagoniste, chaque acteur est confronté à son passé, à ses initiatives, à ses lacunes. Le réquisitoire les présente dans cet ordre : Pierre Charroy, chef du GIC, Michel Delebarre et Louis Schweitzer, directeurs du cabinet des deux Premiers ministres Pierre Mauroy et Laurent Fabius, Christian Prouteau, Jean-Louis Esquivié, Pierre-Yves Gilleron, Jean Orluc, Dominique Mangin. Pour chacun, sont recensés les faits et gestes qui conduisent à sa mise en examen. Voici pour ce qui concerne les mis en cause.

Mais les plus longs développements sont consacrés aux victimes, plus de quatre-vingts pages tendent à établir ou à dénier le préjudice subi par chacune des parties civiles.

C'en est fini de la présentation des faits et de celle des acteurs. La partie va se jouer désormais en public et non plus dans la discrétion d'un cabinet d'instruction. Comme toujours, la presse jouera un rôle essentiel en recueillant, rapportant, interprétant les échanges, les témoignages, les réquisitoires, les plaidoiries. Comme toujours, elle aura bien du mal à rester neutre dans une affaire qui concerne nombre de ses affiliés. Comme toujours, elle sera diverse, inégale, incertaine.

Qui, dans ce débat, peut prétendre à l'objectivité ?

Annexes

IV. — Nouvelle lettre à M. Pierre Messmer, Premier Ministre.

SENAT

COMMISSION DE CONTRÔLE DES ECOUTES TÉLÉPHONIQUES

Le Président.

REPUBLIQUE FRANÇAISE

Paris, le 11 septembre 1973.

Monsieur le PREMIER MINISTRE,
Hôtel Matignon, Paris.

Monsieur le Premier Ministre,

Depuis votre lettre du 15 juillet et l'audience que vous avez bien voulu accorder, le 27 juillet, au Bureau de la Commission, au cours de laquelle, après avoir entendu nos observations, vous nous avez confirmé votre refus de communiquer quelque renseignement que ce soit à la Commission, celle-ci a poursuivi activement ses travaux.

Elle m'a donné mission de vous faire part de ses observations :

1° La Commission de Contrôle des Services administratifs procédant aux écoutes téléphoniques tient ses pouvoirs tant de la Constitution que de la loi et du Règlement du Sénat. Son objet, défini par l'alinéa 8 de l'article 6 de l'ordonnance du 17 novembre 1958, est « d'examiner la gestion administrative, financière ou technique de services publics... en vue d'informer l'assemblée qui « l'a créée » du résultat de « son examen ».

Notre mission est donc légale. Elle relève de nos droits mais plus encore de nos devoirs envers l'Etat. Lui refuser les moyens de travailler, c'est-à-dire l'accès aux documents administratifs financiers ou comptables qui lui sont indispensables, pose un problème constitutionnel grave.

2° Les écoutes téléphoniques existent. Nul ne l'a nié. Nous en avons les preuves. La plupart sont organisées par des services de l'Etat et financées sur le budget national. Certaines ont un caractère légal quand elles s'inscrivent dans une procédure judiciaire régulière. Sur ces dernières, M. le Garde des Sceaux ne saurait conserver le secret.

3° Toutes les écoutes téléphoniques non autorisées par un magistrat instructeur sont illégales. Elles tombent sous le coup des articles 368 et suivants du Code pénal récemment votés par le Parlement. Or, nul ne saurait, en France, se placer au-dessus de la loi commune.

4° Vous avez opposé à nos justes demandes de renseignements le secret de la défense nationale et, sur vos instructions, vos Ministres ont excipé du même motif de refus. Nous connaissons les exigences de la Défense nationale. Nous en respectons et respecterons les secrets spécialement si, comme nous y autorisent nos fonctions électives, nous sommes admis à y participer. Cependant, nous ne saurions accepter en temps de paix que le secret de la Défense nationale dépende, dans sa définition, de critères inconnus de nous-mêmes et de la Nation.

Force est de constater par ailleurs que l'ampleur des écoutes amène à faire confiance à des hommes que nous ne soupçonnons pas mais auxquels il est inadmissible de faire plus confiance qu'aux élus de la Nation.

En conséquence de ce qui précède, nous vous informons que nous nous adressons à Monsieur le Président de la République pour que, chargé par la Constitution d'assurer le fonctionnement régulier des pouvoirs publics, il mette un terme au conflit qui nous oppose.

En tout état de cause, nous pousuivrons notre mission et en ferons rapport au Sénat.

Je vous prie d'agréer, Monsieur le Premier Ministre, l'assurance de mes sentiments de haute considération.

P. MARCILHACY.

N. B. de la Commission. — **Cette lettre n'a jamais reçu de réponse.**

Annexe 2

1er rapport de la Comission nationale de contrôle des interceptions de sécurité

Assemblée nationale Journal officiel, 23 mars 1972, p. 62

22793. – *M. Poniatowski attire l'attention de M. le Premier ministre sur le fait que selon certains indices précis, les entretiens téléphoniques, notamment entre des hommes politiques et des journalistes font, de manière accrue, l'objet d'écoutes téléphoniques. Dans le cadre de la protection de la vie privée et de la démocratie, il lui demande : 1° s'il juge normal que des écoutes téléphoniques soient utilisées à la surveillance des journalistes, des hommes politiques ou de simples citoyens ; 2° les mesures qu'il entend prendre pour remédier à de tels procédés s'il en constatait l'existence ; 3° s'il serait opposé, au cas où la réponse officielle affirmerait la non-existence des écoutes, à ce qu'une commission parlementaire de contrôle et d'enquête s'assure néanmoins de l'inexistence de ces systèmes illégaux de surveillance et fixe, le cas échéant, des règles protégeant la vie privée des simples citoyens et l'action politique de ceux qui ont à conduire une action publique, qu'il s'agisse de journalistes ou d'hommes politiques.*
(Question du 4 mars 1972)

Réponse – *La question de l'existence et de l'utilisation des écoutes téléphoniques a fait l'objet d'un débat à l'Assemblée nationale lors de l'examen de la loi n° 70-643 du 17 juillet 1970 tendant à renforcer la garantie des droits individuels des citoyens. L'honorable parlementaire pourrait utilement se référer aux déclarations faites sur ce sujet par M. le garde des Sceaux, ministre de la Justice (reproduites au Journal officiel, débats de l'Assemblée nationale du 28 mai 1970, p. 2071).*

Les déclarations visées dans la réponse (dont les extraits figurent ci-dessus) ne pouvaient laisser, en raison de leurs généralités, les parlementaires qu'insatisfaits.

Annexe 3

EXTRAIT DE L'OUVRAGE DE M. PONIATOWSKI : « CARTES SUR TABLE » :

« Les écoutes téléphoniques :

« Autre point, qui est plus important : les écoutes téléphoniques. Elles sont légalement interdites et, officiellement, elles n'existent pas. Mais, en réalité, les écoutes sont exercées par le G.I.C., ou groupe interministériel de contrôle, qui est dirigé par un général et emploie environ huit cents personnes. Adresse : rue de Tourville. Il est malheureusement nécessaire d'admettre un système d'écoute pour lutter contre l'espionnage, contre la subversion intérieure ou extérieure, contre certains crimes, le trafic de la drogue par exemple, ou les cas d'enlèvements, mais le domaine des écoutes ne cesse de s'étende à des secteurs qui n'ont plus rien à voir avec la criminalité et qui relèvent, en revanche, de la liberté personnelle et politiques. *Les écoutes téléphoniques, à l'heure actuelle, s'exercent sur des journalistes, des dirigeants syndicaux, des hommes politiques, des membres des cabinets ministériels et jusque sur des Ministres. Des candidats éventuels aux élections sont mis sur écoute* (1) ou même de simples citoyens sous prétexte de sondages d'opinion. *Ces procédés sont déplorables parce qu'ils portent atteinte, non seulement à la vie privée, mais aussi aux libertés politiques fondamentales. Où s'arrêtent les écoutes ?* A qui communique-t-on les comptes rendus ? Est-ce seulement au Premier Ministre ou au Ministre intéressé ? Non, c'est également aux directeurs de cabinet, aux chefs de service, etc. *Ensuite, qui exploite les écoutes ?* On peut en faire un instrument de chantage. *En outre, qui décide d'écouter telle ou telle personne ?* Et enfin, en cas d'abus d'utilisation de ces écoutes, *quel recours a-t-on ?...* Je peux vous dire qu'en mai 1958 on a même fabriqué, pour des raisons politiques, de fausses écoutes d'intimidation : on a voulu faire croire à l'imminence d'un débarquement de parachutistes, par exemple. Dans le cadre politique, c'est un instrument dangereux qui, même en temps normal, peut intoxiquer les dirigeants qui en usent. Il fausse en tout cas leur jugement.

« A. D. — Quels remèdes suggérez-vous ?

« M. P. — Marcel Leclerc, professeur à l'Institut de criminologie de l'Université de Droit et des Sciences sociales de Paris, homme averti de ces problèmes, a proposé un ensemble de dispositions qui me paraissent judicieuses. Au lieu d'affirmer que les écoutes téléphoniques sont illégales et de les nier, il vaudrait mieux reconnaître leur existence et les limiter strictement à la lutte contre la subversion intérieure ou extérieure et contre des crimes déterminés. Il faut définir très clairement les cas dans lesquels il peut y avoir écoute téléphonique, et que ce soit au Premier Ministre d'en décider personnellement sur des demandes signées par un Ministre et indiquant les motifs d'interception et de transcription de l'écoute téléphonique, et ceci seulement s'il y a un soupçon précis concernant un concert criminel, soit contre l'Etat, soit contre les personnes. J'ajoute que cette nomenclature devrait être remise au défenseur du citoyen. Autre solution possible : une mise sur écoute téléphonique intervenant sur décision d'un juge. »

---

(1) C'est nous qui soulignons.

Annexe 4

— 99 —

ASSEMBLEE NATIONALE

ALBIN CHALANDON
Député d'Asnières (Hauts-de-Seine).

Secrétariat.

Paris, le 1er août 1973.

Monsieur P. MARCILHACY,
Sénateur,
Rue de Vaugirard, 75006 Paris.

Monsieur le Sénateur,

Votre lettre du 25 juillet est parvenue à Monsieur Chalandon au moment où il quittait Paris pour un voyage au Brésil durant le mois d'août.

Il m'a chargée de vous informer qu'il vous répondrait personnellement dès son retour.

Je vous prie de croire, Monsieur le Sénateur, à mes sentiments dévoués.

La Secrétaire.

N. B. de la Commission. — Il ne fut jamais répondu par M. Chalandon lui-même à notre lettre.

Il nous a semblé instructif de publier, en regard, ce que l'ancien Ministre écrivait dans un article de son journal électoral : *Asnières spécial*, à propos des écoutes téléphoniques pour lesquelles il proposait l'institution de règles sévères (*cf. Le Monde* du 8 juin 1973) :

« Il est certes légitime de recourir à des investigations, telles les écoutes téléphoniques, lorsqu'il s'agit d'assurer la sécurité de la Nation, notamment de lutter contre certains trafics, comme celui de la drogue ; *il est en revanche inadmissible qu'elles soient utilisées, comme cela a été constaté aux Etats-Unis, et comme cela se fait en France, pour espionner systématiquement ceux qui sont, d'une façon ou d'une autre, mêlés à la vie publique, amis ou ennemis du pouvoir* (1). Il apparaît donc indispensable que, dans un pays aussi épris de liberté que le nôtre, la pratique des écoutes téléphoniques soit sévèrement réglementée et que n'intervienne notamment aucune écoute sans l'agrément d'une commission de « sages », indépendante du Pouvoir, qui aurait en outre le pouvoir de contrôler ces opérations. D'autre part, des sanctions très graves devraient être prévues... »

(1) C'est nous qui soulignons.

Annexe 5

V. — Lettre à M. le Président de la République.

SENAT

COMMISSION DE CONTRÔLE
DES SERVICES ADMINISTRATIFS
PROCÉDANT
AUX ECOUTES TÉLÉPHONIQUES

Le Président.

Paris, le 12 septembre 1973.

Monsieur le PRESIDENT DE LA REPUBLIQUE,
Palais de l'Elysée, Paris.

Monsieur le Président de la République,

Le Sénat, au cours de sa séance du 29 juin 1973, a créé, conformément à l'article 6 de l'ordonnance du 7 janvier 1958 et à l'article 11 du Règlement du Sénat, une Commission de Contrôle des Services administratifs procédant aux Ecoutes téléphoniques.

La création d'une telle Commission qui peut, selon l'article 6, alinéa 3, de l'ordonnance susvisée, « examiner la gestion administrative, financière et technique des services publics », devait permettre au Sénat de contrôler le fonctionnement des services effectuant des écoutes au triple point de vue administratif, financier et technique. Sur ce dernier point, il lui appartient de vérifier que le fonctionnement de ces services présente toutes garanties quant au respect des libertés fondamentales et que nul ne peut recourir abusivement à la pratique des écoutes téléphoniques, ni faire mauvais usage des renseignements ainsi obtenus.

Mais la Commission de Contrôle ne peut remplir sa mission légale que dans la mesure où il lui est possible d'examiner les documents administratifs, financiers ou comptables relatifs à ces services et de procéder à toutes les auditions nécessaires. Or, M. le Premier Ministre s'est opposé fermement aux demandes de la Commission, faisant ainsi délibérément obstacle à l'exercice des pouvoirs de contrôle du Parlement.

Pour justifier sa décision, M. le Premier Ministre a invoqué l'obligation où il se trouvait de préserver les secrets de la Défense nationale.

Cette explication ne saurait en aucune manière nous satisfaire et, puisqu'aux termes de l'article 5 de la Constitution, vous êtes chargé d'assurer le fonctionnement régulier des pouvoirs publics, dont une Commission de Contrôle parlementaire est partie intégrante, c'est à votre haute autorité que nous nous adressons afin que nous puissions accomplir la tâche que le Sénat nous a confiée.

Nous vous faisons respectueusement observer que les écoutes existent, que leur fonctionnement est assuré sur le budget de l'Etat et que nous sommes responsables de ce dernier comme aussi de toutes atteintes à la vie privée et aux libertés fondamentales.

Nous sommes également responsables de la Défense nationale, puisque c'est la loi qui en détermine l'organisation générale et fixe les règles concernant les sujétions qu'elle impose aux citoyens (art. 34 de la Constitution). C'est le Parlement, enfin, qui autorise la déclaration de guerre (art. 35).

Au demeurant, notre attention porte sur les seuls mécanismes administratif, financier et technique des écoutes téléphoniques et nullement sur leurs résultats. Nous ne pensons pas que ces mécanismes puissent être couverts, en temps de paix, par le secret de la Défense nationale, pas plus que ne l'est la nomenclature des matériels de guerre, même si les techniques avancées dont a bénéficié leur fabrication doivent rester secrètes. Nous redoutons que ce secret invoqué contre une commission sénatoriale ne serve, sans que la Défense nationale puisse être en cause, à paralyser un contrôle parlementaire qui est l'essence même de la démocratie.

Au surplus, lors des débats au Sénat, M. le Secrétaire d'Etat Stirn, parlant au nom du Gouvernement, a déclaré explicitement que celui-ci ne chercherait pas à paralyser le fonctionnement de la commission (*Journal officiel*, Débats du Sénat, 1973, p. 765, *in fine*).

Dès lors, nous sommes amenés à penser, nous vous le disons avec autant de respect que de franchise, que le secret de la Défense nationale est invoqué aujourd'hui parce que certains Ministres eux-mêmes ont pu constater des abus dans des pratiques qui peuvent être parfois justifiées à la condition d'être effectuées sur commission rogatoire délivrée par un magistrat.

Nous sommes en droit de craindre que ces pratiques multiformes échappent aux véritables responsables. Notre mission de contrôle peut mettre un terme à cette forme d'inquisition si les moyens de travailler normalement lui sont assurés.

Aussi, est-ce avec confiance que nous demandons qu'il soit mis fin au blocage d'une mission que nous tenons légalement de notre Assemblée.

Je vous prie d'agréer, Monsieur le Président de la République, les assurances de mes sentiments respectueux et de haute considération.

P. MARCILHACY.

N. B. de la Commission. — **Cette lettre,** datée du 12 septembre et envoyée par porteur spécial le 14 septembre, **n'a jamais reçu de réponse.**

Annexe 6

PROPOSITION DE LOI

tendant à prévenir et à réprimer la violation du secret des communications téléphoniques.

Article premier.

L'article 187 du Code pénal est complété par les dispositions suivantes :

« Toute interception de communication téléphonique commise ou facilitée par un fonctionnaire ou par un agent du Gouvernement sera punie d'une amende de 500 F à 3.000 F et d'un emprisonnement de trois mois à cinq ans. Le coupable sera, de plus, interdit de toute fonction ou emploi public pendant cinq ans au moins et dix ans au plus. Toutefois, les dispositions du présent paragraphe ne s'appliquent pas aux juges et officiers de police judiciaire requis par commission rogatoire, aux officiers de police judiciaire chargés d'une enquête et dûment autorisés, ainsi qu'aux fonctionnaires et agents du Gouvernement chargés d'une mission intéressant la sûreté de l'Etat et spécialement autorisés. »

Art. 2.

Il est inséré, après l'article 76 du Code de procédure pénale, l'article 76-1 nouveau suivant :

« *Art. 76-1.* — Les interceptions de communication téléphonique ne peuvent être effectuées qu'avec l'autorisation expresse du procureur de la République. Celui-ci détermine également les conditions, et notamment la durée, de chaque interception qu'il autorise. »

Art. 3.

Les services publics qui effectuent, dans le cadre de missions concernant la sûreté de l'Etat, des interceptions de communications téléphoniques sont placés sous l'autorité d'un magistrat du siège à la Cour de cassation. Ce magistrat est notamment responsable de la délivrance et du contrôle des autorisations dont, en vertu de l'article 187, paragraphe 3, du Code pénal, doivent être munis les fonctionnaires et agents du Gouvernement appelés à procéder à des interceptions de communications téléphoniques à l'occasion de missions intéressant la sûreté de l'Etat.

Il est choisi par le Gouvernement, pour une durée de cinq ans, sur une liste de trois magistrats établie par l'assemblée générale de la Cour de cassation. Il est assisté de deux magistrats du siège à la Cour de cassation désignés selon la même procédure.

Un décret détermine les conditions d'application du présent article, et notamment les conditions dans lesquelles le pouvoir de délivrer les autorisations de procéder à des interceptions de communications téléphoniques peut être délégué.

☆
☆ ☆

IV. — Le problème des pouvoirs des commissions d'enquête et de contrôle.

Le déroulement des travaux de la présente Commission de contrôle et le fait que, d'une part, elle n'ait pu entendre aucun Ministre ou ancien Ministre, ni aucun autre agent public, et que, d'autre part, elle n'ait pu obtenir des administrations nul renseignement relatif à l'objet de sa mission, posent à nouveau le problème des pouvoirs dévolus aux commissions d'enquête et de contrôle.

Personne, au Sénat, n'a oublié *le vote par notre assemblée, le 11 juin 1968* (1), *d'une proposition de loi tendant à préciser les moyen d'action de ces commissions*. Il faut rappeler que le vote de cette proposition faisait suite à une commission de contrôle sur l'O.R.T.F., qui s'était vu refuser diverses auditions et communications de documents.

Dans *le rapport présenté alors par M. Etienne Dailly*, notre collègue a indiqué que :

« De la pratique des commissions d'enquête et de contrôle étaient issues, sous la IIIe et la IVe République, diverses dispositions législatives ou réglementaires qui en précisaient les attributions.

« C'est ainsi que la *loi du 23 mars 1914* permettait aux commissions d'enquête parlementaire de convoquer une personne dont l'audition leur paraissait utile, tout contrevenant étant, à moins qu'il ne justifie d'une excuse légitime, puni d'une amende et pouvant faire l'objet d'un mandat d'amener. Le refus de prestation de serment,

---

(1) *Journal officiel*, Débats Sénat, du 11 juin 1958, pages 761 et suivantes.

Annexe 7

RÉPUBLIQUE FRANÇAISE
MINISTÈRE DE LA JUSTICE
Direction des Affaires criminelles et des grâces
Casier judiciaire national
44079 NANTES CEDEX 1

BULLETIN NUMÉRO 1

BULLETIN DÉLIVRÉ LE 30/01/2003

applicable à

nom : ERULIN
prénom : DOMINIQUE HENRI MARIE
né le 26 janvier 1938
à ST DIE (88)

Mme./M. Le Président
Cour d'Assises
34 quai des Orfèvres

75055 PARIS RP SP

V/Réf : AFF 91/0072
GREFFE DES ASSISES SALLE 3B
Motif : DEMANDE URGENTE DE B1

NÉANT

Réf : 0303024021/B1030300041/1431/000000000/CINRH177/000/N

Le magistrat chargé du Casier judiciaire national

Annexe 8

RGx 92 11.2.82 renseignemnts donnés par téléphone

Dominique ERULIN trés lié avec J. CHIRAC.
son frère, le colonel, était un compagnon d'armes de Chirac en Algérie.
D.ERULIN serait responsable de plusieurs assassinats.

Annexe 9

VII. — Lettre du Contrôleur Général Debain au Procureur Général de Versailles, le 18 février 1997.

« J'ai l'honneur de porter les faits suivants à votre connaissance. Selon les informations recueillies par mes services, des documents, susceptibles d'avoir fait l'objet d'une classification Secret Défense, seraient entreposés dans un garage situé au début d'une impasse à l'intersection des rues Marie Hillion et Marcel Jeantet à Plaisir (78)., Ce bâtiment fait face au groupe scolaire de la Haise. Le box concerné est le deuxième en partant de l'entrée de l'impasse. Selon la description des documents en question (...), ils sont de nature à nuire gravement aux intérêts fondamentaux de la Nation.

« L'utilisateur du box, à ce jour non identifié, pouvant, à tout moment, soustraire ces documents, il serait urgent de procéder à leur inventaire et de prendre les mesures nécessaires de sauvegarde. »

Annexe 10

Irlandais, otages, Greenpeace, la cellule élyséenne s'intéresse à tout. Contre toute règle.

[redacted]

Maj-jour: 86/03/04 Maj-heure: 23:59 Traitants: Pyves

Qui....: [redacted] jour: 86/03/04 heure: 10:55
à Qui ?: [redacted] tel: 42024849

personnes citèes....: D[redacted], K[redacted], L[redacted],

organisations citèes: Rouge, Irlandais,

sujets traitès......:

absent: elysèe cité: Tactique: Renseignements exploitables:
Résumè.....:

Attachment:
B[redacted].a lu les papiers de [redacted] sur les Irlandais qui lui declare <<...c'est fini...on termine plutot...c'est termine cette affaire...>>.
B[redacted] lui demande alors s'il essaie d'"accentuer pour que le proces se fasse" et [redacted] repond <<...non, pas du tout, il n'y a pas de...moi, je n'essaie rien de faire. Il y a une information...je la donne parce que c'est un peu...c'est ce qui s'appelle un dossier...moi je n'ai plus rien a raconter maintenant sur cette affaire, a ma connaissance il n'y a plus rien qui sortira sauf si...enfin je ne vois pas ou il pourrait y avoir des revelations nouvelles, maintenant on sait a peu pres tout, c'est une affaire minable, triste et stupide...mais enfin ce n'est pas la lere fois...mais je crois savoir qu'il y aura d'autres papiers...qui vont suivre dans...aujourd'hui dans Le Monde et puis dans l'Evenement du Jeudi, je crois aussi...>>.
[redacted] voulait savoir ou il en etait du journal ([redacted]). Selon B[redacted] il est imprime demain. Quant a D il est a la commission nationale pour l'avancement (elaboration du tableau 86).
B[redacted] est interviewe par K[redacted] pour Rouge et parle de la securite...

[redacted]

Maj-jour: 86/01/28 Maj-heure: 18:21 Traitants: Pyves
Qui [redacted] jour : 86/01/23 Heure : 12:30

A qui ? : [redacted] tel :

Personnes citees : [redacted]

Organisation citees :

Sujets traites :

Absent : Elysee cite : Tactique : Renseignements exploitables :
Idees Maitresses........:

Attachment:

A : J'ai recu un coup de telephone. J'ai parle avec ton copain. Il m'a dit qu'il allait transmettre le message a son chef.

R : Je l'ai vu hier et il m'a raconte toute l'histoire. Pas seulement lui, mais d'autres gens qui s'en occupent au deuxieme etage.
Il semble que le probleme ne vient ni de Damas, ni de Teheran, mais des groupes qui ont ces gens-la. Ils ont eu le feu vert de Teheran et de Damas, mais de Beyrouth, ils n'ont pas voulu, ils n'ont pas confiance.

A : Des l'envoi du cadeau, c'est le President syrien qui garantira toute l'affaire. C'est le sommet, il n'y a pas plus que cette garantie.

R : Maintenant, ils demandent beaucoup plus.

A : J'ai parle hier soir avec ton ami et je lui ai transmis le message. Les Syriens ne disent rien. Ils proposent que les deux garantissent. Mon copain a Teheran est coince. Il est maintenant accuse d'etre pro-francais.

R : Le dernier message a 17h30 demandait l'envoi du 1er cadeau chez le President syrien.

A : Le President syrien le gardera jusqu'a ce que vous ayez vos hommes. Cette proposition est depuis que mon ami etait ici.

R : Ceux de Beyrouth ne veulent pas renvoyer les cadeaux. Ils veulent un pour un.

A : On a promis que des que vous envoyez le cadeau, on dira a ces gens :"les

Attachment:

A : Francais sont de bonne foi, liberez les quatre. Il est impossible que le President Assad libere un et pas les autres. Il est engage personnellement dans cette affaire".
C'est quoi cette affaire de prisonnier israelien chez les Syriens A F P (article redige en arabe a Jerusalem)

R : Quand je suis arrive a Paris, C[redacted] m'a dit :"il y a les familles des prisonniers qui veulent te voir".
Je les ai recues un quart d'heure. Je leur ai dit que je ne pouvais rien.
Je suis a Tunis en rapport avec l'OLP et non a Damas.

A : Damas pense que tu as joue un role dans l'affaire et que tu as revele, par l'intermediaire des Palestiniens, qu'il y a un prisonnier et comme ca tu es coince.

R : Je ne suis pas au courant et je vais le dire a C[redacted].

A : S'il te plait, si tu peux jouer un role dans l'affaire des quatre pour bien terminer cela.

R : J'ai ecoute beaucoup de gens hier. Je leur ai dit ce que je pensais. Ils ont pris note. C[redacted] qui ne disait rien, m'a tout dit.

A : As tu vu que j'ai raison ?

R : Bien sur, sauf que je ne savais pas que Beyrouth un pour un. Je t'appelle vers minuit et on decide ce qu'on fait.

Attachment:

[redacted]

Maj-jour: 86/01/28 Maj-heure: 18:48 Traitants: Pyves
Qui : [redacted] jour : 86/01/23 Heure : 12:30

A qui ? : [redacted] tel :

Personnes citees :

Organisation citees :

Sujets traites :

Absent : Elysee cite : Tactique : Renseignements exploitables :
Idees Maitresses........:

Attachment: (suite...)
A : Si c'est possible, demain matin, on peut faire quelquechose.
R : Quelles sont les autres nouvelles ?
A : A Aden, les combats sont tres durs.
R : L'ambassadeur de France a Aden a sauve l'ambassadeur d'Iran et 20 Iraniens. Ils s'etaient refugies a l'ambassade de France et il les a mis sur un bateau. Vous voyez que nous ne sommes pas de mauvaise foi.
A : Le probleme d'Aden va embarasser les Iraniens au niveau du petrole. La raffinerie a ete detruite. L'Irak continue a bombarder avec des armes francaises.
R : Mais tout va se normaliser maintenant avec l'Iran et qu'on le veuille ou pas tout va changer avec l'Irak.
A : M. C[redacted] ne voit en moi qu'un messager.
R : Je me suis rendu compte que c'est a mon egard aussi.
A : Le ministre est au courant de mon role ou pas ?
R : Je l'ai vu hier et il est tellement pris avec les histoires tunisiennes et autres...Je vais le revoir ce soir.
A : Si tu le vois, dis lui que maintenant le President syrien a un envoye special a Teheran.
R : Il ne le savait pas
A : Je l'ai dit a M. C[redacted]

Attachment:
R : Si on regle cette pas cette affaire d'ici demain, appelle-moi a Tunis et je reviendrai. Je pars demain a midi et je reviens vendredi prochain.

[redacted]
Maj-jour: 86/03/04 Maj-heure: 22:46 Traitants: Pyves

Qui....: [redacted] jour: 86/03/04 heure: 10:40
à Qui ?: [redacted] tel:

personnes citèes....: T[redacted], C[redacted], L[redacted], L[redacted],

organisations citèes: Le Monde, palestiniens, Chancellerie,

sujets traitès......:

absent: elysèe cité: Tactique: Renseignements exploitables:
Résumè.....:

Attachment:
[redacted] le joint car il a appris que [redacted] s'inquietait de ses sentiments (sur le denouement de l'affaire des Turenge semble-t-il)... [redacted] lui demande alors s'ils sont moderement optimistes ou moderement pessimistes. [redacted] lui retorque qu'ils sont demeures inchanges et que le papier du Monde paru etait peut etre "un peu pessimiste, mais c'est tres bien...apres avoir ete un peu trop optimiste et avoir fait...partir les Turenge avec des moutons...il faut venir" a plus de raison.
Selon [redacted] le journaliste du Monde semble avoir puise ses informations aux meilleures sources et peut-etre avoir rencontre L[redacted], ce que confirme [redacted]
Au sujet de la date citee dans l'article elle est du seul fait de l'auteur de l'article, a defaut [redacted] declare que l'article contient nombre de signes, de portes de sortie (date de liberation des epoux Turenge).
Selon [redacted] la position des Neo-Zelandais a d'abord ete de dire que les Turenge subiraient un emprisonnement de 10 ans, puis de 5 ans et maintenant ils disent qu'ils reexamineront leur cas apres les elections qui ont lieu en novembre 1987.
[redacted] est d'ailleurs en train de rediger un papier la-dessus et ajoute ne point savoir s'il va le passer. Pour lui "l'origine du bordel" vient d'"un malentendu culturel et juridique entre Francais et Zelandais...et que tout a commence avec l'audience du 4 novembre...les Zelandais ont eu le tort de ne pas vouloir, comme [[redacted] le leur demandait] organiser cette audience...ensemble...pour essayer

Attachment:
de bien faire passer le message...les negociations se sont cassees betement... parce qu'ils sont incompetents au milieu de la semaine...".
[redacted] declare les avoir pourtant bien informe qu'apres l'arrivee sur place le 25 octobre des journalistes, ils changeaient de jeu, de braquet, mais les Zelandais n'ont point voulu comprendre qu'ils allaient "etre dans la merde". Ils ont donne leur grand spectacle et tout a commencer a s'envenimer.
A [redacted] qui le questionne, [redacted] repond ne point connaitre les termes du marchandage actuel. Selon [redacted] les Zelandais veulent des reparations et declarent que les Turenge feront leur 5 ans et il y a confusion de leur part. Ou c'est une affaire privee et comme il le dit dans le papier qu'il redige pour sa clarte d'esprit les Turenge paient leur dette "a la societe" ou, "si c'est une affaire d'Etat, c'est l'Etat qui paie...on ne peut a la fois pretendre que c'est une affaire d'Etat et une affaire internationale pour laquelle on doit avoir des reparations et en meme temps faire payer aux mecs le delit qui est endosse par l'Etat...".
Pour les Zelandais, les reparations sont independantes des negociations pour la liberation des 2. C'est stupide souligne [redacted] et ce sont des amateurs en politique...Pour [redacted] dont la cote est en baisse ("economie en pleine merde, depreciation monetaire, inflation de 18%) "ca fait bien d'avoir 2 juifs sous la main..."

TABLE DES MATIÈRES

Première partie

Histoire d'une maladie démocratiquement transmissible

Deuxième partie

Histoire d'une rechute annoncée

Troisième partie

Histoire d'une guérison incertaine

GROUPE CPI

Achevé d'imprimer en octobre 2004
par **BUSSIÈRE**
à Saint-Amand-Montrond (Cher)
pour les Presses de la Cité
12, avenue d'Italie 75013 Paris
N° d'édition : 7219. — N° d'impression : 044202/1.
Dépôt légal : octobre 2004.
Imprimé en France